“十一五”国家重点图书出版规划项目

北京市社会科学理论著作出版基金重点资助项目

启功全集

（修 订 版）

第十五卷

中 堂

斗 方

北京师范大学出版集团
BEIJING NORMAL UNIVERSITY PUBLISHING GROUP
北京师范大学出版社

图书在版编目（CIP）数据

启功全集（修订版）. 第15卷，中堂、斗方 / 启功著. —北京：北京师范大学出版社，2012.9

ISBN 978-7-303-14712-0

Ⅰ. ①启… Ⅱ. ①启… Ⅲ. ①启功（1912—2005）— 文集 ②汉字 — 法书 — 作品集 — 中国 — 现代 Ⅳ. ①C53 ②J292.28

中国版本图书馆CIP数据核字（2012）第181006号

营销中心电话　010-58802181　58805532
北师大出版社高等教育分社网　http://gaojiao.bnup.com.cn
电子信箱　beishida168@126.com

QIGONG QUANJI

出版发行：北京师范大学出版社 www.bnup.com.cn
北京新街口外大街19号
邮政编码：100875
印　刷：北京盛通印刷股份有限公司
经　销：全国新华书店
开　本：170 mm × 260 mm
印　张：372.5
字　数：5021千字
版　次：2012年9月第1版
印　次：2012年9月第1次印刷
总 定 价：2680.00元（全二十卷）

策划编辑：李　强　　责任编辑：侯　刚　于　乐
美术编辑：毛　佳　　装帧设计：李　强
责任校对：李　菡　　责任印制：李　啸

启功先生像

目 录

中 堂

斗　方

中堂

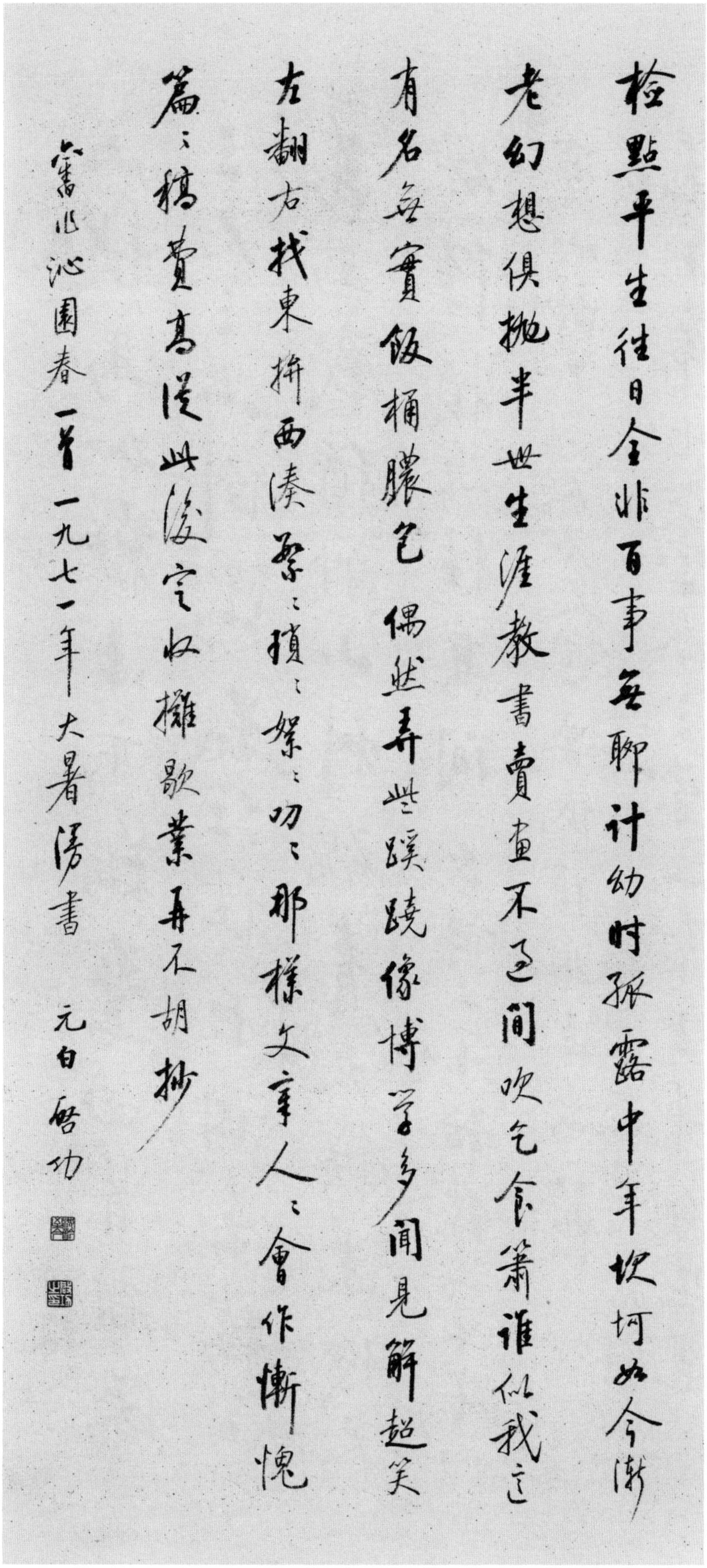
檢點平生往日全非百事無聊計幼时孤露中年坎坷如今漸
老幻想俱拋半世生涯教書賣畫不過閒吹乞食簫誰似我這
有名無實飯桶膿包偶然弄些蹊蹺像博學多聞見解超笑
左翻右找東拼西湊繁繁瑣瑣絮絮叨叨那樣文章人人會作慚愧
篇篇稿費高從此後定收攤歇業再不胡抄
舊書沁園春一首一九七一年大暑
元白啓功

旧作沁园春

一九七一年作　水墨纸本　104cm×48cm　个人收藏

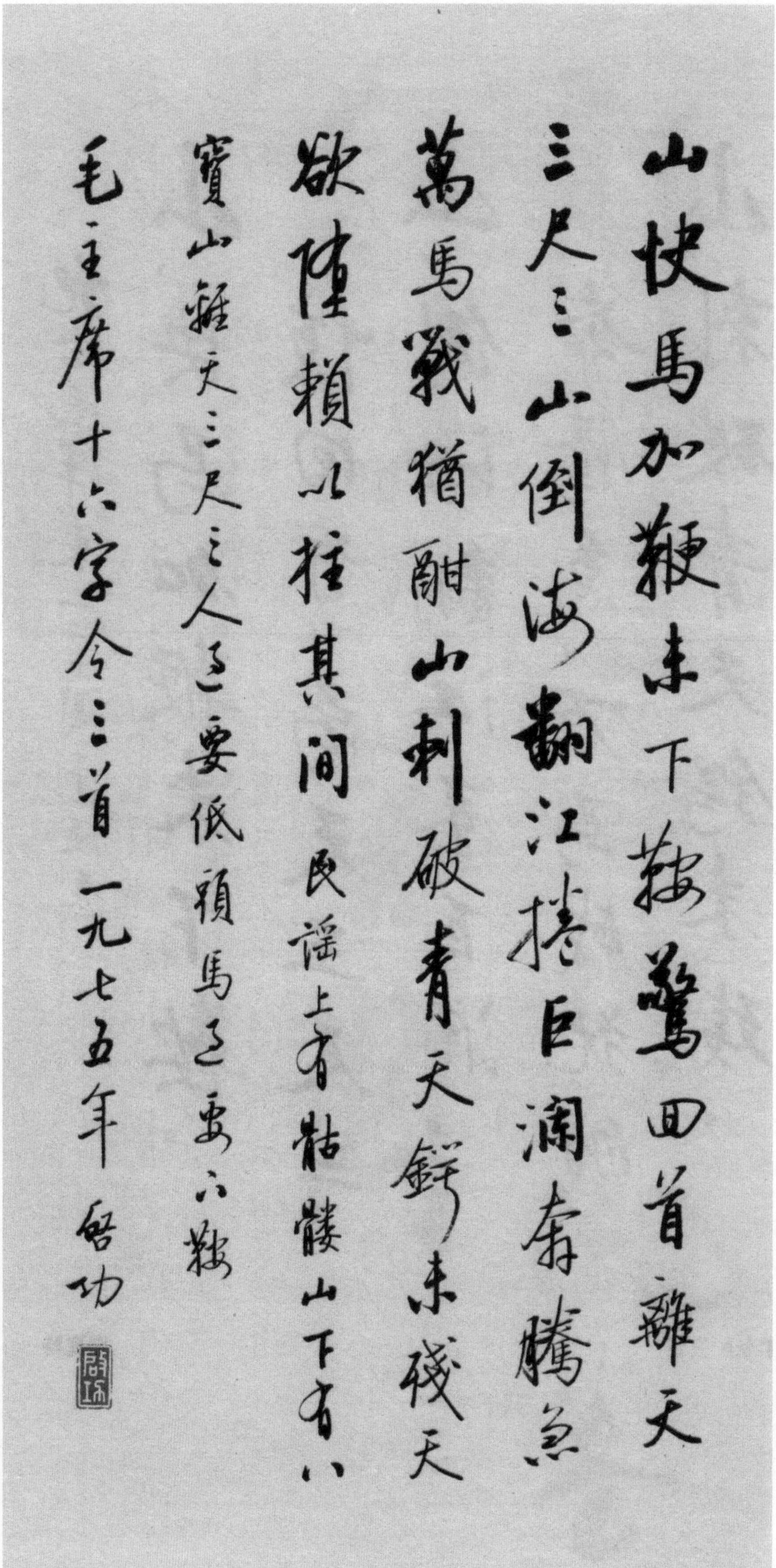
山快馬加鞭未下鞍驚回首離天
三尺三山倒海翻江捲巨瀾奔騰急
萬馬戰猶酣山刺破青天鍔未殘天
欲墮賴以拄其間　民謠上有骷髏山下有八
寶山離天三尺三人過要低頭馬過要下鞍
毛主席十六字令三首　一九七五年　啓功
啓功

毛泽东十六字令

一九七五年作　水墨纸本　63cm×33cm　个人收藏

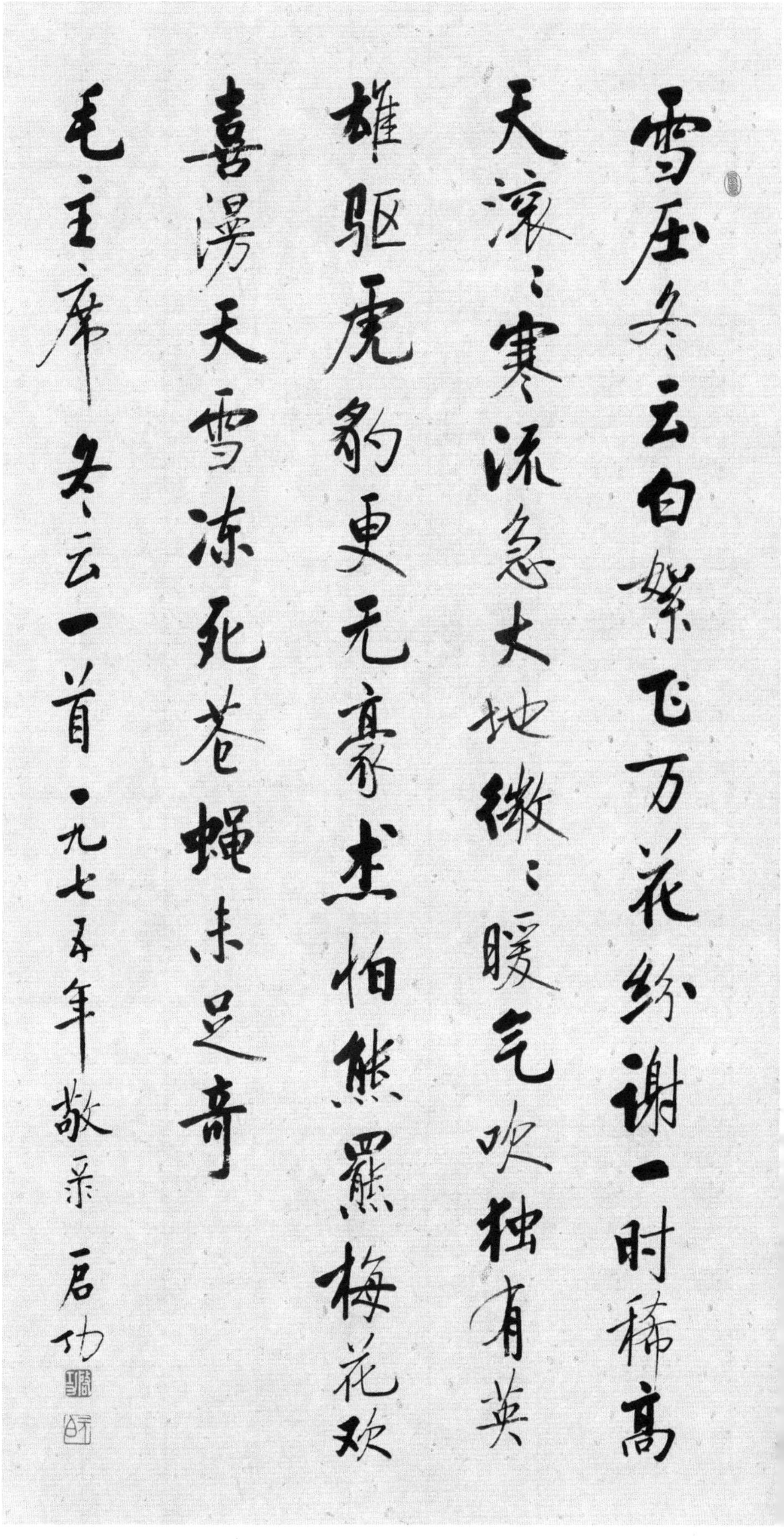
雪压冬云白絮飞万花纷谢一时稀高
天滚滚寒流急大地微微暖气吹独有英
雄驱虎豹更无豪杰怕熊罴梅花欢
喜漫天雪冻死苍蝇未足奇
毛主席冬云一首一九七五年敬录
启功

毛泽东冬云一首

一九七五年作　水墨纸本　175.5cm×93.5cm　个人收藏

中堂

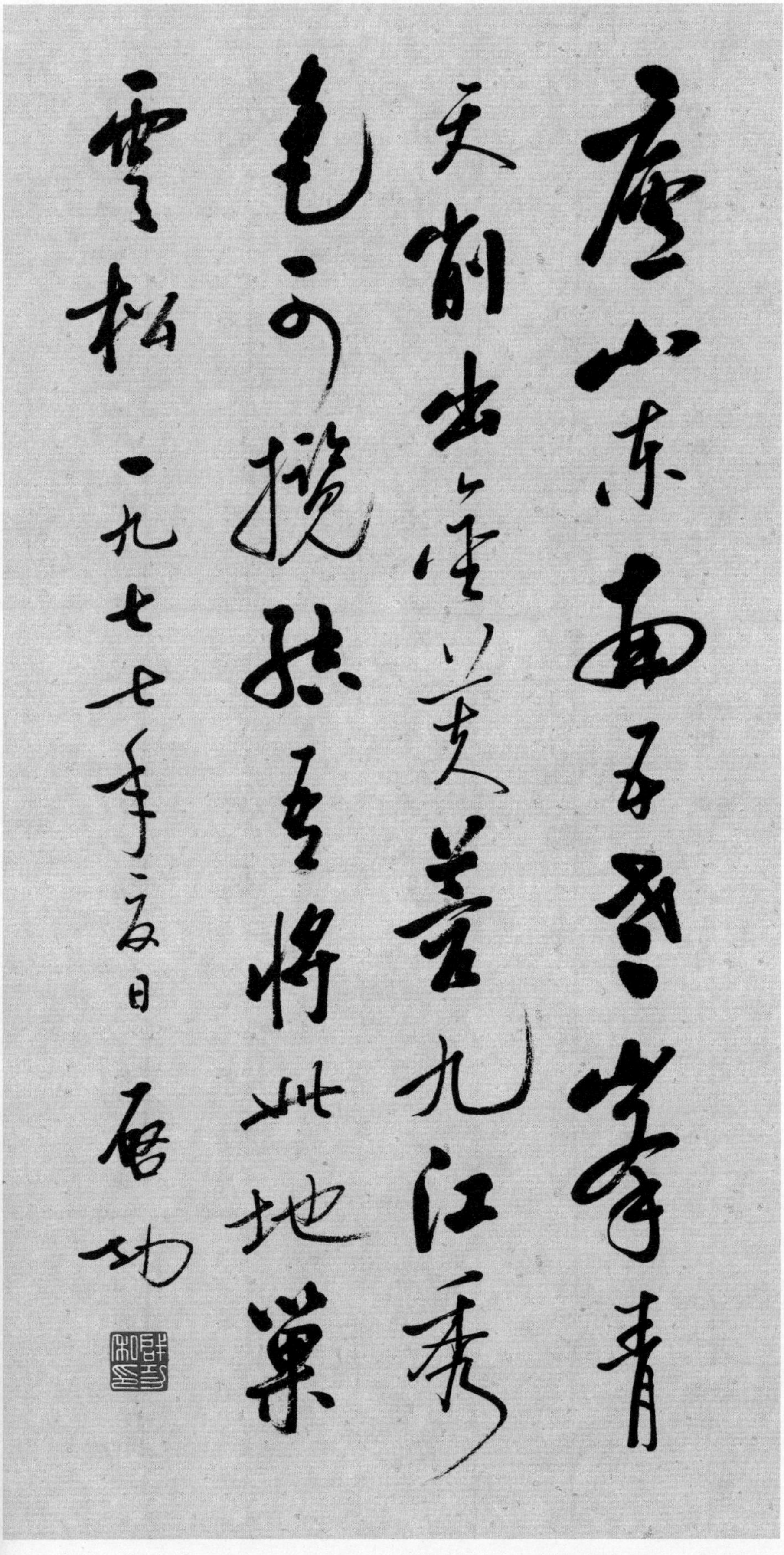
庐山东南五老峰青天削出金芙蓉九江秀色可揽结吾将此地巢云松
一九七七年夏日 启功

李白句——庐山东南五老峰

一九七七年作　水墨纸本　69cm × 35cm　个人收藏

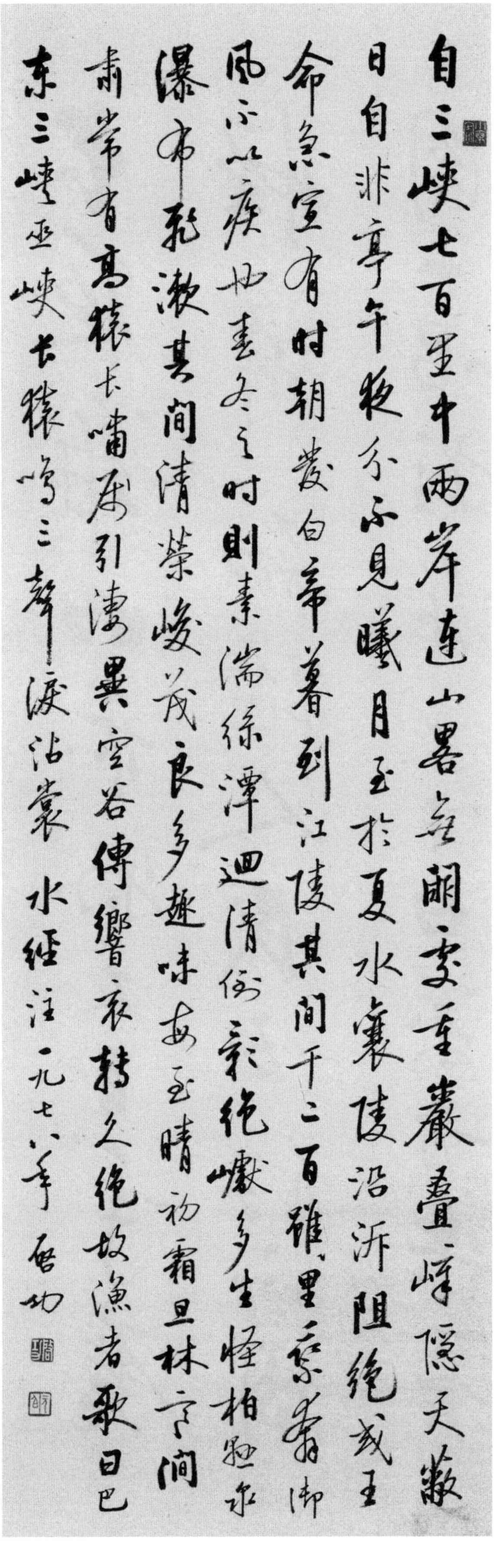
自三峡七百里中两岸连山略无阙处重岩叠嶂隐天蔽
日自非亭午夜分不见曦月至于夏水襄陵沿泝阻绝或王
命急宣有时朝发白帝暮到江陵其间千二百里虽乘奔御
风不以疾也春冬之时则素湍绿潭回清倒影绝巘多生怪柏悬泉
瀑布飞漱其间清荣峻茂良多趣味每至晴初霜旦林寒涧
肃常有高猿长啸属引凄异空谷传响哀转久绝故渔者歌曰巴
东三峡巫峡长猿鸣三声泪沾裳 水经注 一九七八年 启功

水经注

一九七八年作　水墨纸本　91cm×32cm　个人收藏

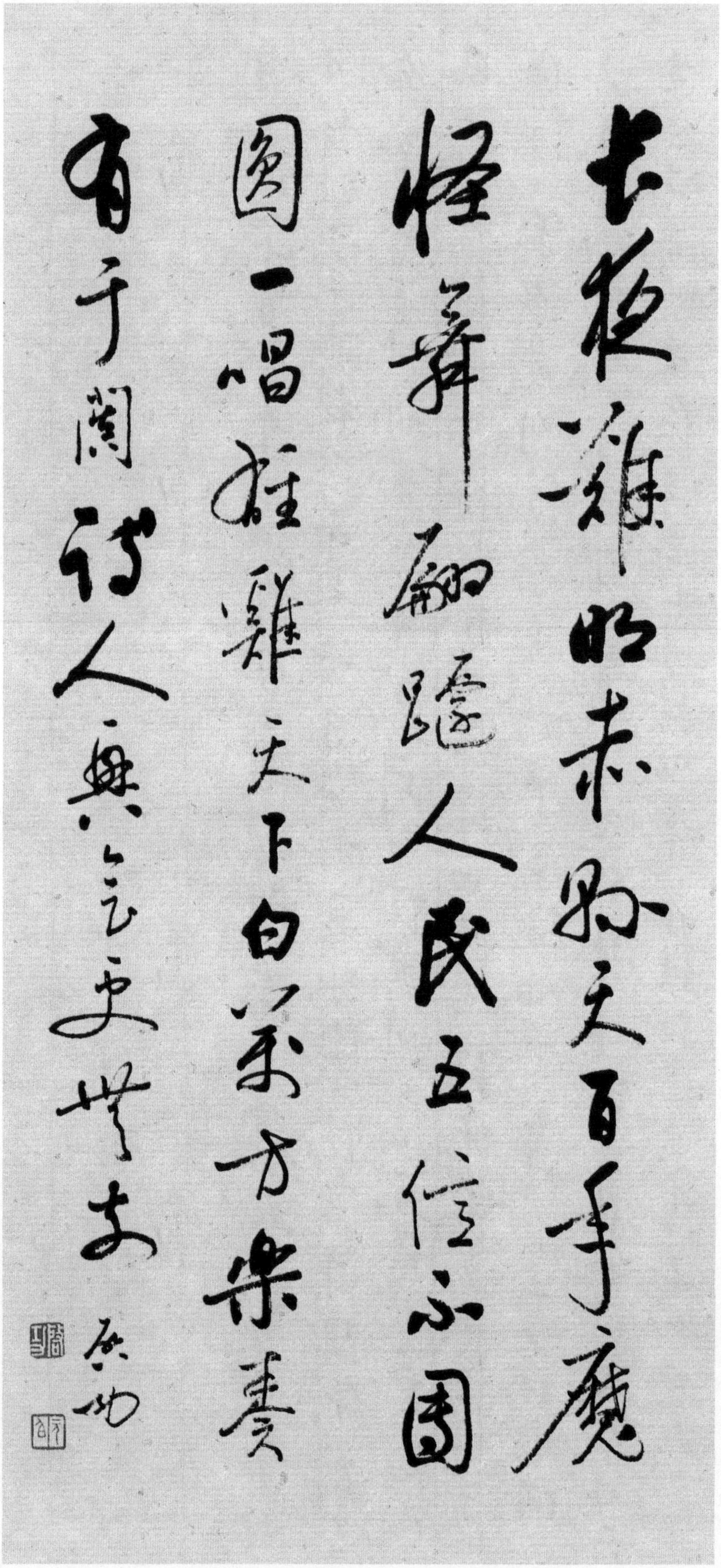

毛泽东诗——长夜难明赤县天

二十世纪七十年代作　水墨纸本　60cm×30cm　个人收藏

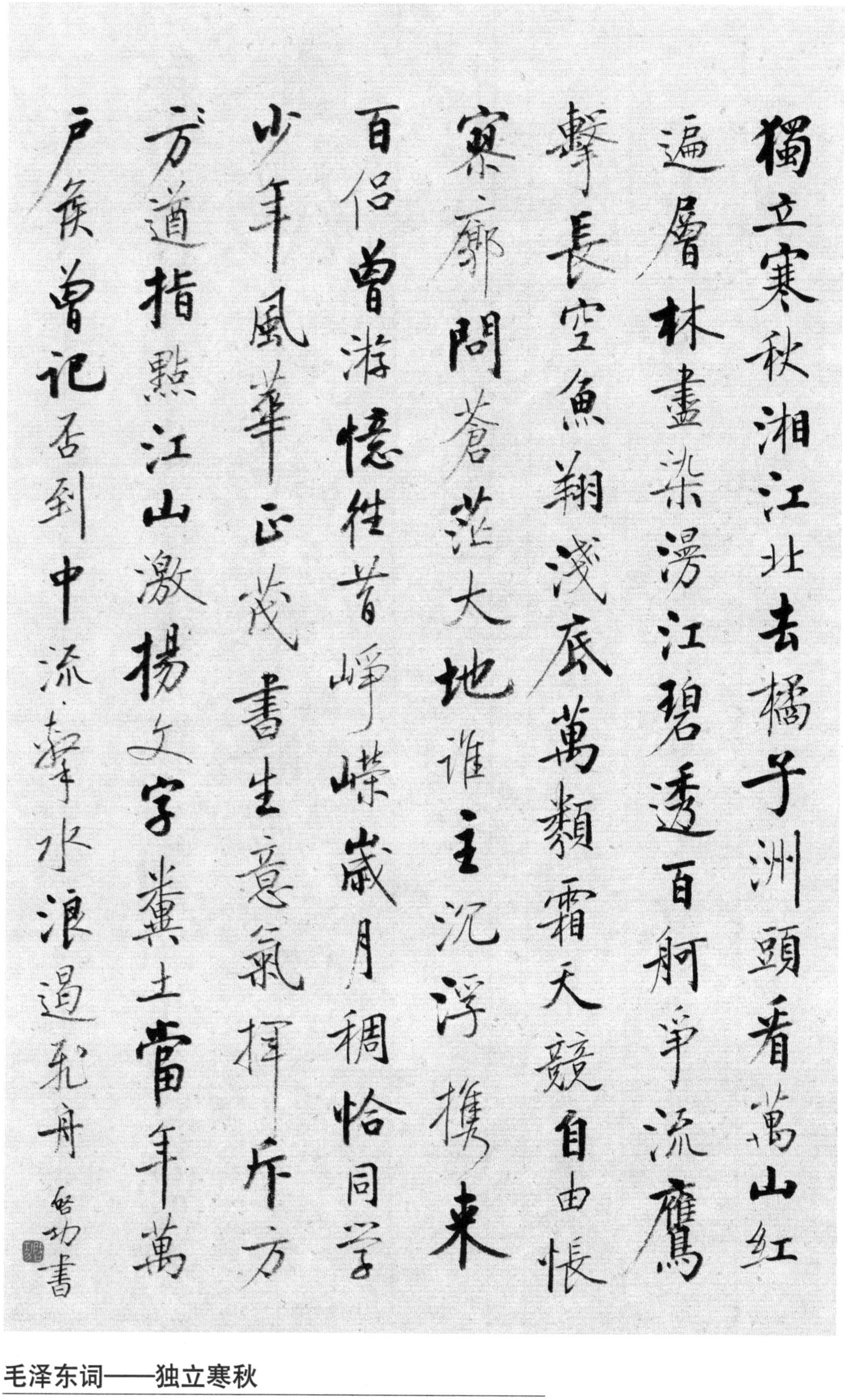
獨立寒秋湘江北去橘子洲頭看萬山紅
遍層林盡染漫江碧透百舸爭流鷹
擊長空魚翔淺底萬類霜天競自由悵
寥廓問蒼茫大地誰主沉浮攜來
百侶曾游憶往昔崢嶸歲月稠恰同学
少年風華正茂書生意氣揮斥方
遒指點江山激揚文字糞土當年萬
户侯曾记否到中流擊水浪遏飛舟
啓功書

毛泽东词——独立寒秋

二十世纪七十年代作　水墨纸本　68cm × 43cm　个人收藏

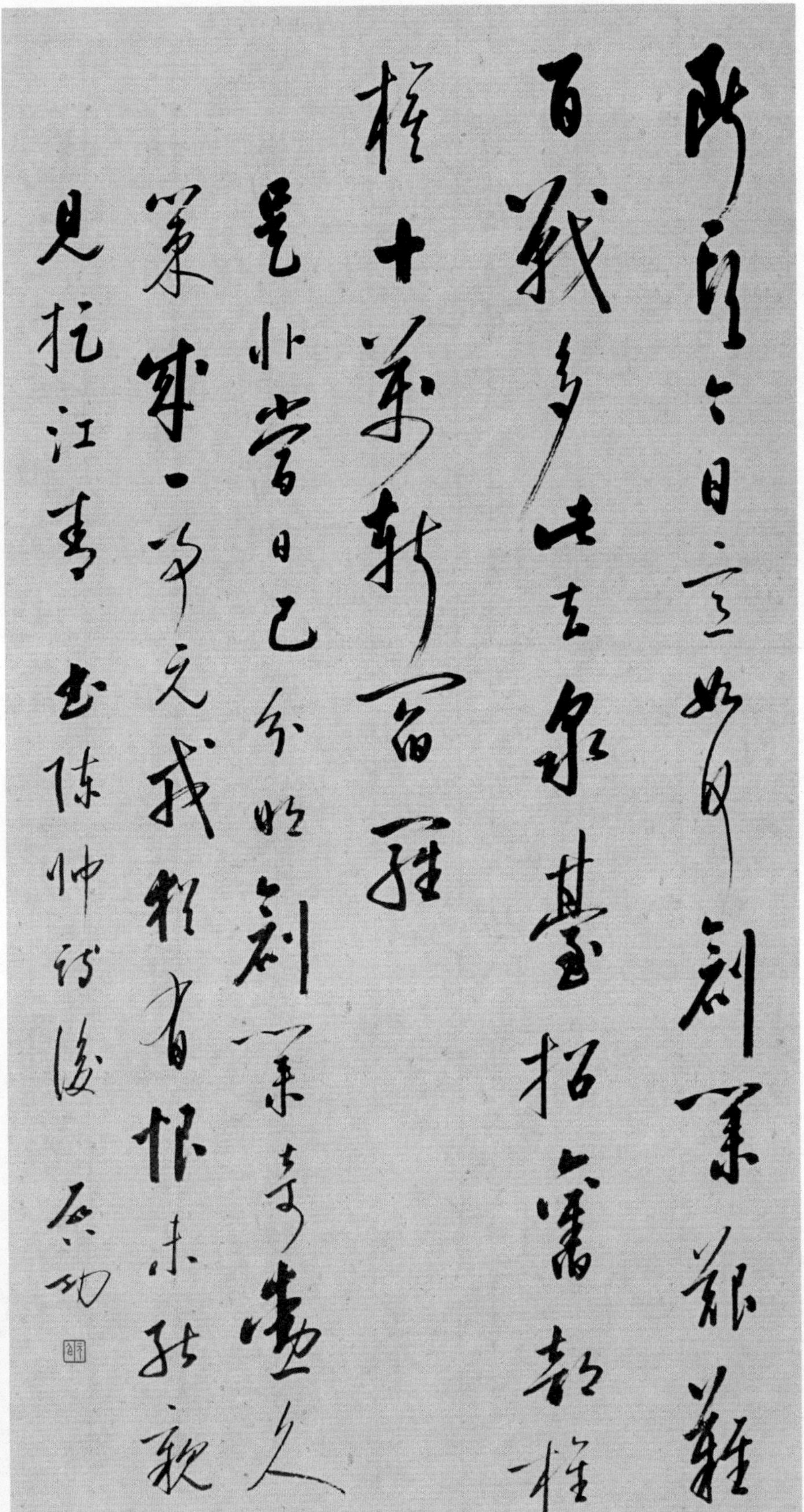

书陈帅诗后

二十世纪七十年代作　水墨纸本　90cm×48cm　个人收藏

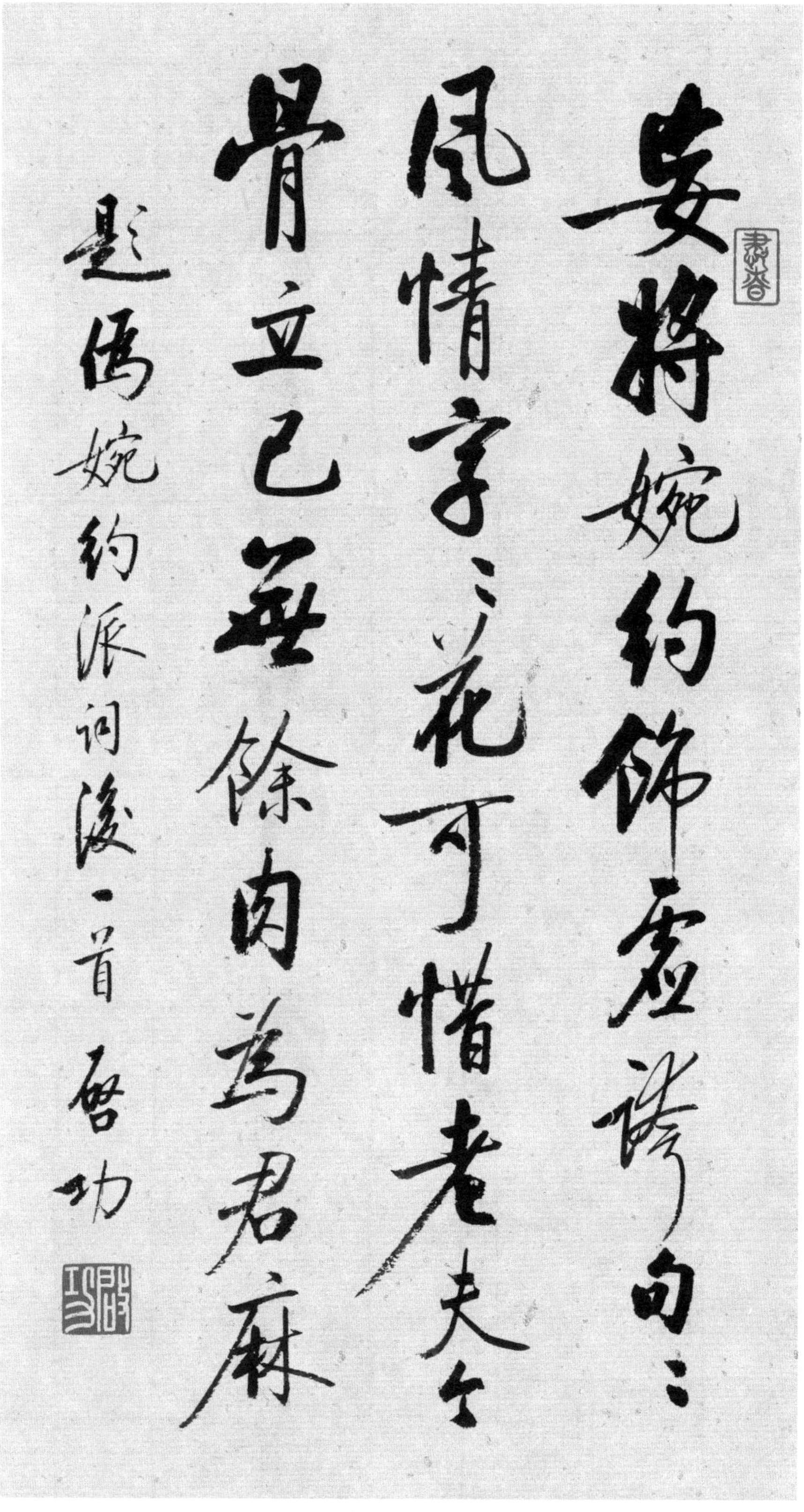
安將婉約飾虛誇白々
風情字々花可惜老夫今
骨立已無餘肉為君麻
題偽婉約派詞後一首 啓功

中堂

题伪婉约派词后一首

二十世纪七十年代作　水墨纸本　105cm×60cm　个人收藏

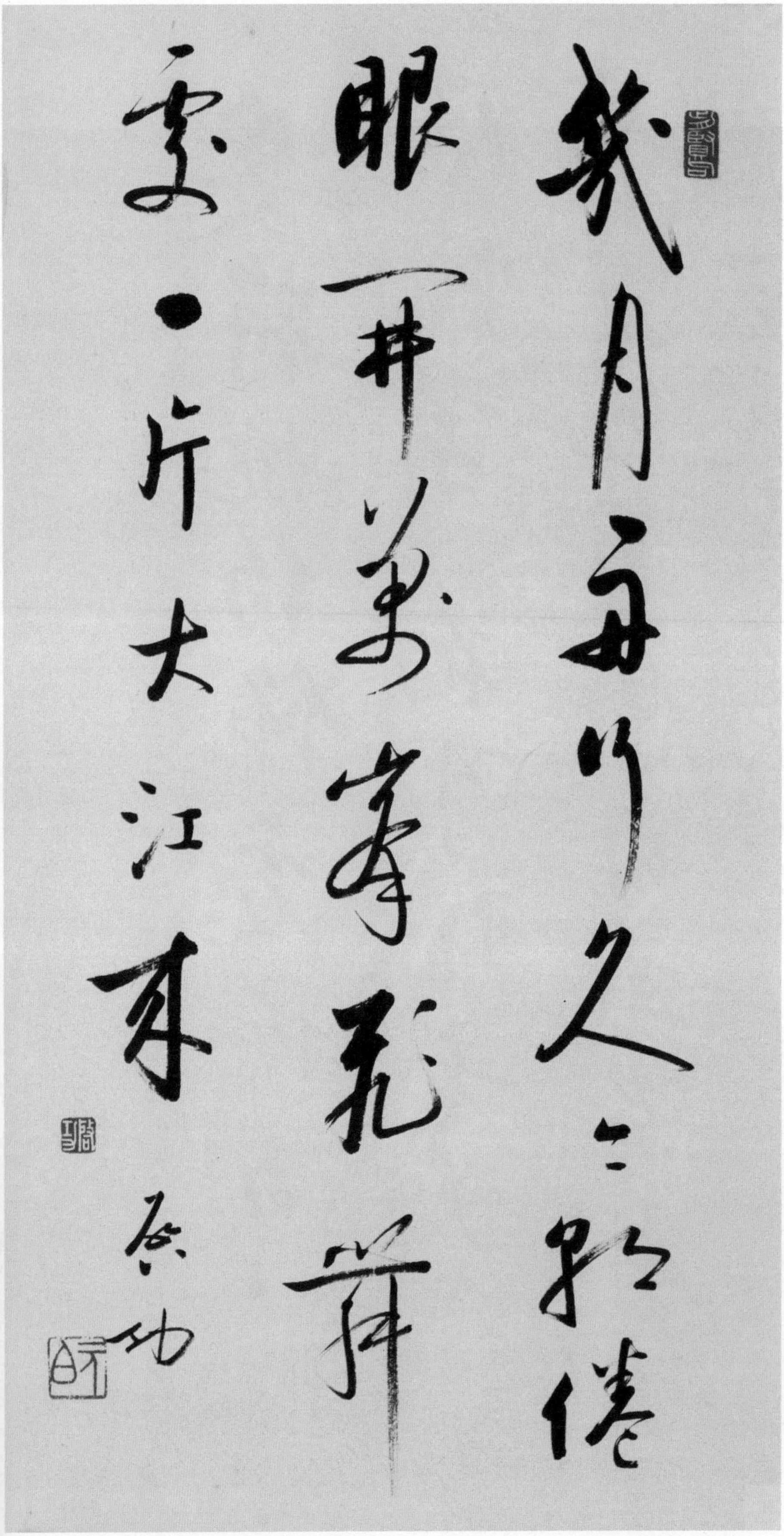

高珩句——几月舟行久

二十世纪七十年代作 水墨纸本 87cm × 55cm 个人收藏

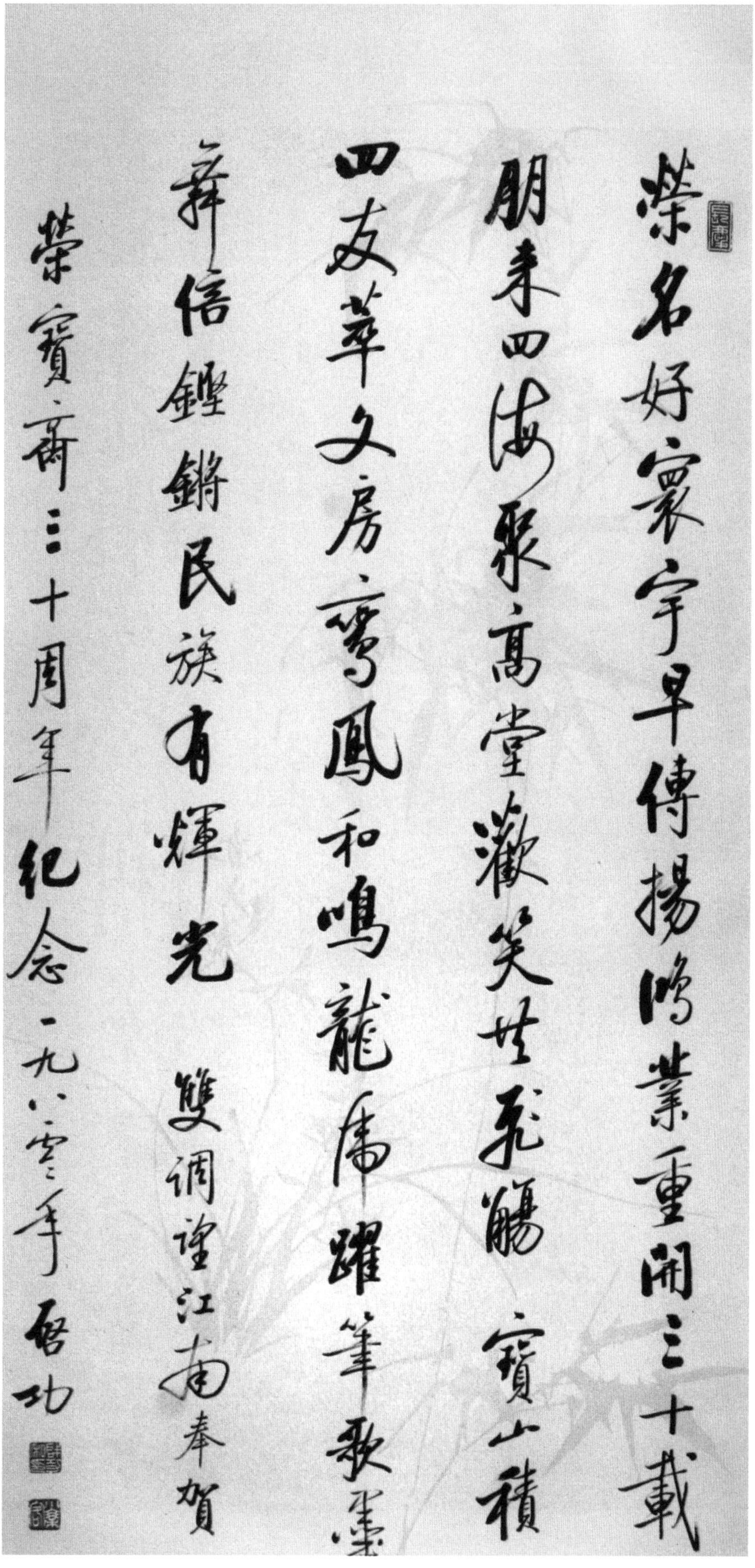
榮名好寰宇早傳揚鴻業重開三十載
朋來四海聚高堂歡笑共飛觴寶山積
四友萃文房鸞鳳和鳴龍虎躍筆歌墨
舞倍鏗鏘民族有輝光
雙調望江南奉賀
榮寶齋三十周年紀念一九八〇年啟功

双调望江南贺荣宝斋

一九八〇年作　水墨纸本　127cm×62cm　荣宝斋收藏

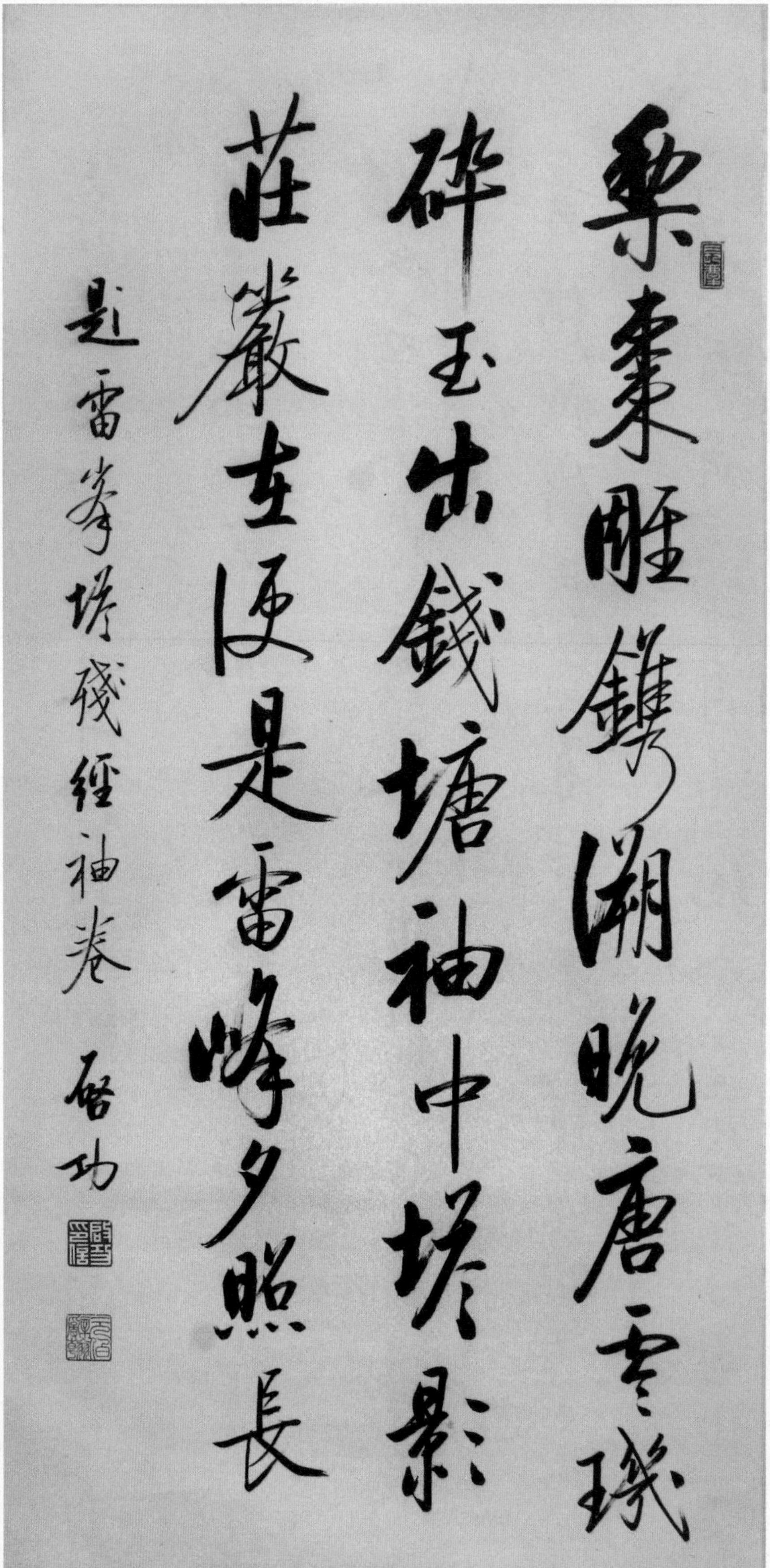

题雷峰塔残经袖卷

一九八〇年作 水墨纸本 134cm×66cm 个人收藏

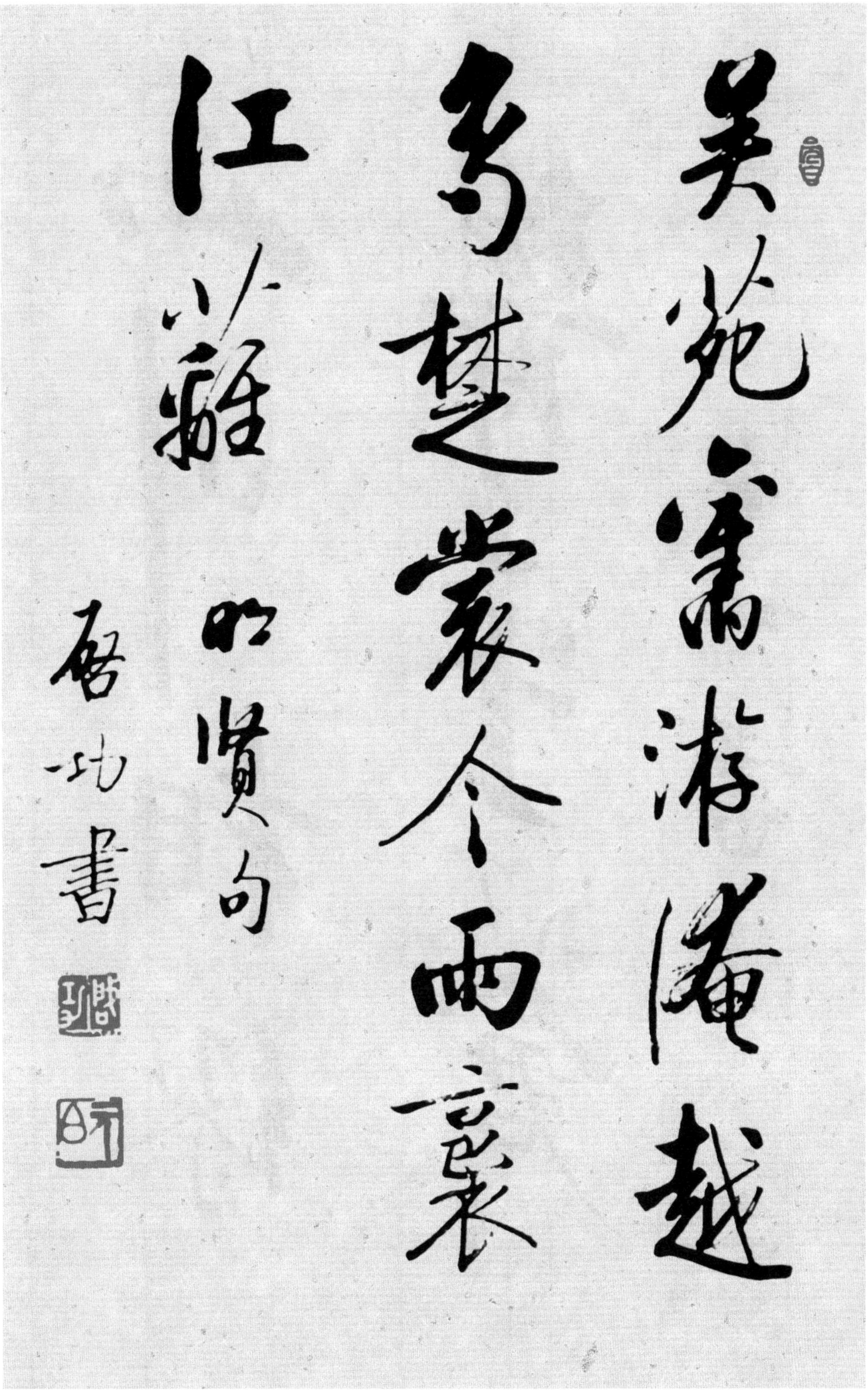

明贤句——吴苑旧游淹越鸟

一九八〇年作　水墨纸本　67cm × 43cm　个人收藏

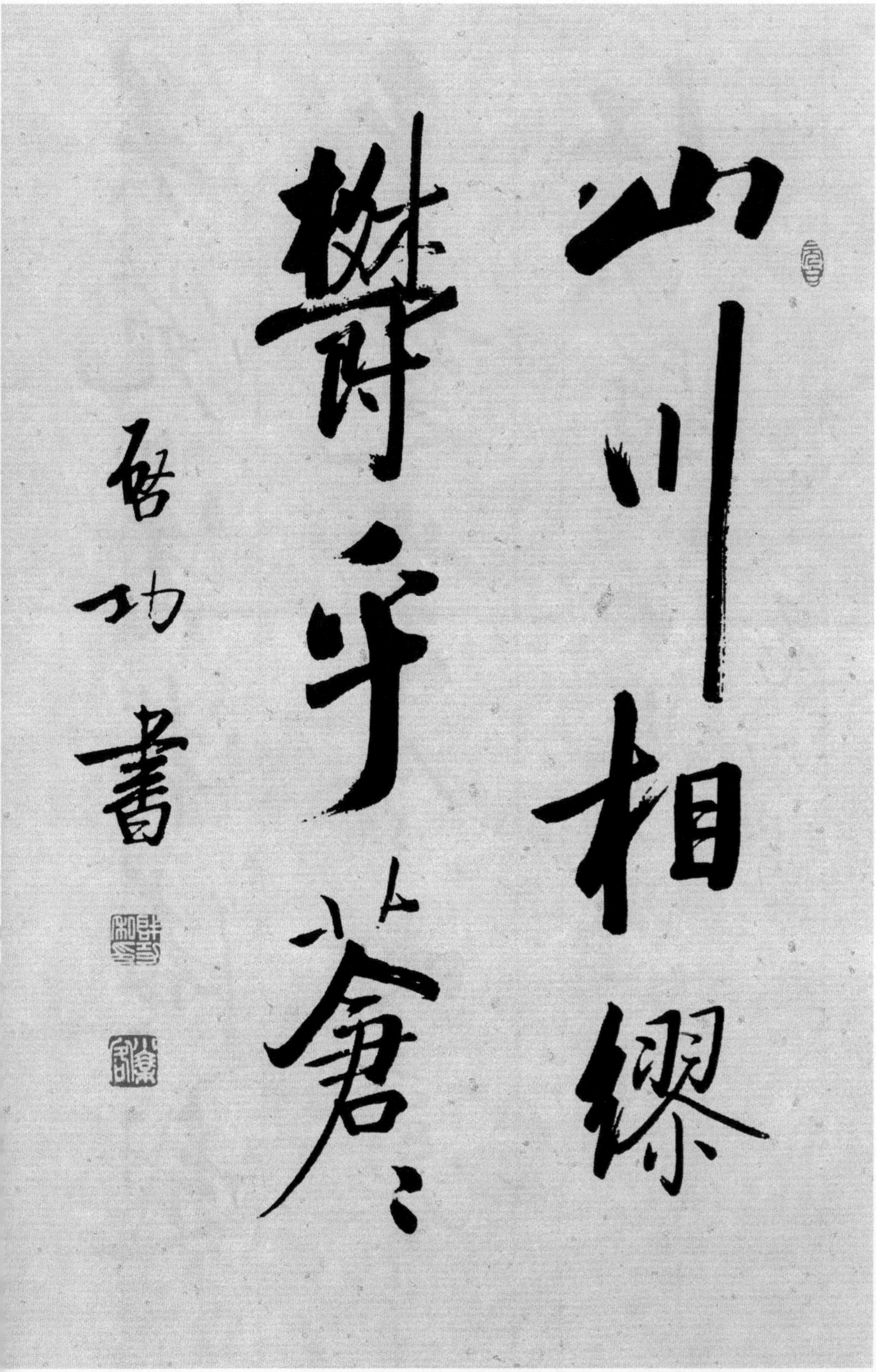

山川相缪　郁乎苍苍

一九八〇年作　水墨纸本　67cm × 44cm　个人收藏

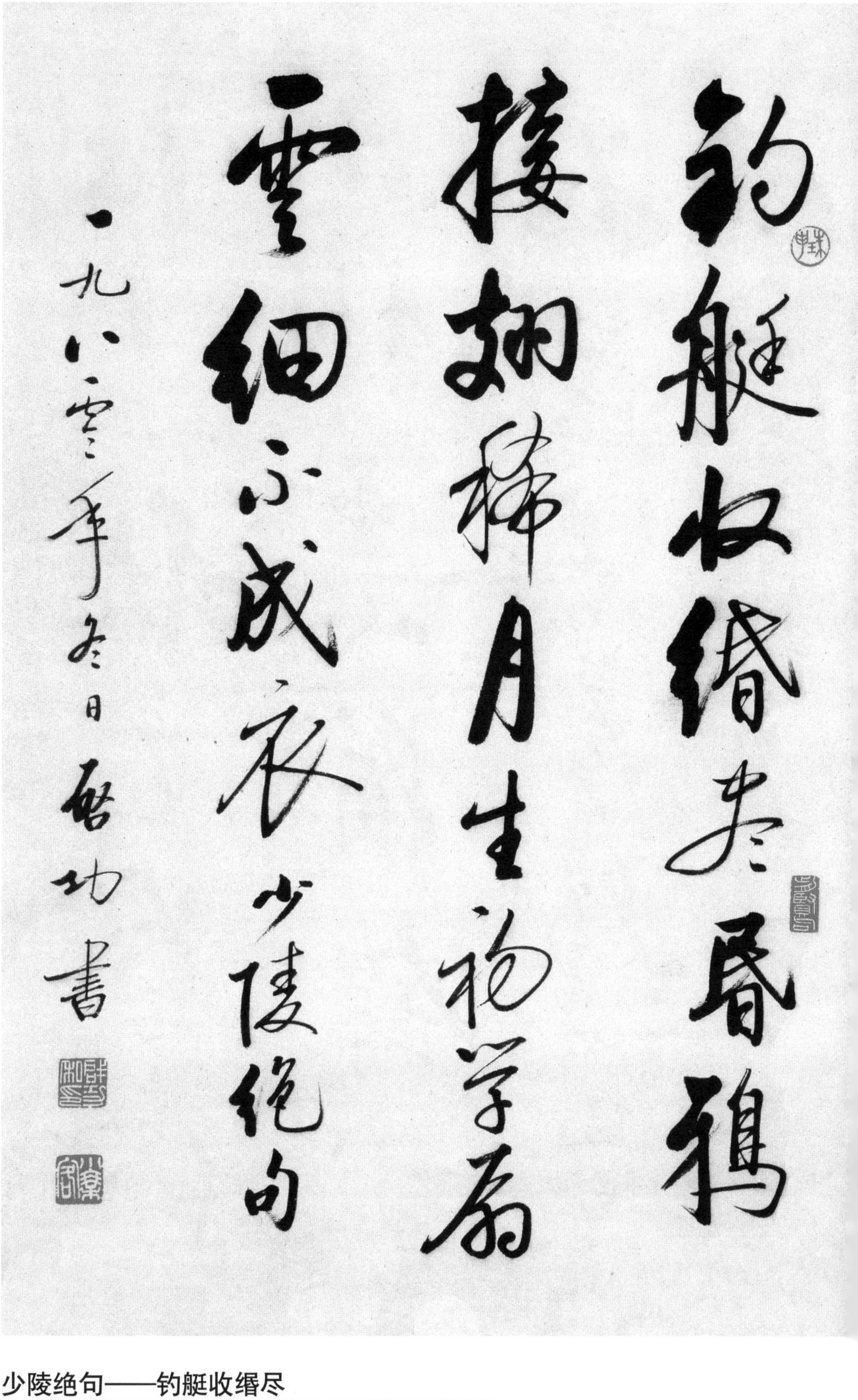
钓艇收缗尽昏鸦
接翅稀月生初学扇
云细不成衣 少陵绝句
一九八〇年冬日 启功书

少陵绝句——钓艇收缗尽

一九八〇年作　水墨纸本　66cm × 42cm　个人收藏

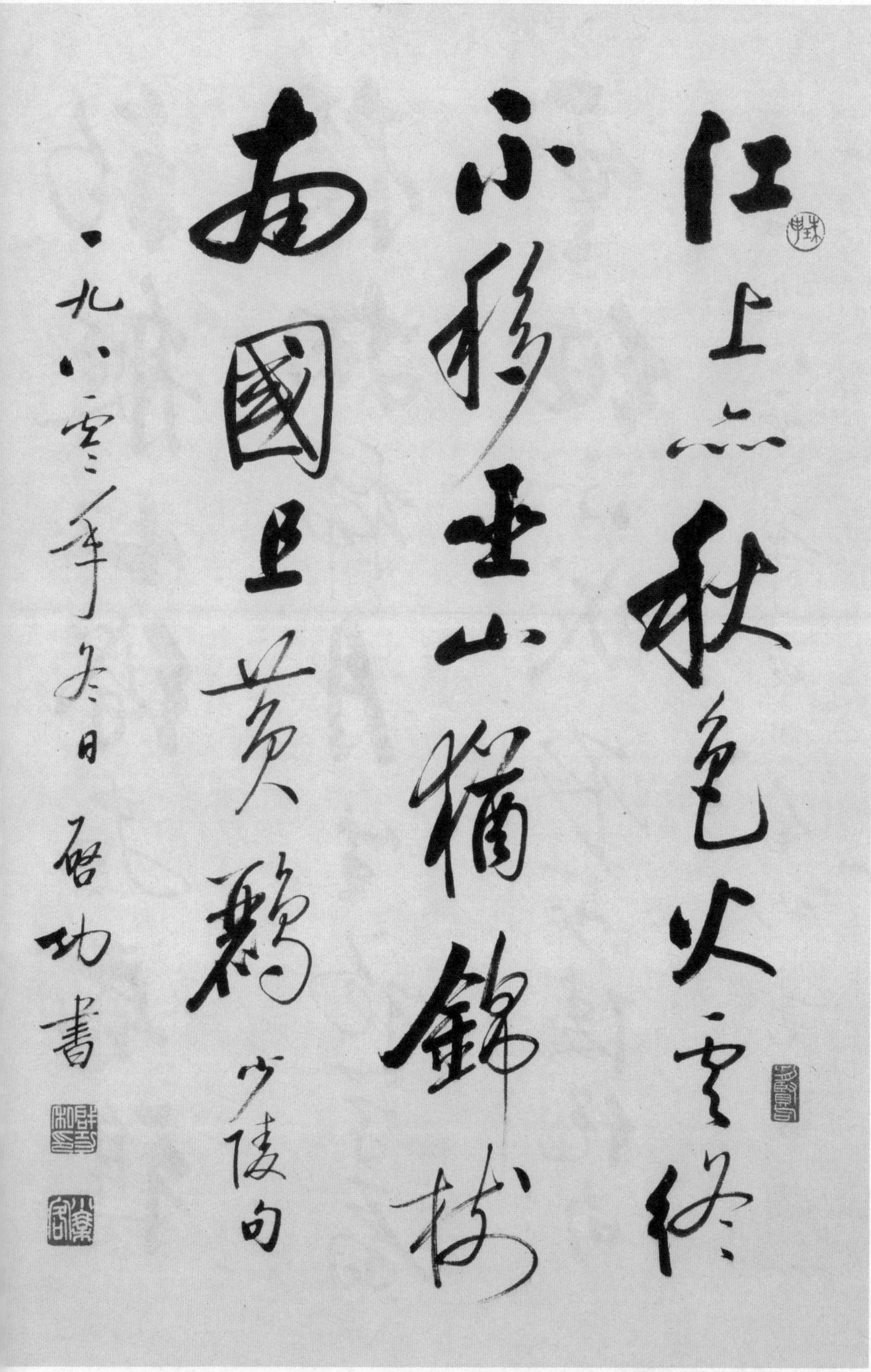

少陵句——江上亦秋色

一九八〇年作　水墨纸本　66cm × 42cm　个人收藏

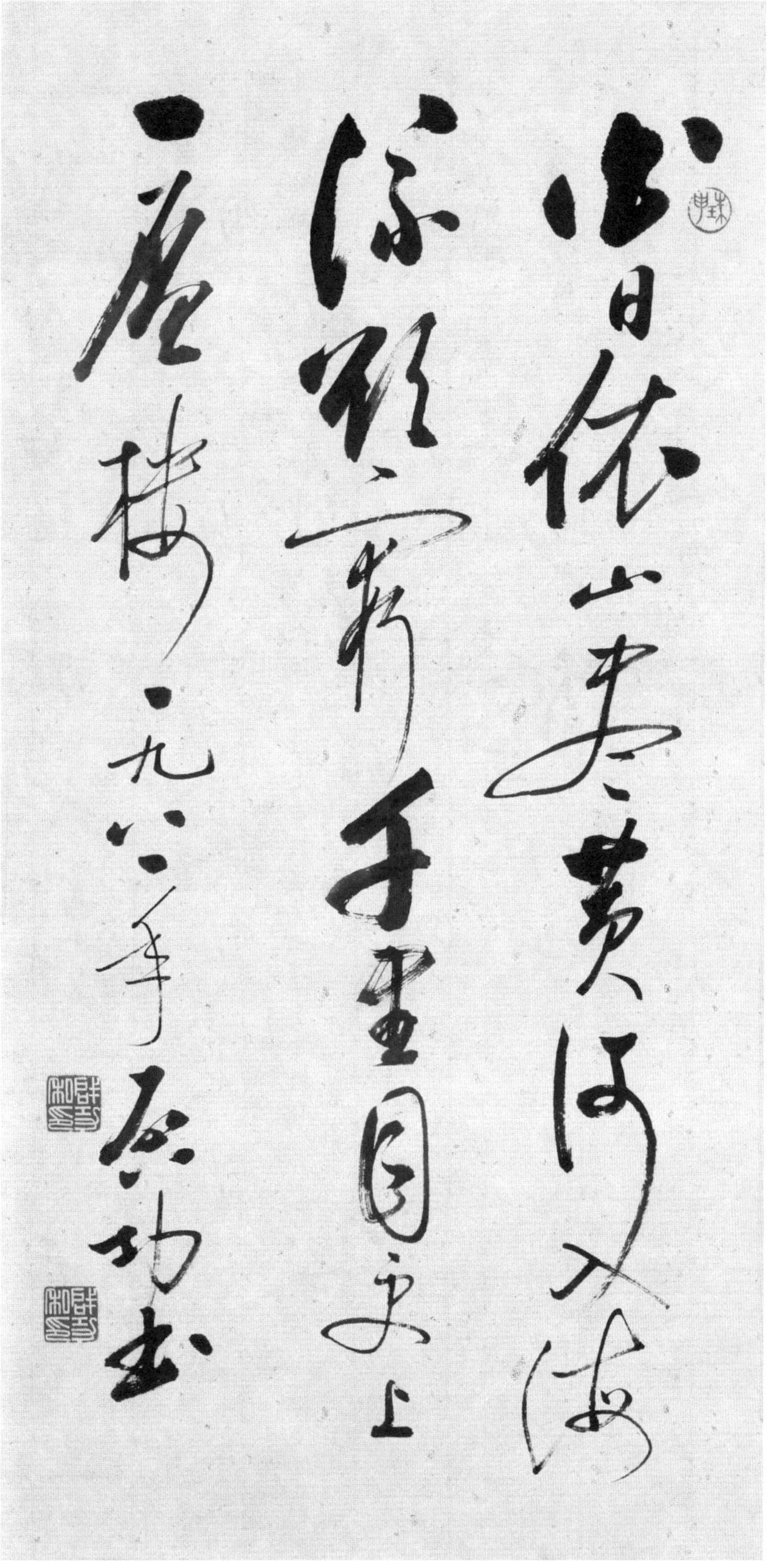

李白句——白日依山尽

一九八一年作　水墨纸本　69cm×35cm　个人收藏

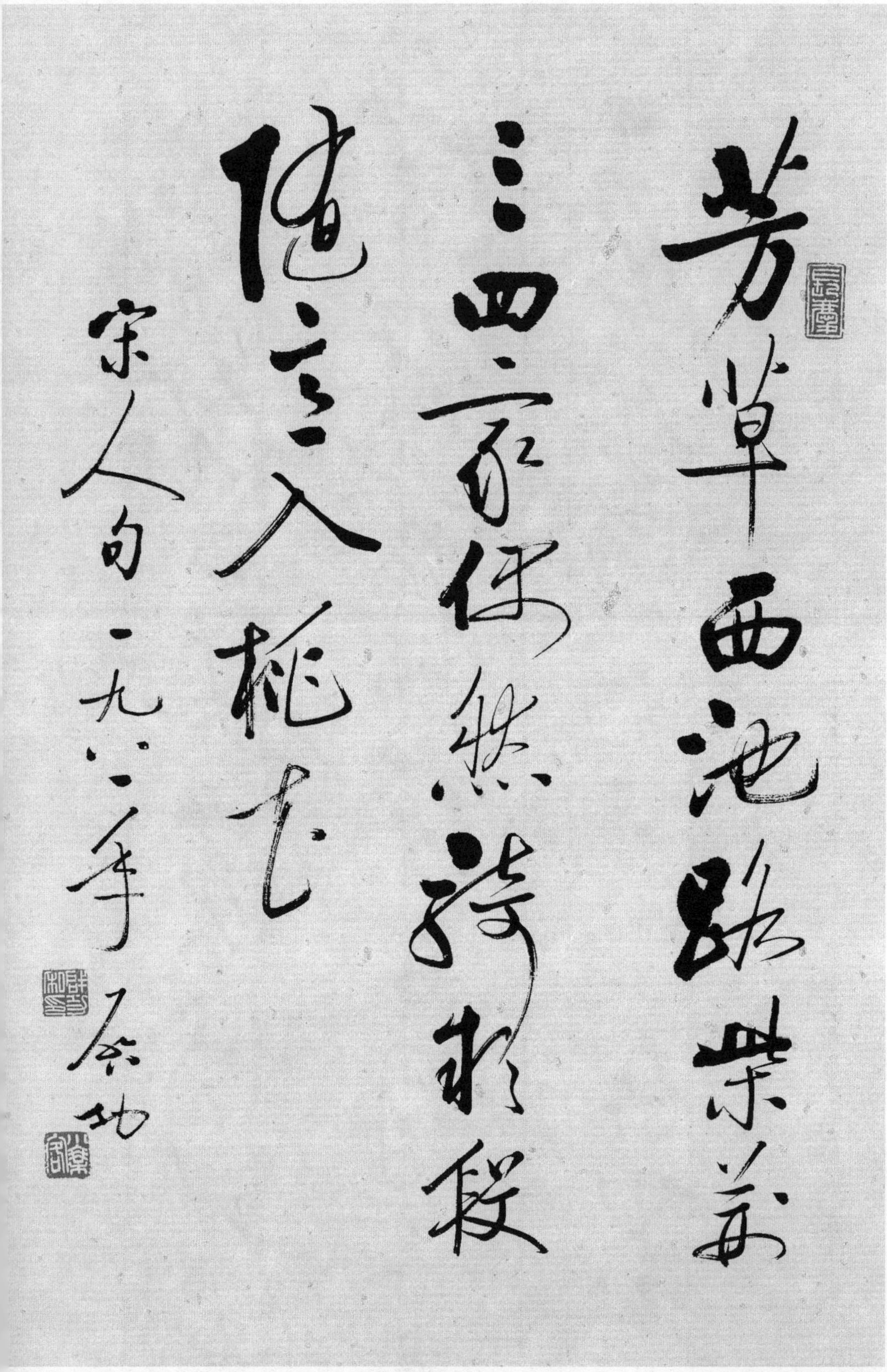

宋人句——芳草西池路

一九八一年作　水墨纸本　66cm × 42cm　个人收藏

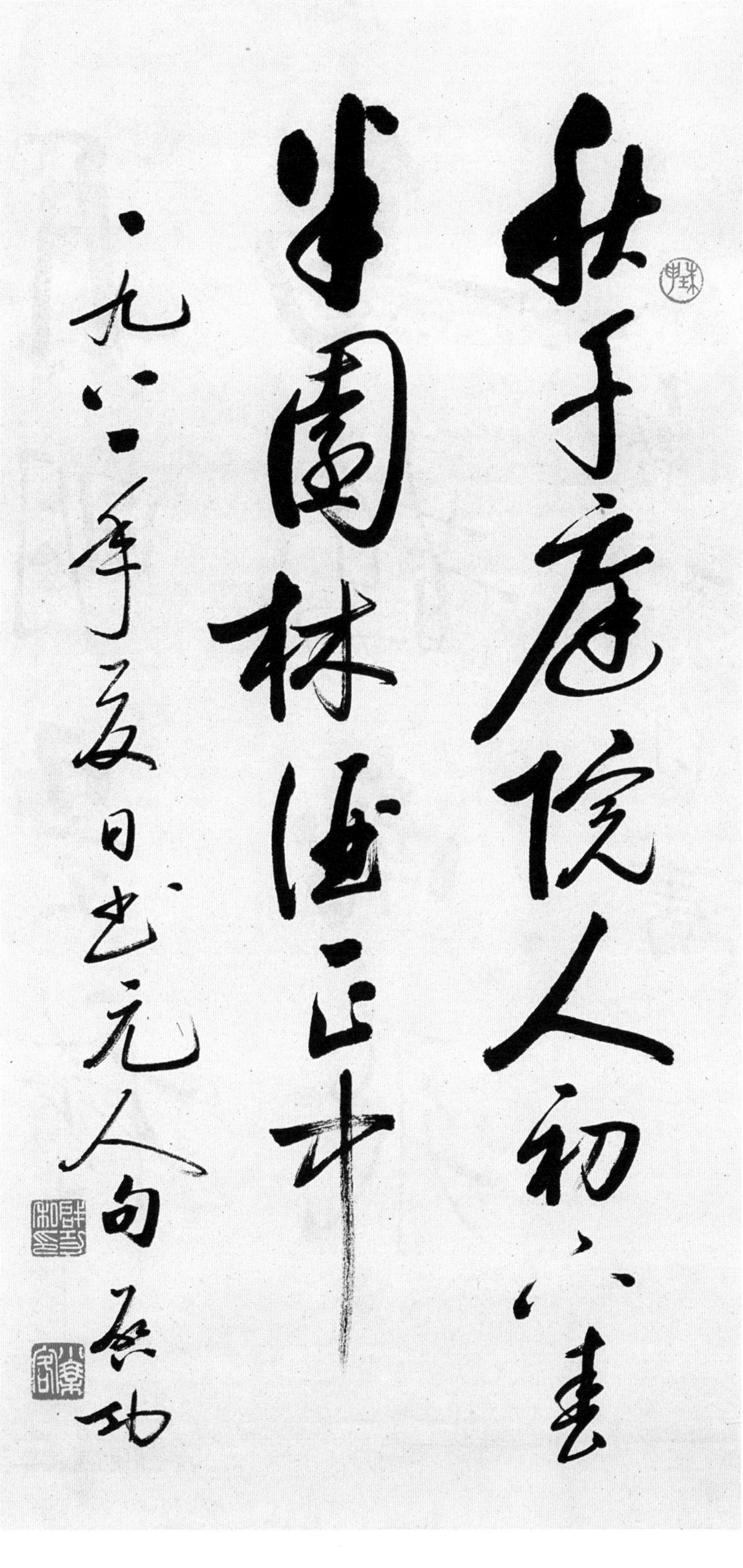

元人句——秋千庭院人初下

一九八一年作　水墨纸本　66cm×42cm　个人收藏

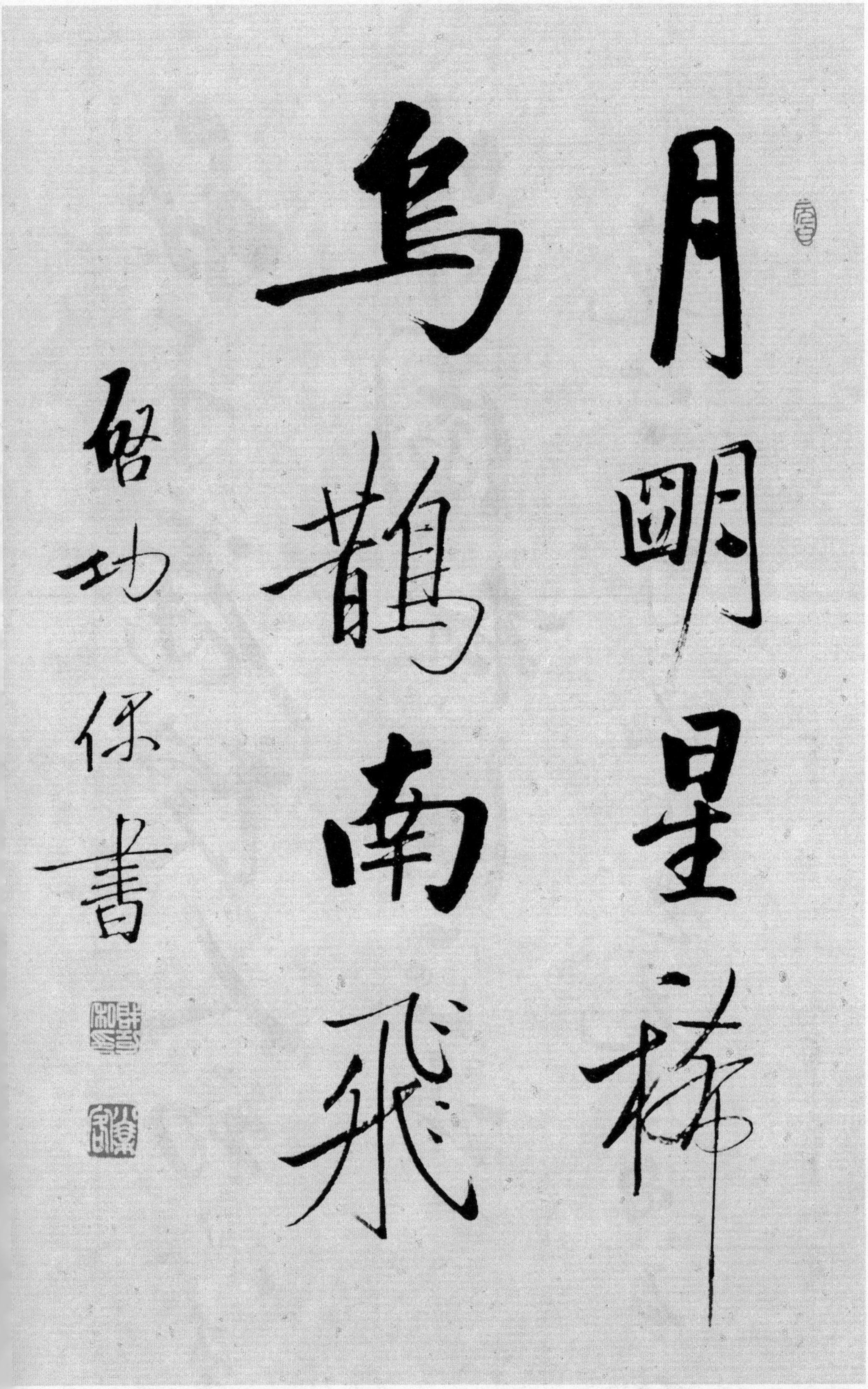

月明星稀　乌鹊南飞

一九八一年作　水墨纸本　67cm × 44cm　个人收藏

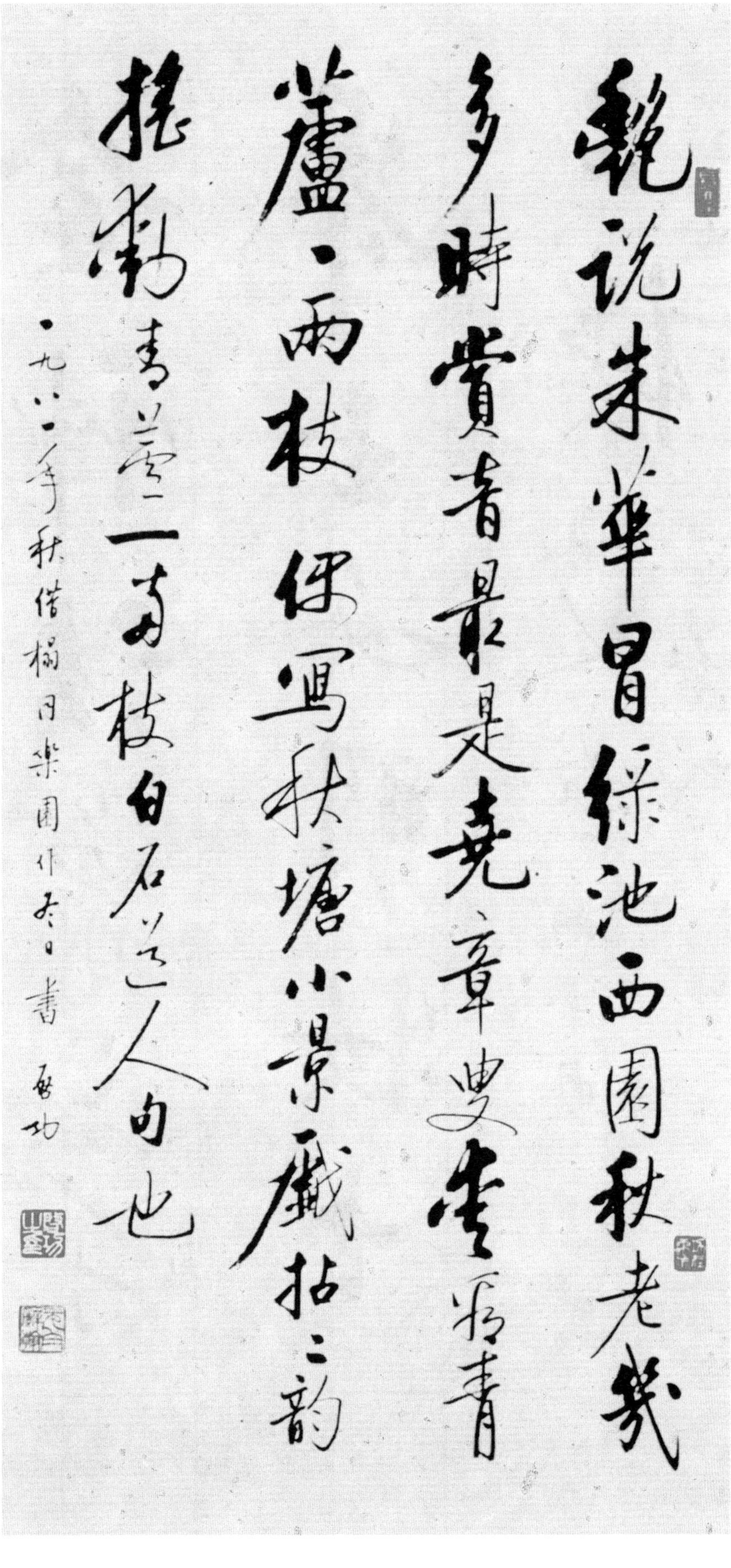

自作诗——艳说朱华冒绿池

一九八一年作　水墨纸本　130cm×64cm　个人收藏

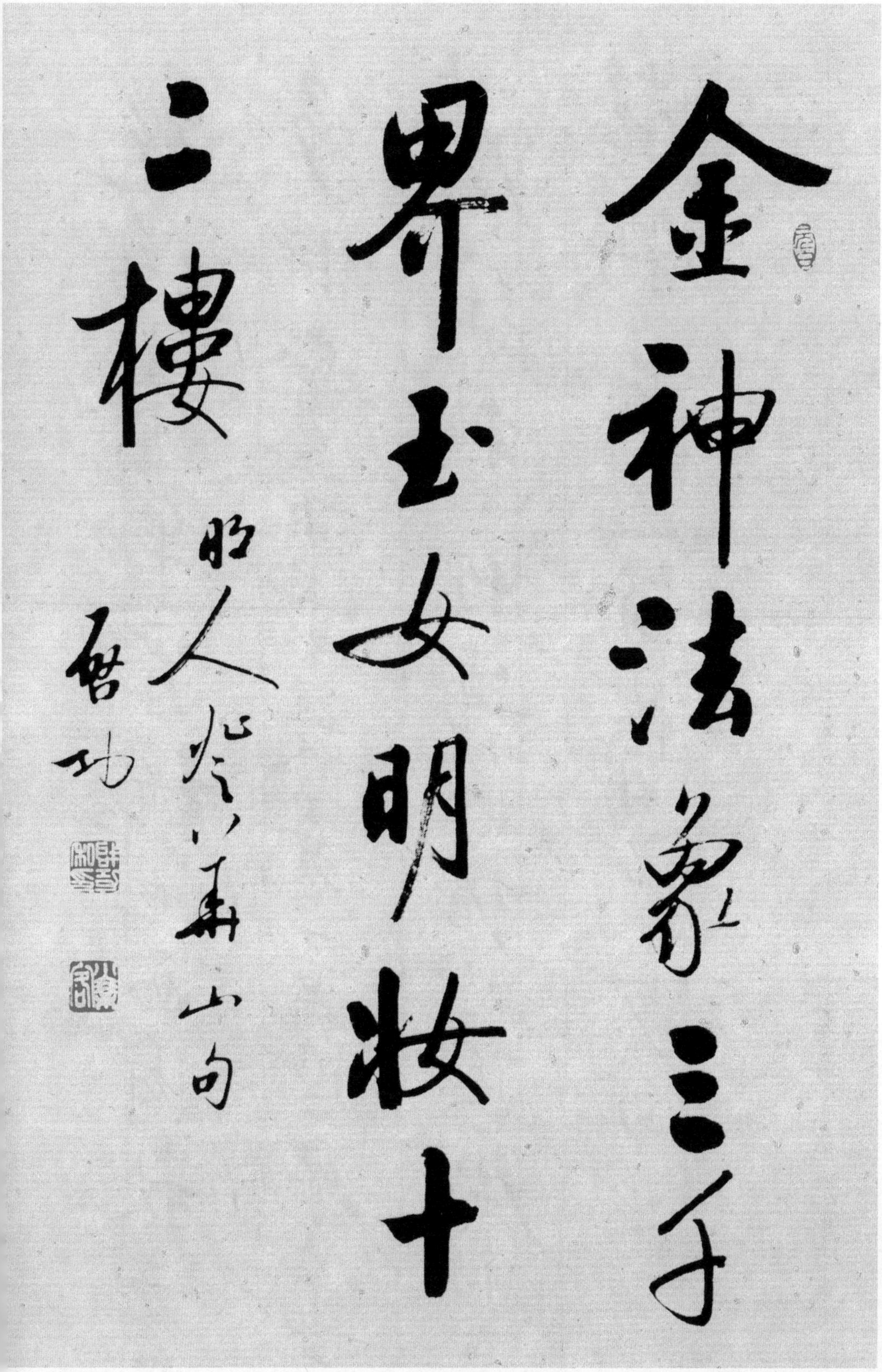

明人登华山句

一九八一年作　水墨纸本　67cm × 44cm　个人收藏

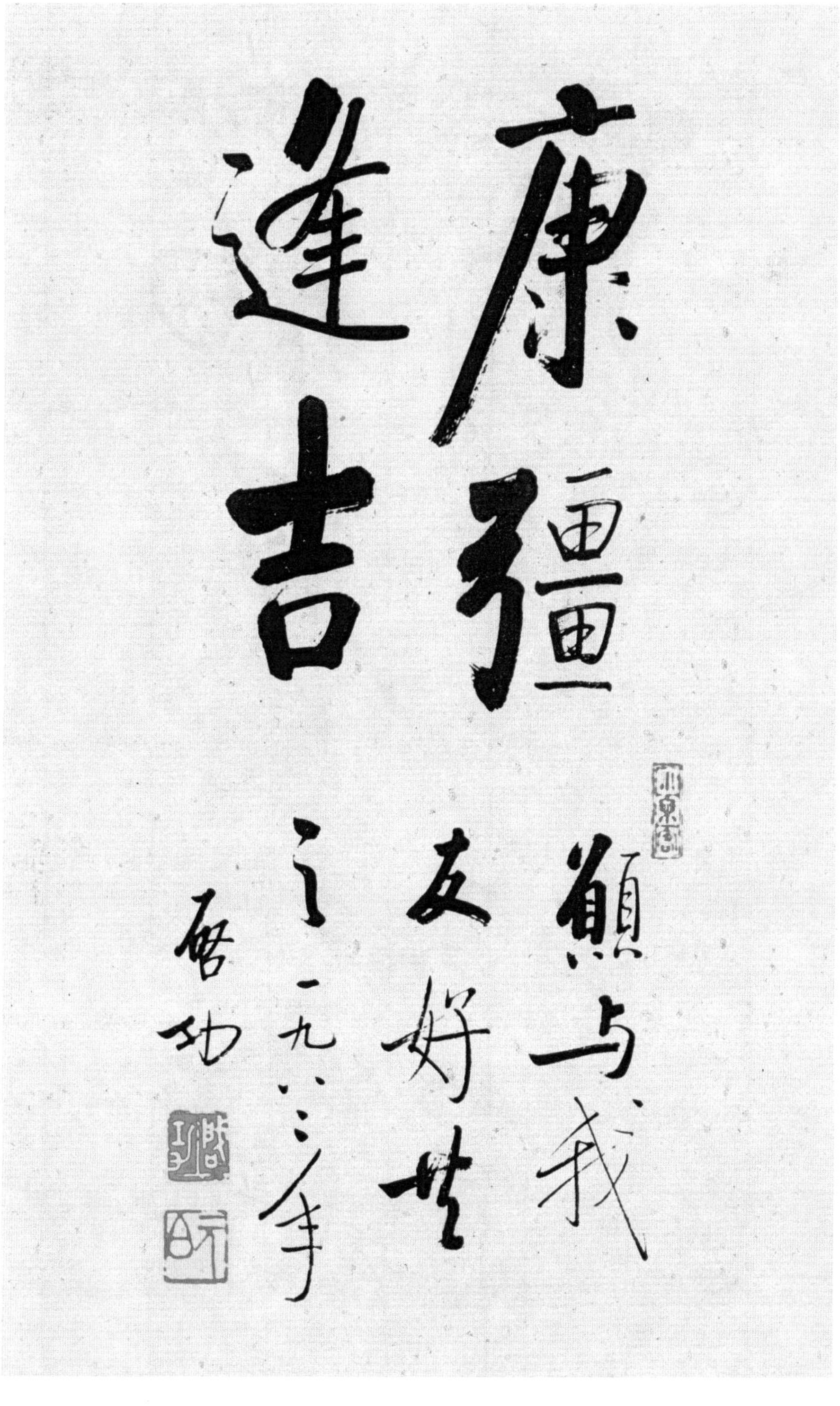

康强逢吉

一九八二年作　水墨纸本　62cm×40cm　个人收藏

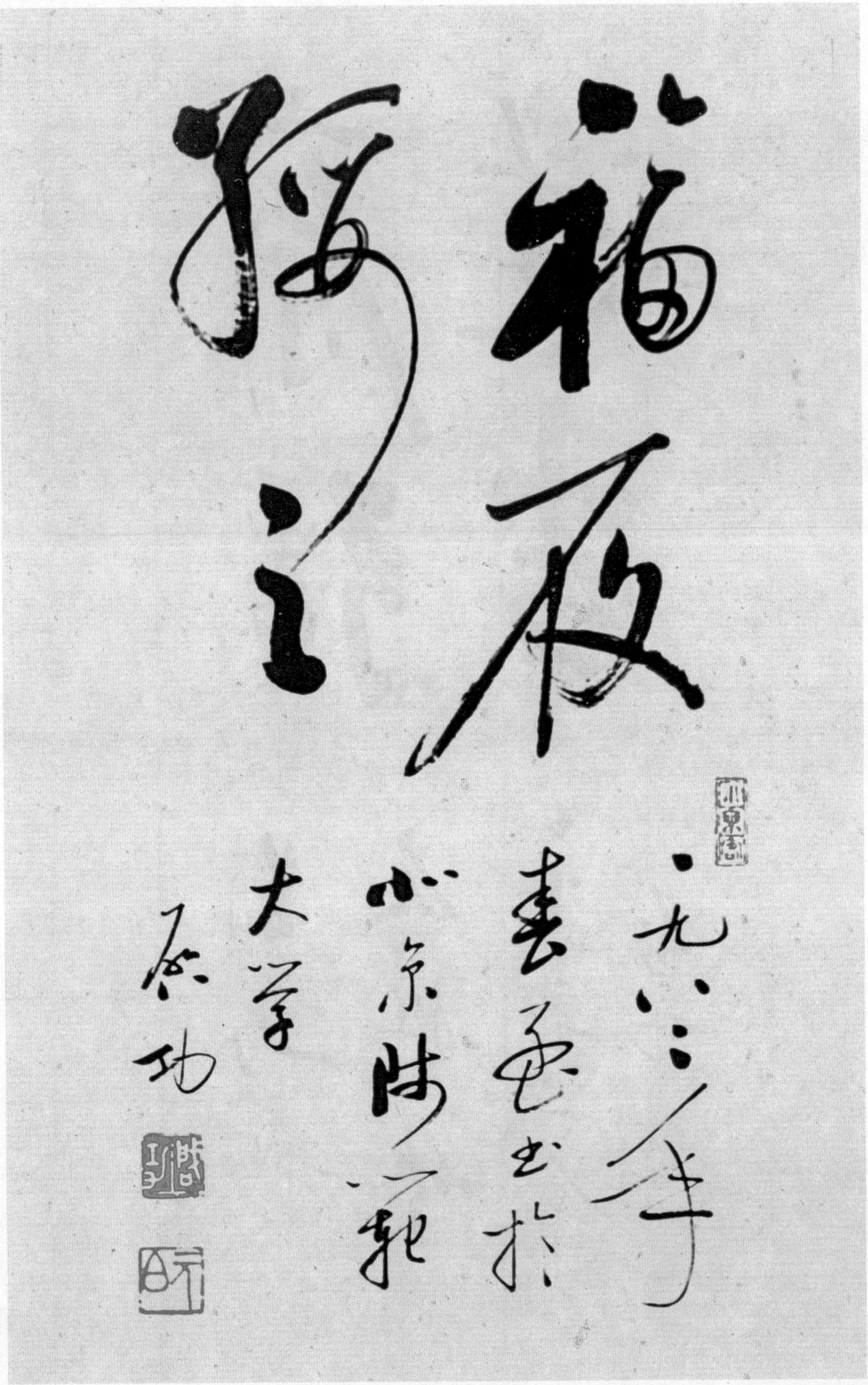

福履绥之

一九八二年作　水墨纸本　62cm × 40cm　个人收藏

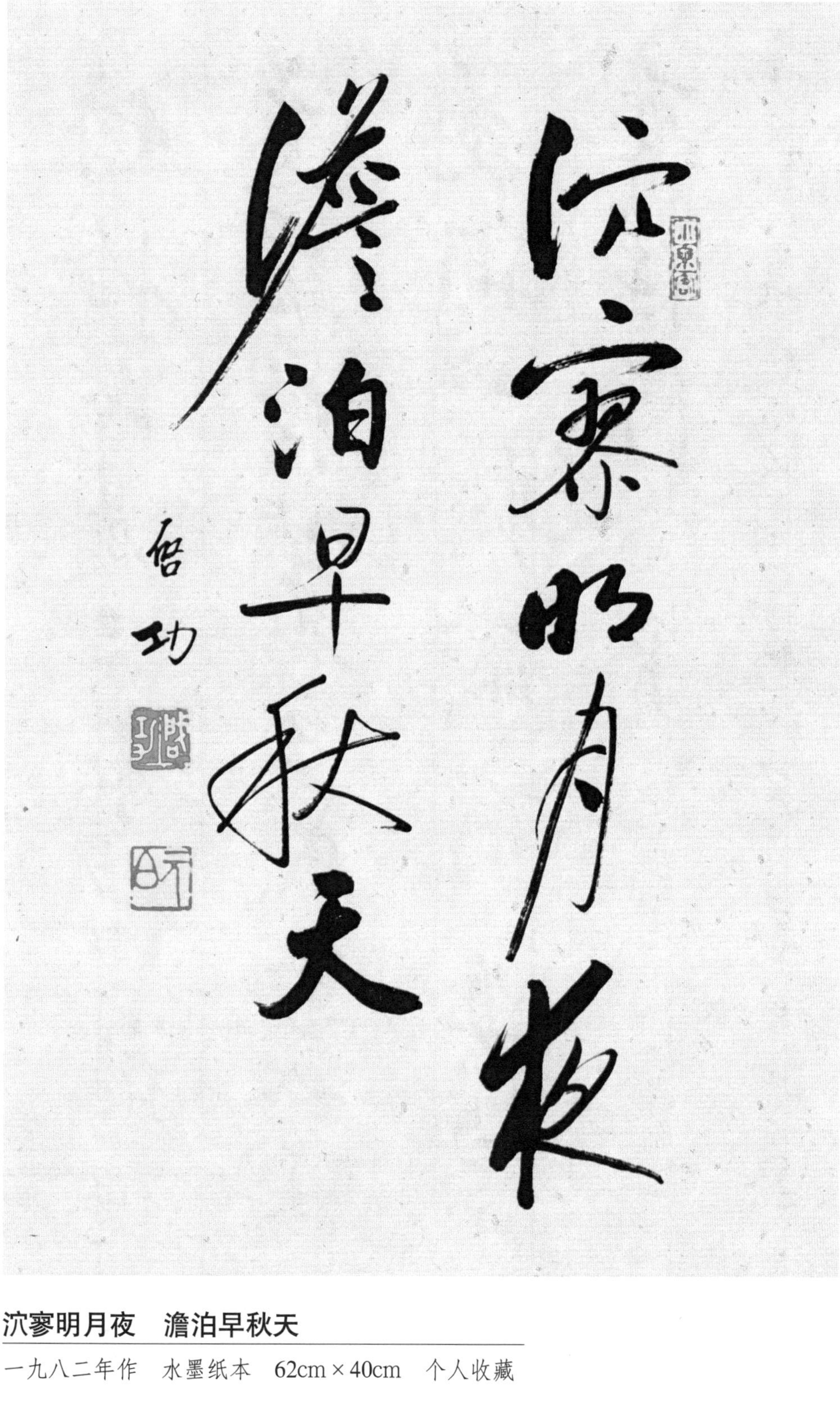

沉寥明月夜　澹泊早秋天

一九八二年作　水墨纸本　62cm × 40cm　个人收藏

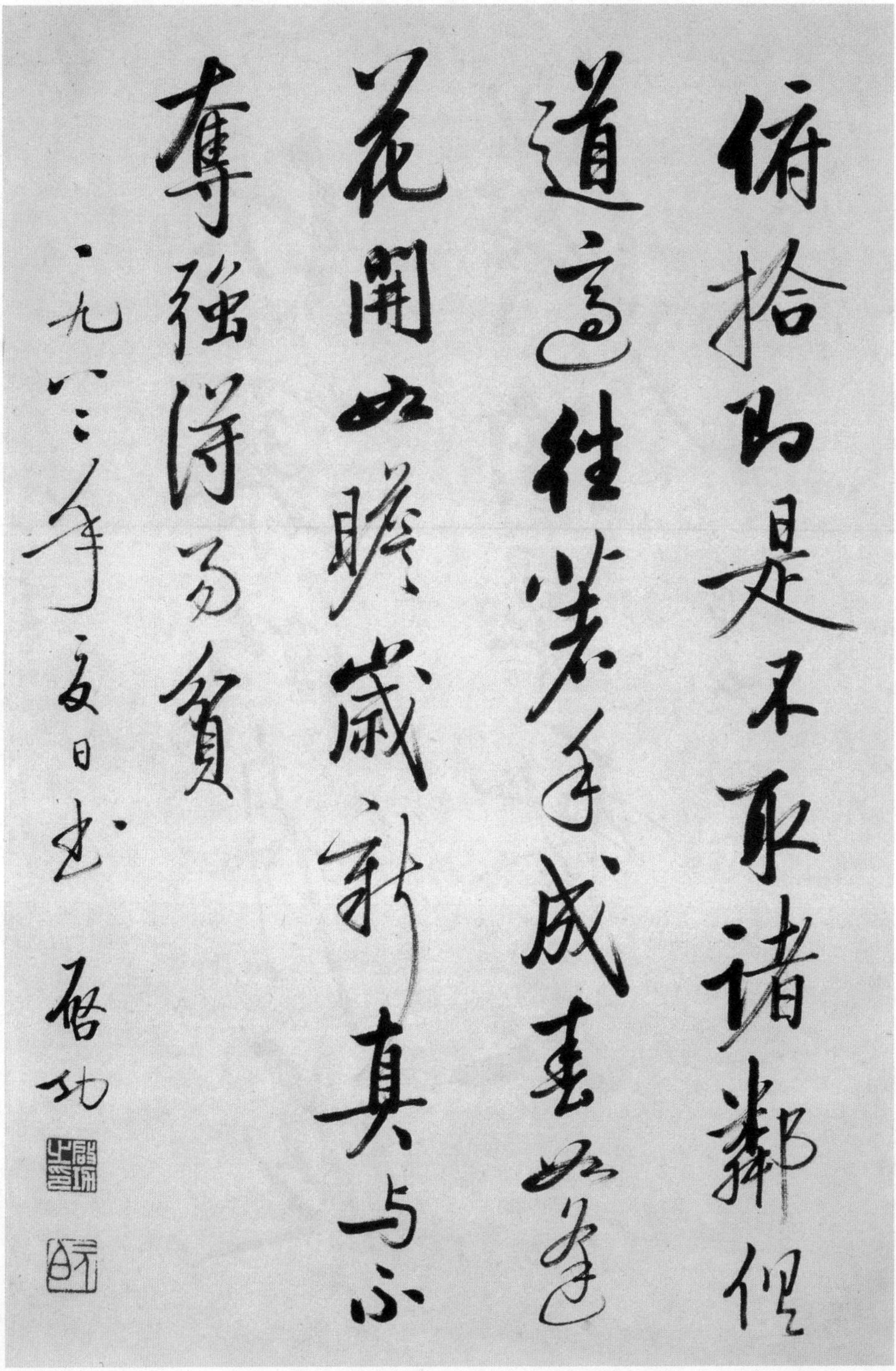
俯拾即是不取诸邻俱
道适往着手成春如逢
花开如瞻岁新真与不
夺强得易贫
一九八二年夏日书
启功

司空图句——俯拾即是

一九八二年作　水墨纸本　63cm × 42cm　个人收藏

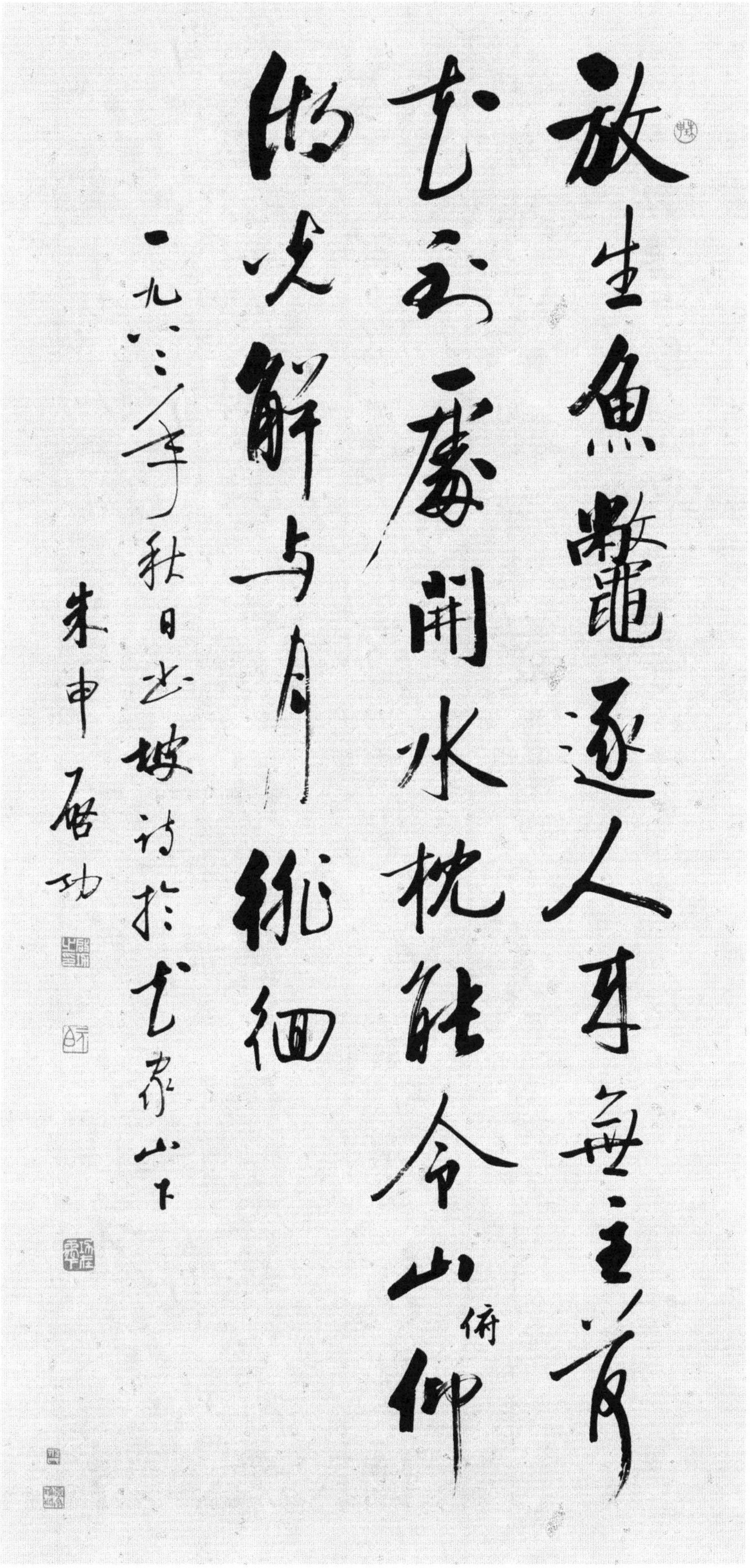

苏东坡句——放生鱼鳖逐人来

一九八二年作　水墨纸本　133cm×63cm　个人收藏

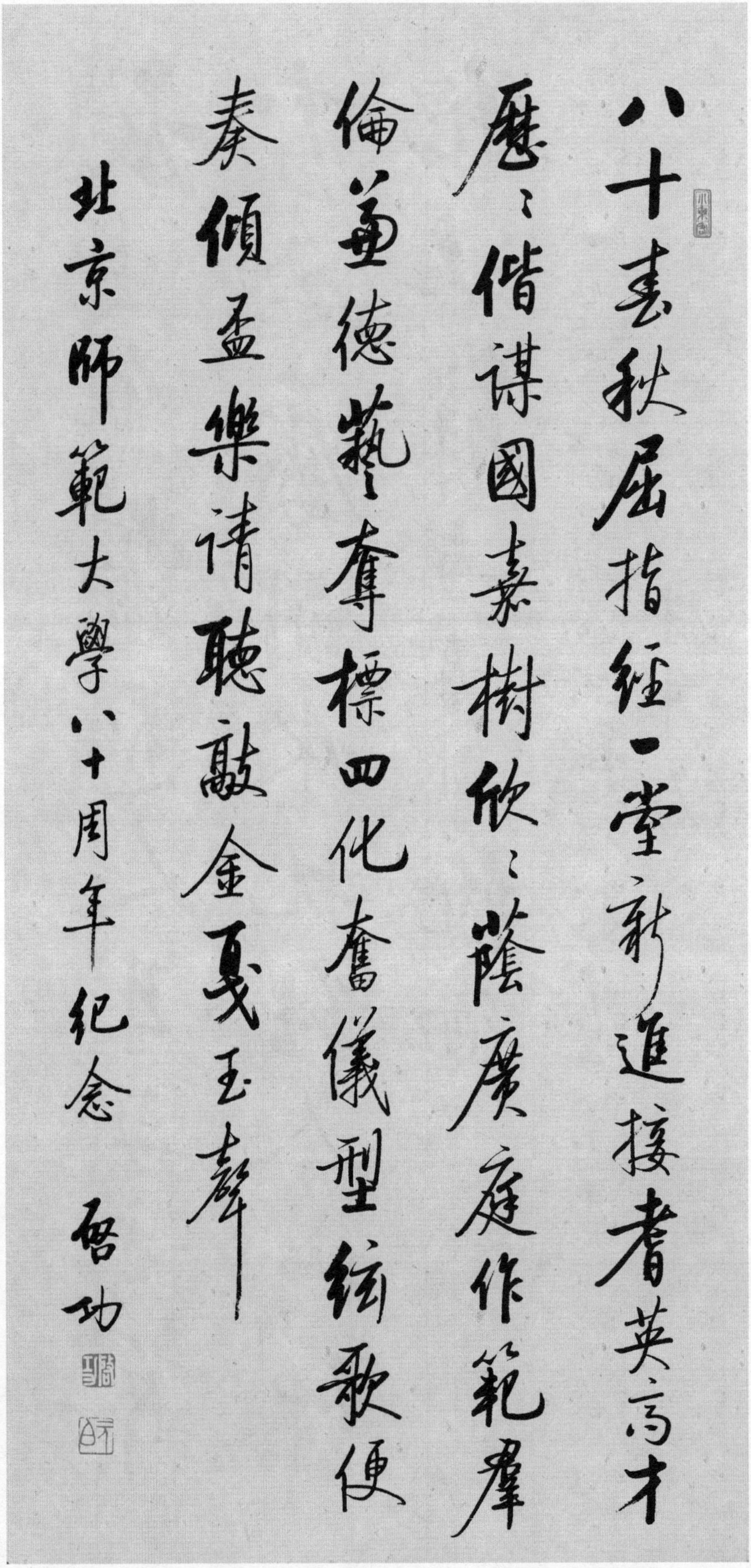
八十春秋屈指經一堂新進接耆英高才
歷歷偕謀國嘉樹欣欣蔭廣庭作範羣
倫兼德藝奪標四化奮儀型絃歌便
奏傾盃樂請聽敲金戛玉聲
北京師範大學八十周年紀念　啓功

贺北京师范大学成立八十周年

一九八二年作　水墨纸本　133cm×64cm　北京师范大学收藏

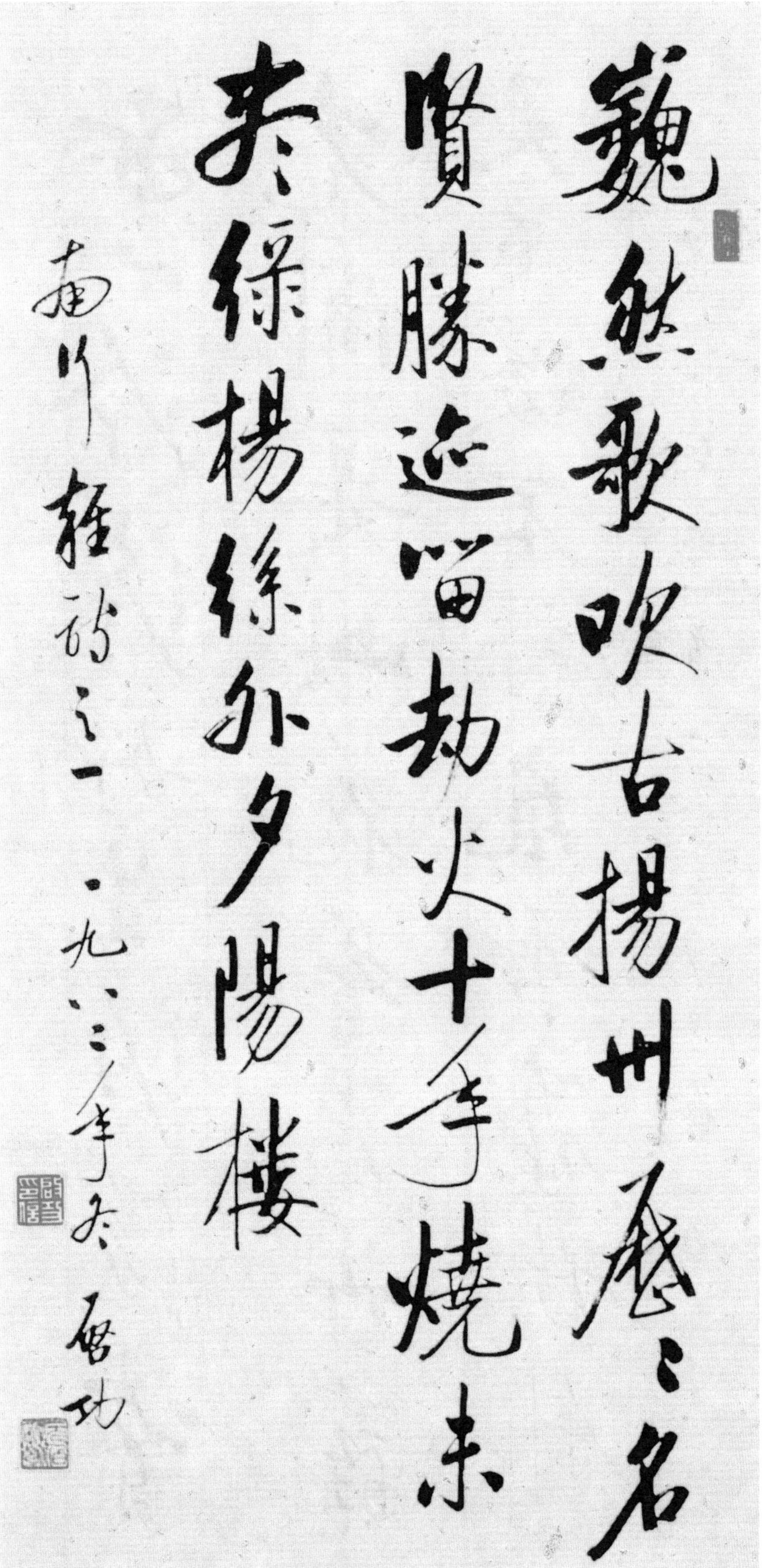
巍然歌吹古揚州展〻名
賢勝迹留劫火十年燒未
盡綠楊絲外夕陽樓
南行雜詩之一 一九八二年冬 啓功

南行杂诗

一九八二年作　水墨纸本　134cm×56cm　个人收藏

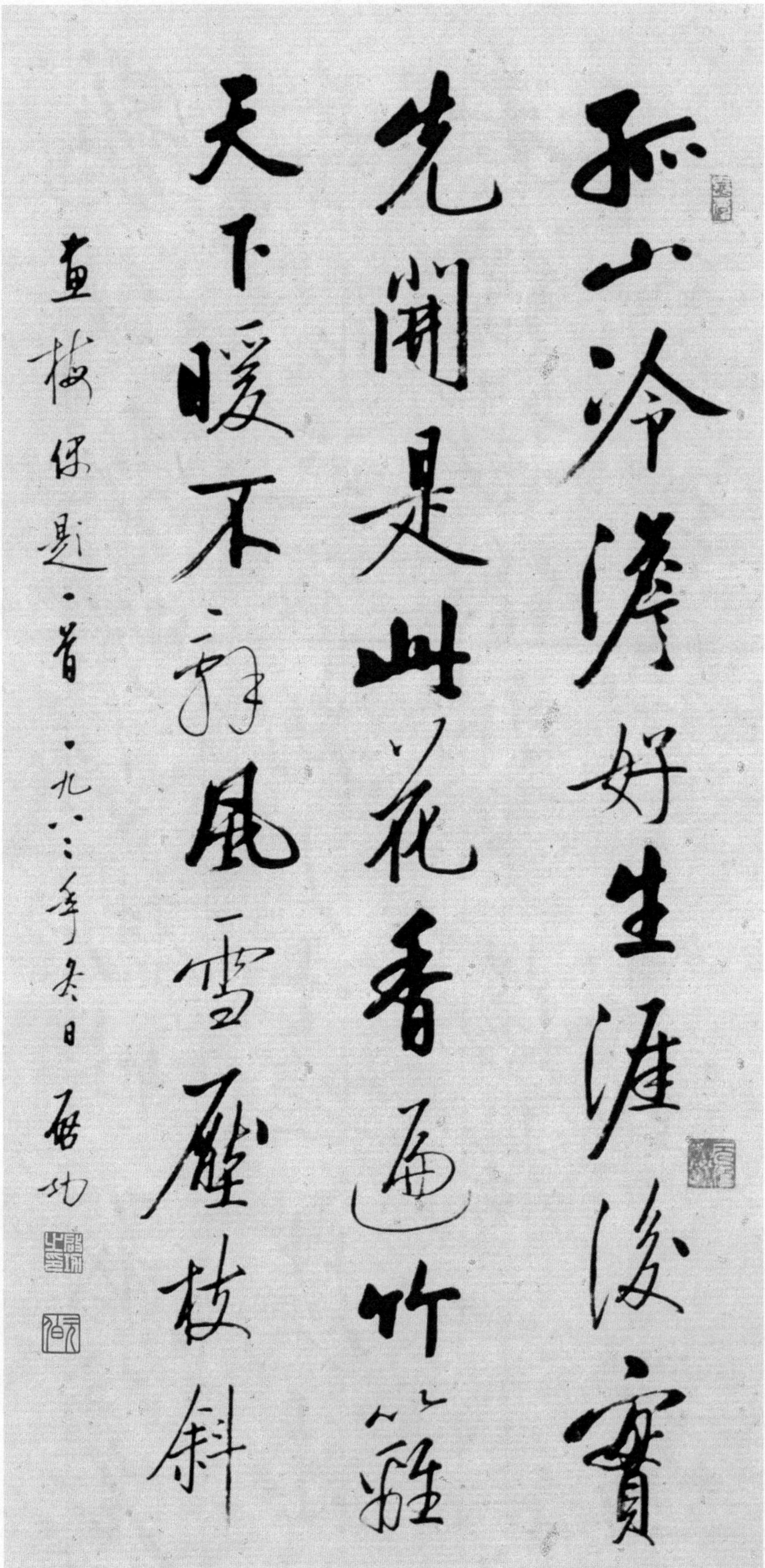
孤山冷淡好生涯後實
先開是此花香遍竹籬
天下暖不辭風雪壓枝斜
畫梅偶題一首 一九八二年冬日 啓功

题画梅

一九八二年作 水墨纸本 134cm×64cm 个人收藏

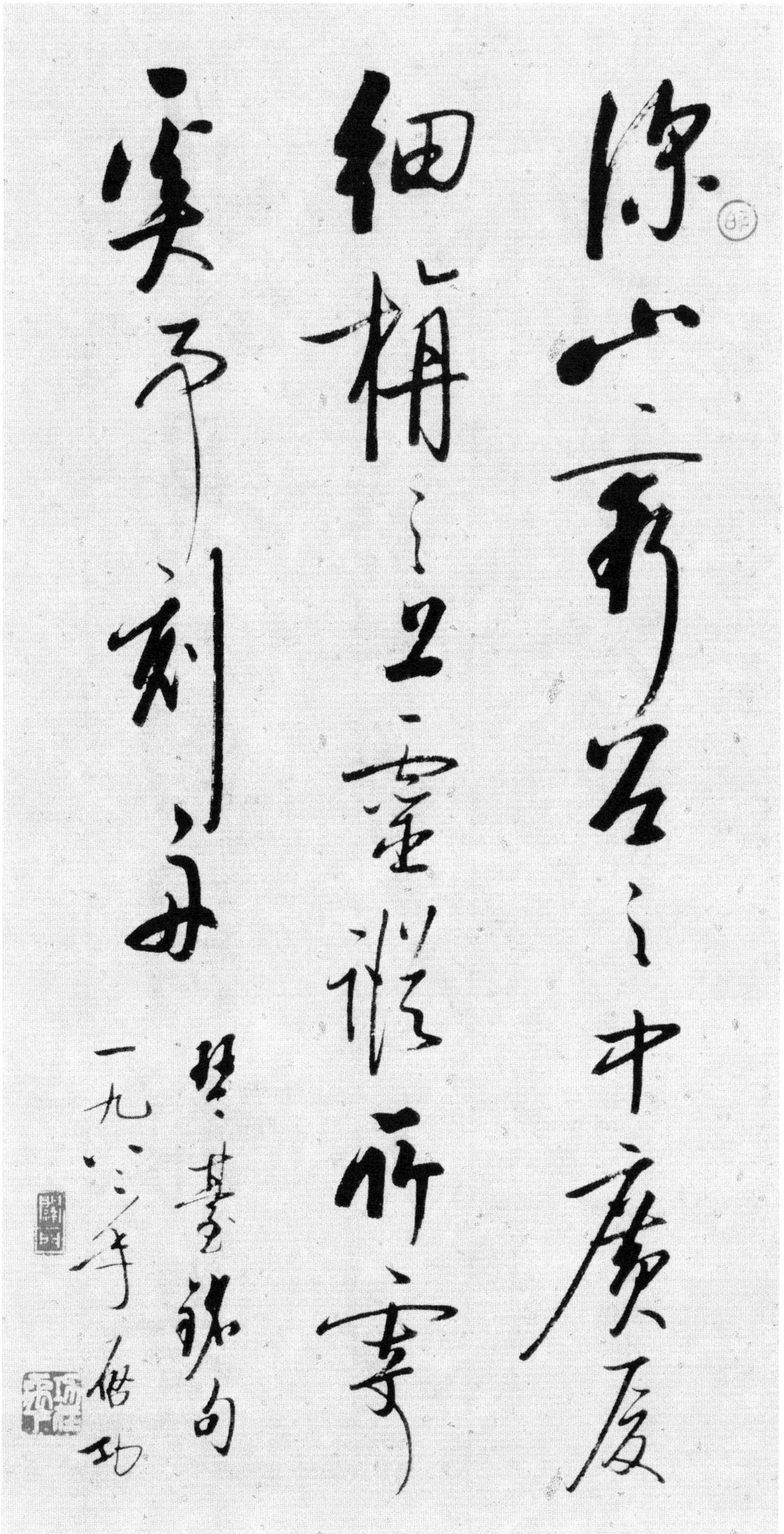

琴台铭句

一九八二年作　水墨纸本　69cm × 36cm　个人收藏

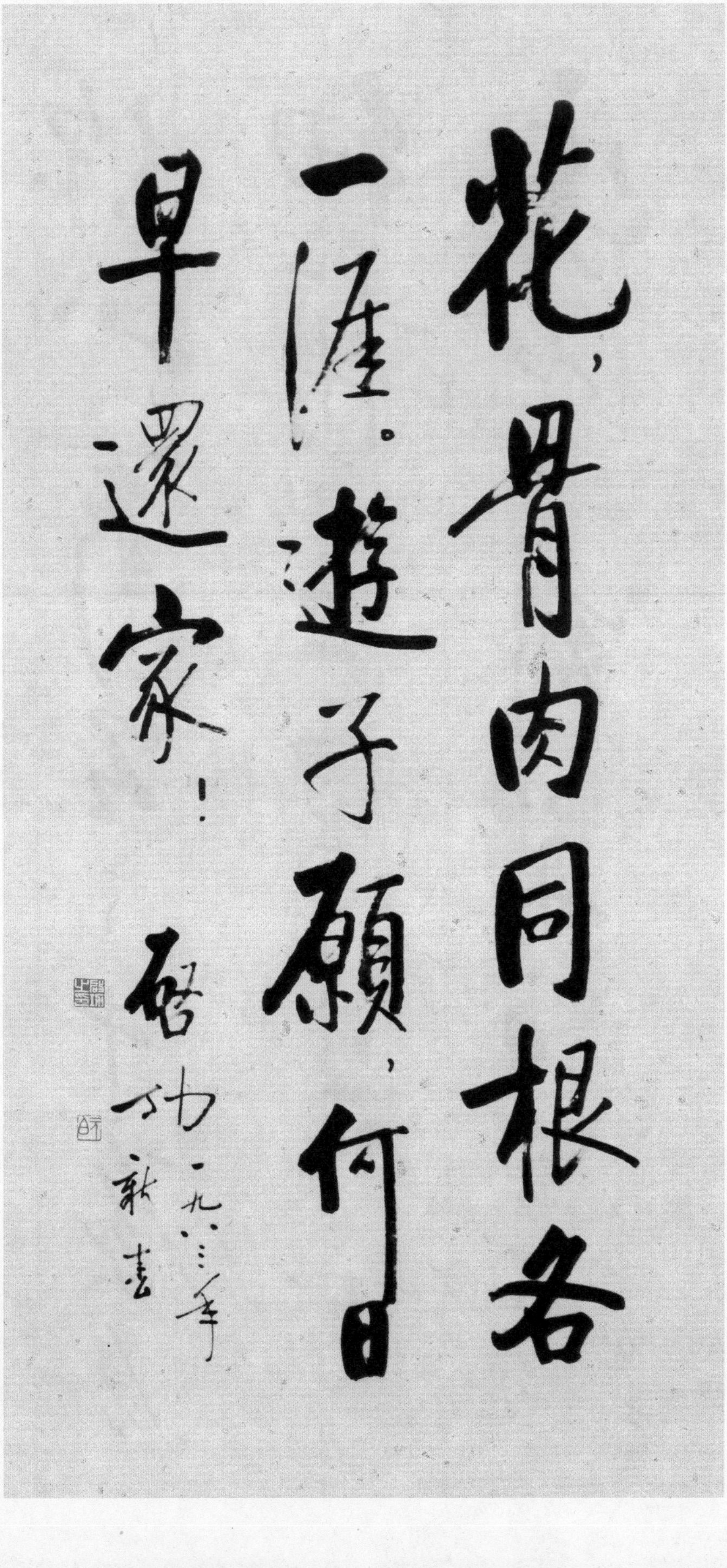

十六字令

一九八三年作 水墨纸本 130cm×66cm 个人收藏

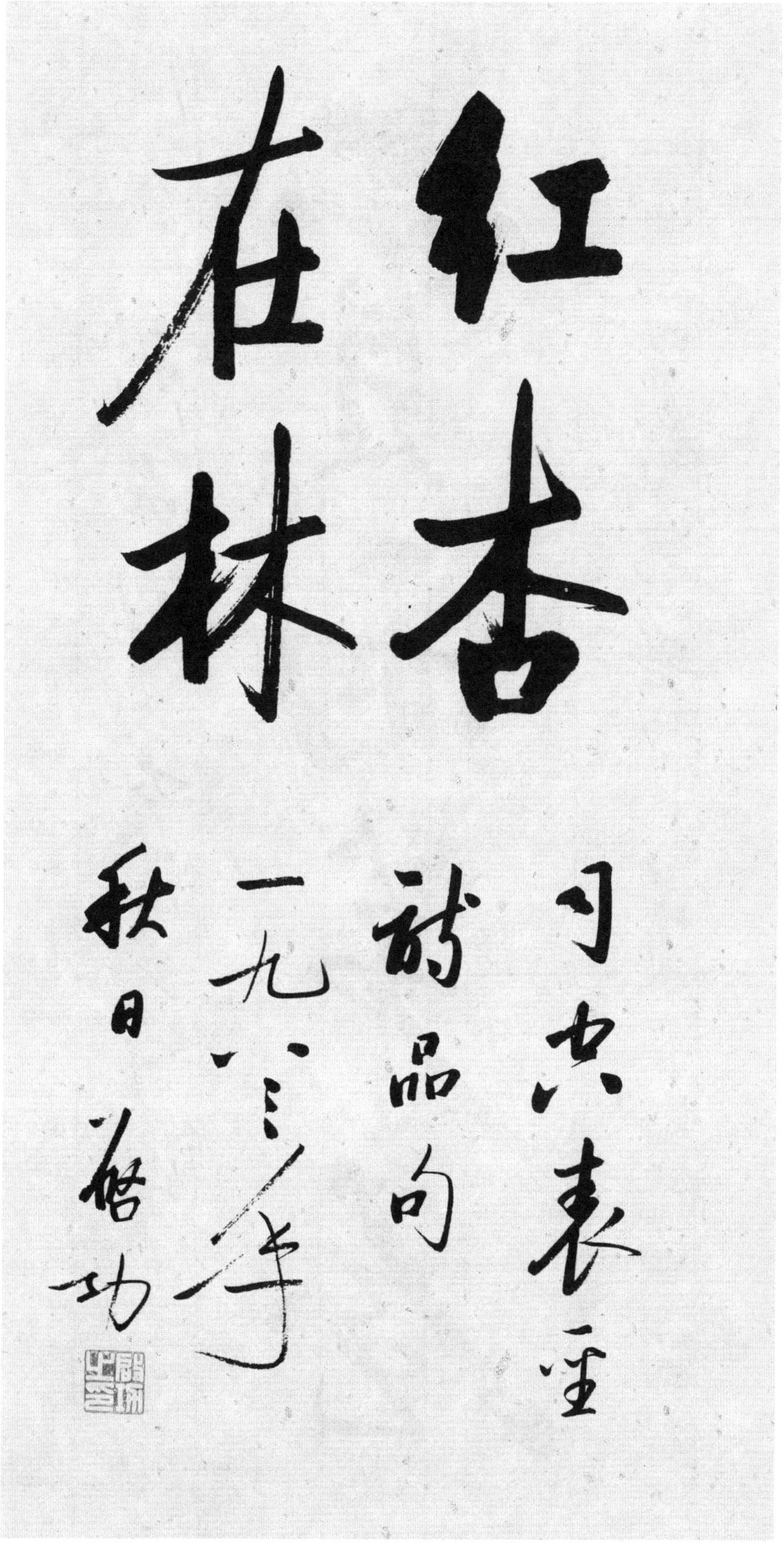

红杏在林

一九八三年作　水墨纸本　68cm × 36cm　个人收藏

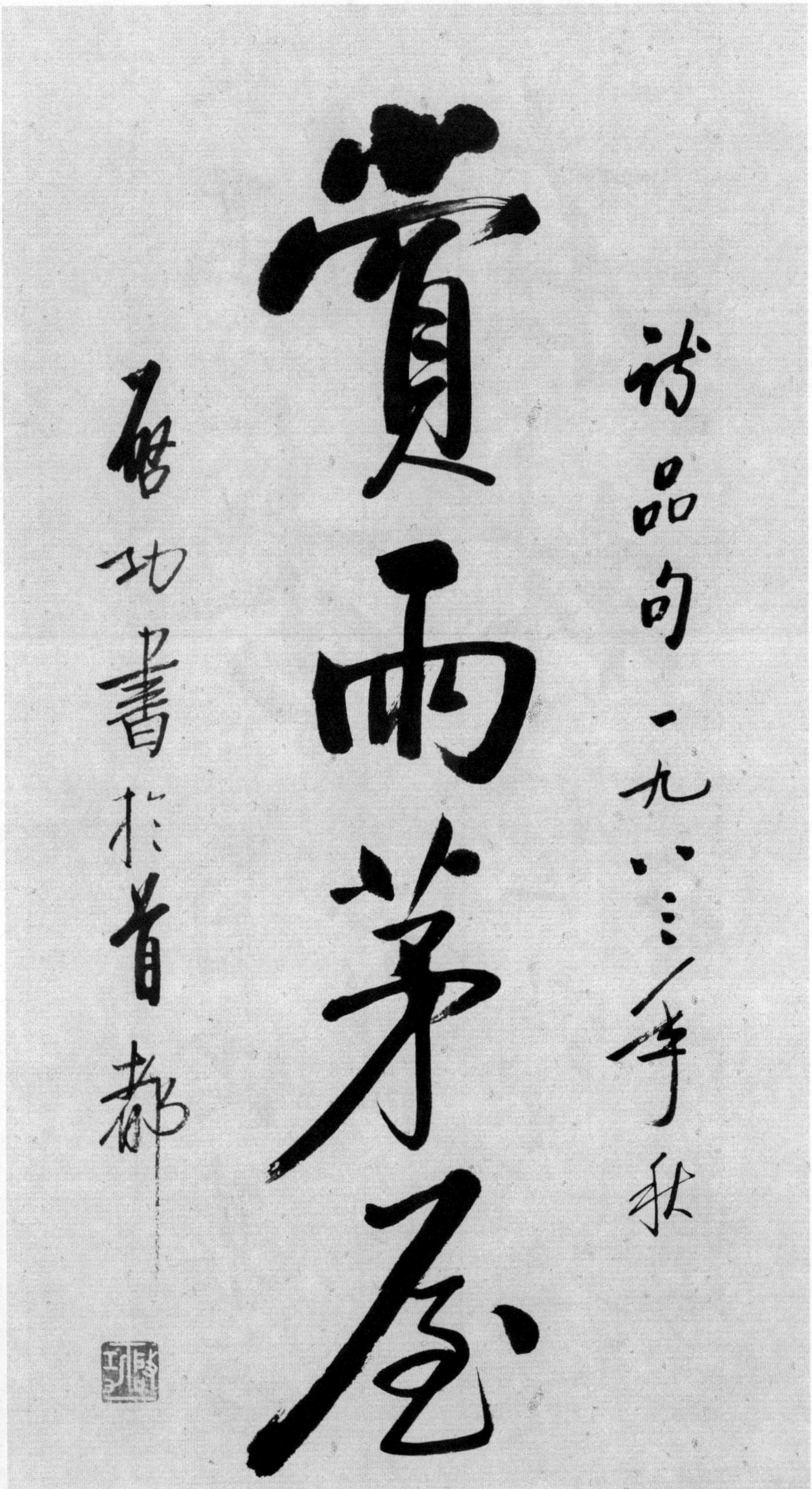

赏雨茅屋

一九八三年作　水墨纸本　67cm×38cm　个人收藏

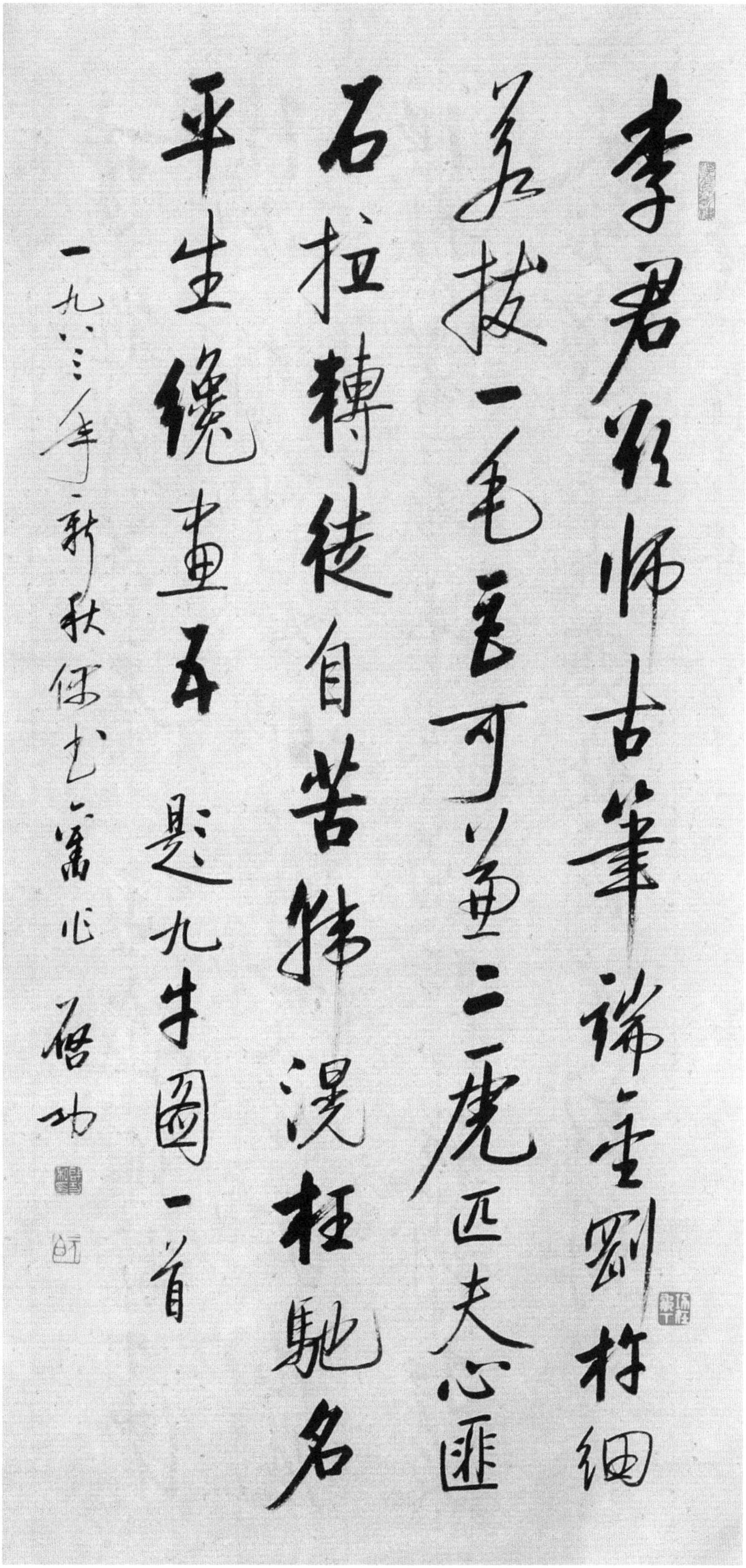

题九牛图

一九八三年作 水墨纸本 134cm×66cm 个人收藏

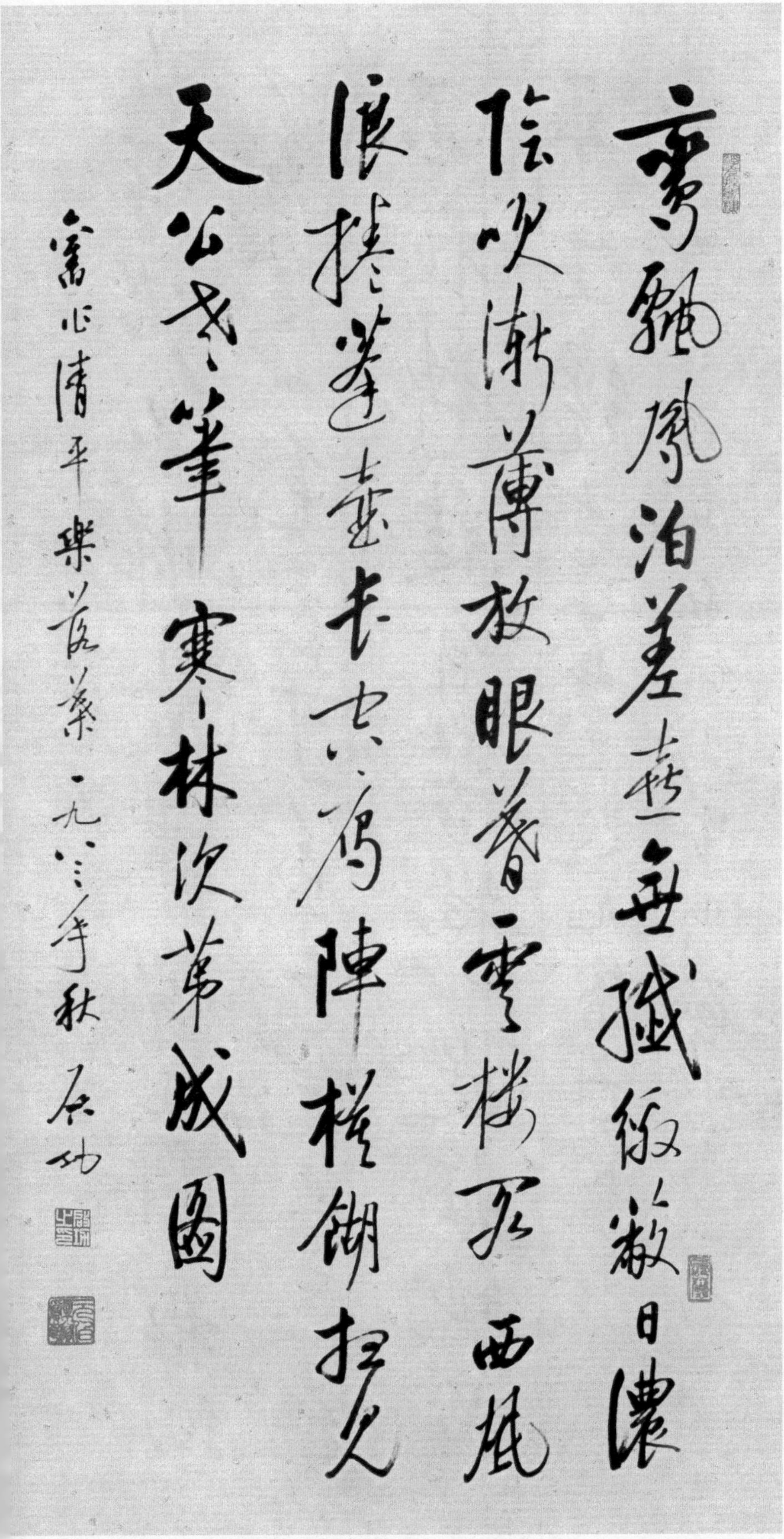

旧作清平乐落叶一首

一九八三年作　水墨纸本　132cm×64cm　个人收藏

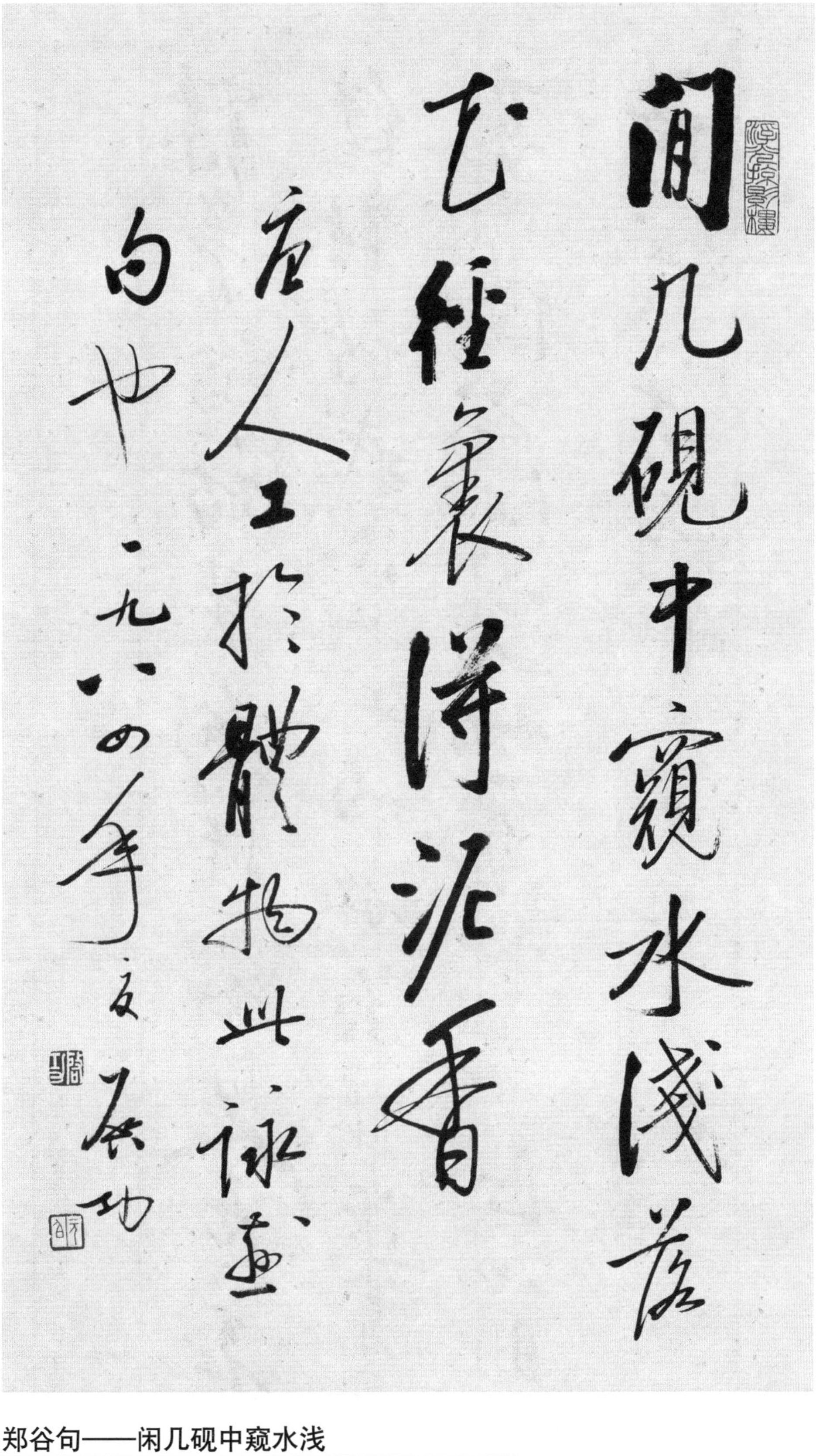

郑谷句——闲几砚中窥水浅

一九八四年作　水墨纸本　59cm × 34cm　个人收藏

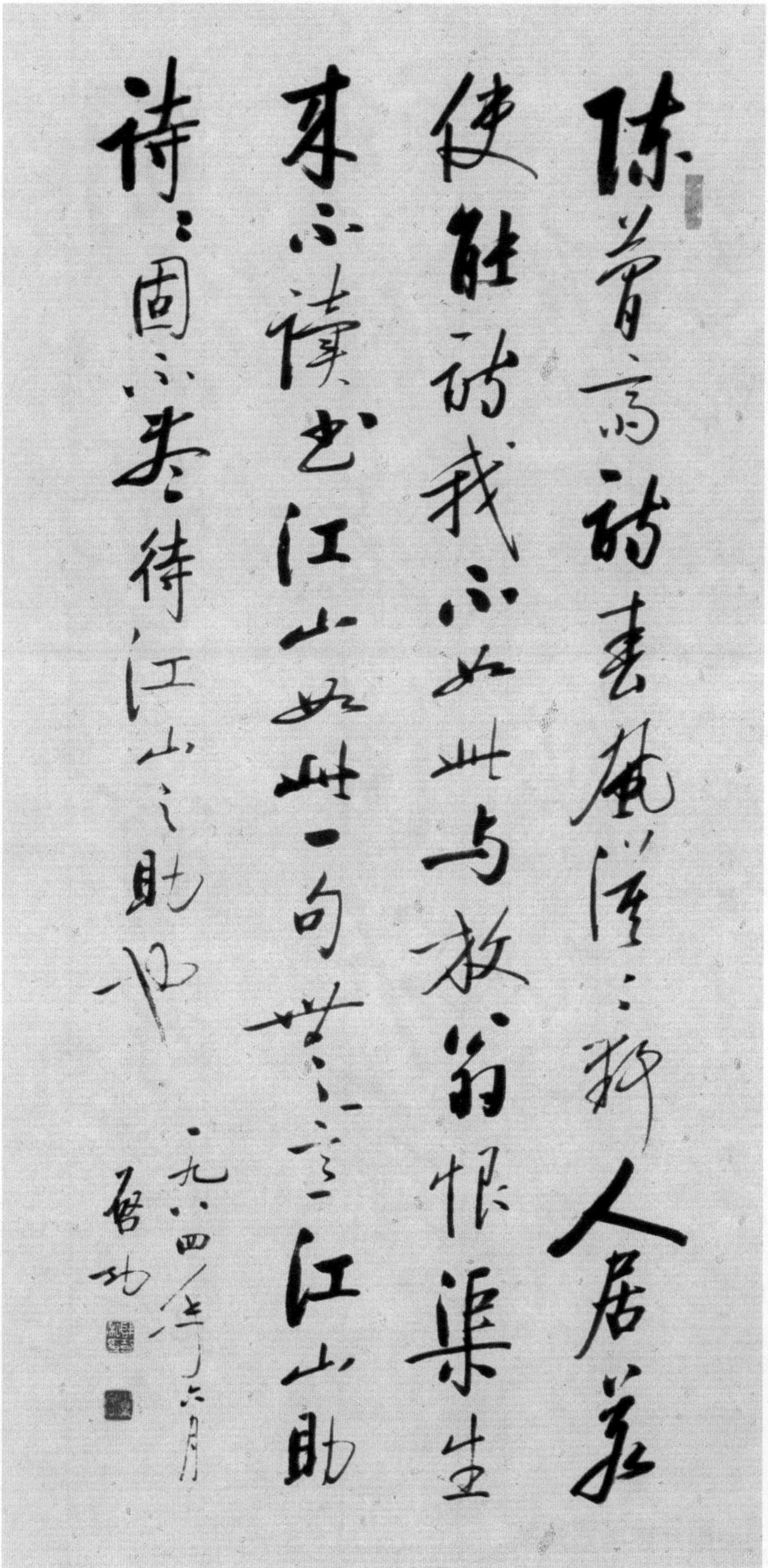

评陈与义诗

一九八四年作 水墨纸本 94cm×44cm 个人收藏

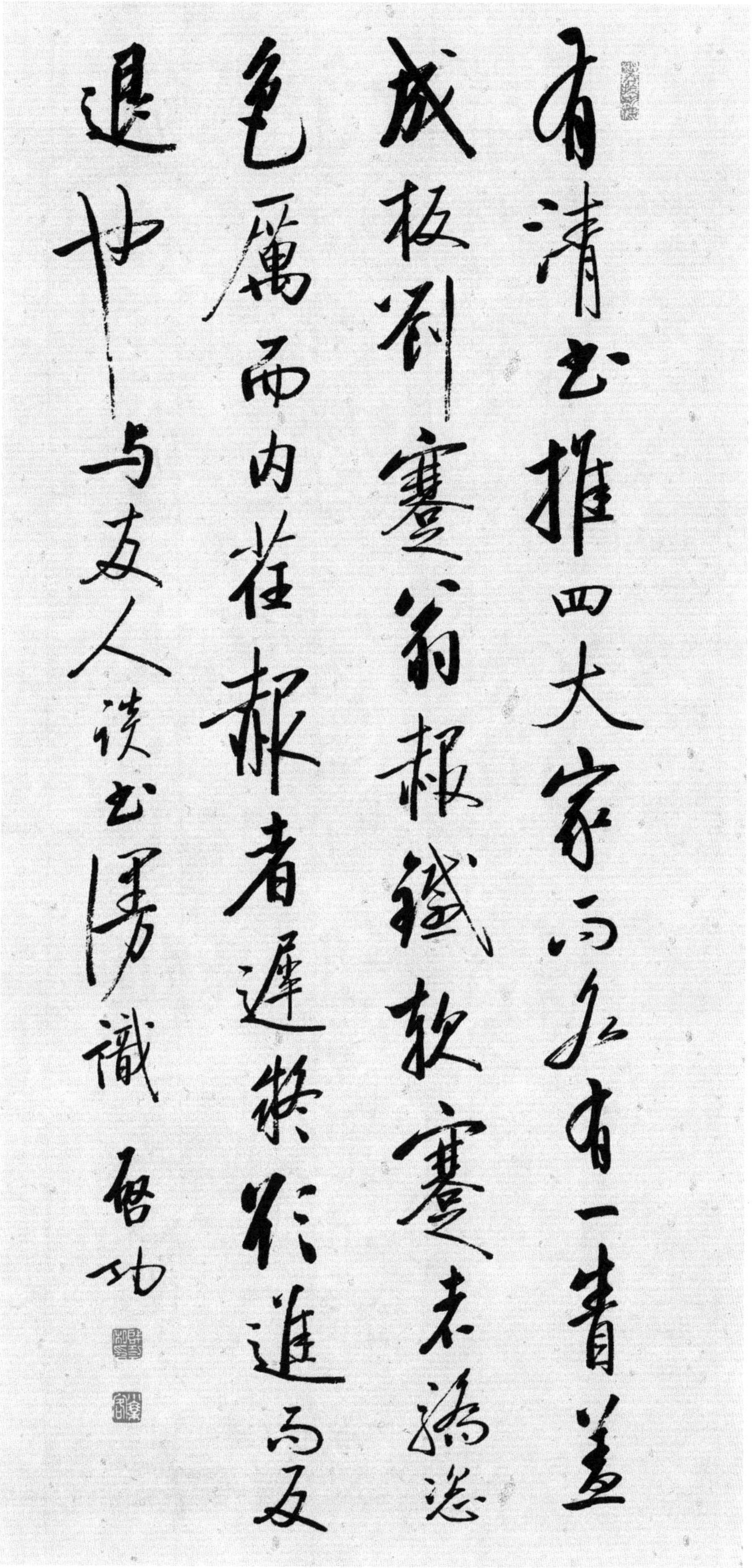

与友人谈书

一九八四年作　水墨纸本　94cm×44cm　个人收藏

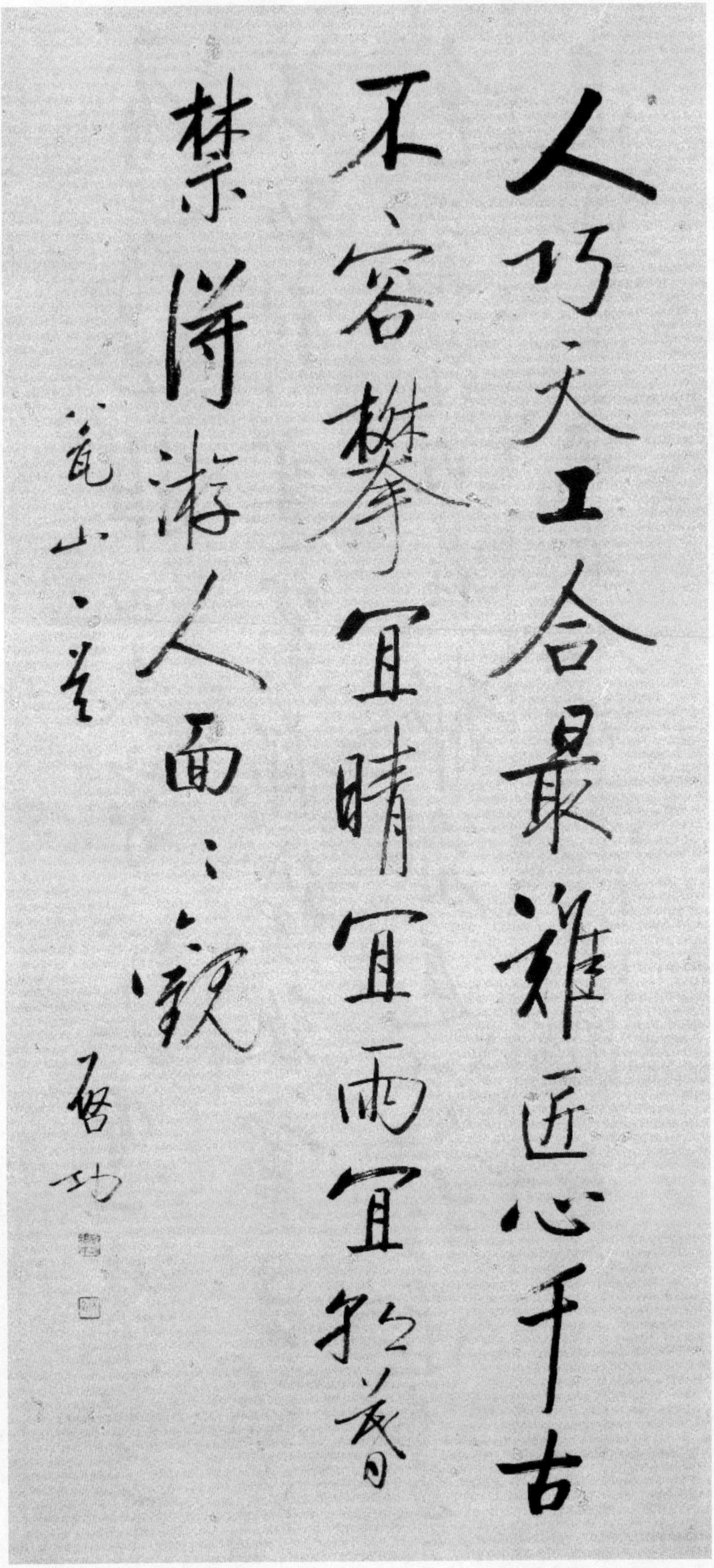

瓮山一首

一九八四年作 水墨纸本 94cm×44cm 个人收藏

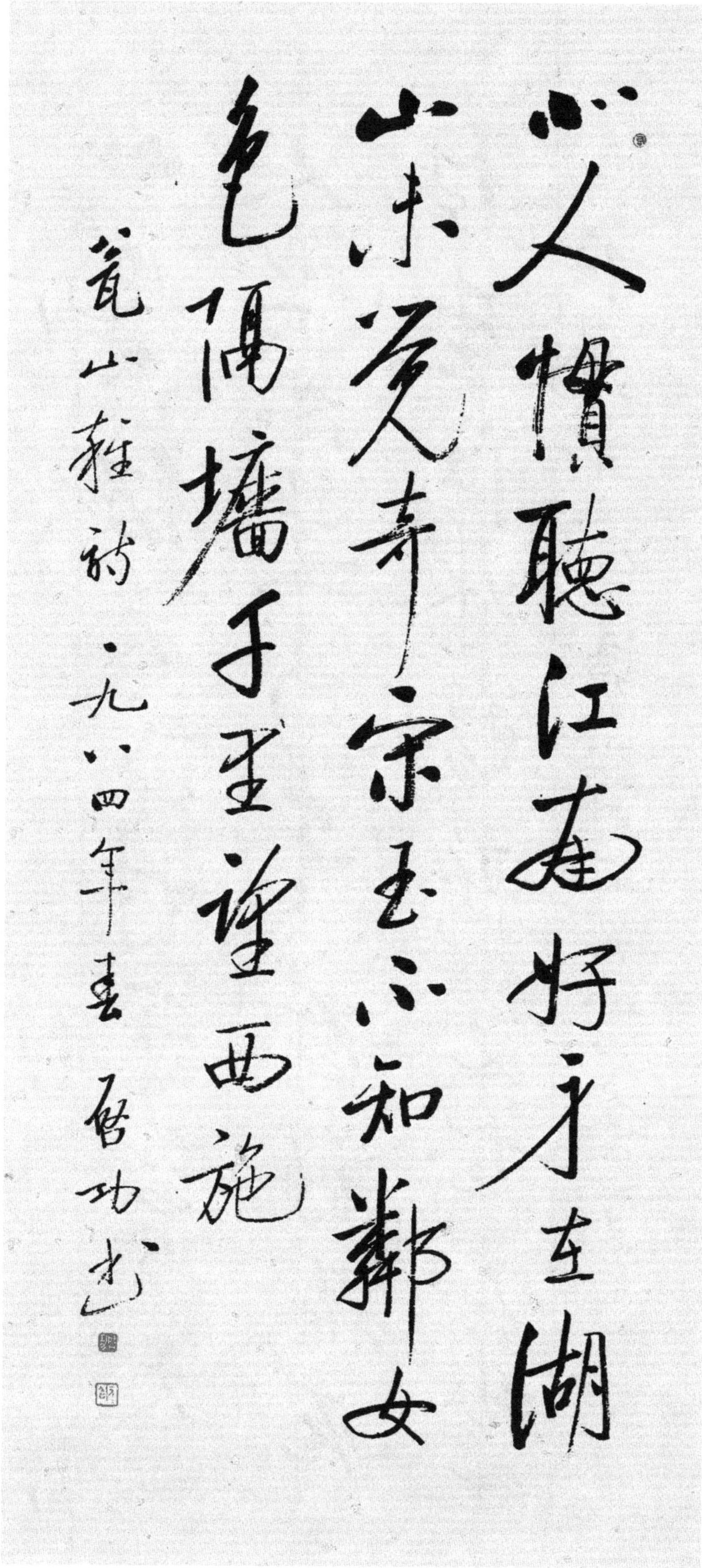
北人惯听江南好才至湖
山未觉奇宋玉不知邻女
色隔墙千里望西施
瓮山杂诗 一九八四年书 启功

瓮山杂诗

一九八四年作　水墨纸本　94cm×44cm　个人收藏

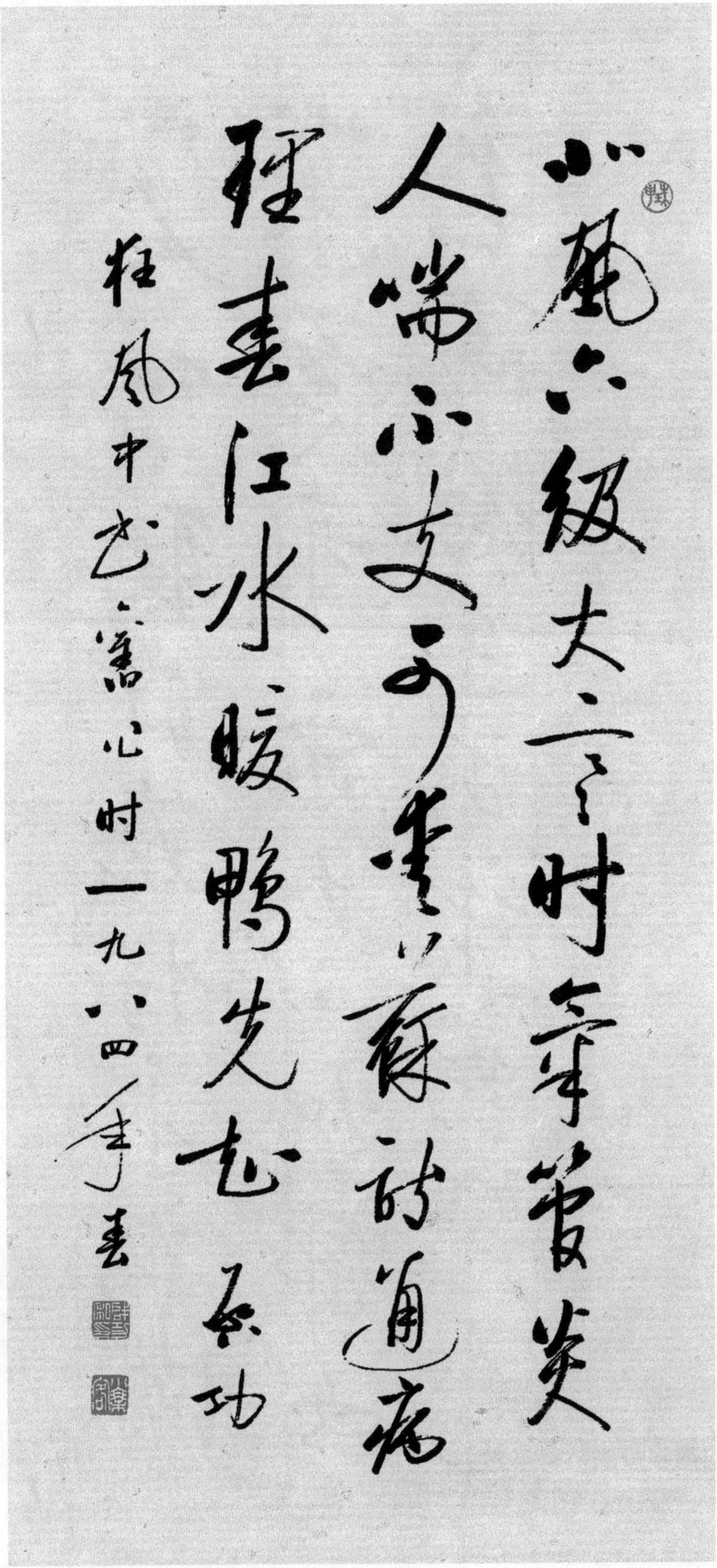

狂风中书旧作

一九八四年作　水墨纸本　94cm × 44cm　个人收藏

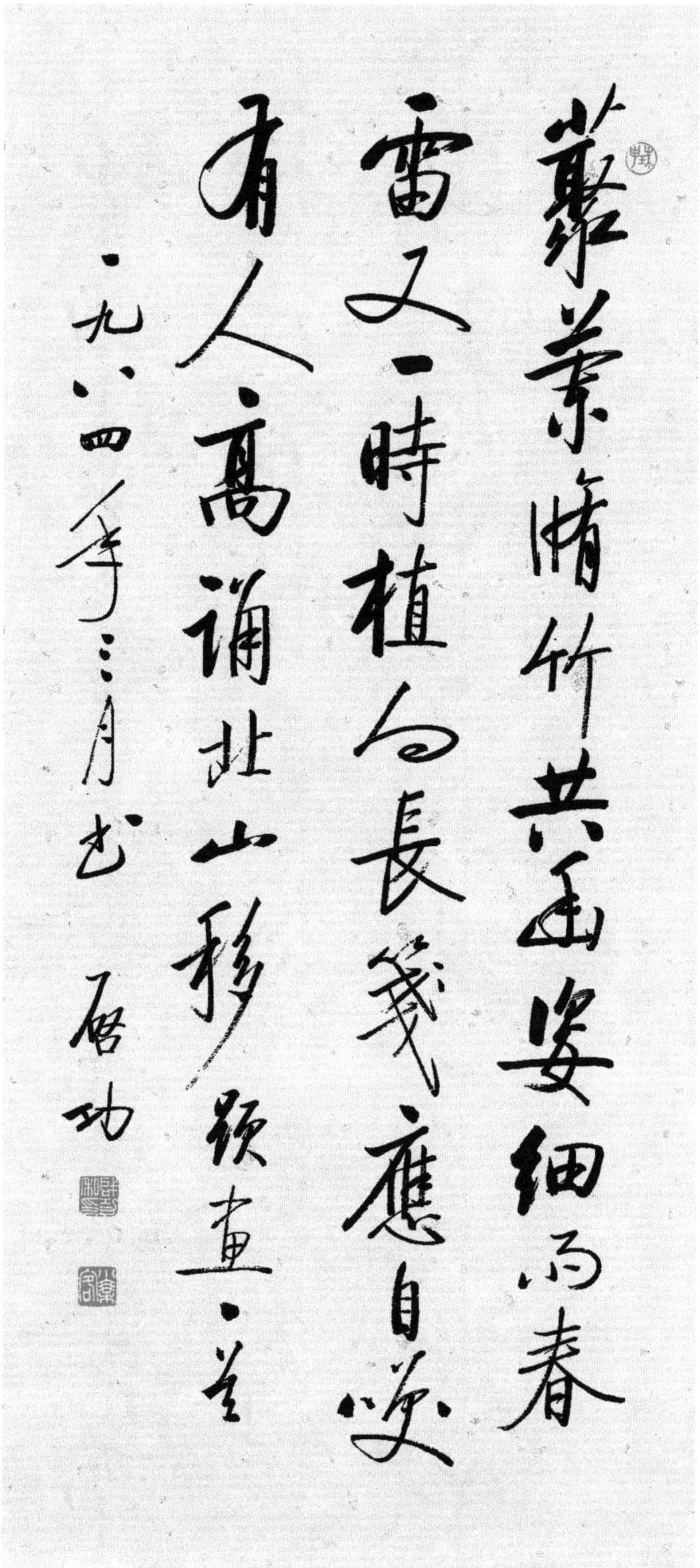
叢篁脩竹共丰姿細雨春
雷又一時植向長箋應自愛
有人高誦北山移題畫一首
一九八四年三月書 啟功

题画一首

一九八四年作　水墨纸本　94cm×44cm　个人收藏

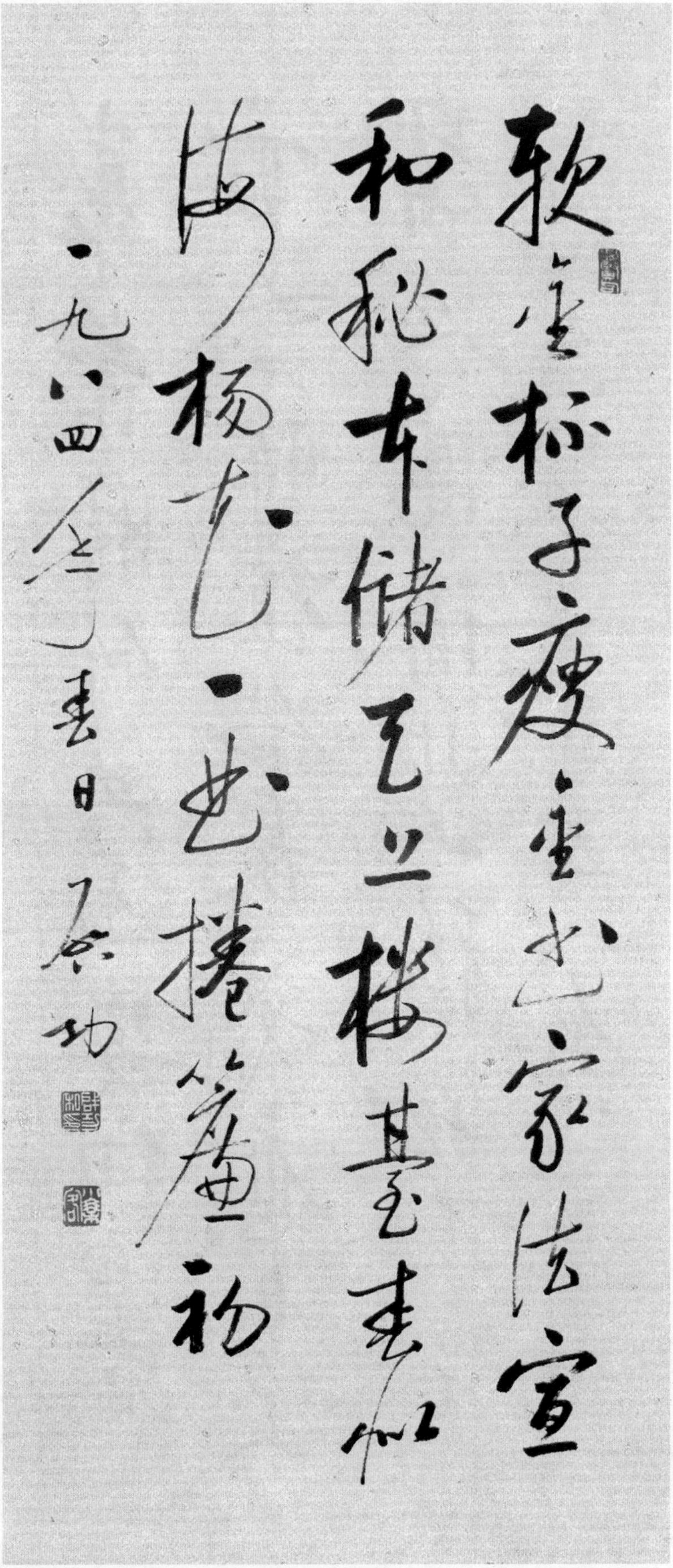

自作诗——软金杯子瘦金书

一九八四年作 水墨纸本 97cm×44cm 个人收藏

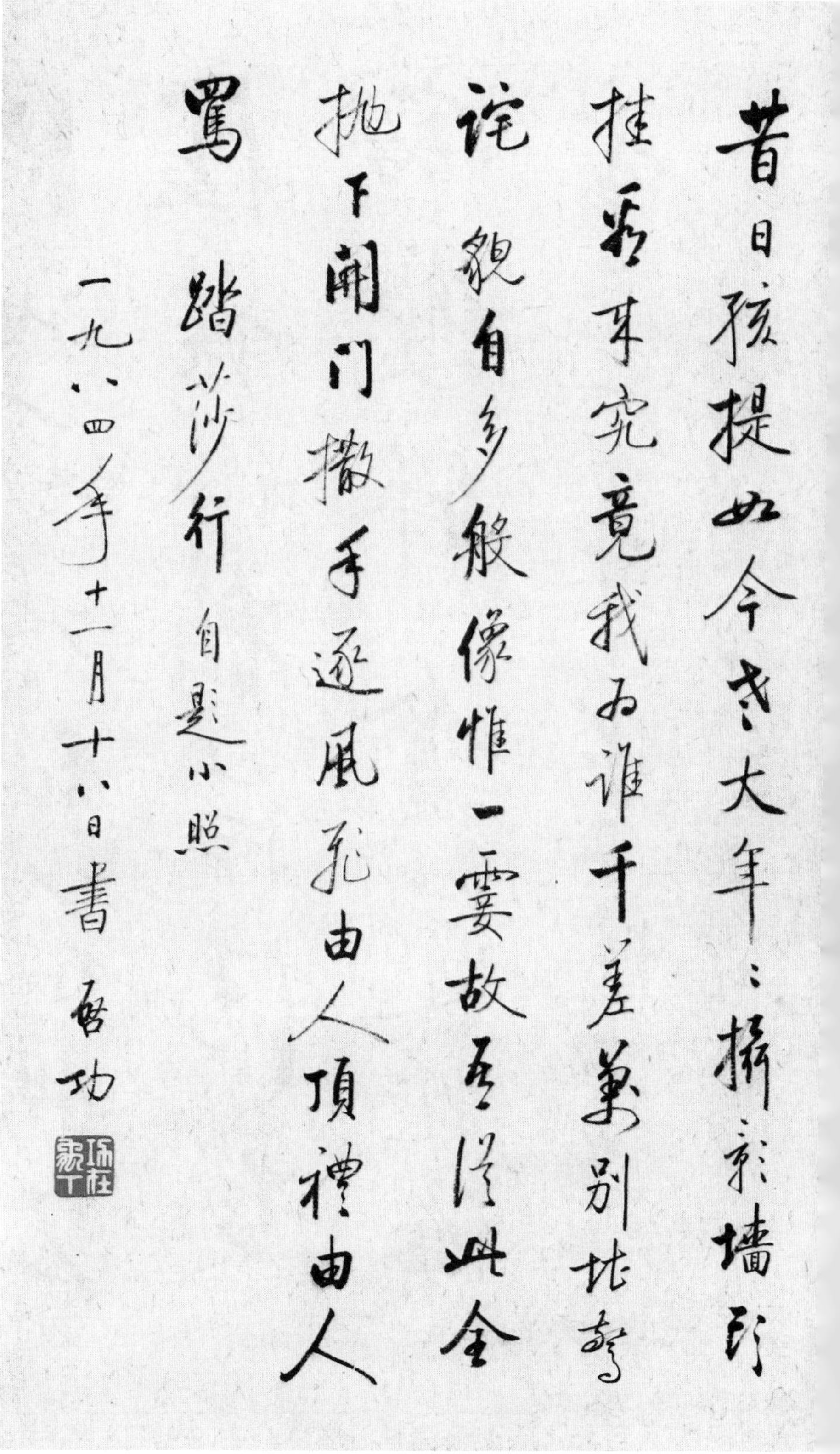
昔日孩提如今老大年年摘帽墙頭
挂看来究竟我為誰千差萬别從頭
詫親自多般像惟一霎故吾從此全
抛下開门撒手逐風飛由人頂禮由人
罵
踏莎行
自題小照
一九八四年十一月十八日書
啓功

踏莎行　自题小照

一九八四年作　水墨纸本　70cm×43cm　个人收藏

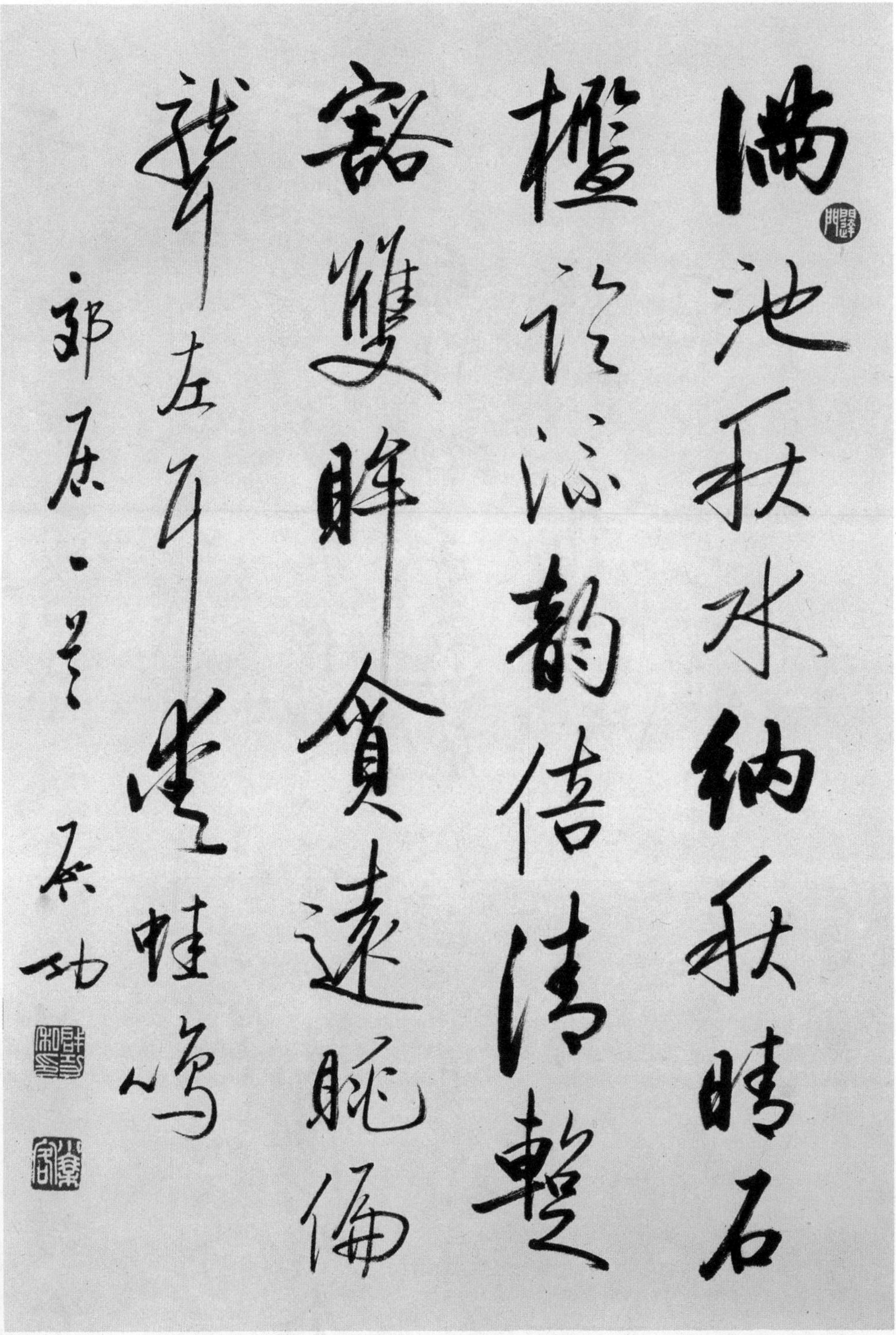

郊居一首

一九八五年作　水墨纸本　68cm×45cm　北京师范大学收藏

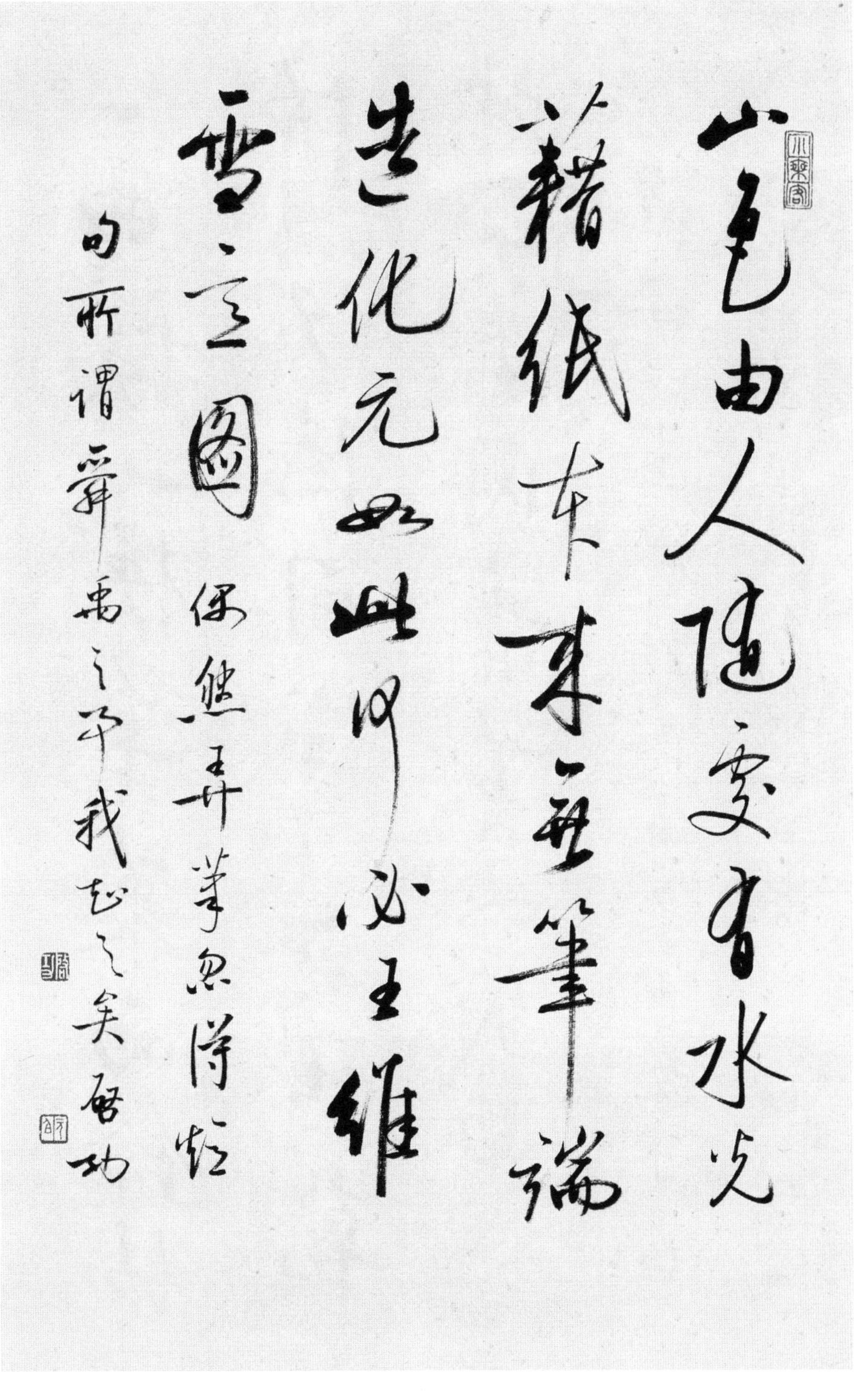

自作诗——山色由人随处有

一九八五年作　水墨纸本　68cm×45cm　北京师范大学收藏

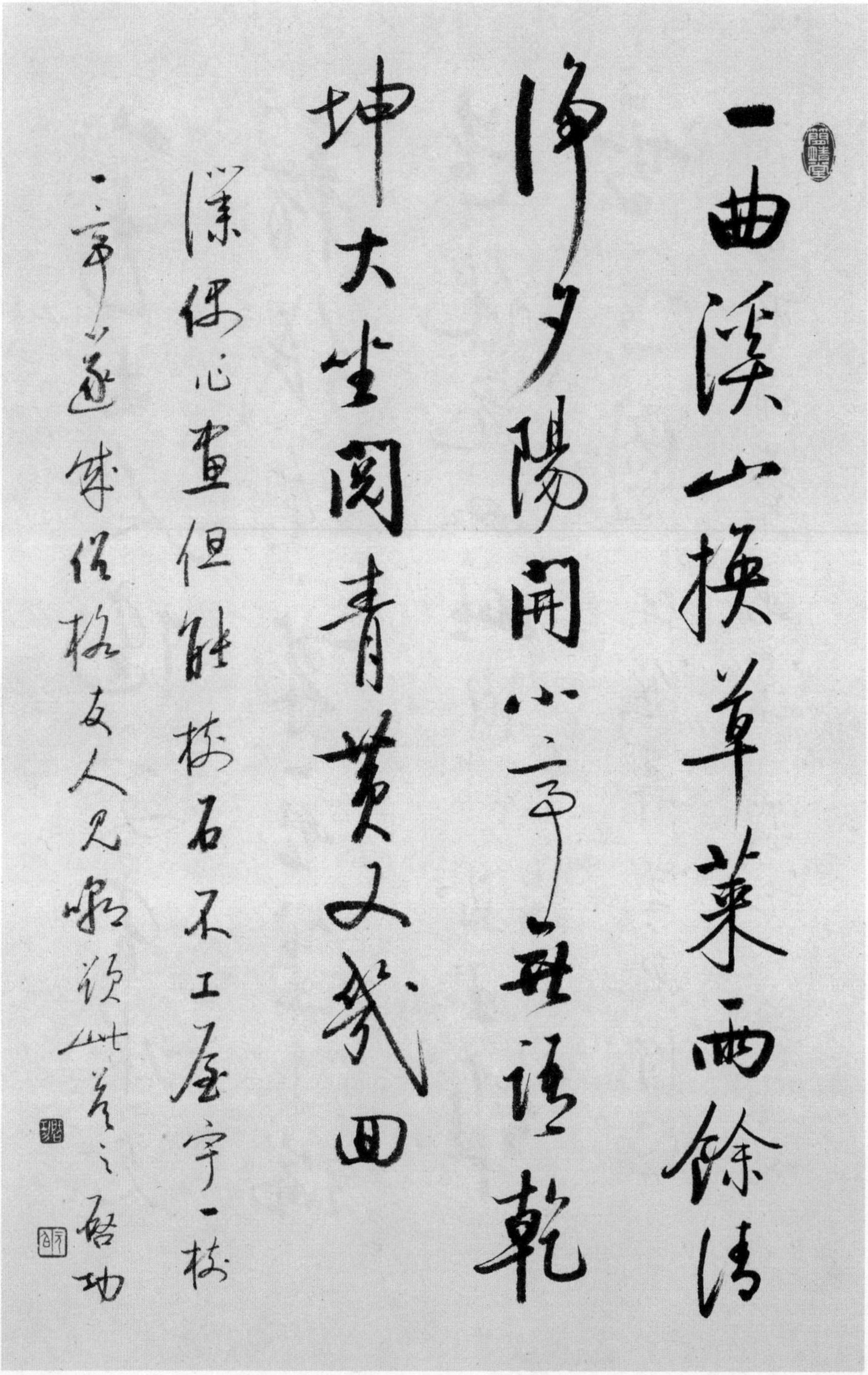

自作诗——一曲溪山换草莱

一九八五年作　水墨纸本　68cm×45cm　北京师范大学收藏

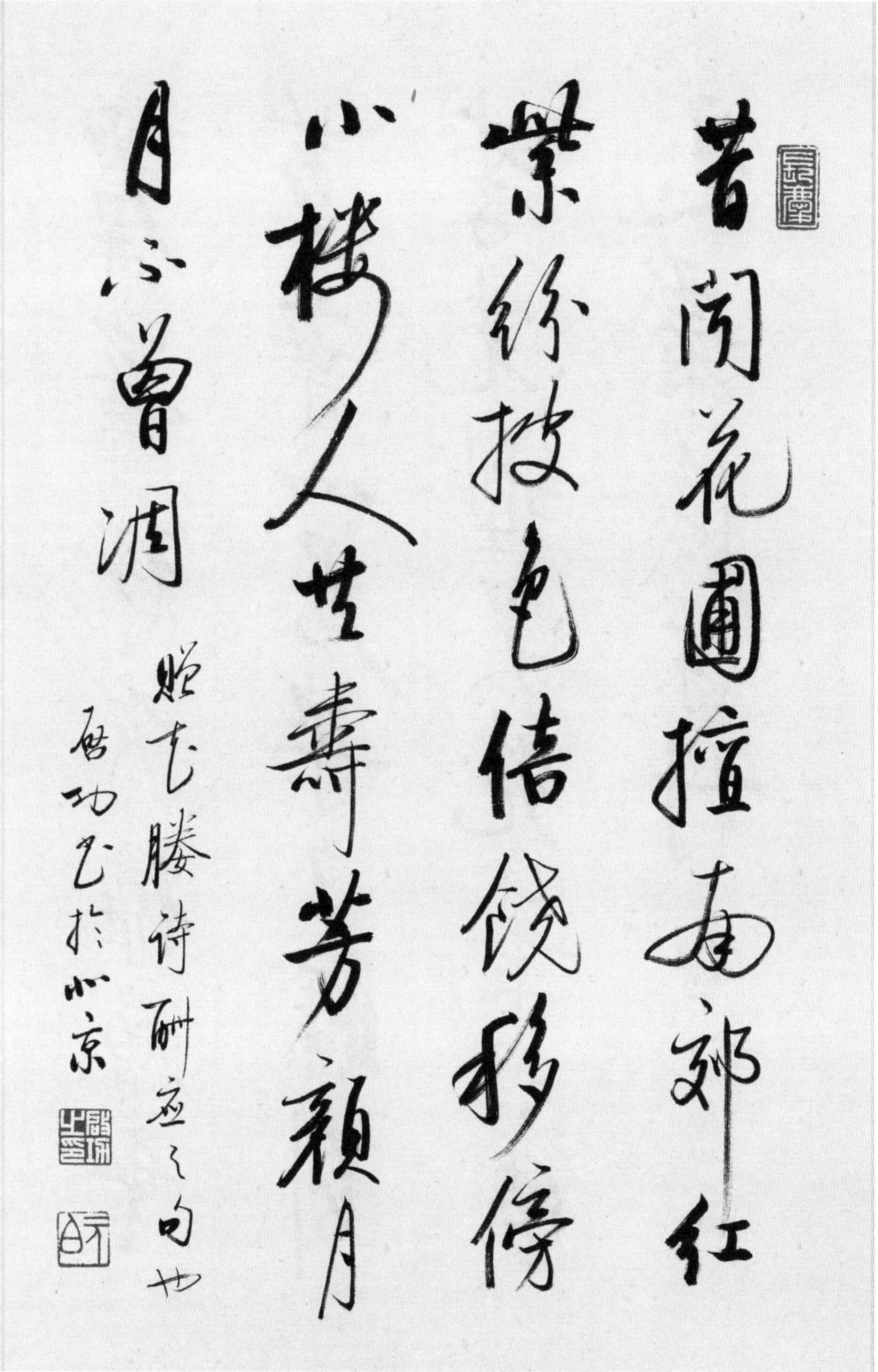

赠花縢诗

一九八五年作　水墨纸本　68cm × 45cm　北京师范大学收藏

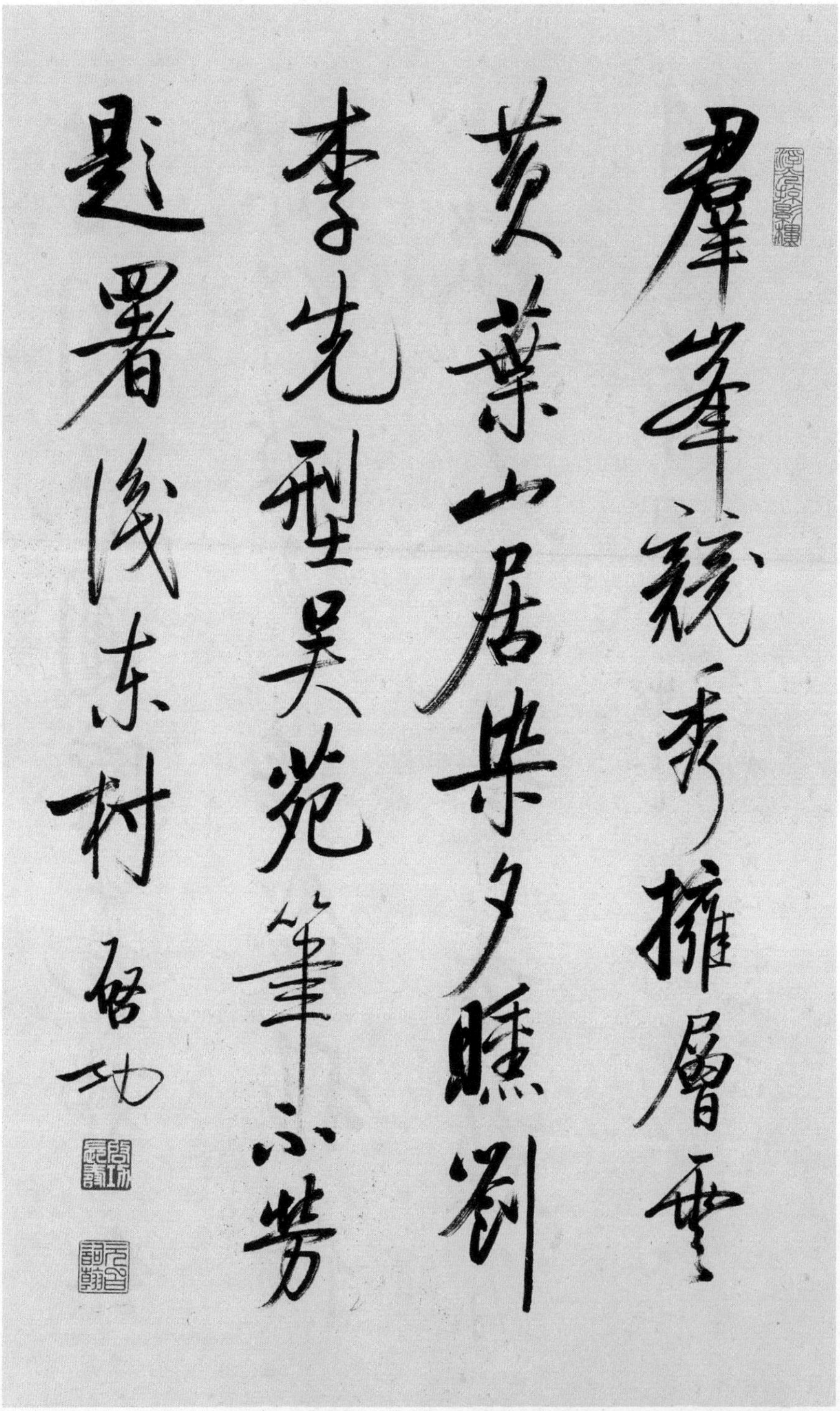

自作诗——群峰竞秀拥层云

一九八五年作　水墨纸本　68cm × 45cm　北京师范大学收藏

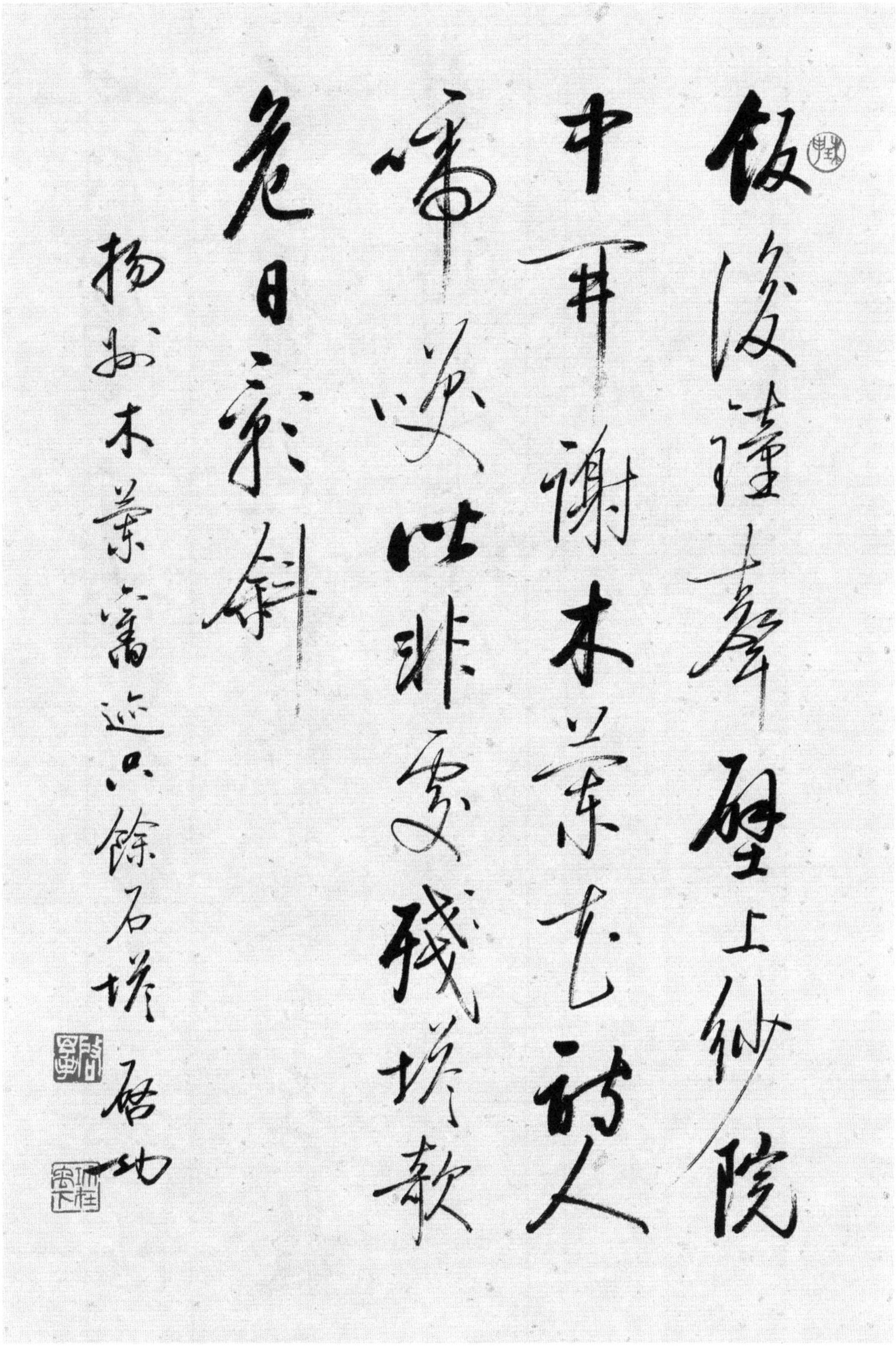

自作诗——饭后钟声壁上纱

一九八五年作　水墨纸本　68cm×45cm　北京师范大学收藏

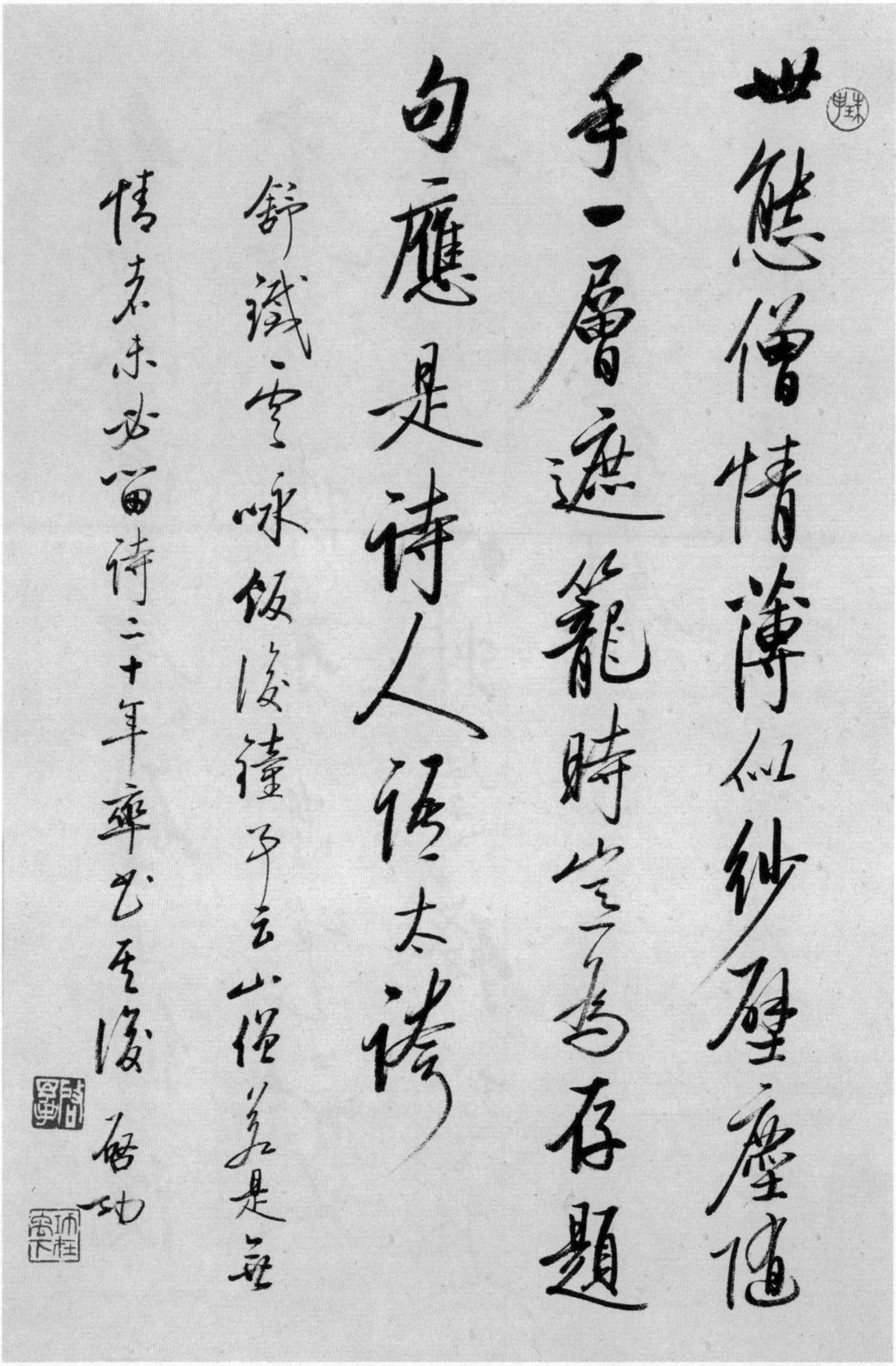

自作诗——世态僧情薄似纱

一九八五年作　水墨纸本　68cm×45cm　北京师范大学收藏

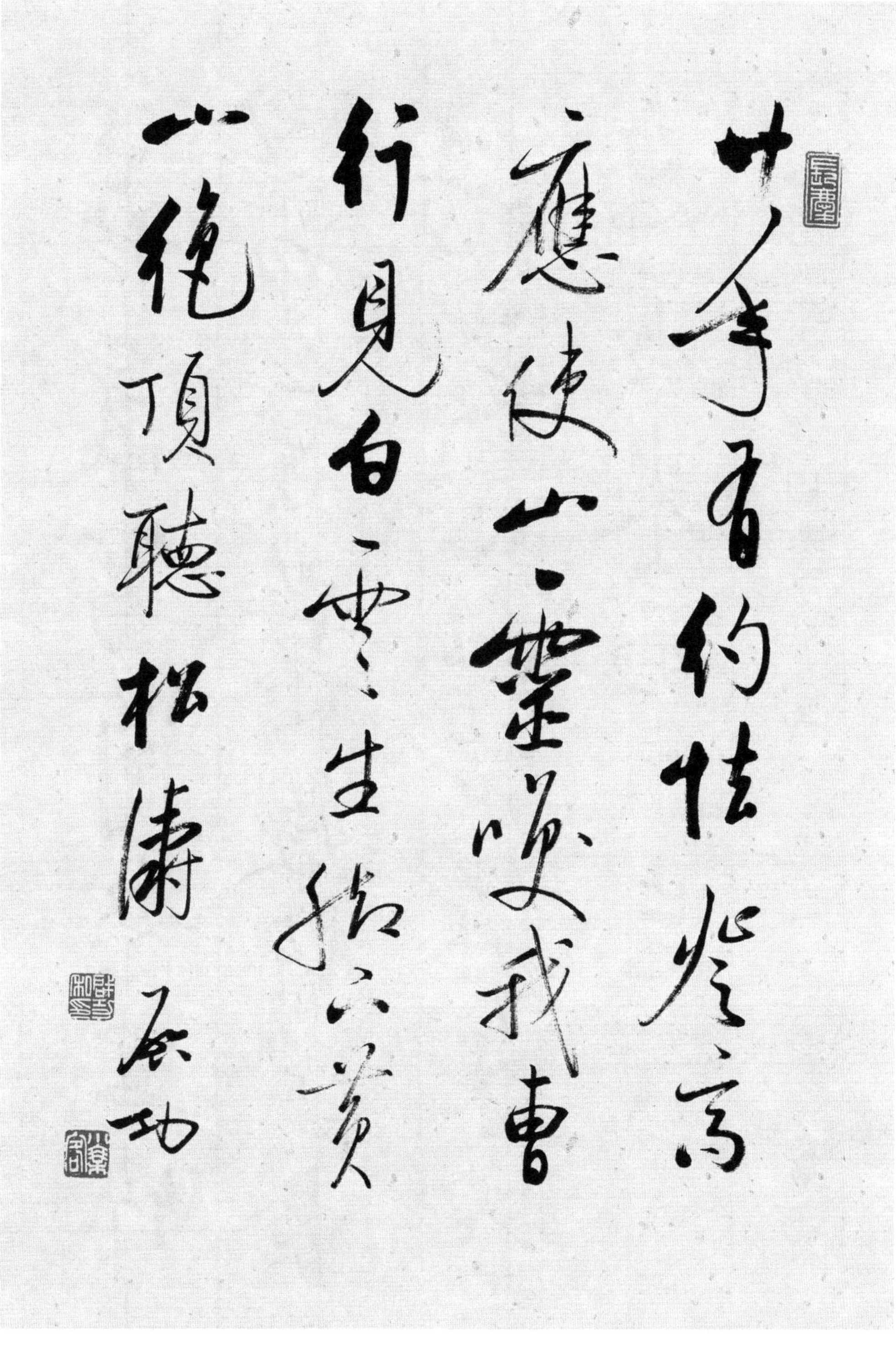

自作诗——廿年有约怯登高

一九八五年作　水墨纸本　68cm × 45cm　北京师范大学收藏

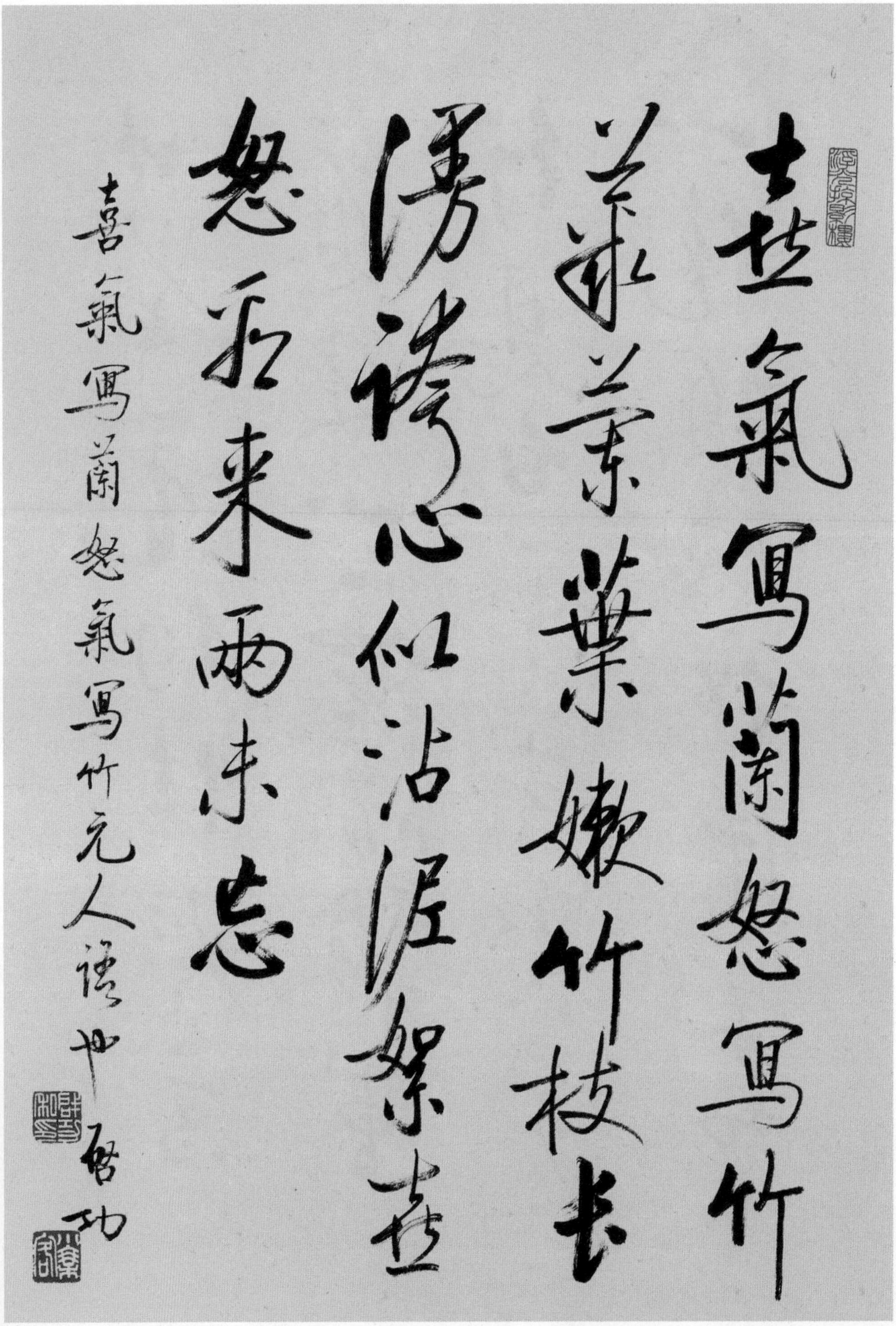

自作诗——喜气写兰怒写竹

一九八五年作　水墨纸本　68cm × 45cm　个人收藏

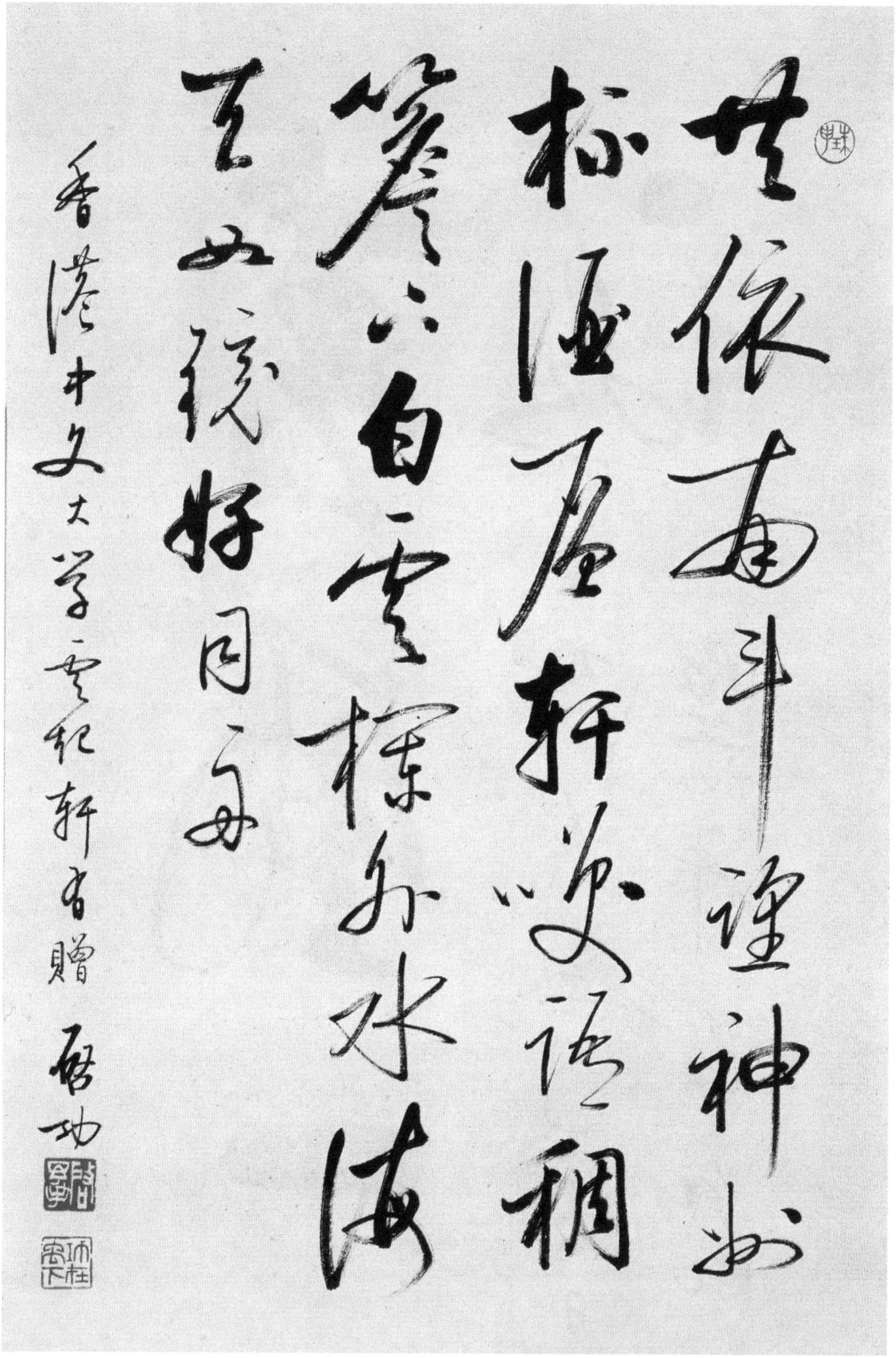

赠香港中文大学云起轩

一九八五年作　水墨纸本　68cm×45cm　北京师范大学收藏

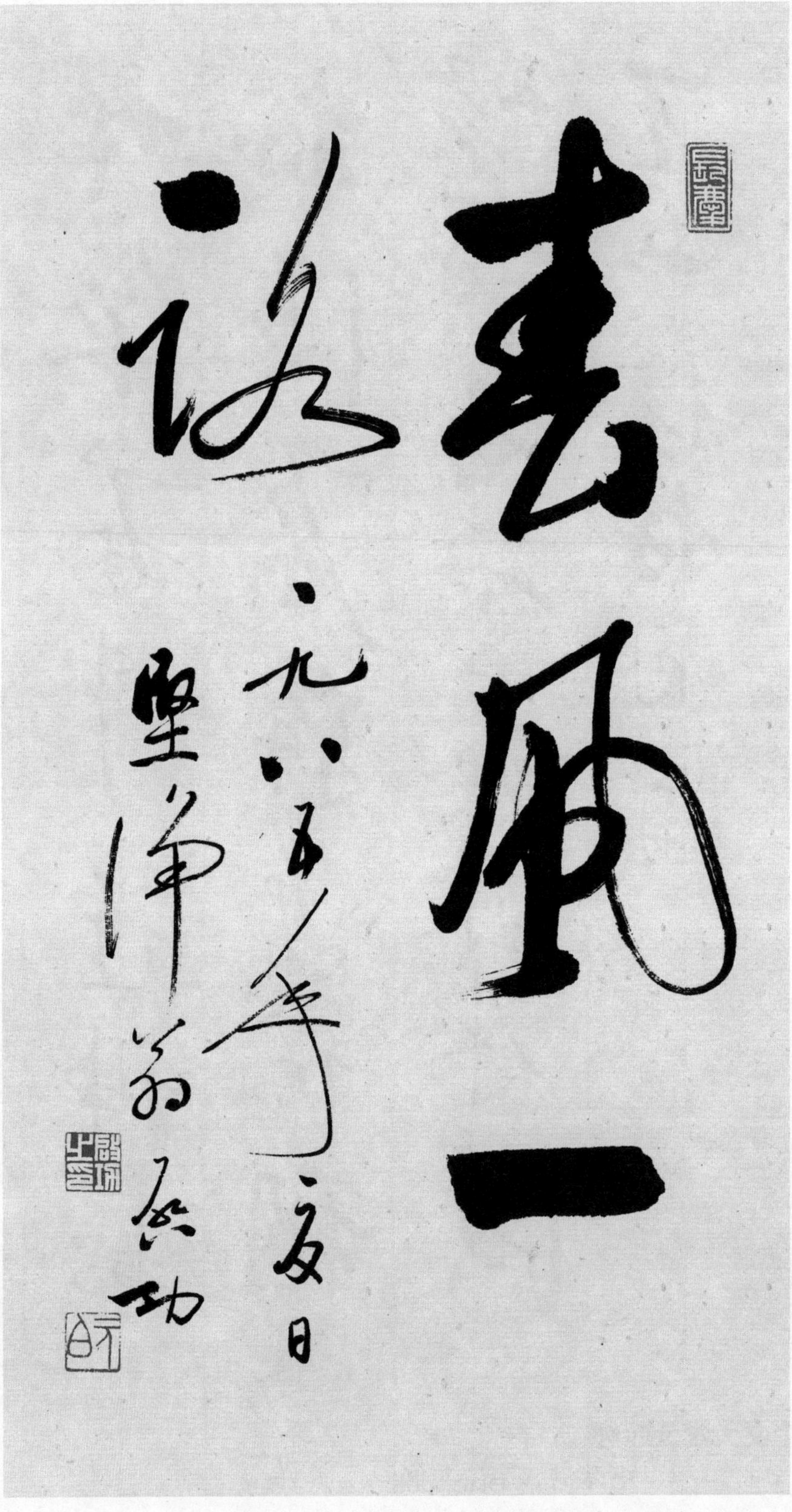

春风一路

一九八五年作 水墨纸本 80cm×46cm 个人收藏

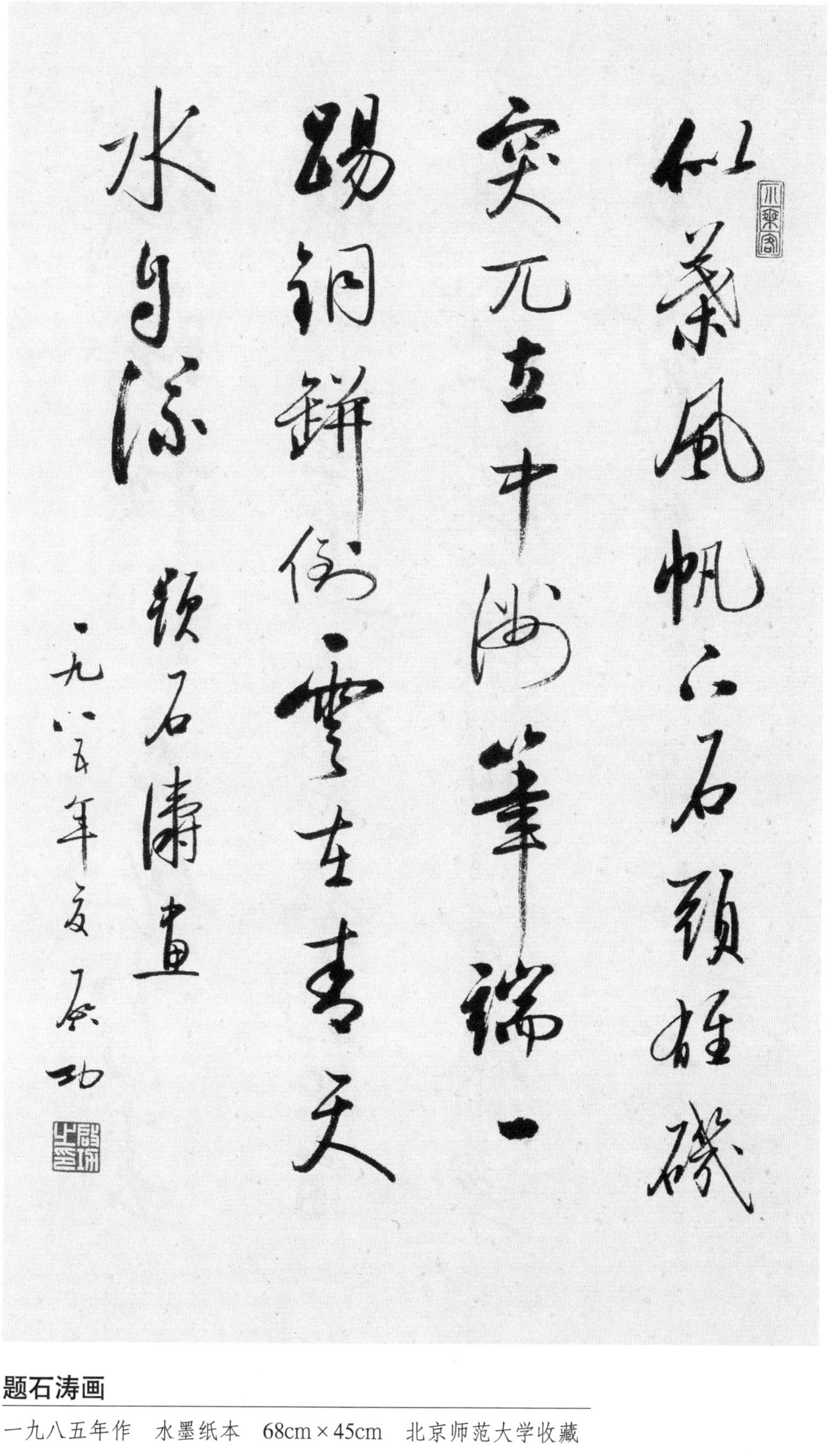

题石涛画

一九八五年作　水墨纸本　68cm×45cm　北京师范大学收藏

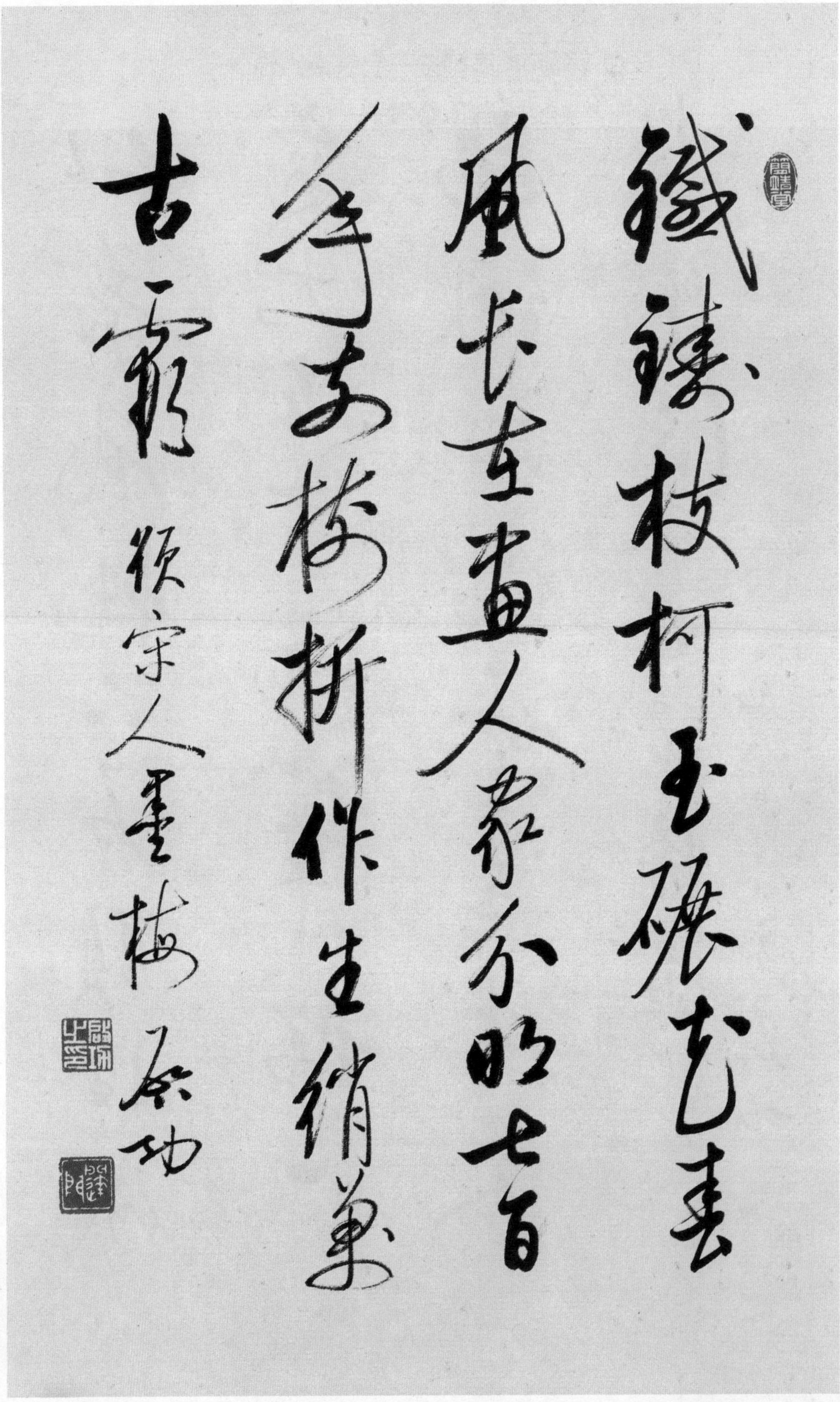

题宋人墨梅

一九八五年作　水墨纸本　68cm×45cm　北京师范大学收藏

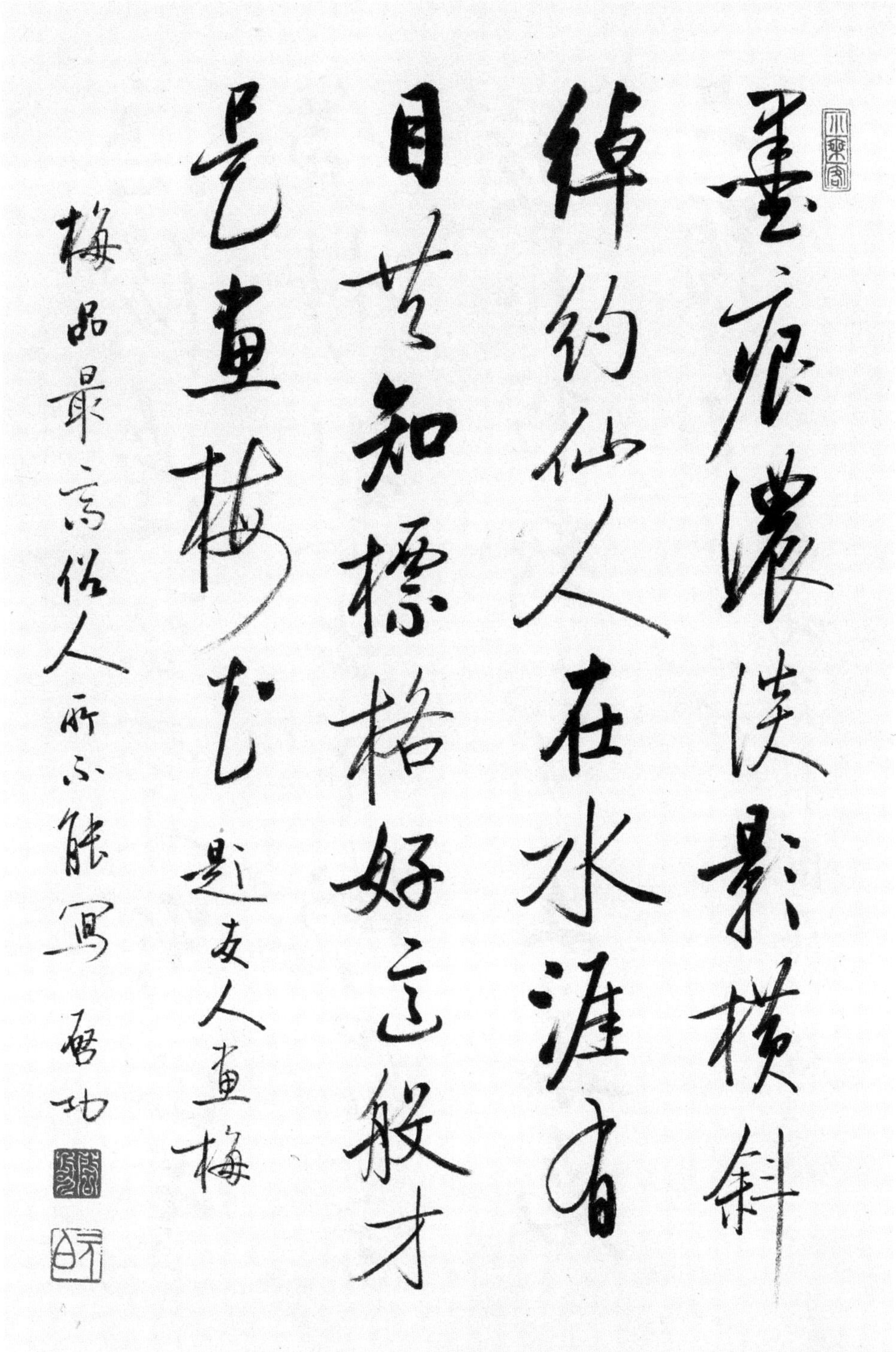

题友人画梅

一九八五年作　水墨纸本　68cm × 45cm　北京师范大学收藏

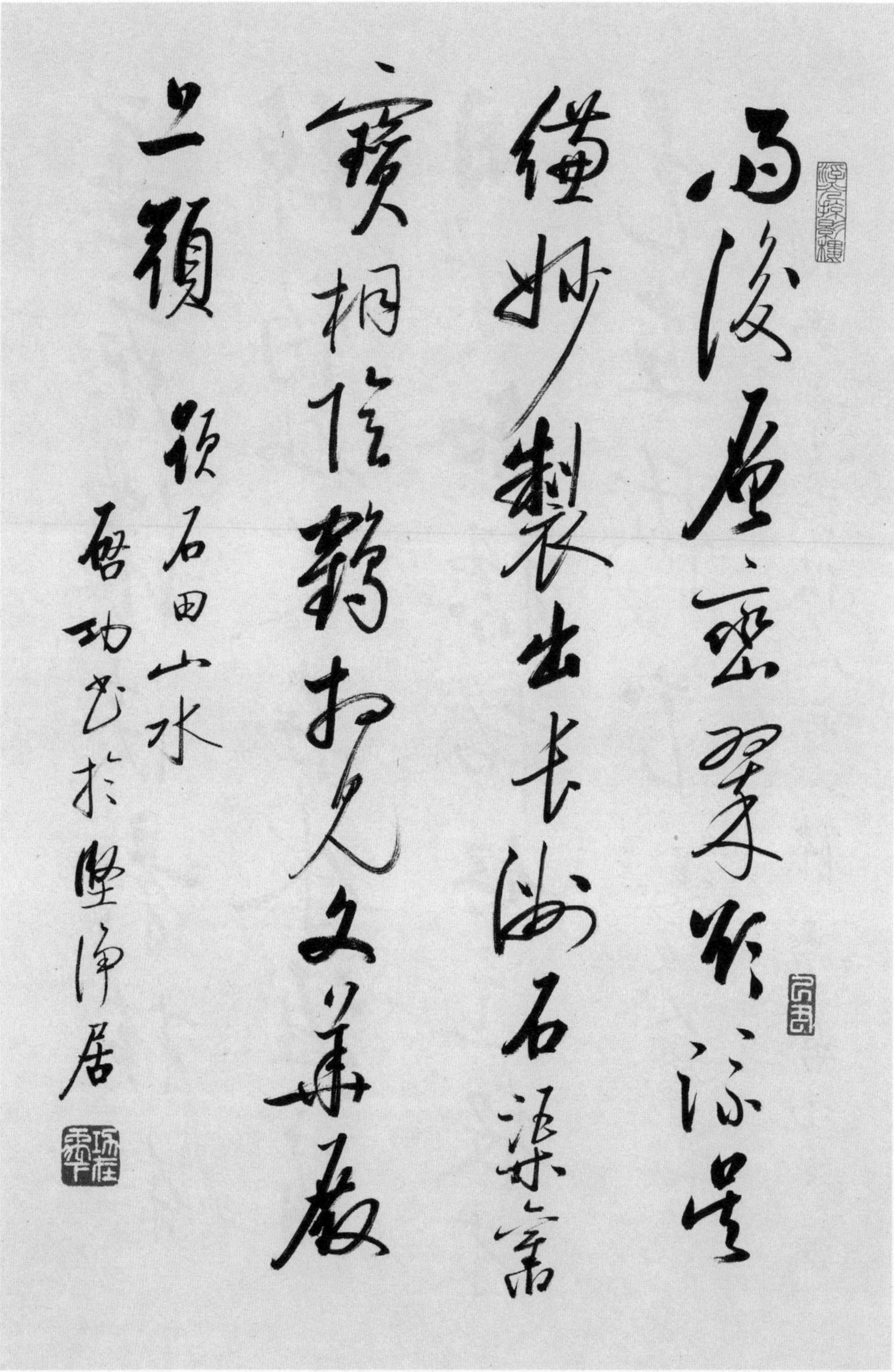

题石田山水

一九八五年作　水墨纸本　68cm×45cm　北京师范大学收藏

题九松图

一九八五年作　水墨纸本　68cm × 45cm　北京师范大学收藏

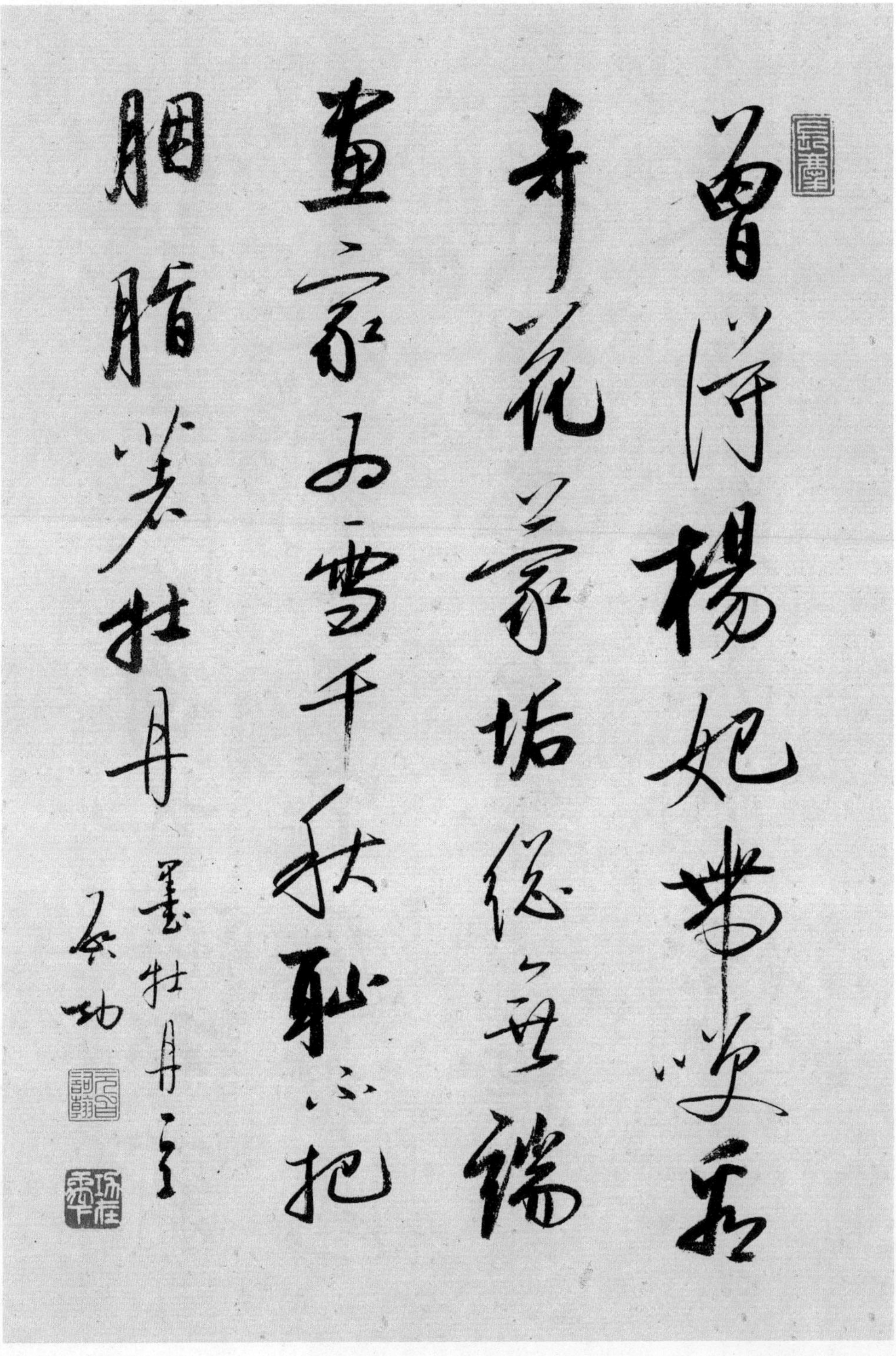

墨牡丹一首

一九八五年作　水墨纸本　68cm×45cm　北京师范大学收藏

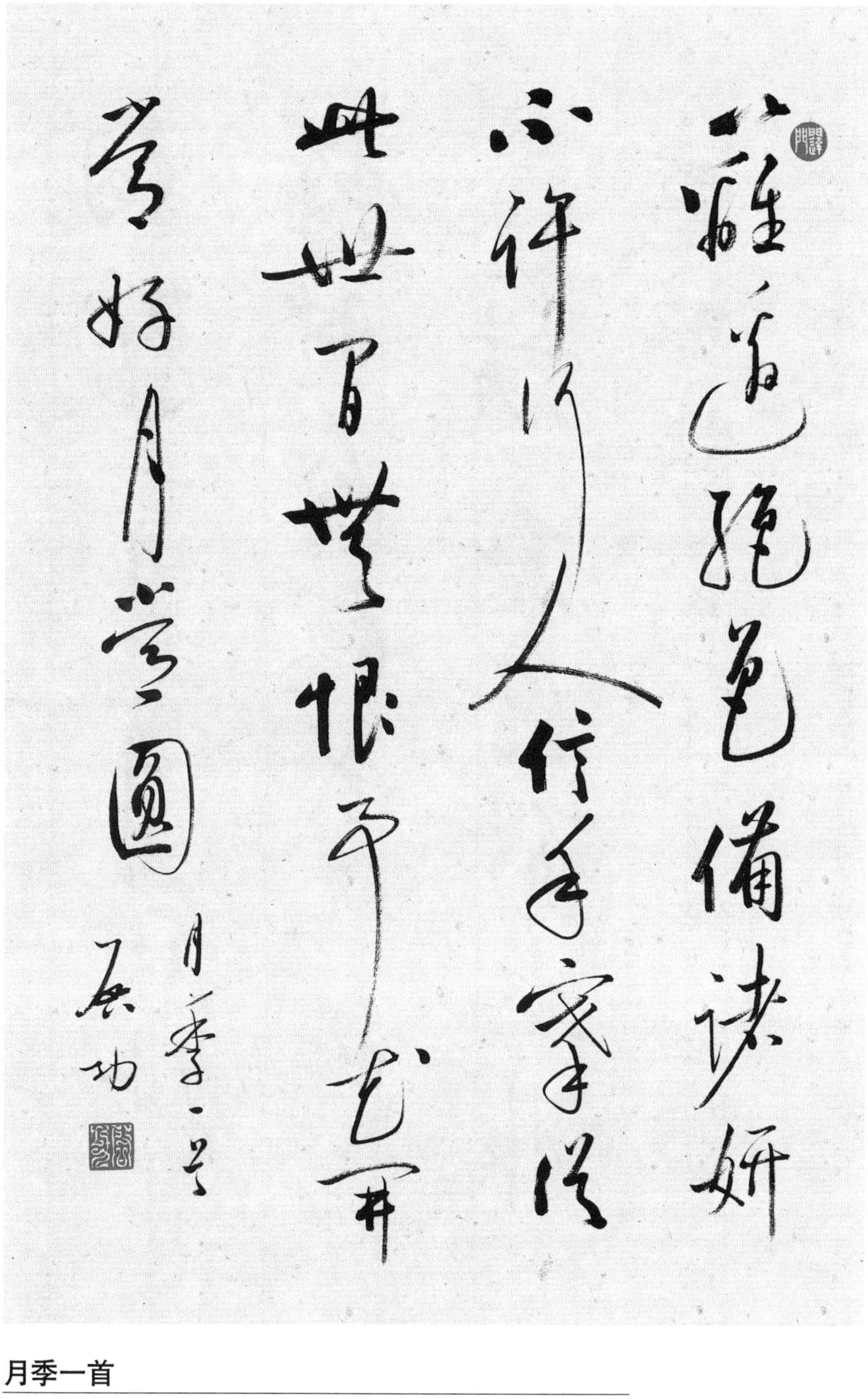

月季一首

一九八五年作　水墨纸本　68cm×45cm　北京师范大学收藏

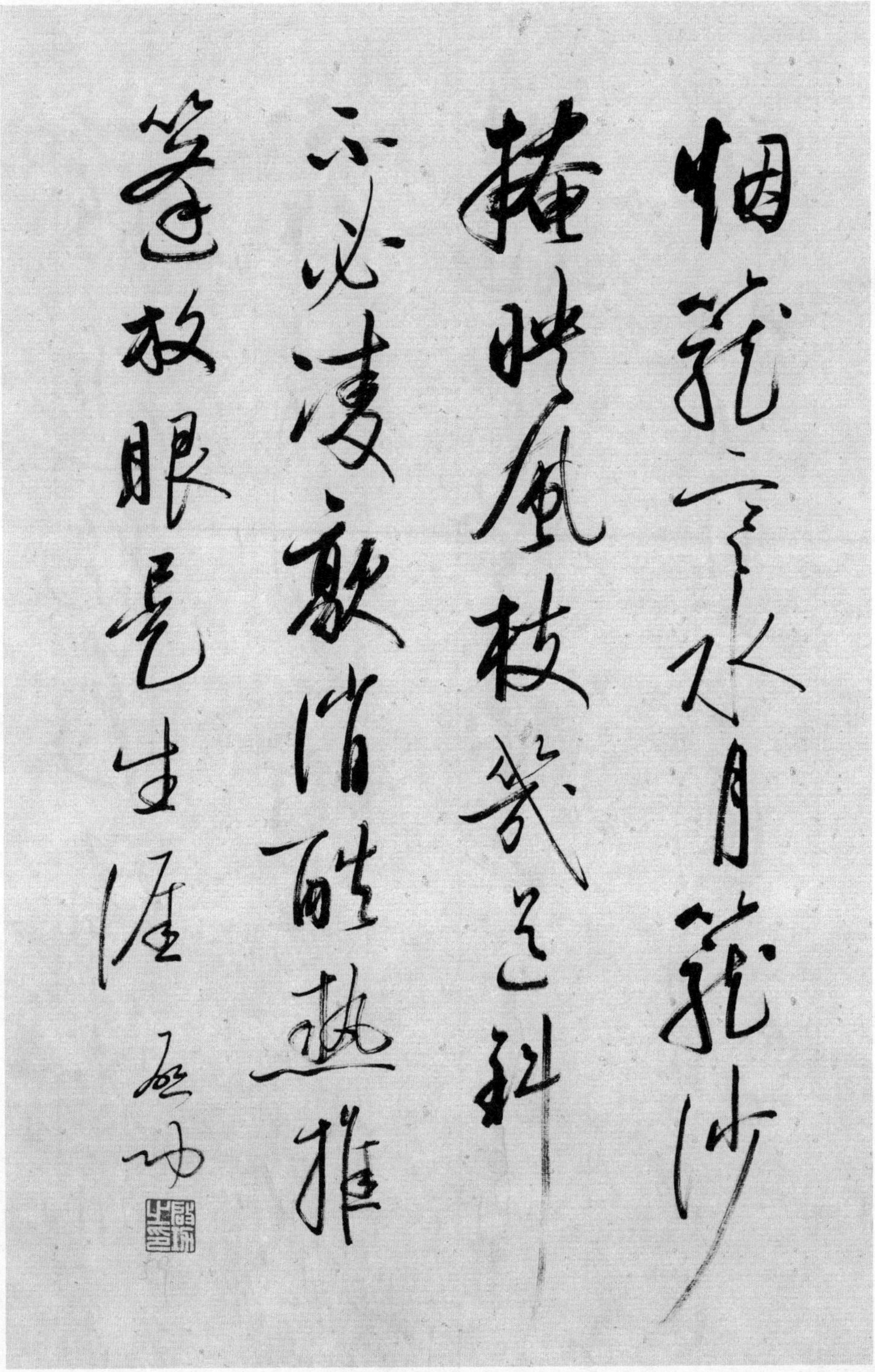

题画竹

一九八五年作 水墨纸本 68cm×45cm 北京师范大学收藏

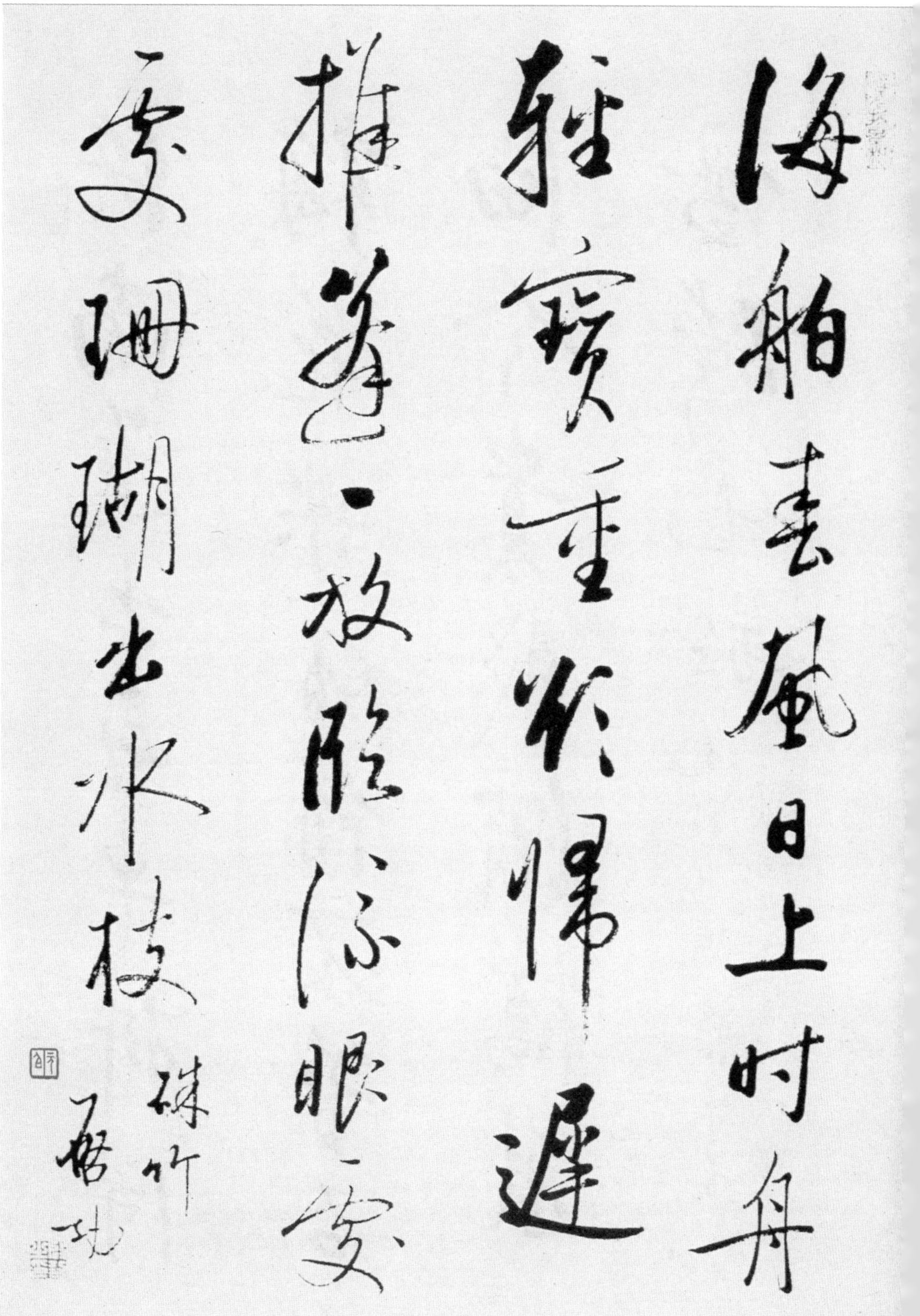

朱竹

一九八五年作　水墨纸本　68cm × 45cm　北京师范大学收藏

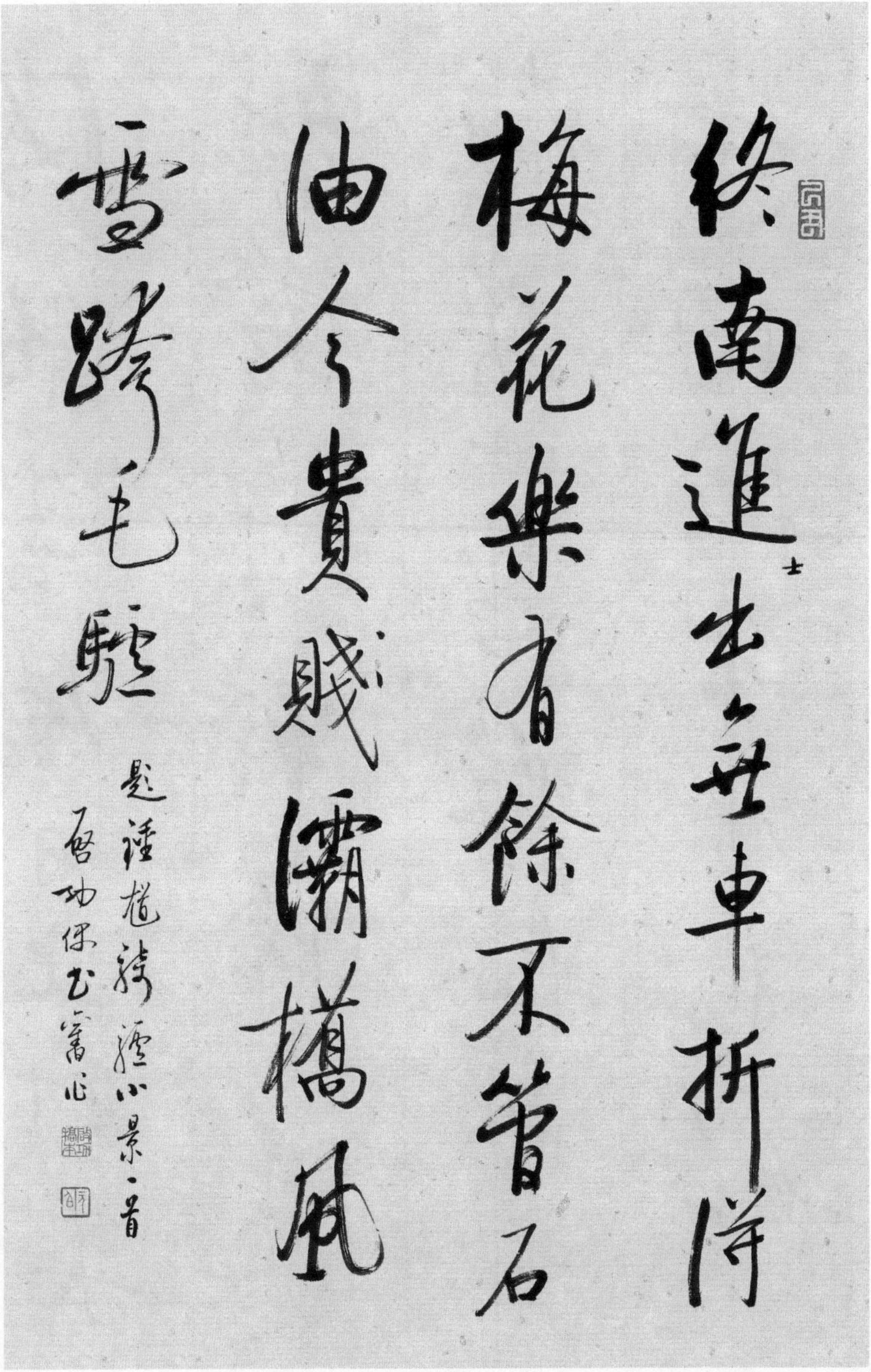
終南進士出無車
折得梅花樂有餘
不管石由人貴賤
灞橋風雪跨毛驢
題鍾馗騎驢小景一首
啓功

题钟馗骑驴小景

一九八五年作　水墨纸本　68cm×45cm　个人收藏

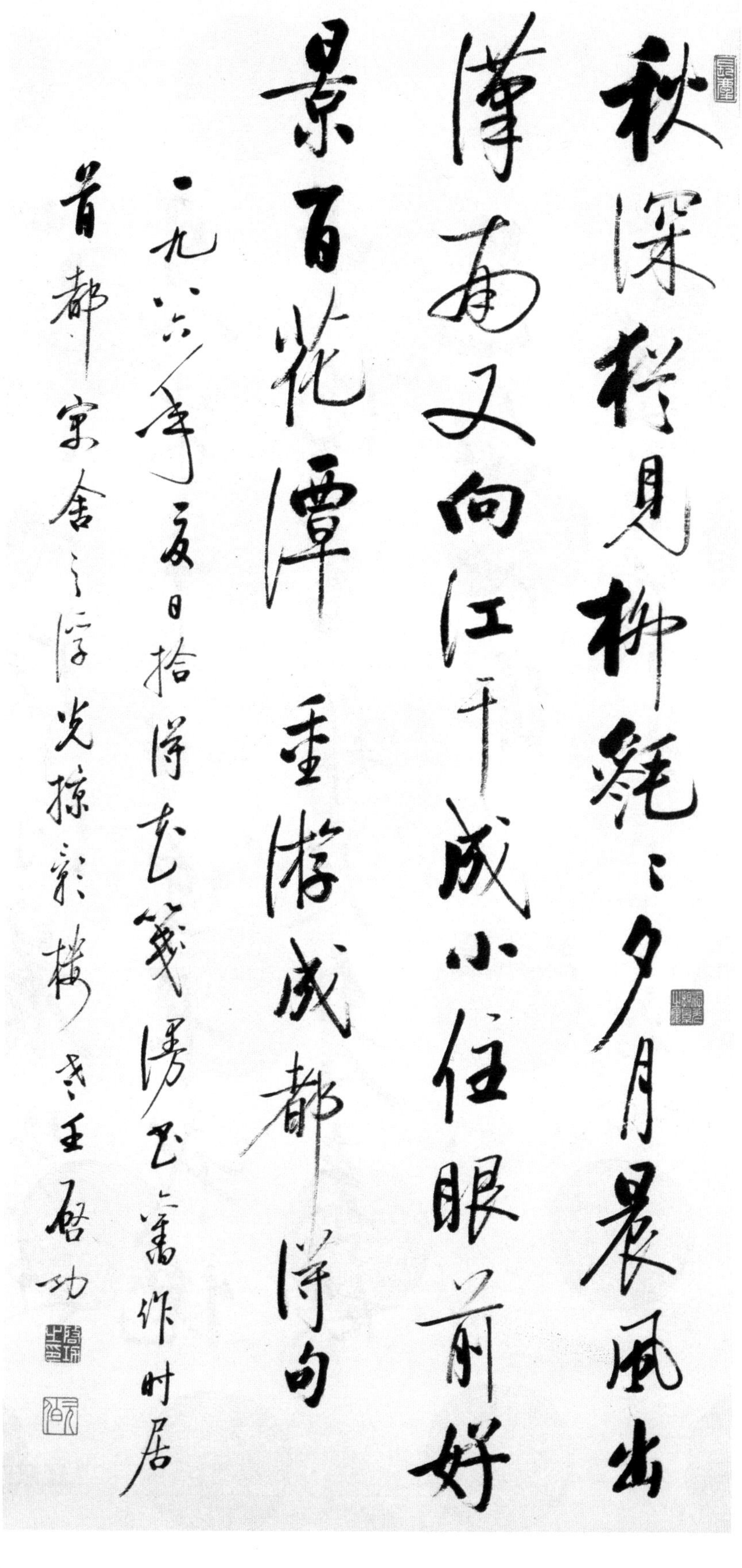

拾得花笺漫书旧作

一九八六年作　水墨纸本　130cm×66cm　个人收藏

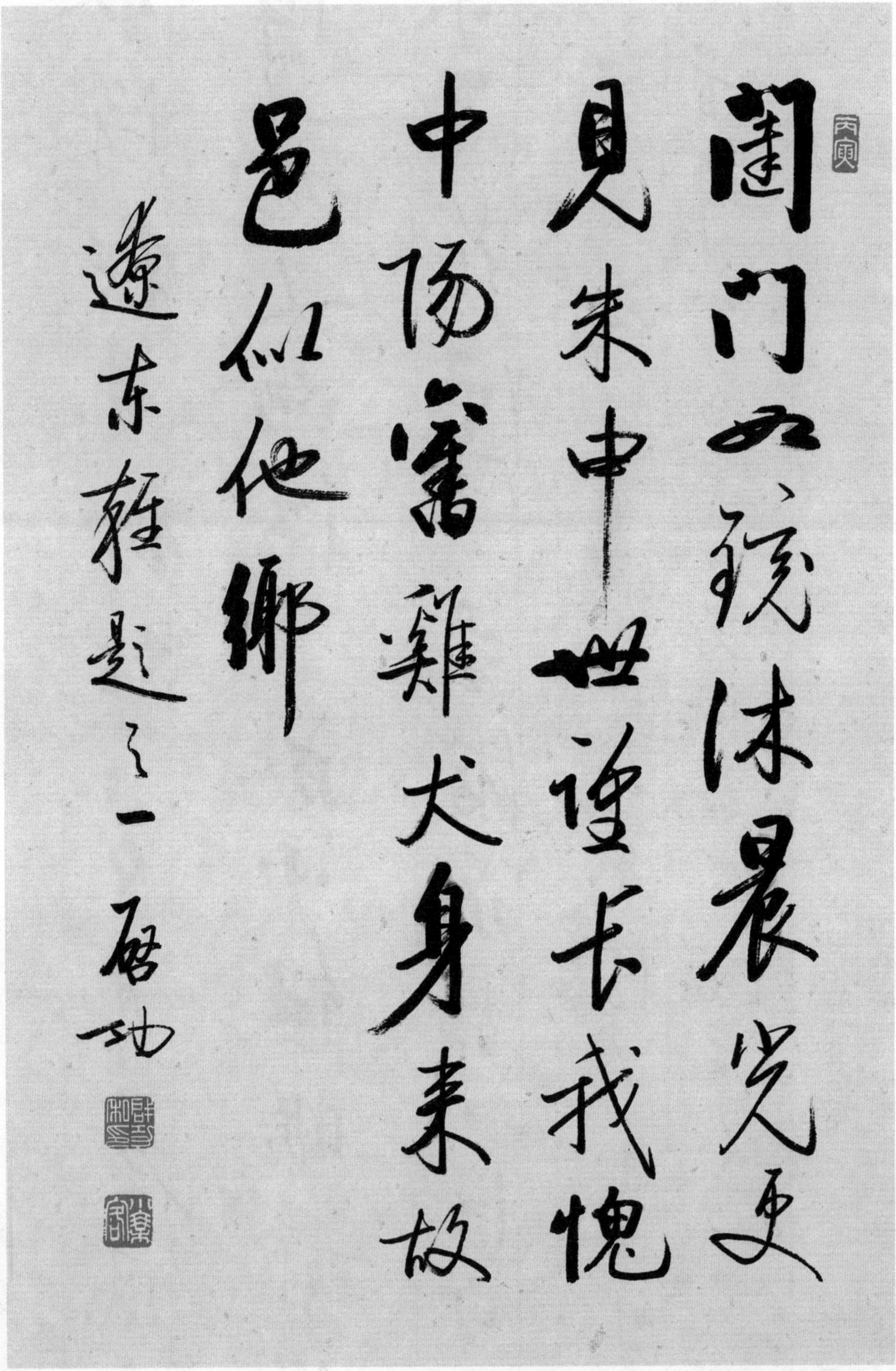

辽东杂题之一

一九八六年作　水墨纸本　70cm × 45cm　个人收藏

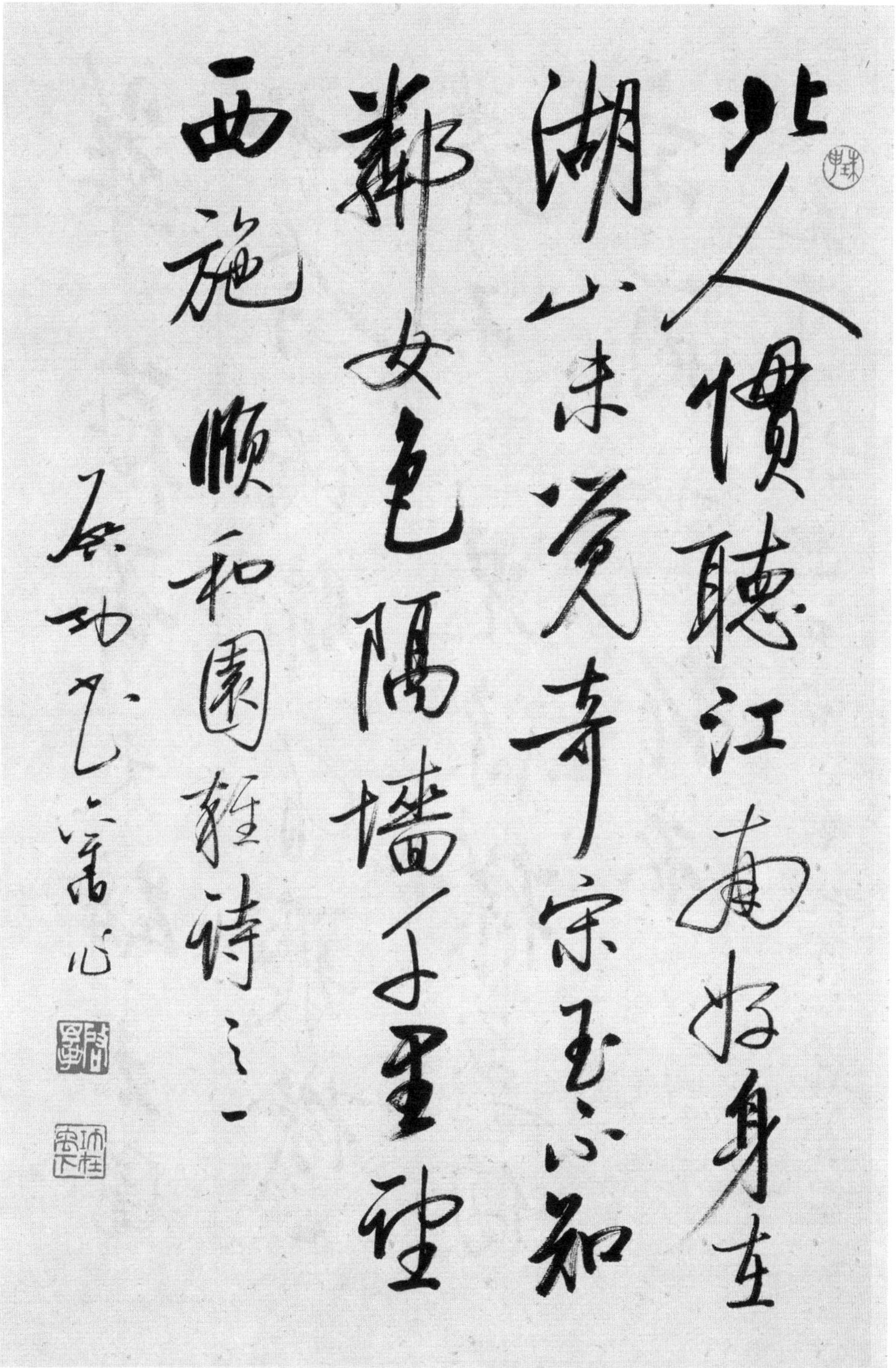

颐和园杂诗之一

一九八六年作　水墨纸本　70cm × 45cm　个人收藏

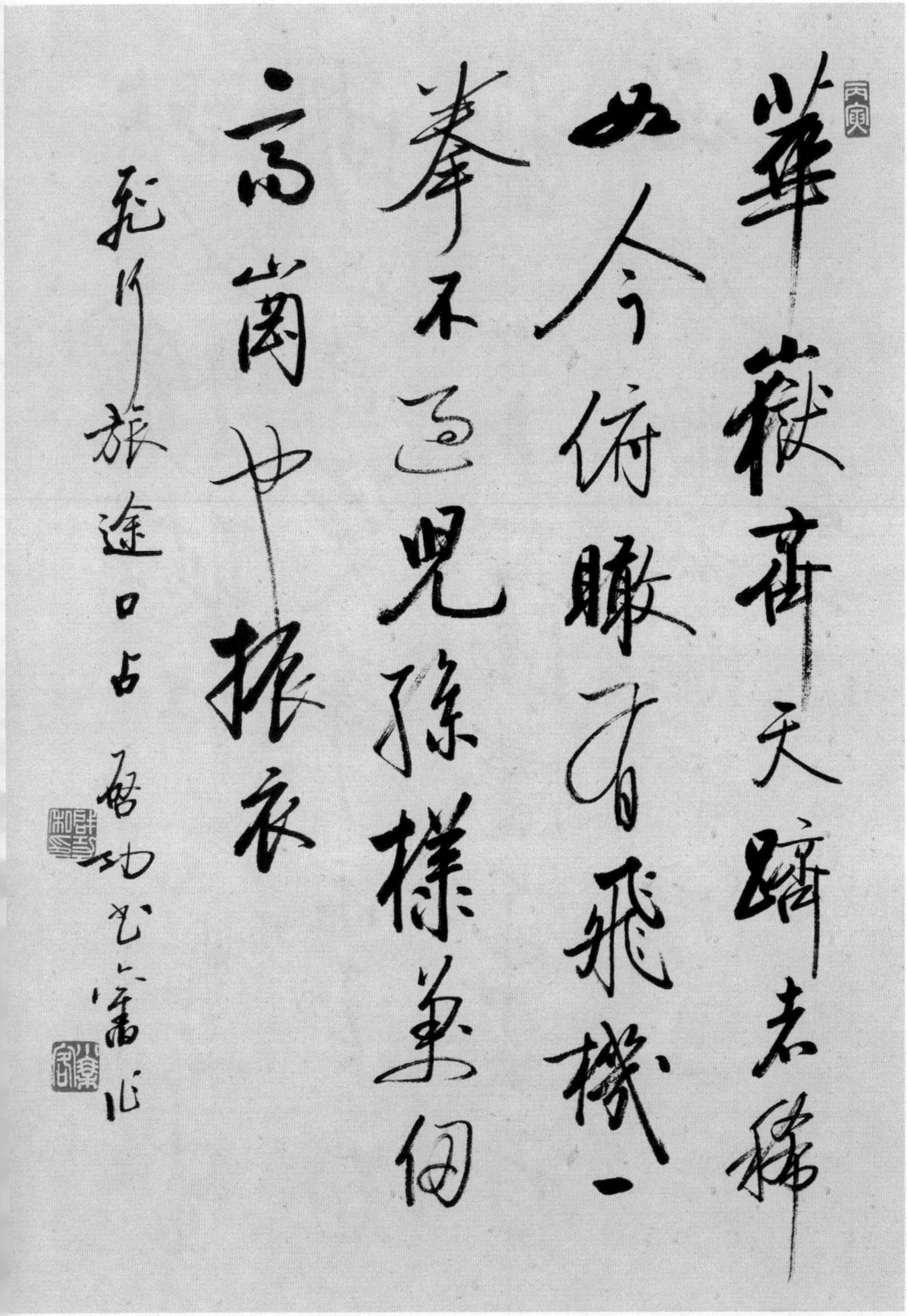

飞行旅途口占

一九八六年作　水墨纸本　70cm×45cm　个人收藏

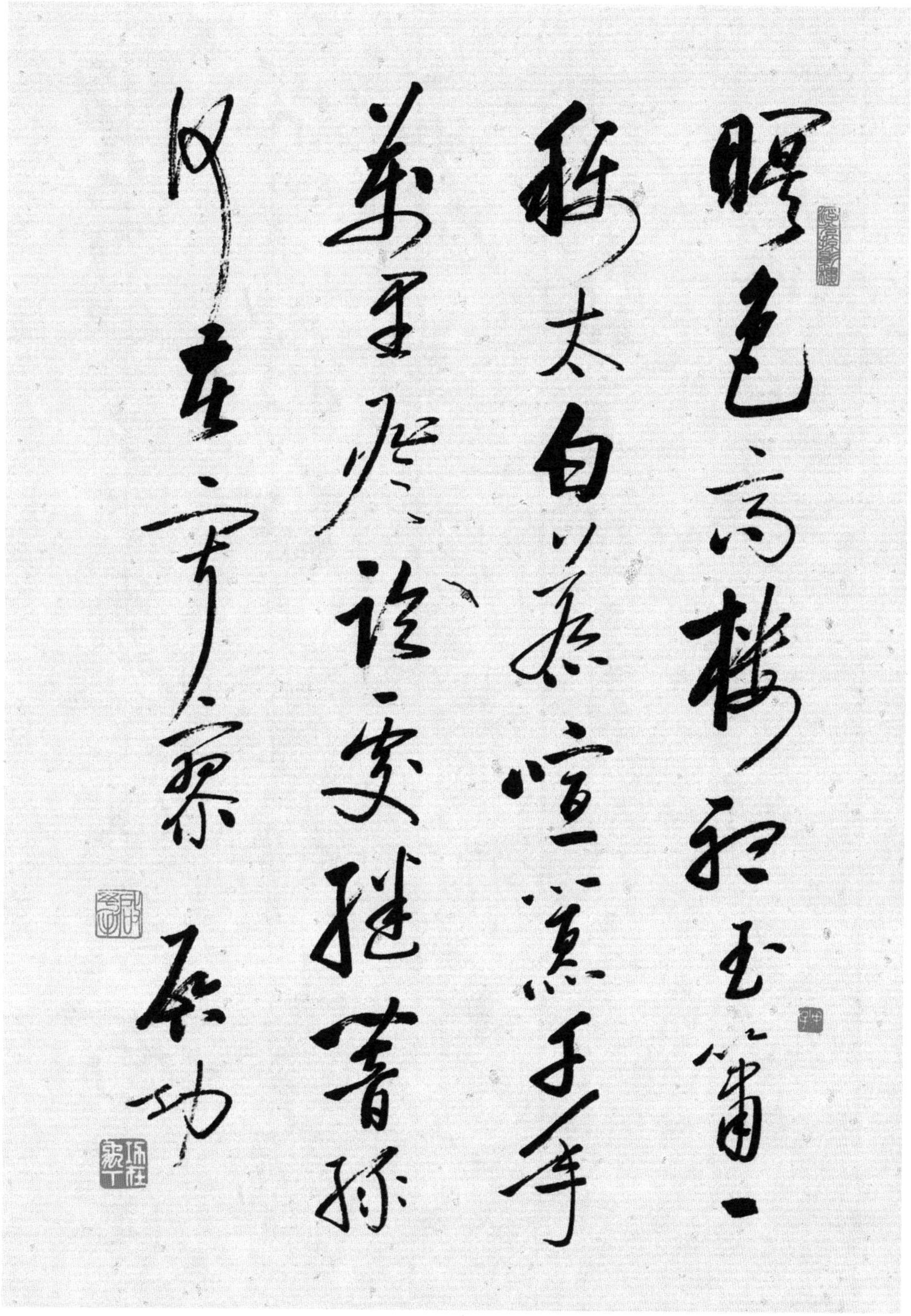

自作诗——瞑色高楼听玉箫

一九八六年作　水墨纸本　70cm×45cm　个人收藏

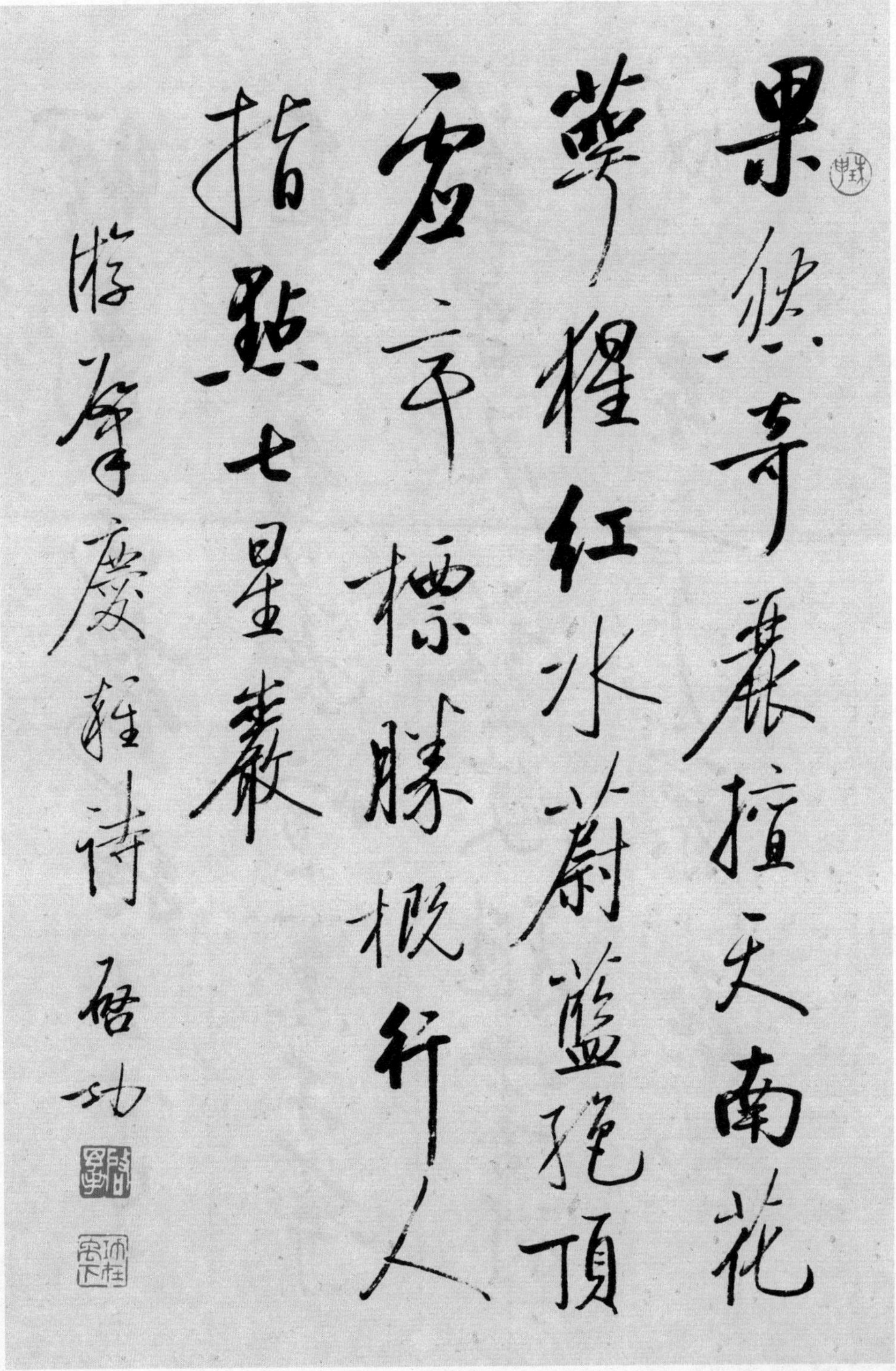

游肇庆杂诗

一九八六年作　水墨纸本　70cm×45cm　个人收藏

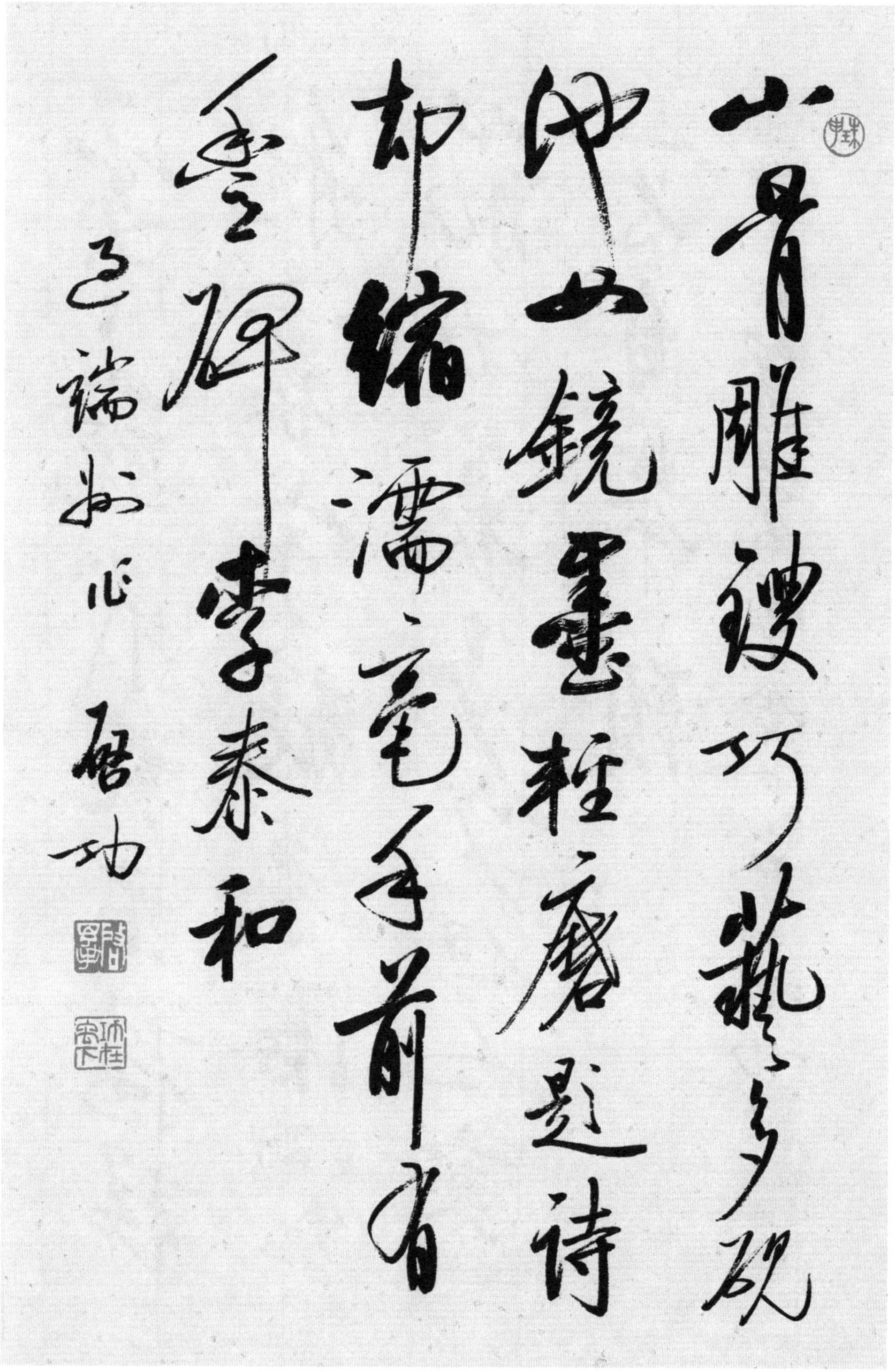

过端州作

一九八六年作　水墨纸本　70cm×45cm　个人收藏

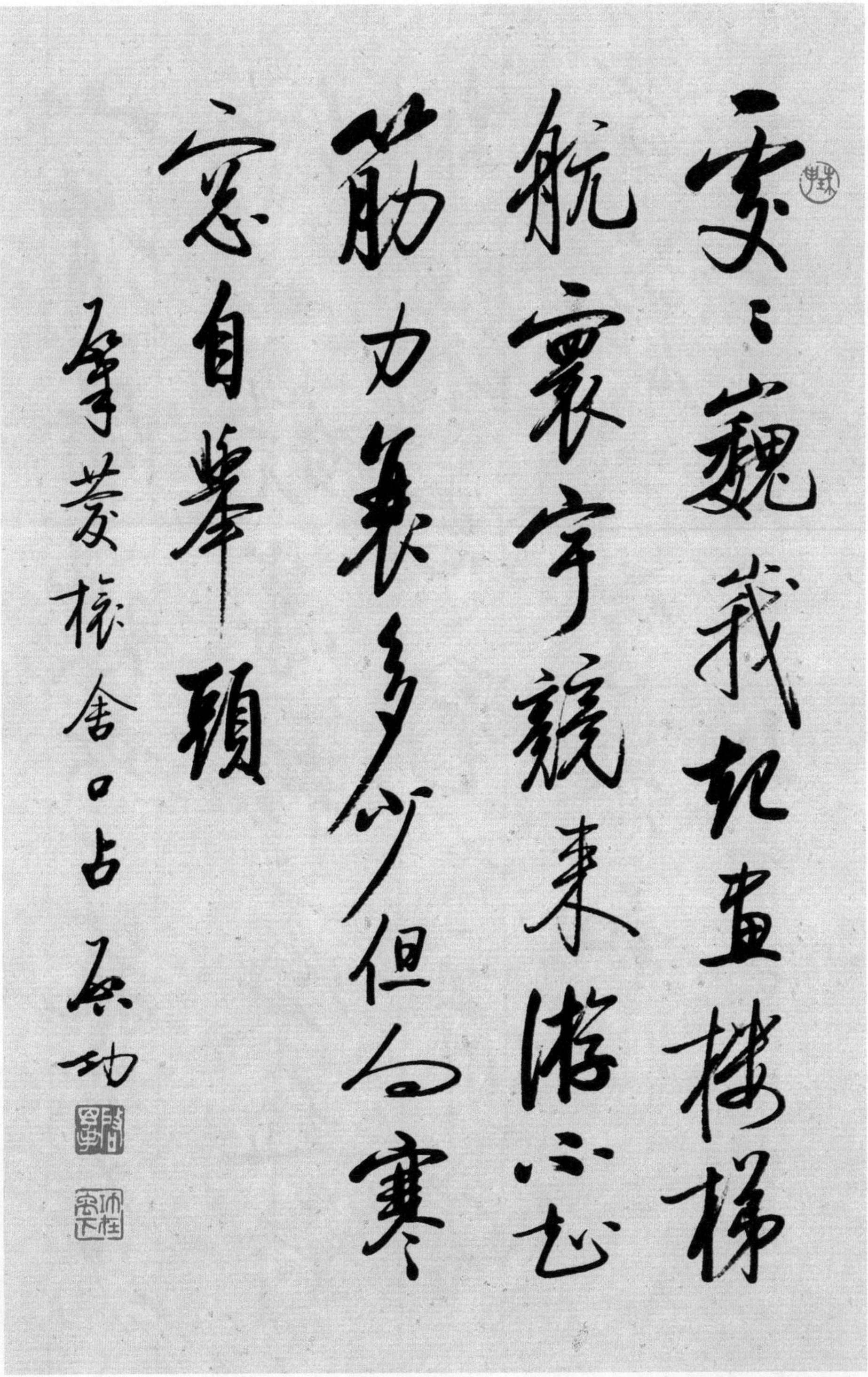

肇庆旅舍口占

一九八六年作 水墨纸本 70cm×45cm 个人收藏

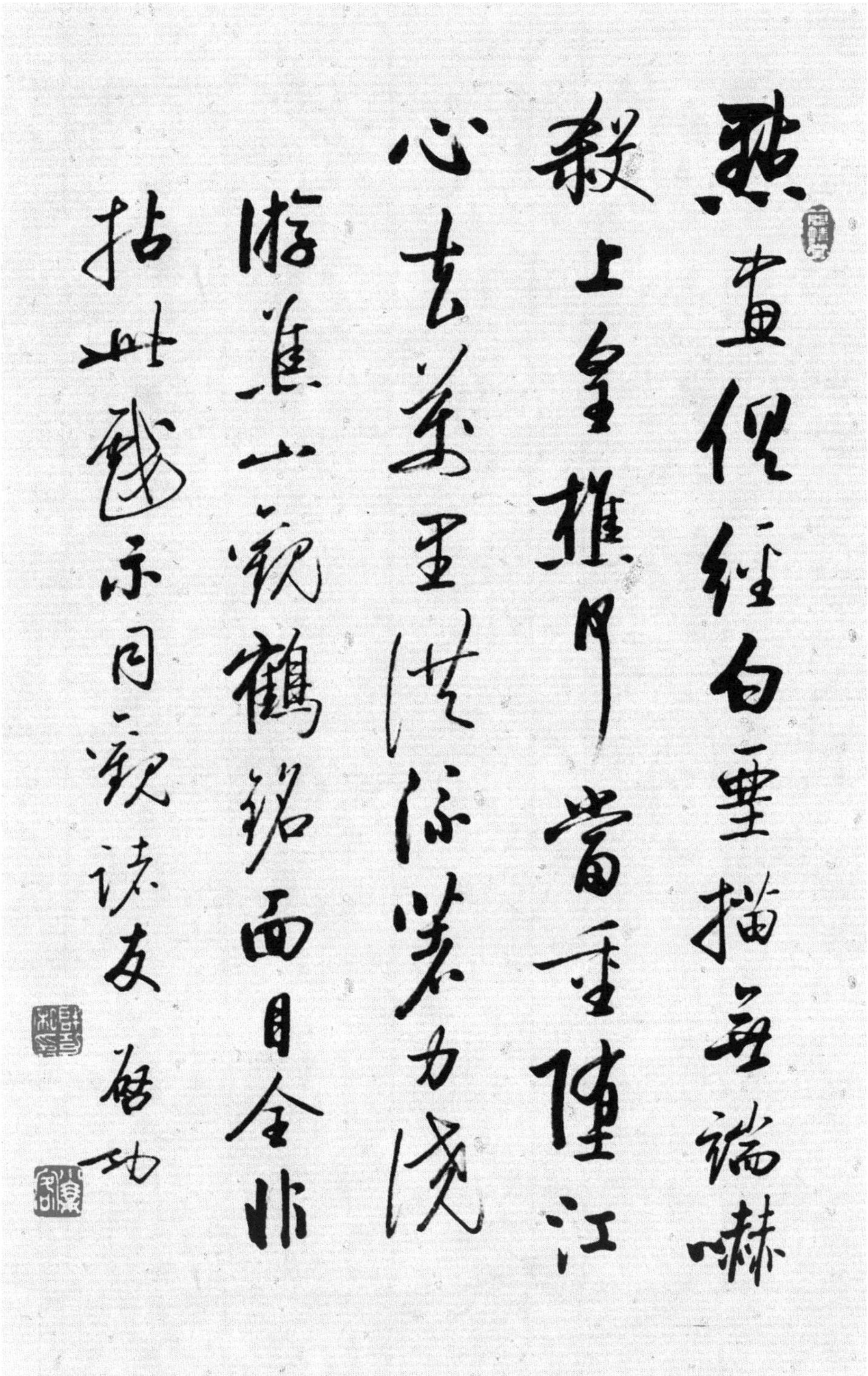

游焦山观鹤铭

一九八六年作　水墨纸本　70cm×45cm　个人收藏

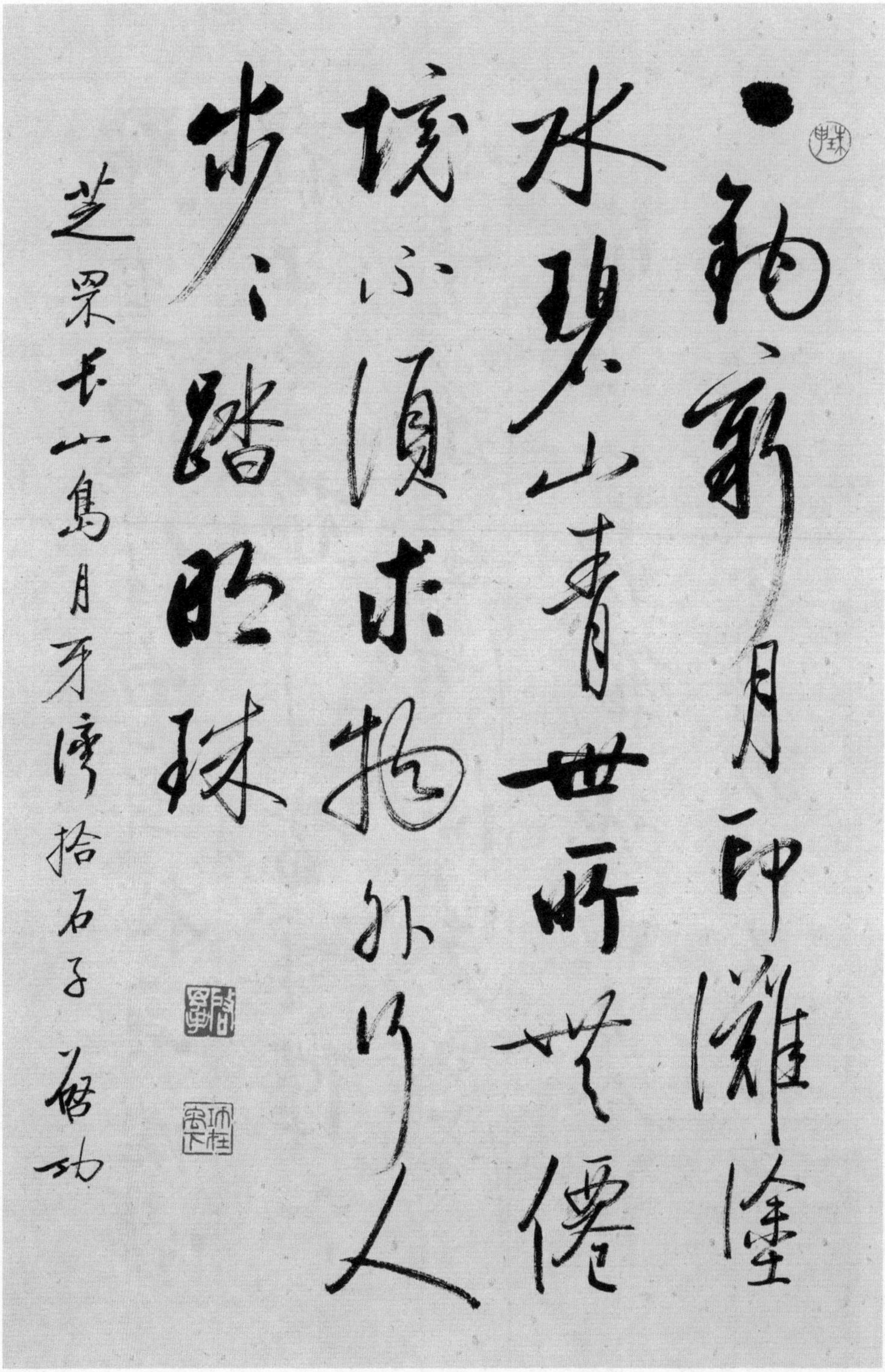

芝罘长山岛月牙湾拾石子

一九八六年作　水墨纸本　70cm × 45cm　个人收藏

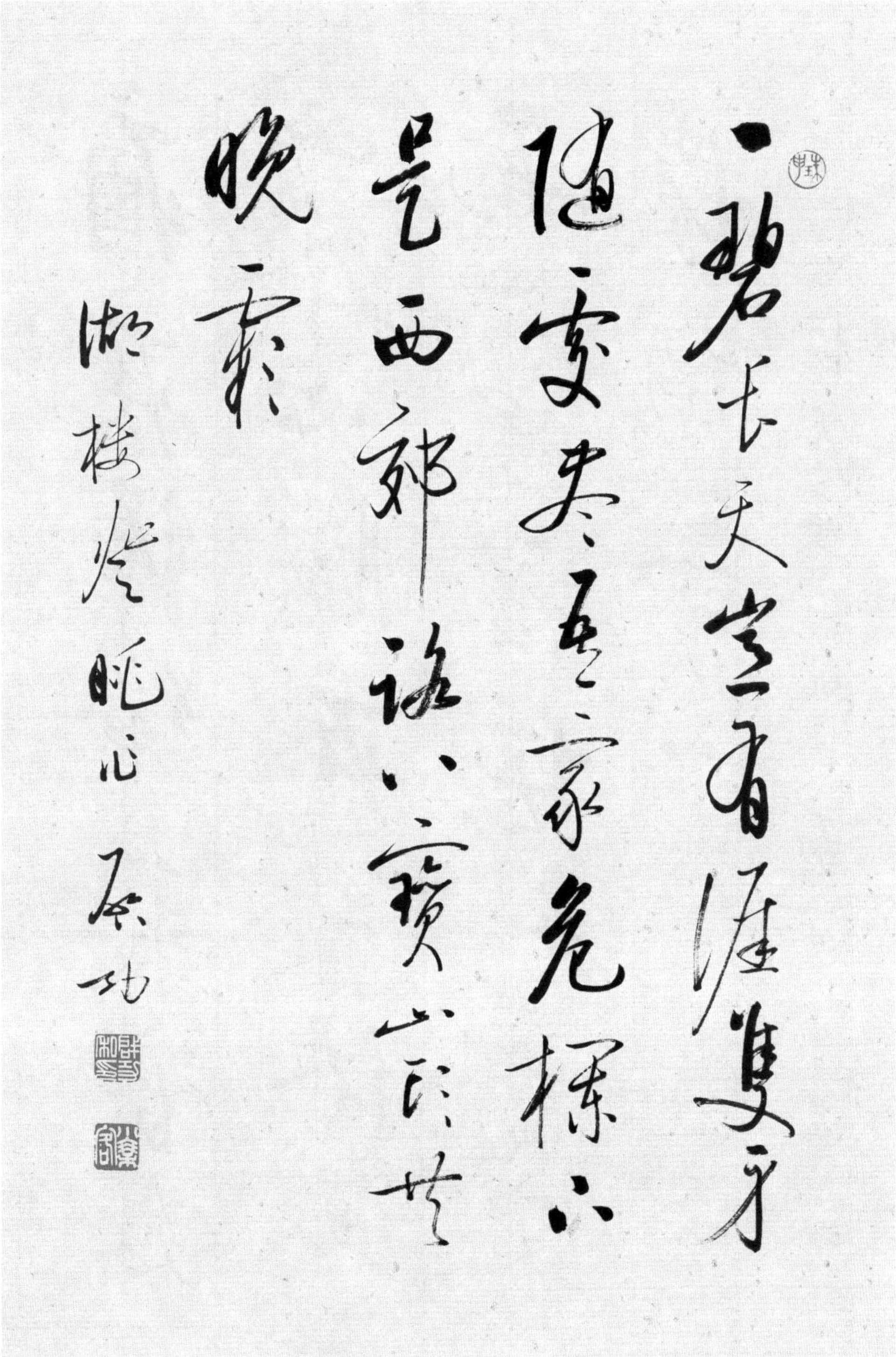

湖楼登眺作

一九八六年作　水墨纸本　70cm×45cm　个人收藏

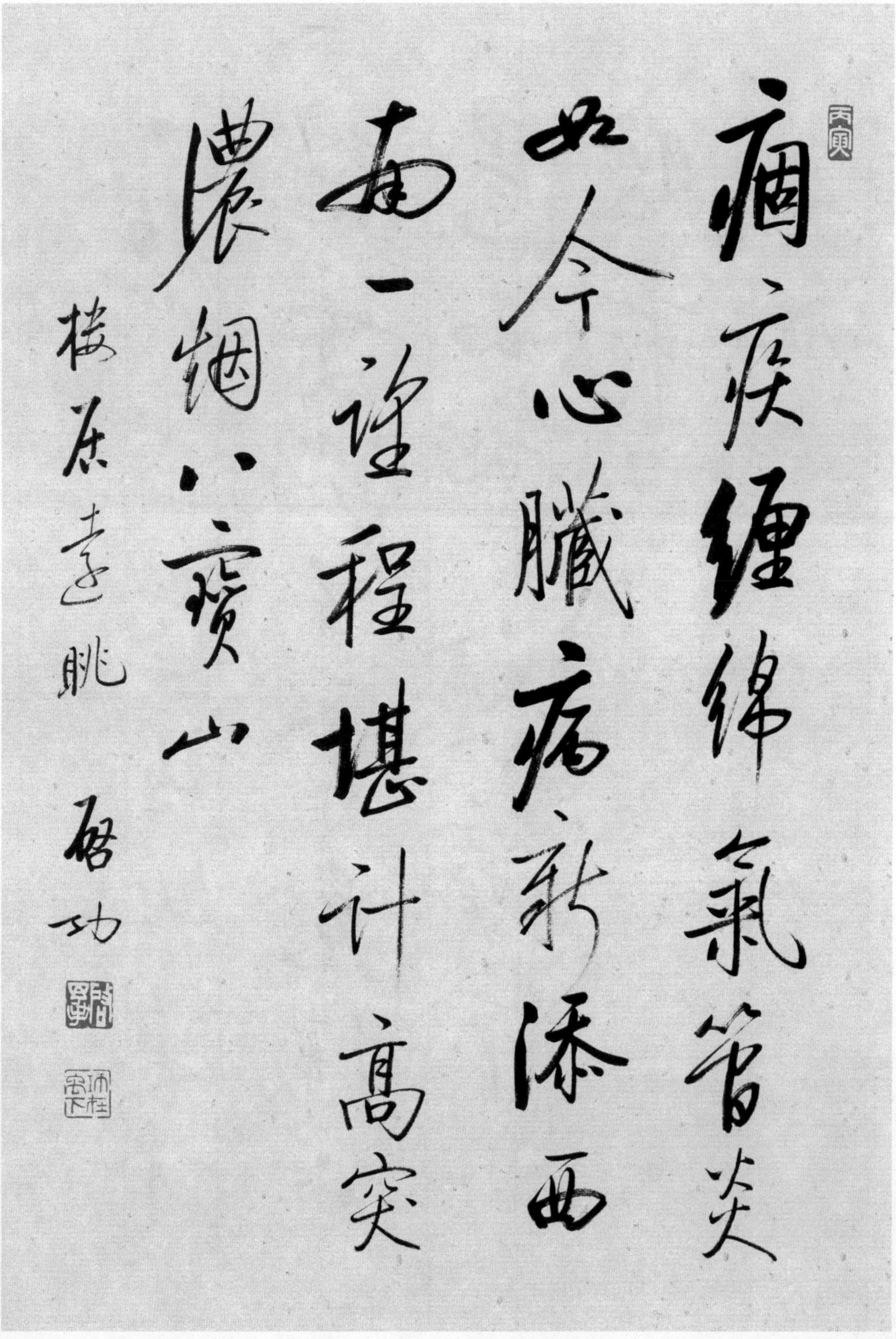

楼居远眺

一九八六年作　水墨纸本　70cm × 45cm　个人收藏

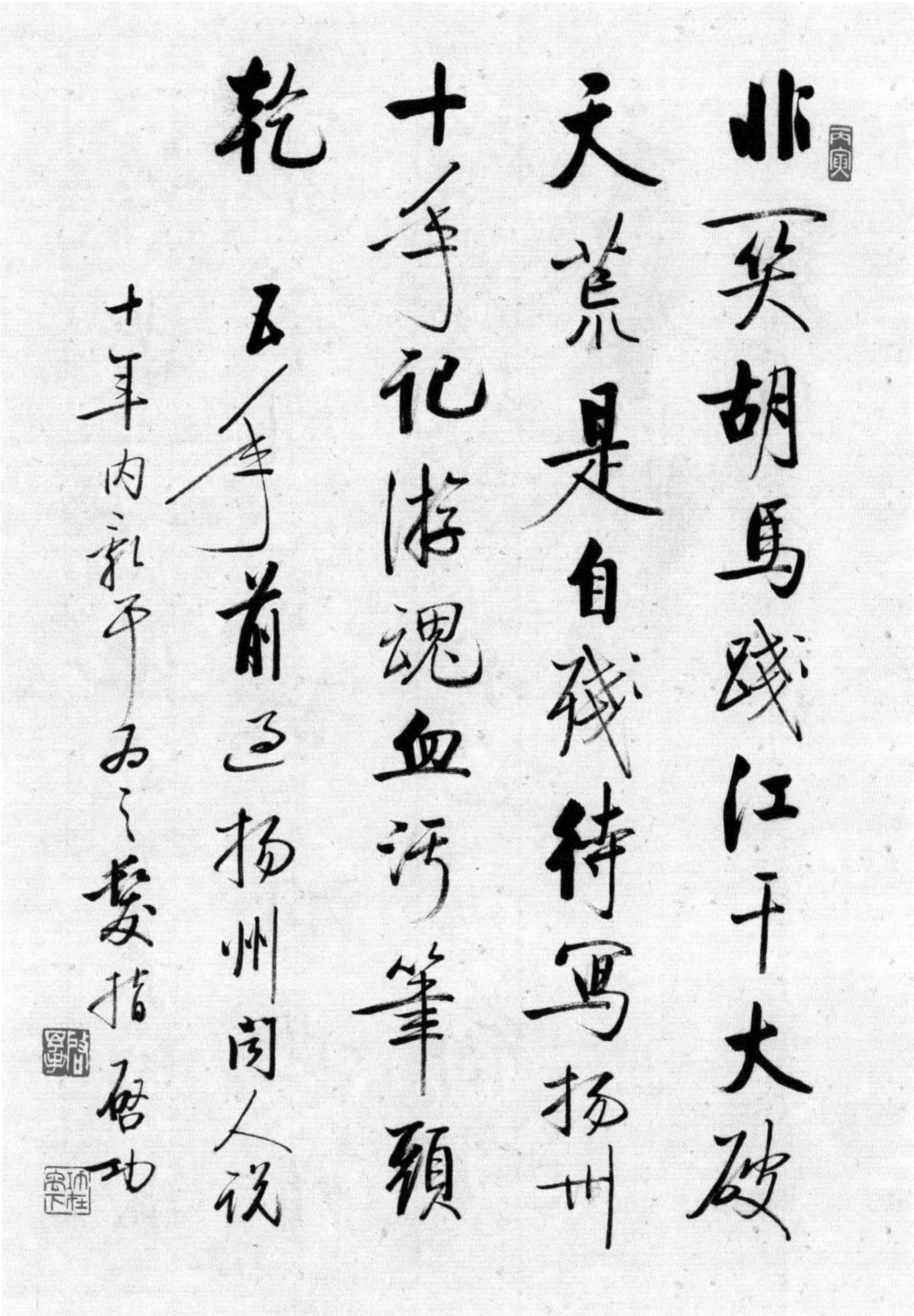

过扬州作

一九八六年作　水墨纸本　70cm × 45cm　个人收藏

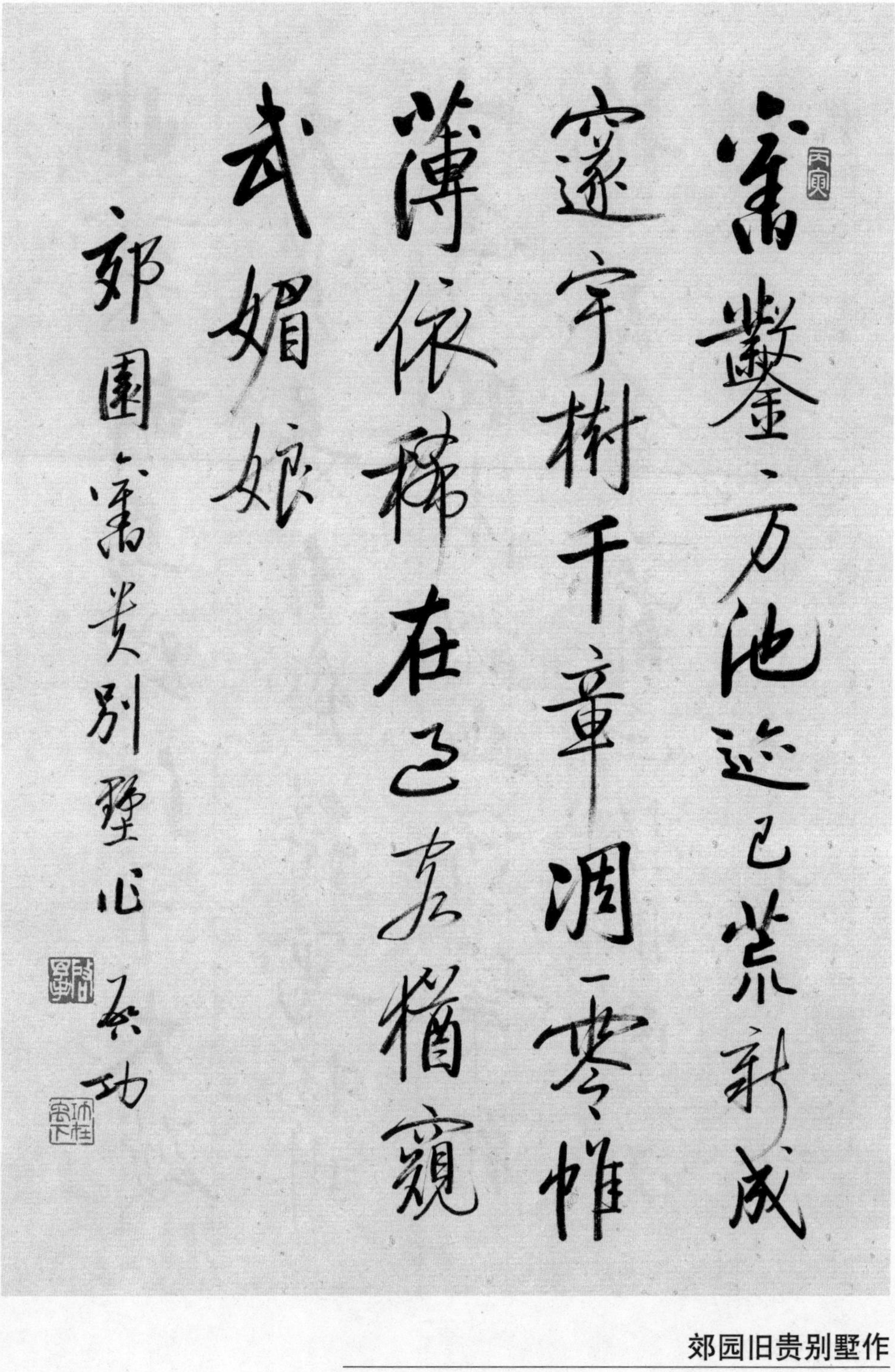

郊园旧贵别墅作

一九八六年作　水墨纸本　70cm×45cm　个人收藏

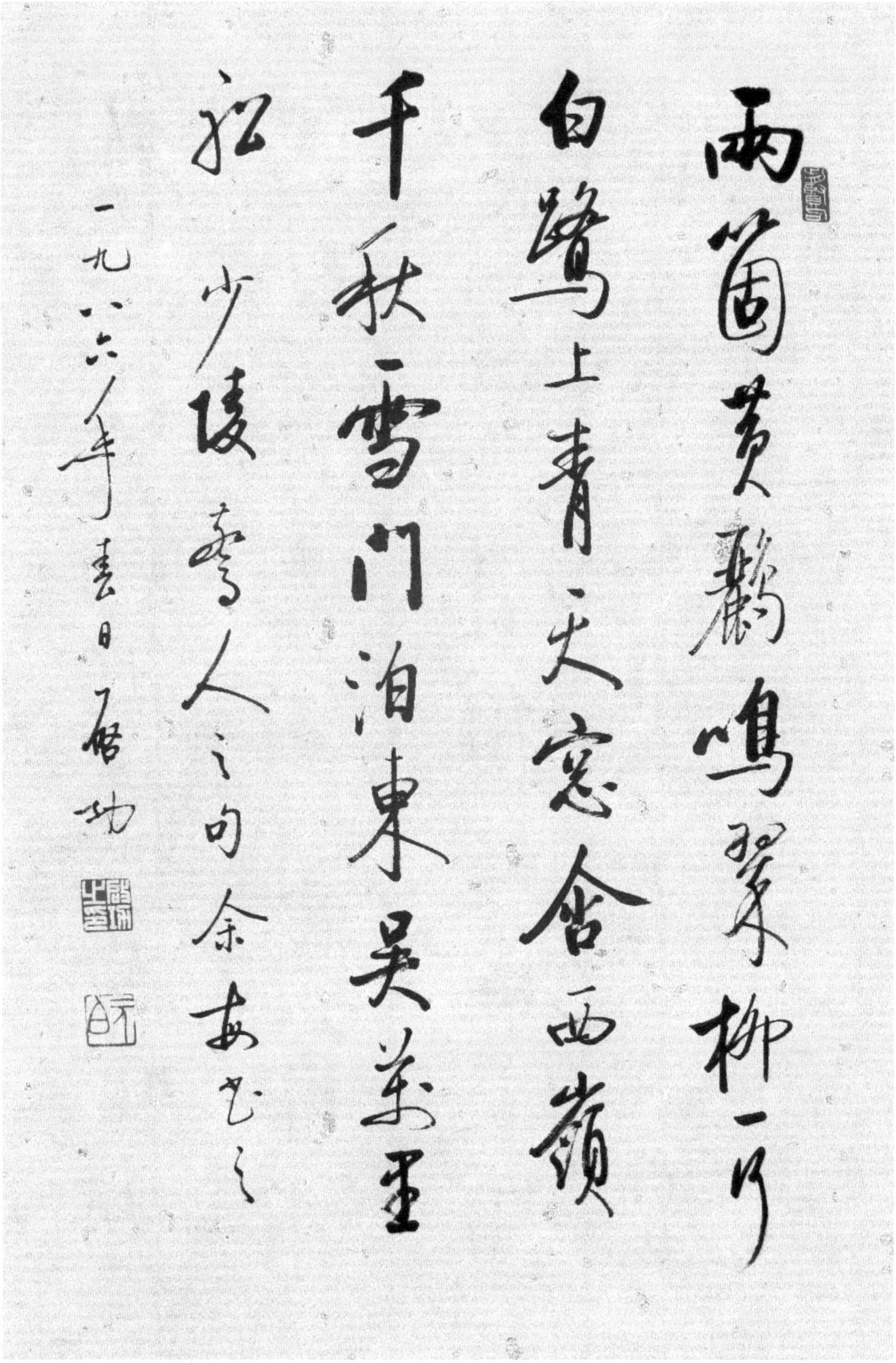
两個黄鹂鸣翠柳一行
白鹭上青天窗含西岭
千秋雪门泊東吴萬里
舩 少陵惊人之句余每爱之
一九八六年春日启功

少陵惊人之句——两个黄鹂鸣翠柳

一九八六年作　水墨纸本　67cm × 44cm　个人收藏

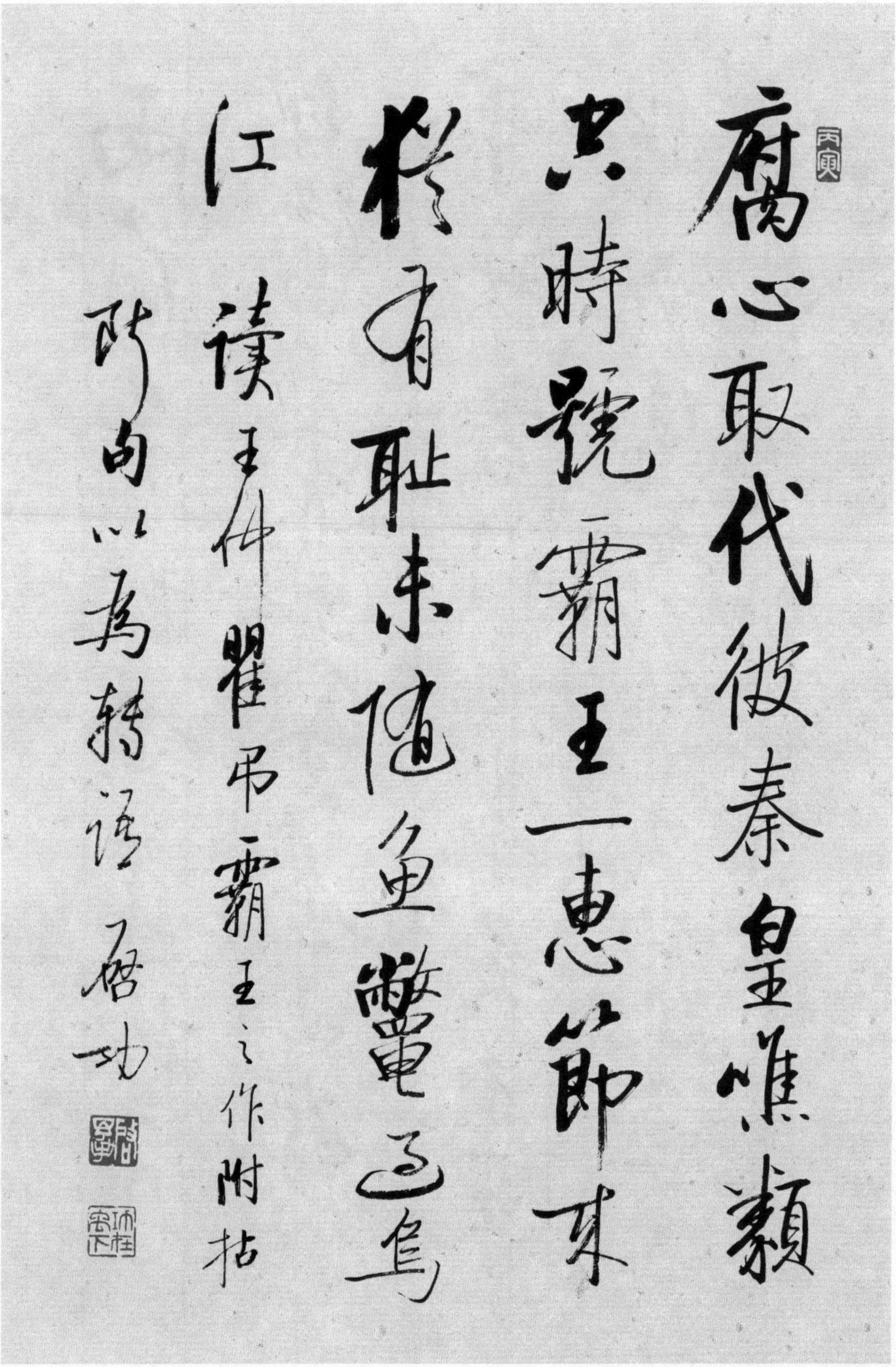

读王仲瞿吊霸王之作

一九八六年作　水墨纸本　70cm × 45cm　个人收藏

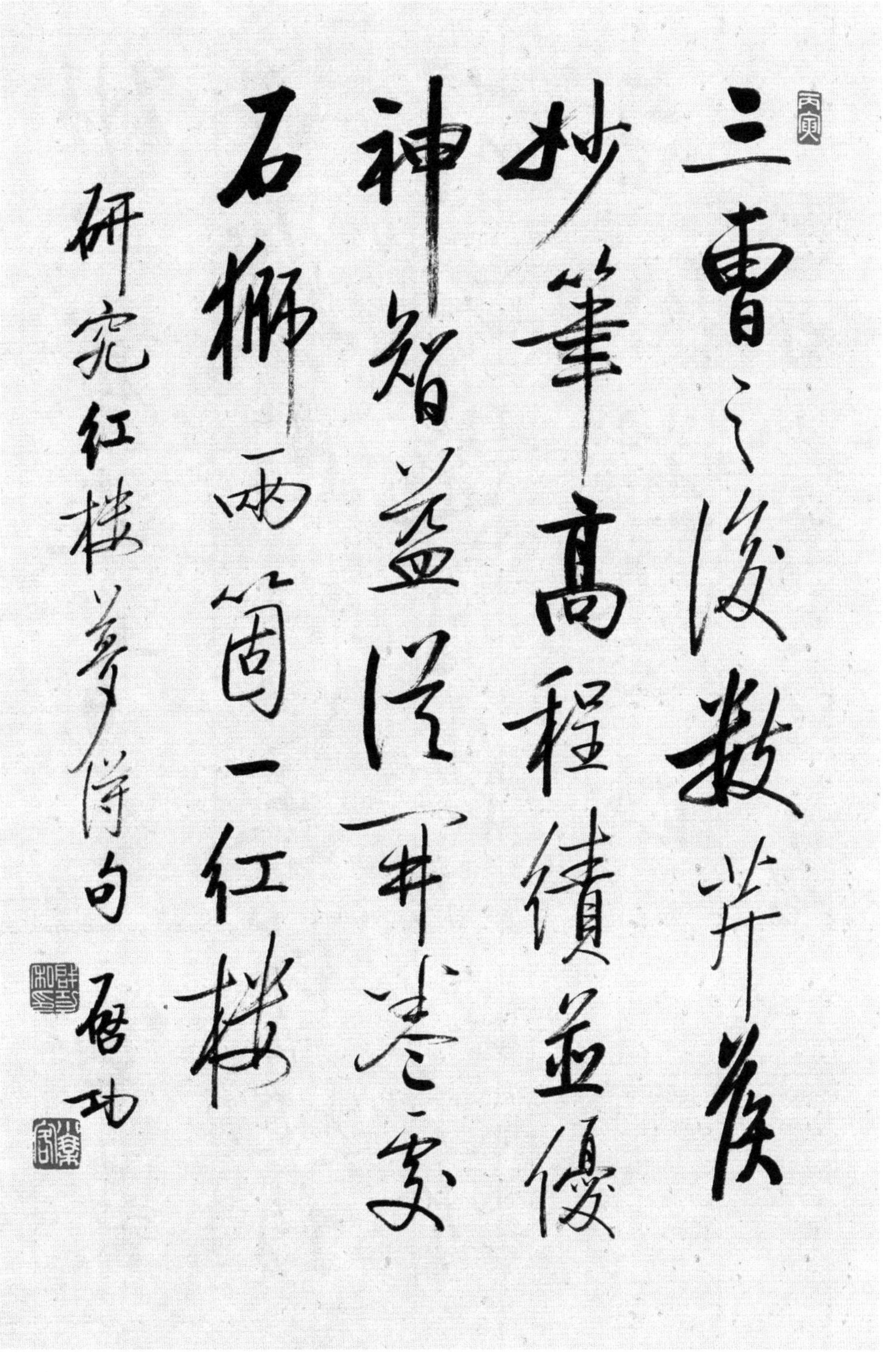

研究红楼梦得句

一九八六年作　水墨纸本　70cm × 45cm　个人收藏

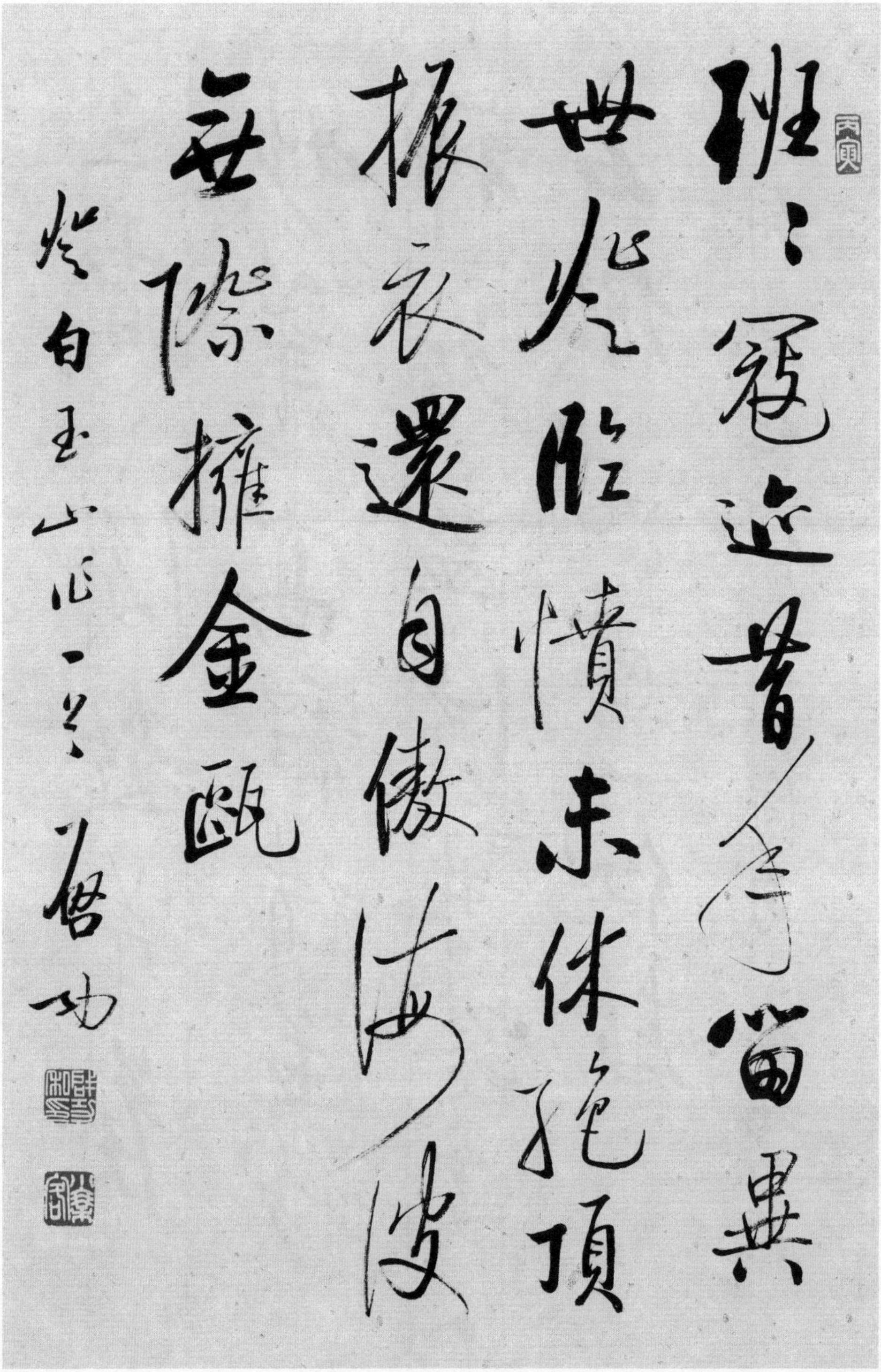

登白玉山作

一九八六年作 水墨纸本 70cm × 45cm 个人收藏

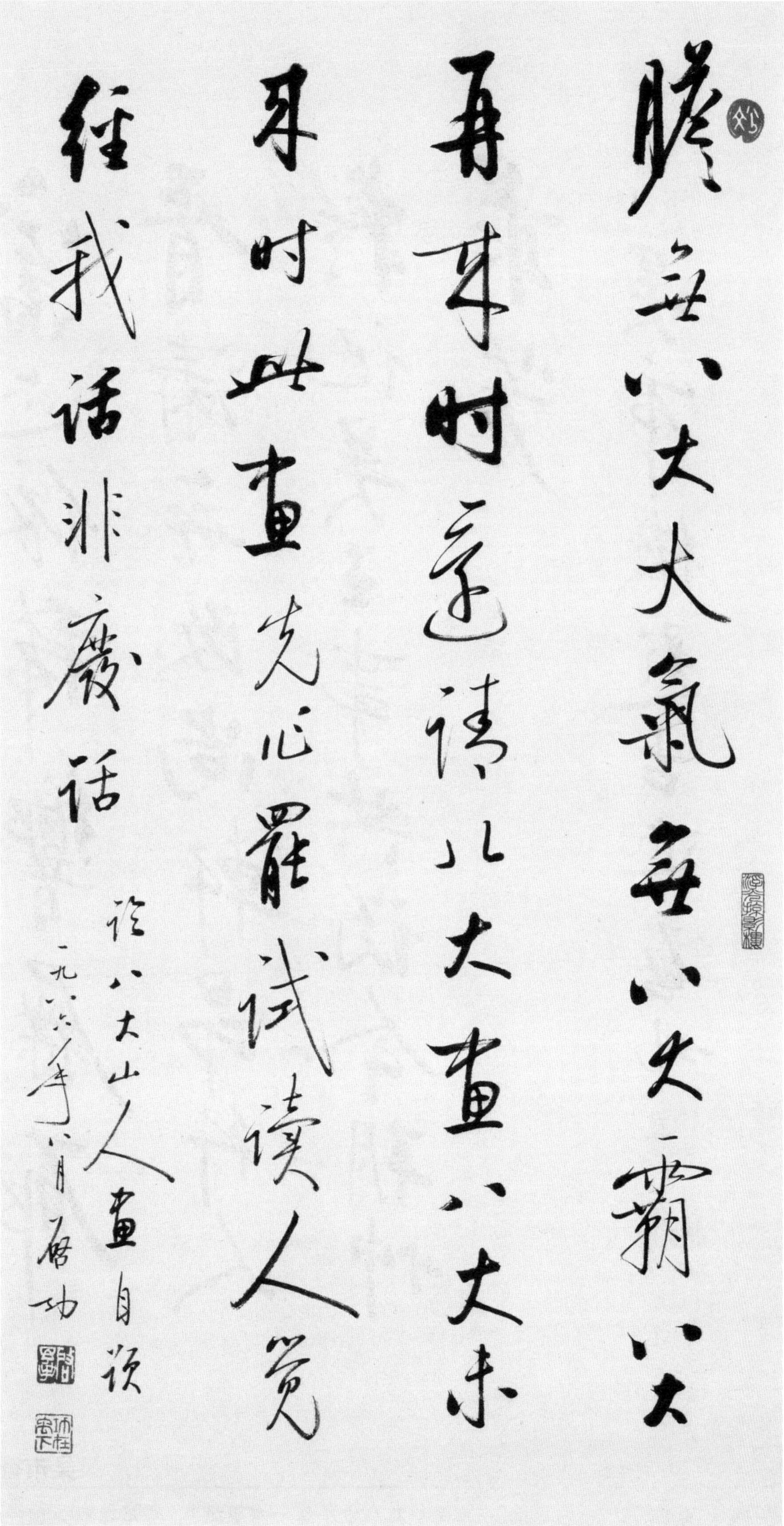

临八大山人画自题

一九八六年作　水墨纸本　96cm×51cm　个人收藏

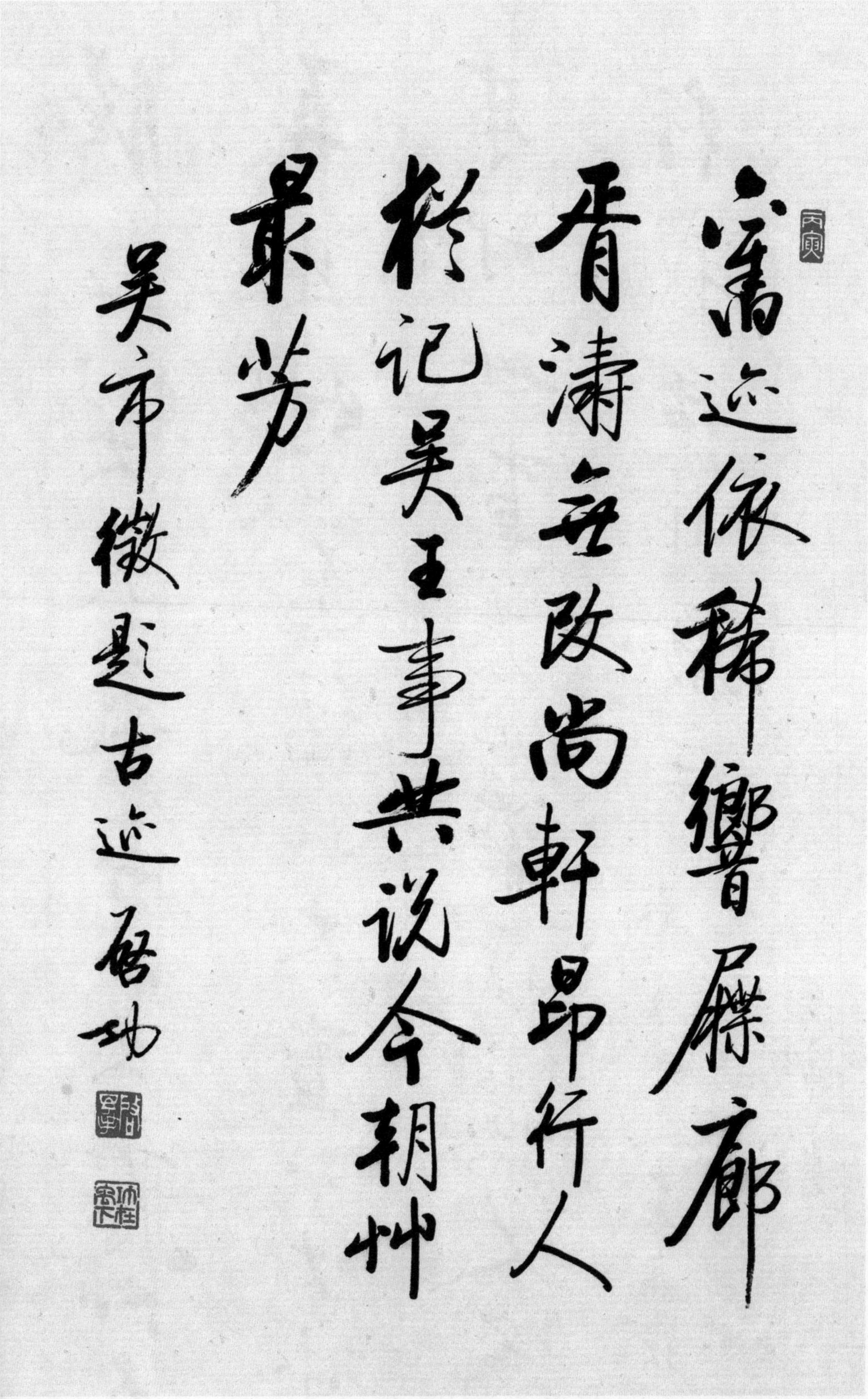
舊迹依稀響屧廊
香濤無改尚軒昂
行人指記吳王事共說今朝艸
最芳
吳市徵題古迹　啓功

吴市征题古迹

一九八六年作　水墨纸本　70cm × 45cm　个人收藏

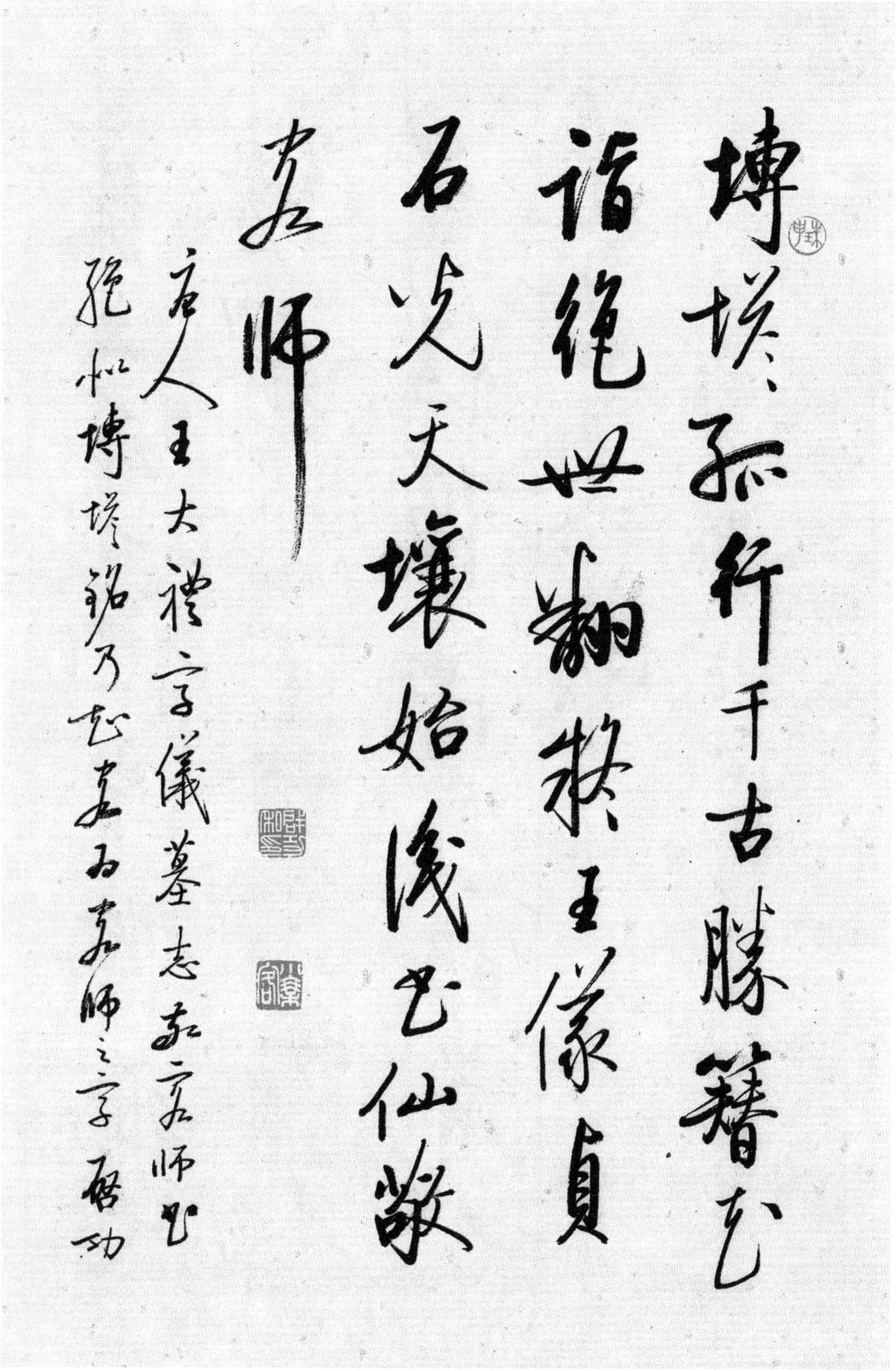

题王仪墓志

一九八六年作　水墨纸本　70cm × 45cm　个人收藏

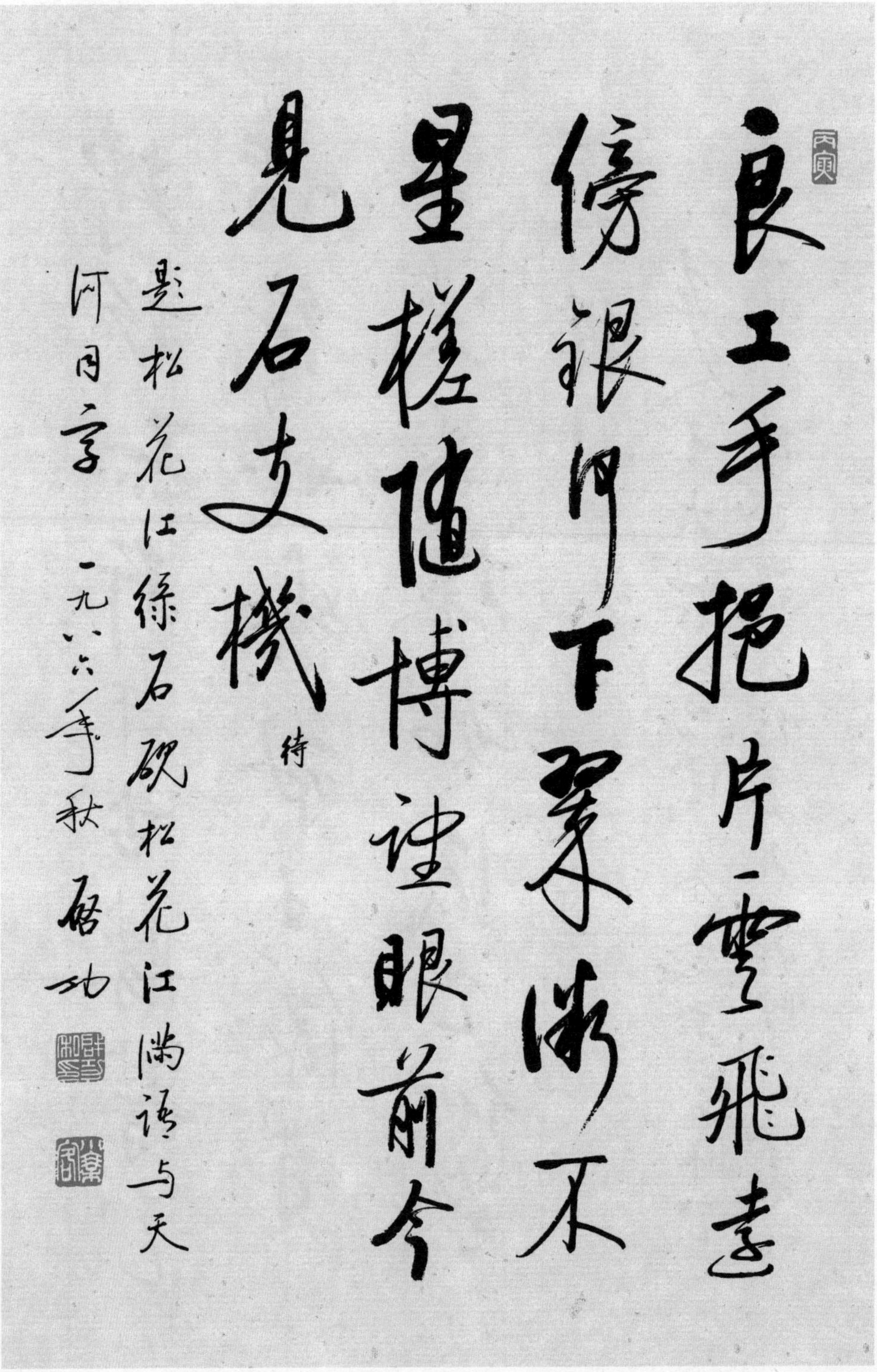
良工手把片雲飛遠
傍銀河下翠微不
星槎隨博望眼前今
見石支機
待
題松花江綠石硯松花江滿語與天
河同音
一九八六年秋 啟功

题松花江绿石砚

一九八六年作　水墨纸本　70cm × 45cm　个人收藏

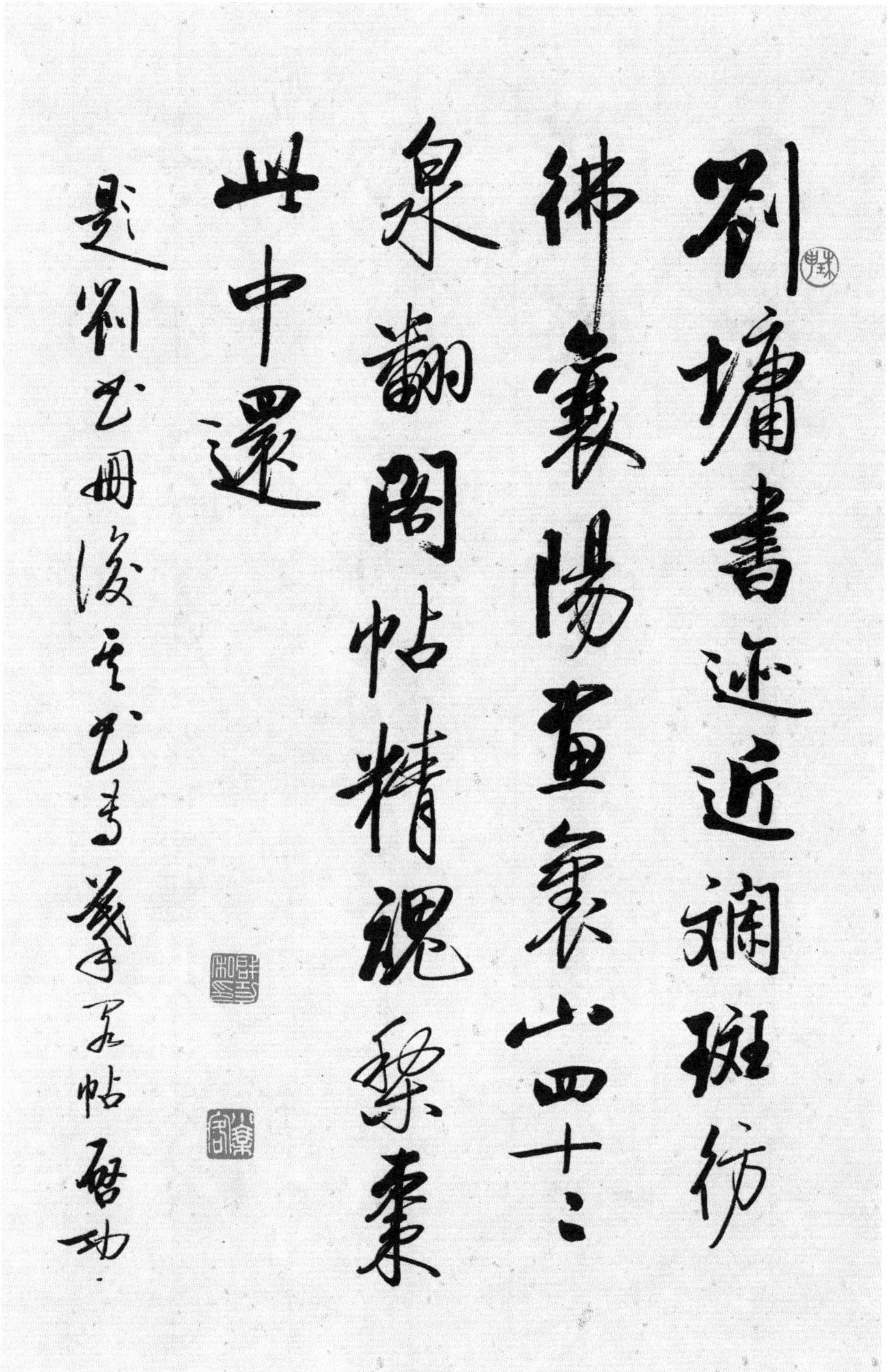
刘墉书迹近斓斑仿
佛襄阳画象山四十三
泉翻阁帖精魂梨枣
此中还

题刘墉书册后

一九八六年作　水墨纸本　70cm×45cm　个人收藏

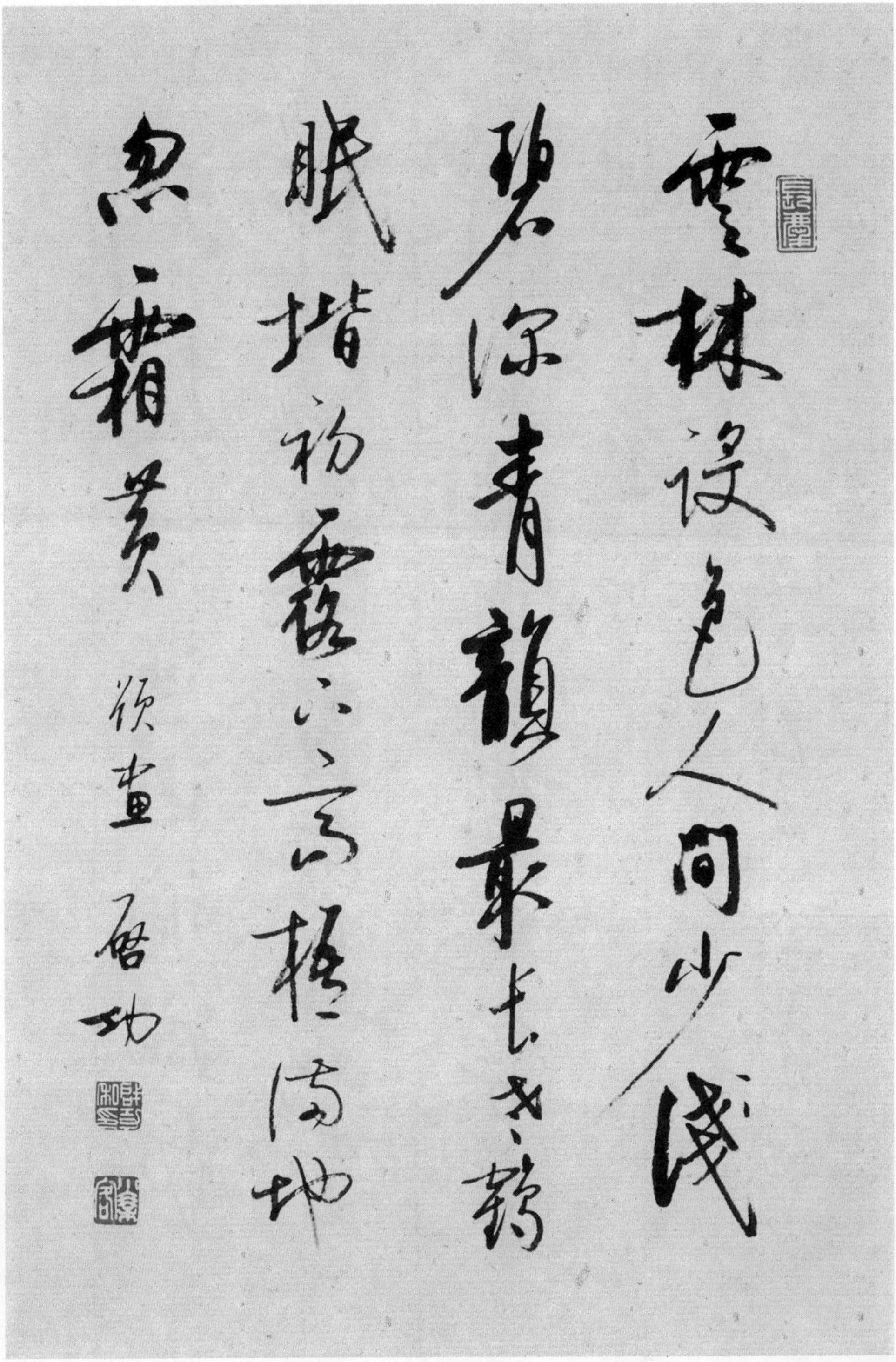

题画

一九八六年作　水墨纸本　70cm × 45cm　个人收藏

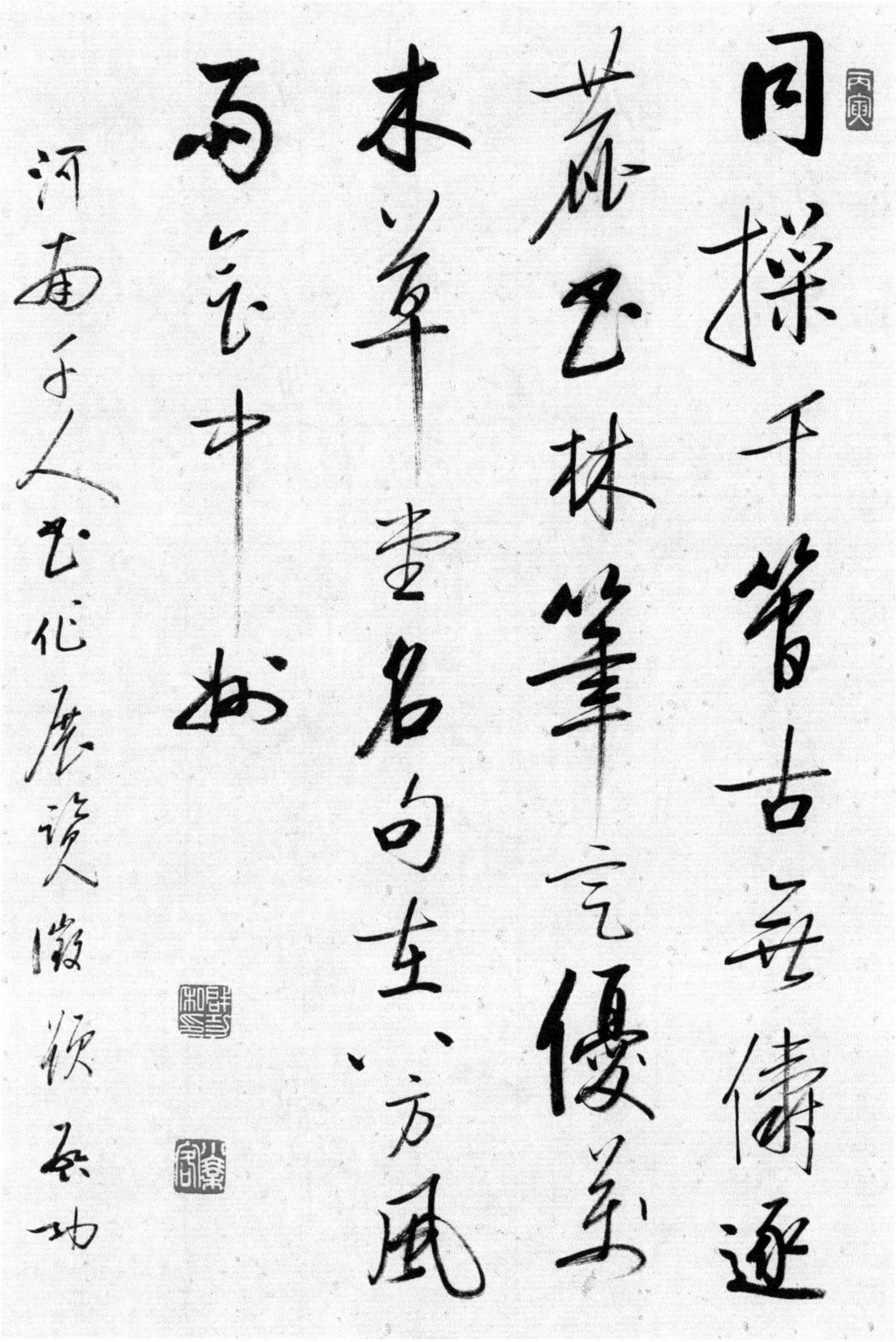

题河南千人书作展

一九八六年作　水墨纸本　70cm × 45cm　个人收藏

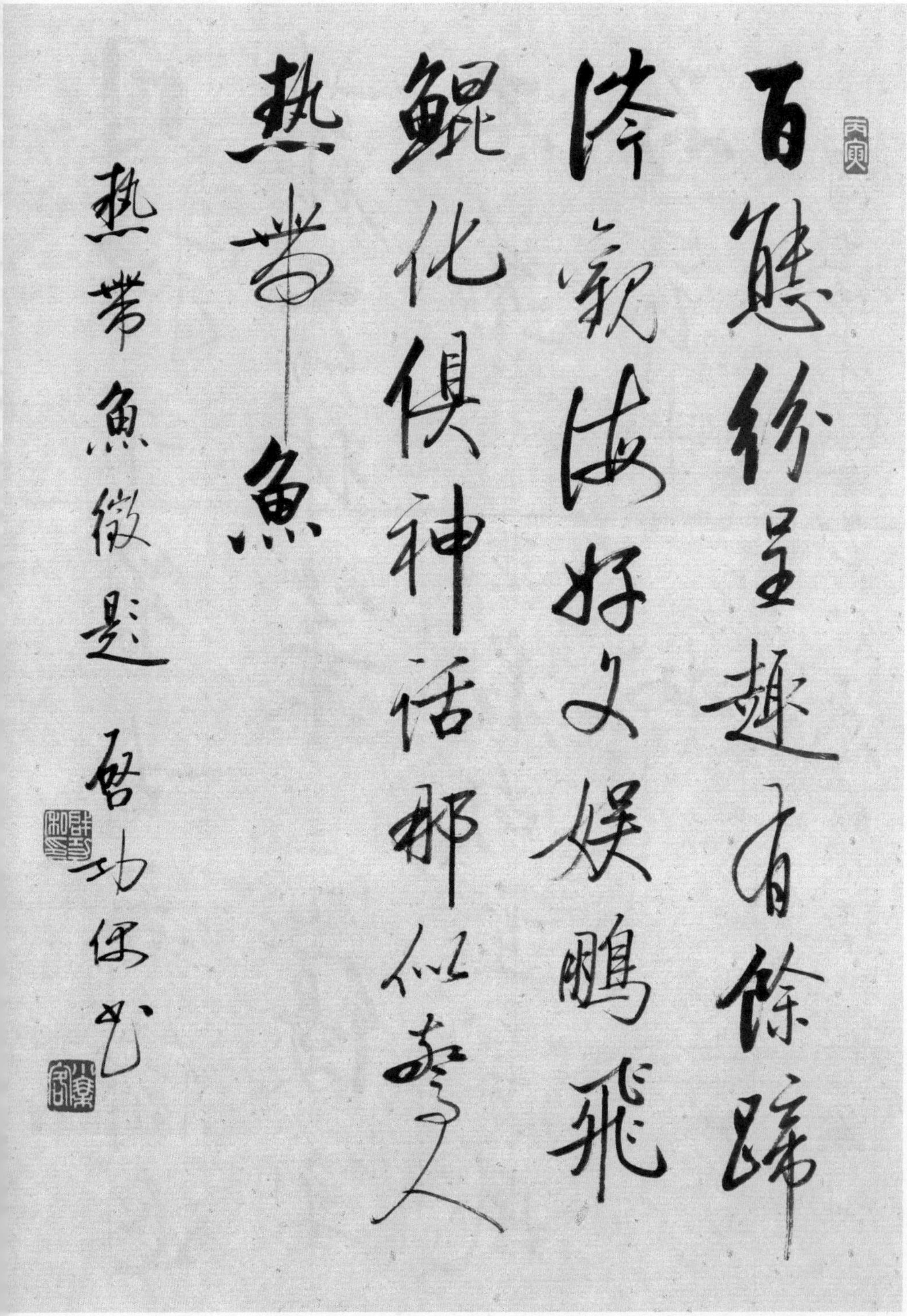

题热带鱼

一九八六年作　水墨纸本　70cm×45cm　个人收藏

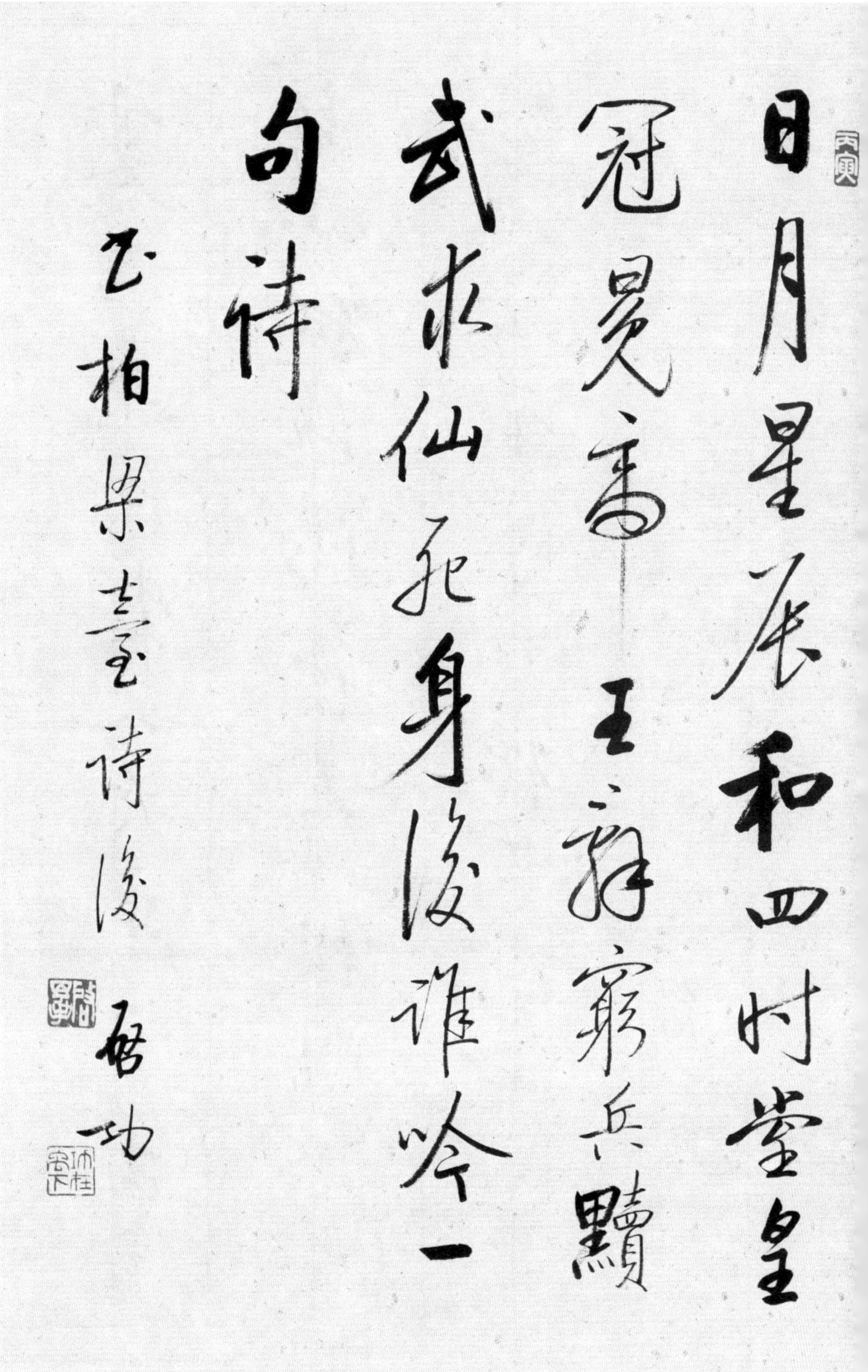

书柏梁台诗后

一九八六年作　水墨纸本　70cm × 45cm　个人收藏

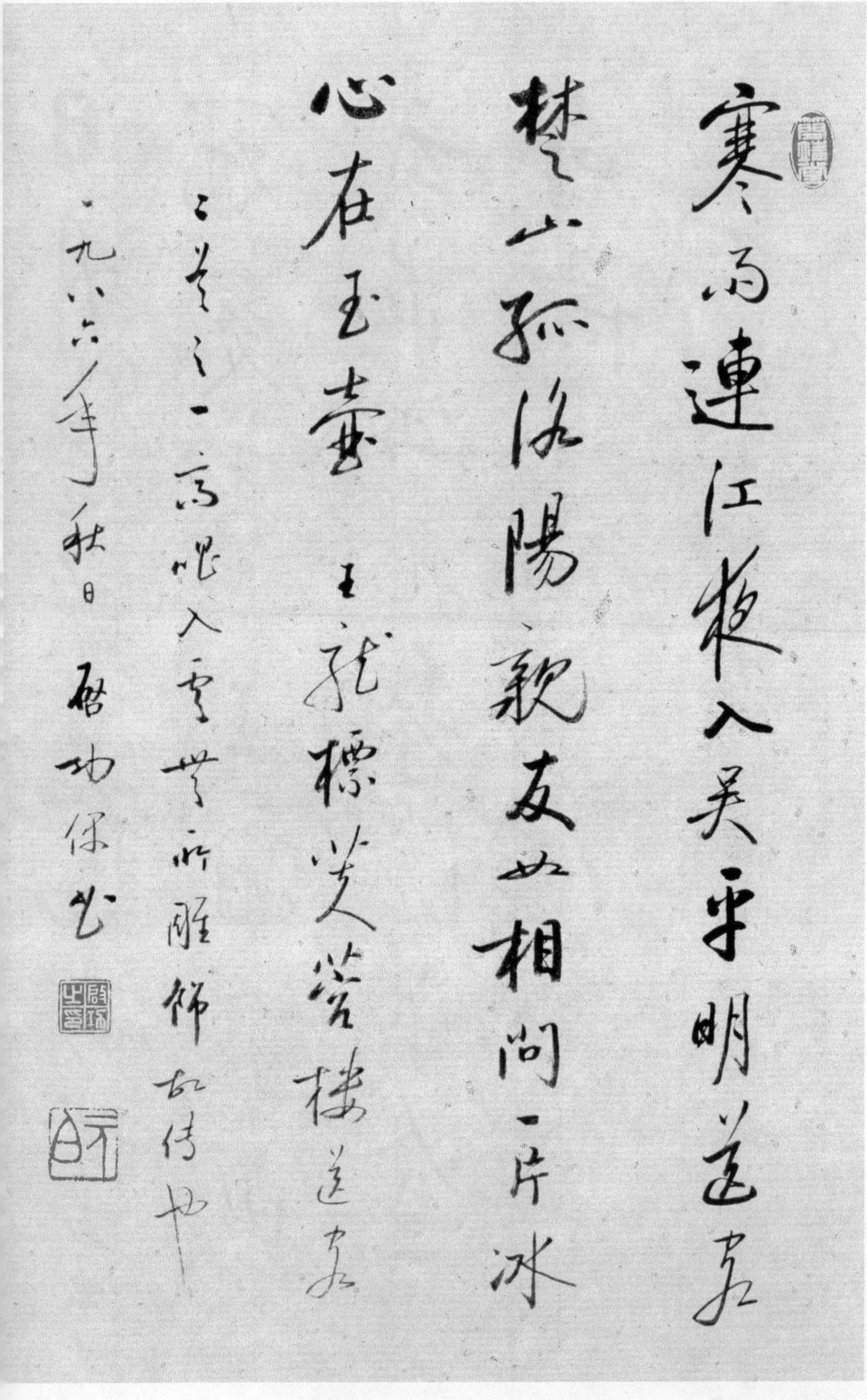
寒雨連江夜入吳平明送客
楚山孤洛陽親友如相問一片冰
心在玉壺
王龍標芙蓉樓送客
一九八六年秋日 啓功

王昌龄句——寒雨连江夜入吴

一九八六年作　水墨纸本　45cm×28cm　钓鱼台国宾馆藏

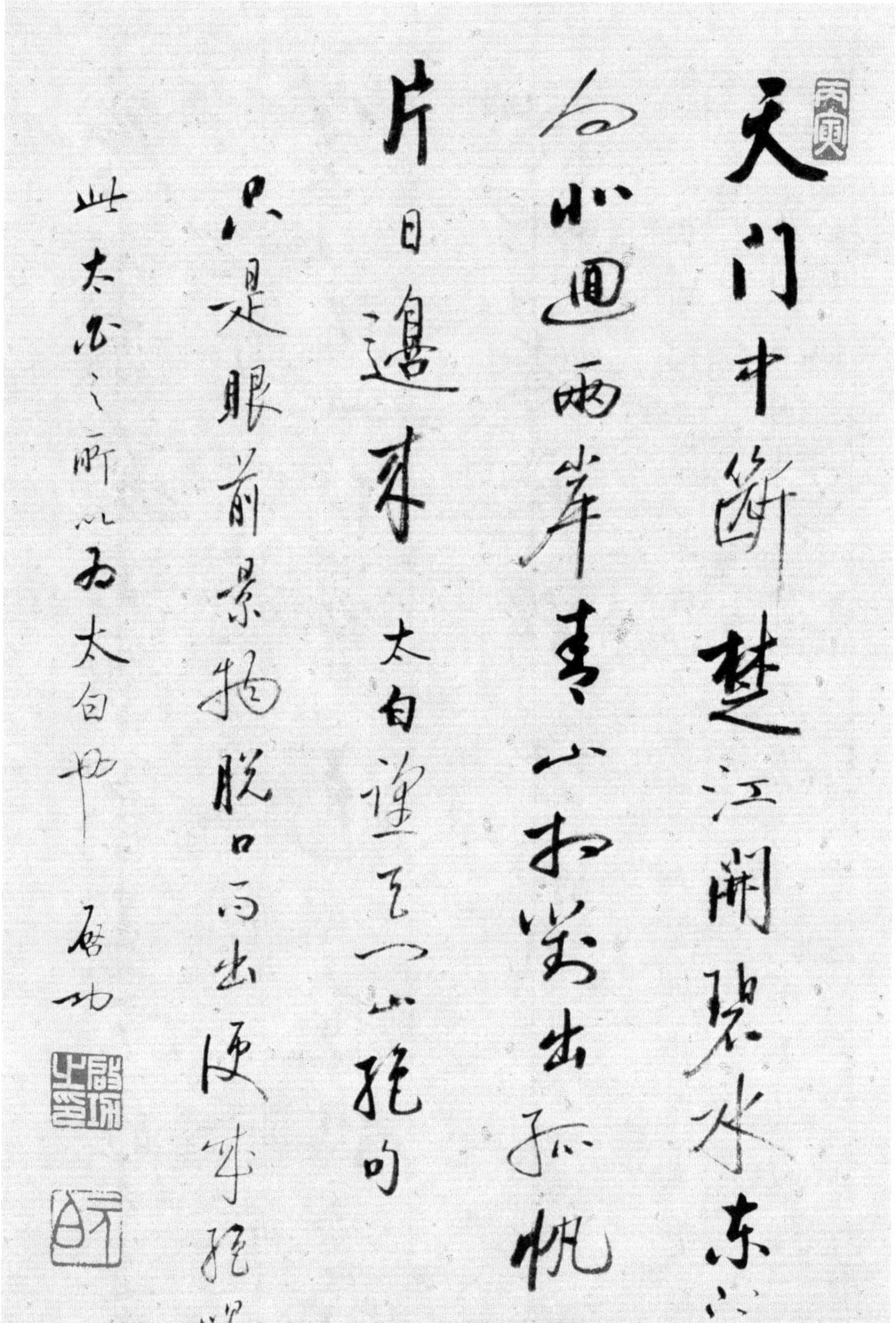

李白句——天门中断楚江开

一九八六年作　水墨纸本　45cm × 28cm　钓鱼台国宾馆藏

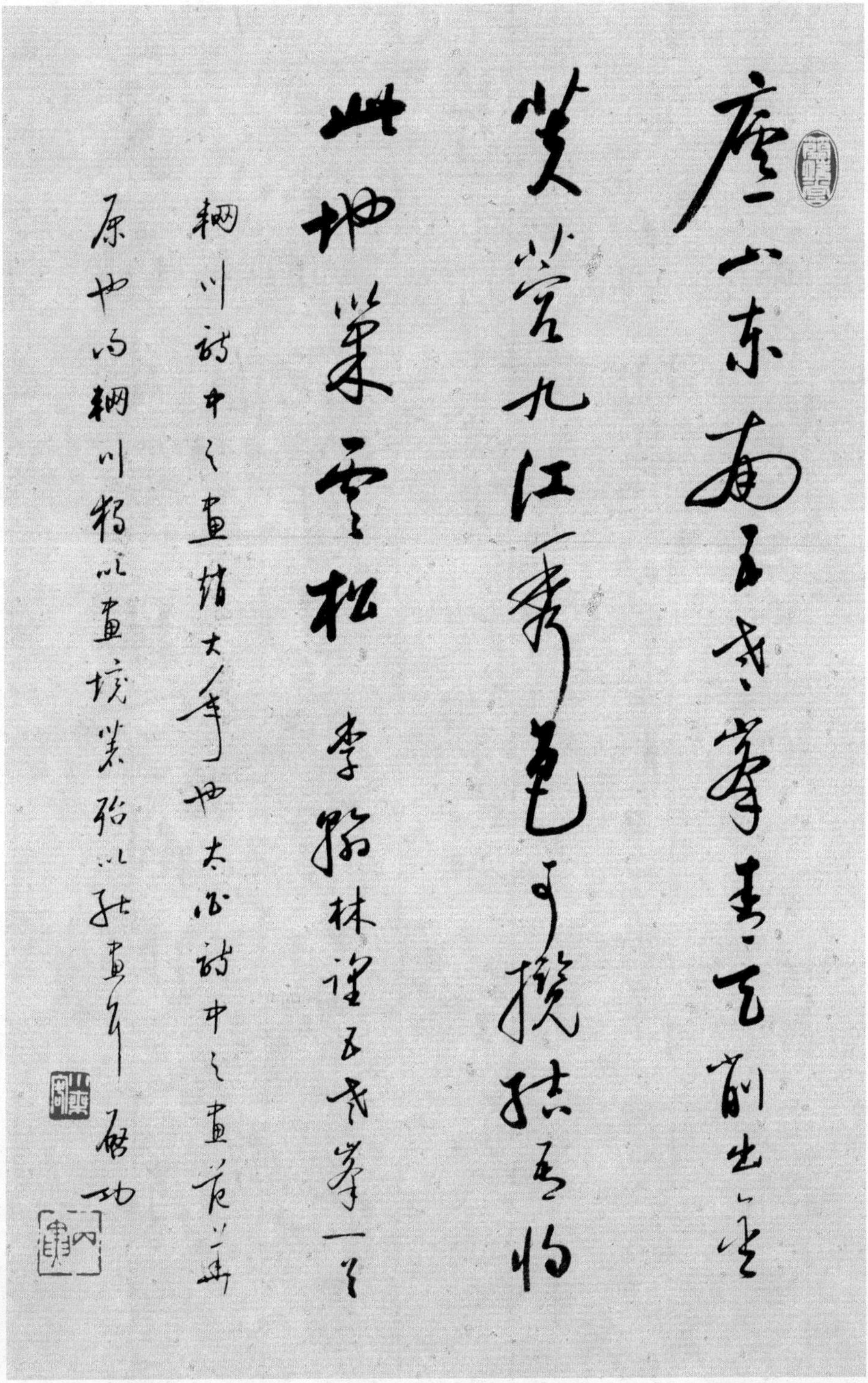

李白句——庐山东南五老峰

一九八六年作　水墨纸本　45cm×28cm　钓鱼台国宾馆藏

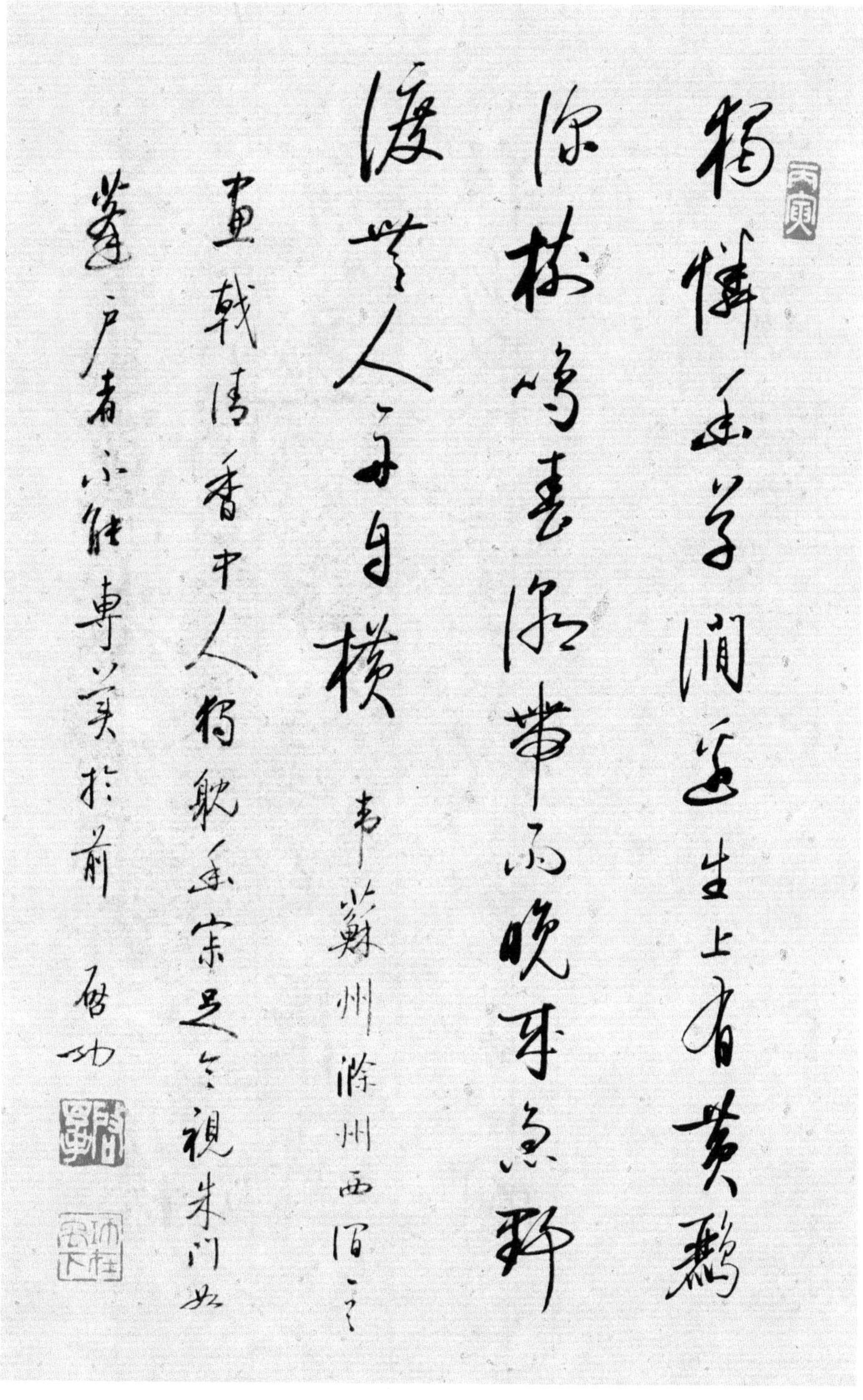

韦苏州滁州西涧一首

一九八六年作　水墨纸本　45cm × 28cm　钓鱼台国宾馆藏

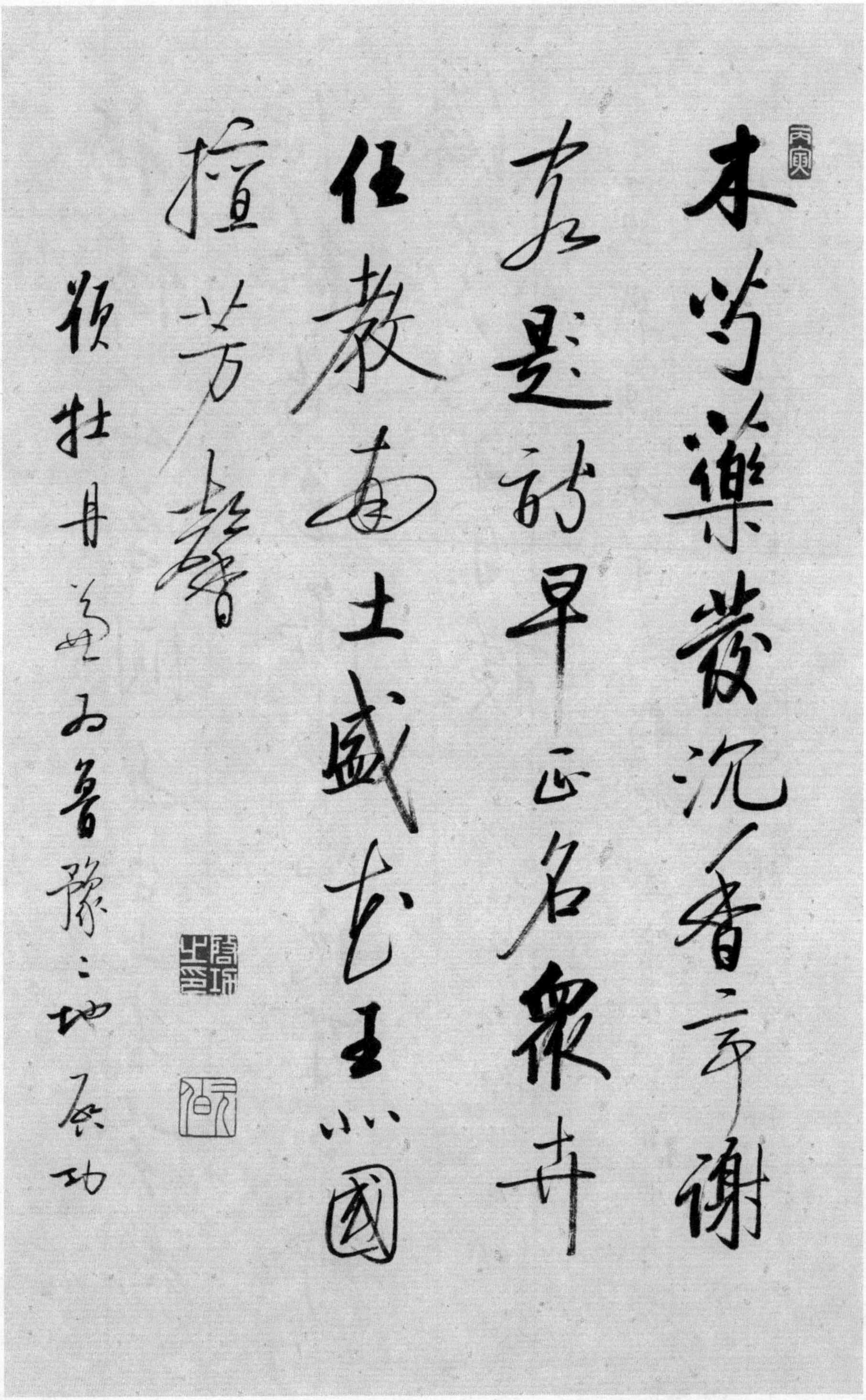

题牡丹兼为鲁豫二地

一九八六年作　水墨纸本　70cm × 45cm　个人收藏

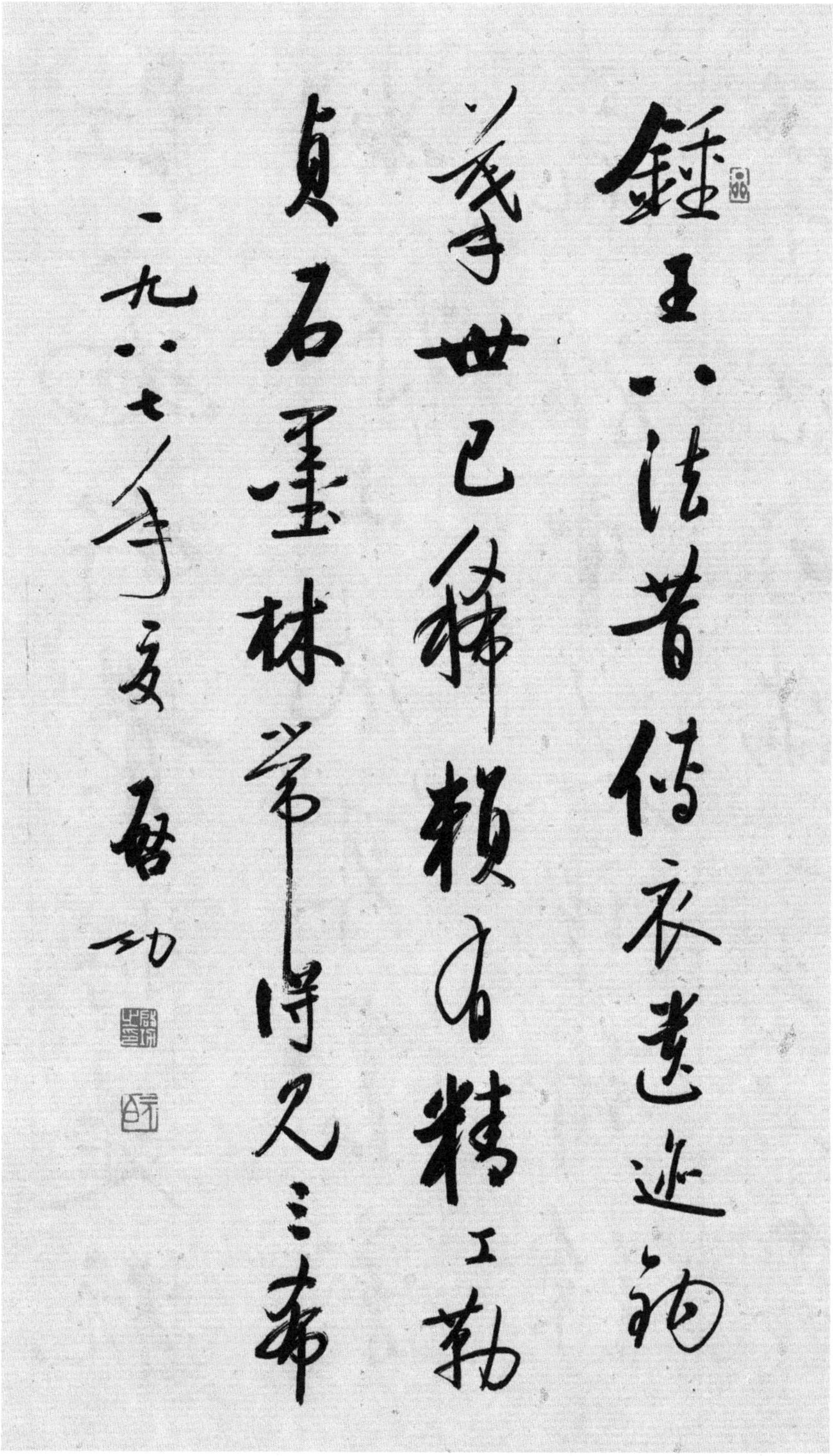

观三希堂帖

一九八七年作　水墨纸本　102cm × 55cm　个人收藏

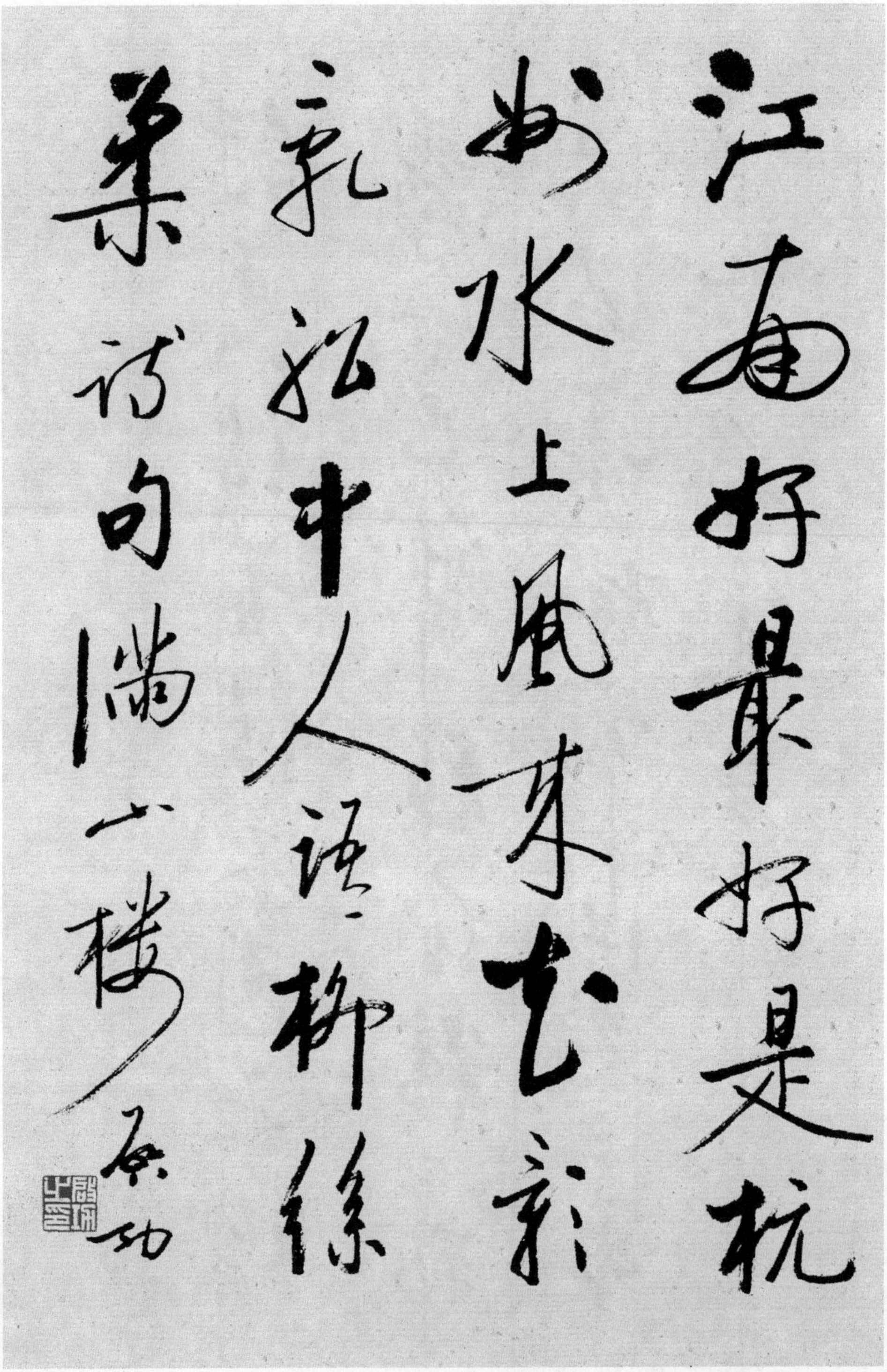

江南好（一）

一九八七年作　水墨纸本　70cm × 44cm　个人收藏

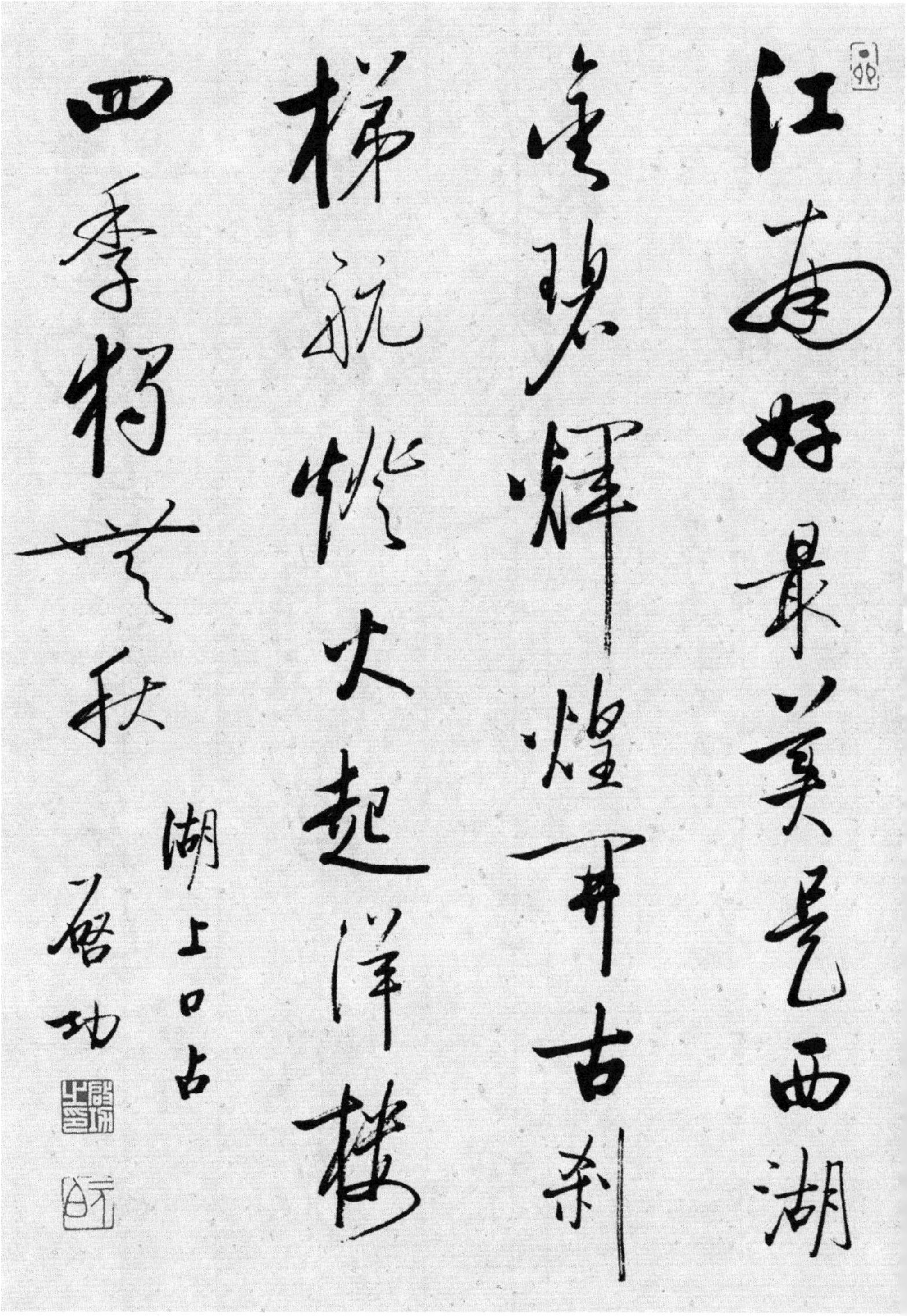

江南好（二）

一九八七年作　水墨纸本　70cm×44cm　个人收藏

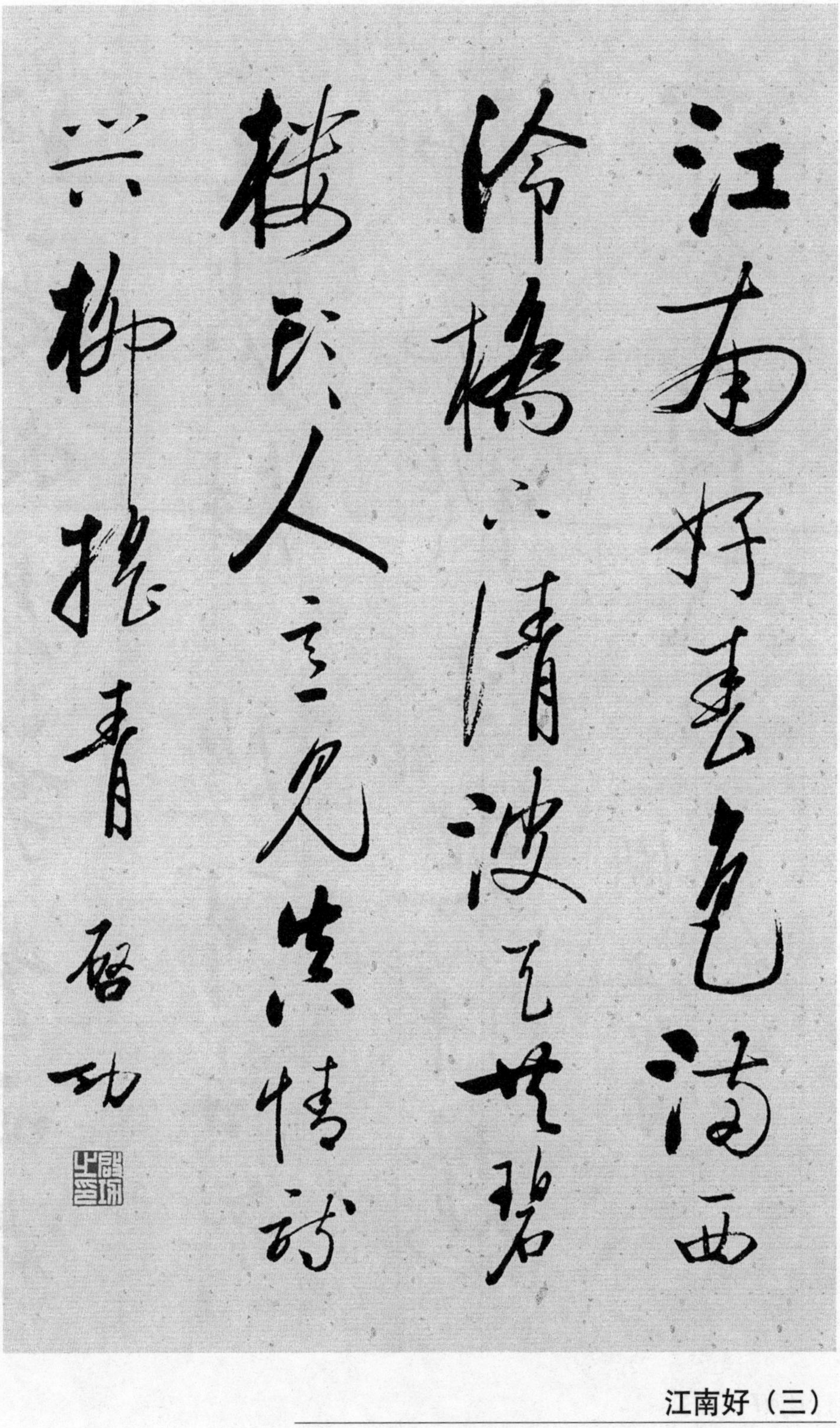

江南好（三）

一九八七年作　水墨纸本　70cm × 44cm　个人收藏

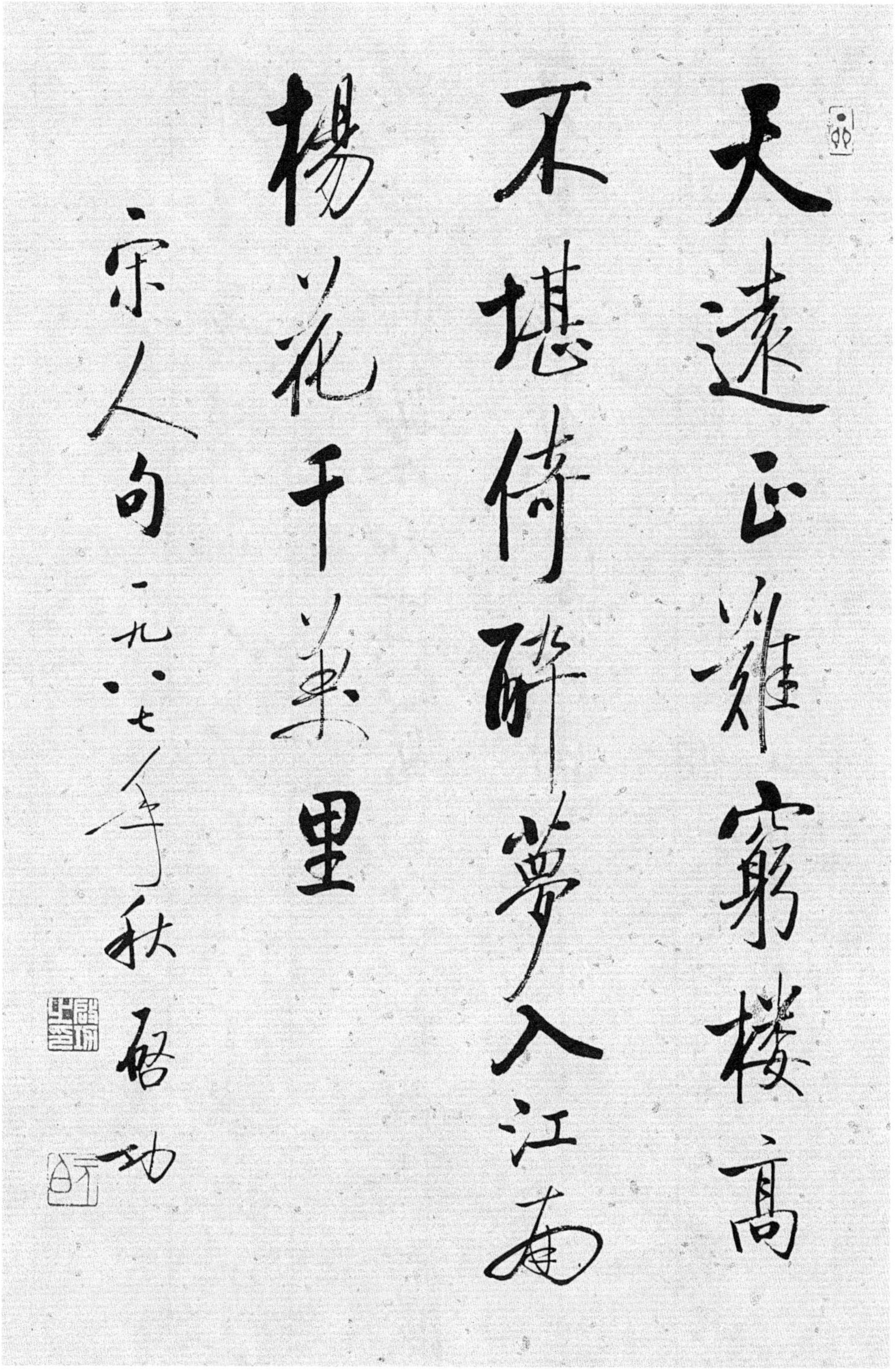
天遠正難窮樓高
不堪倚醉夢入江南
楊花千萬里
宋人句一九八七年秋啓功

宋人句——天远正难穷

一九八七年作　水墨纸本　70cm×44cm　个人收藏

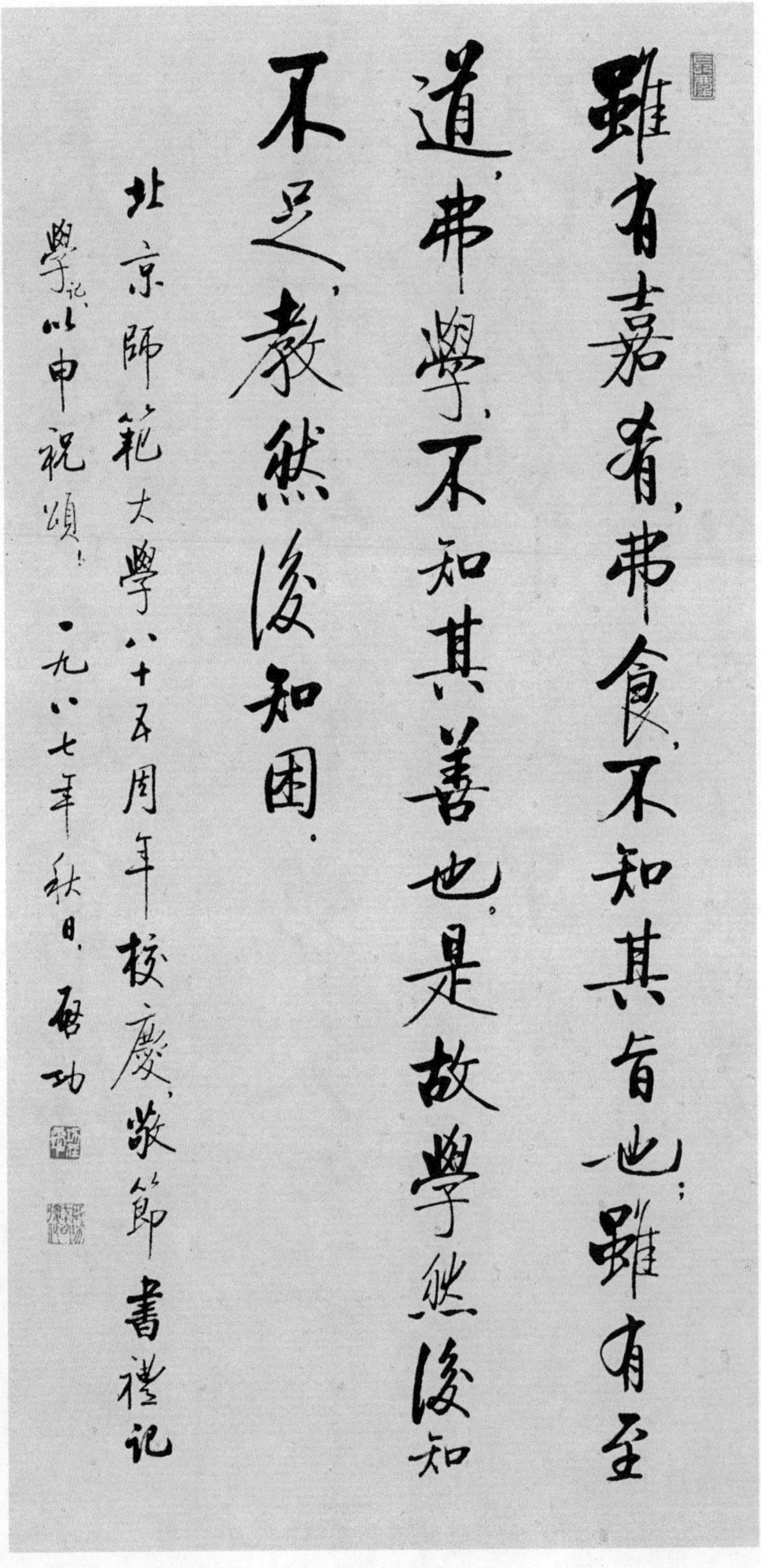
雖有嘉肴，弗食，不知其旨也；雖有至道，弗學，不知其善也。是故學然後知不足，教然後知困。
北京師範大學八十五周年校慶，敬節書禮記學記，以申祝頌！
一九八七年秋日，啟功

贺北京师范大学八十五周年校庆

一九八七年作　水墨纸本　133cm × 64cm　北京师范大学收藏

朱樓深處日微明皁蓋歸
來酒半醒薄暮漁樵人
去盡碧溪青嶂繞螺亭
北京東坡餐廳補壁 啟功

北京东坡餐厅补壁

一九八七年作　水墨纸本　126.8cm×60cm　个人收藏

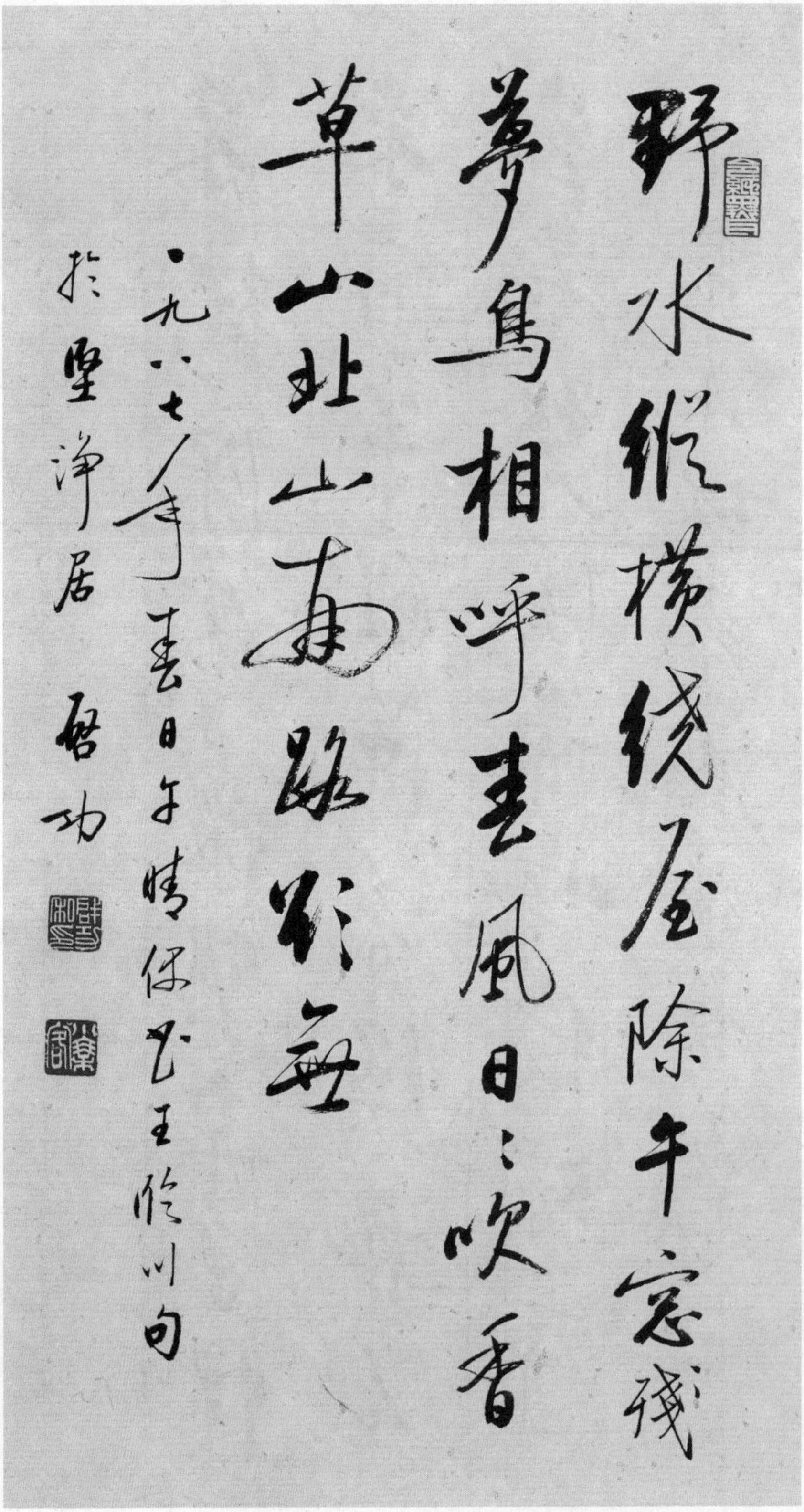
野水縱横繞屋除
午窗殘夢鳥相呼
春風日日吹香
草山北山南路欲無
啓功

书王临川句——野水纵横绕屋除

一九八七年作 水墨纸本 70cm × 38cm 个人收藏

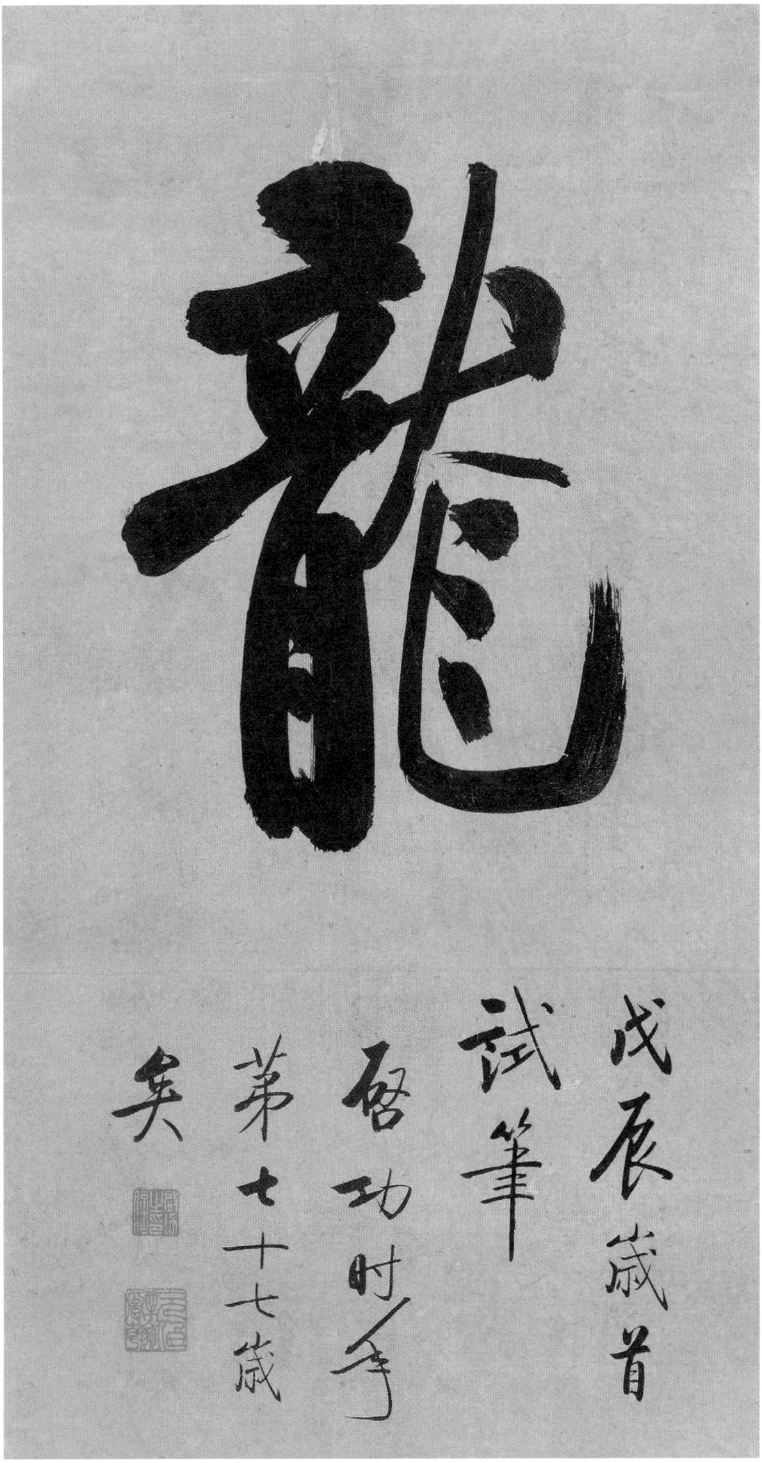

戊辰岁首书龙

一九八八年作　水墨纸本　个人收藏

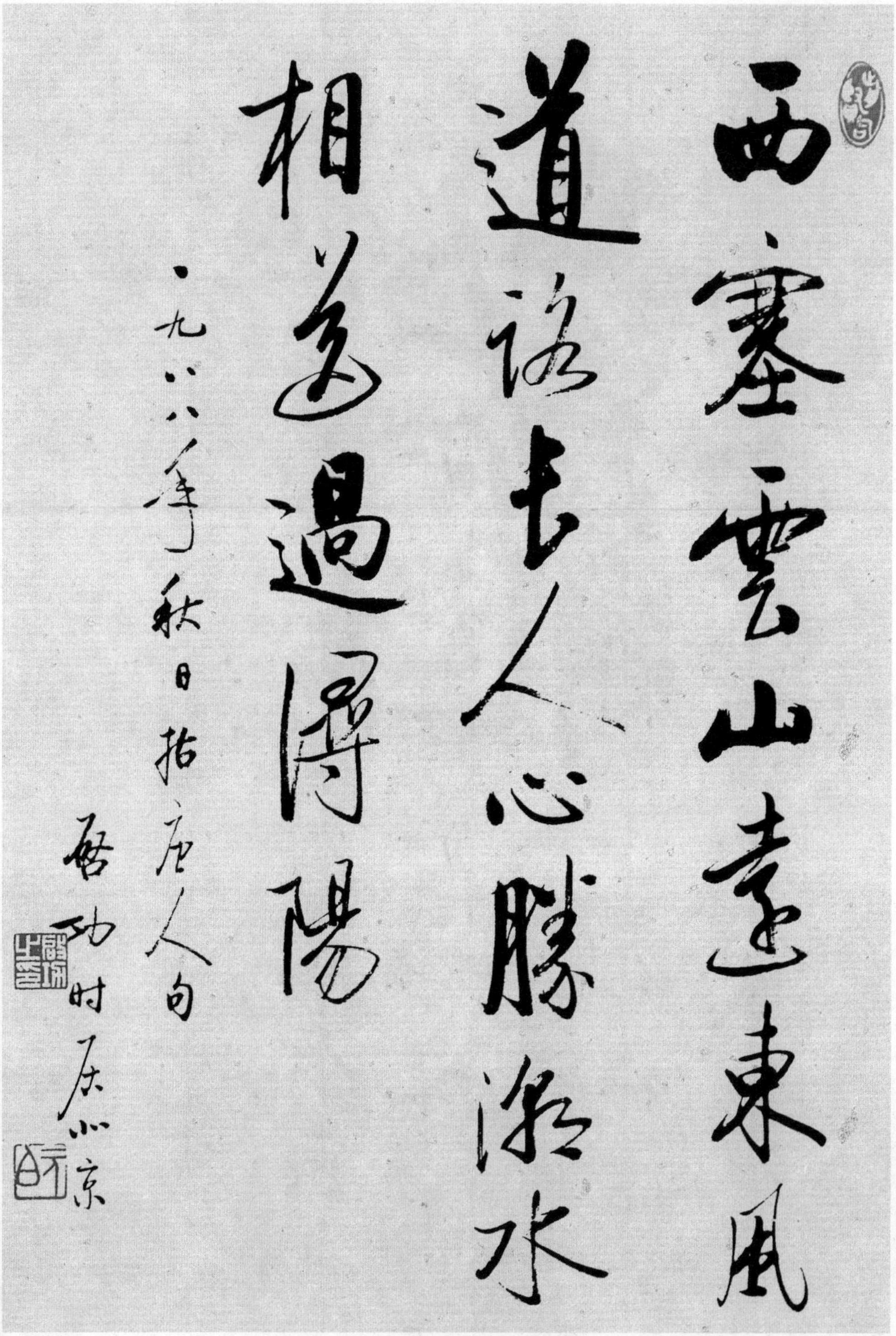
西塞雲山遠東風
道路長人心勝潮水
相送過潯陽
一九八八年秋日拈唐人句
啟功時居北京

唐人句——西塞云山远

一九八八年作　水墨纸本　60cm × 42cm　个人收藏

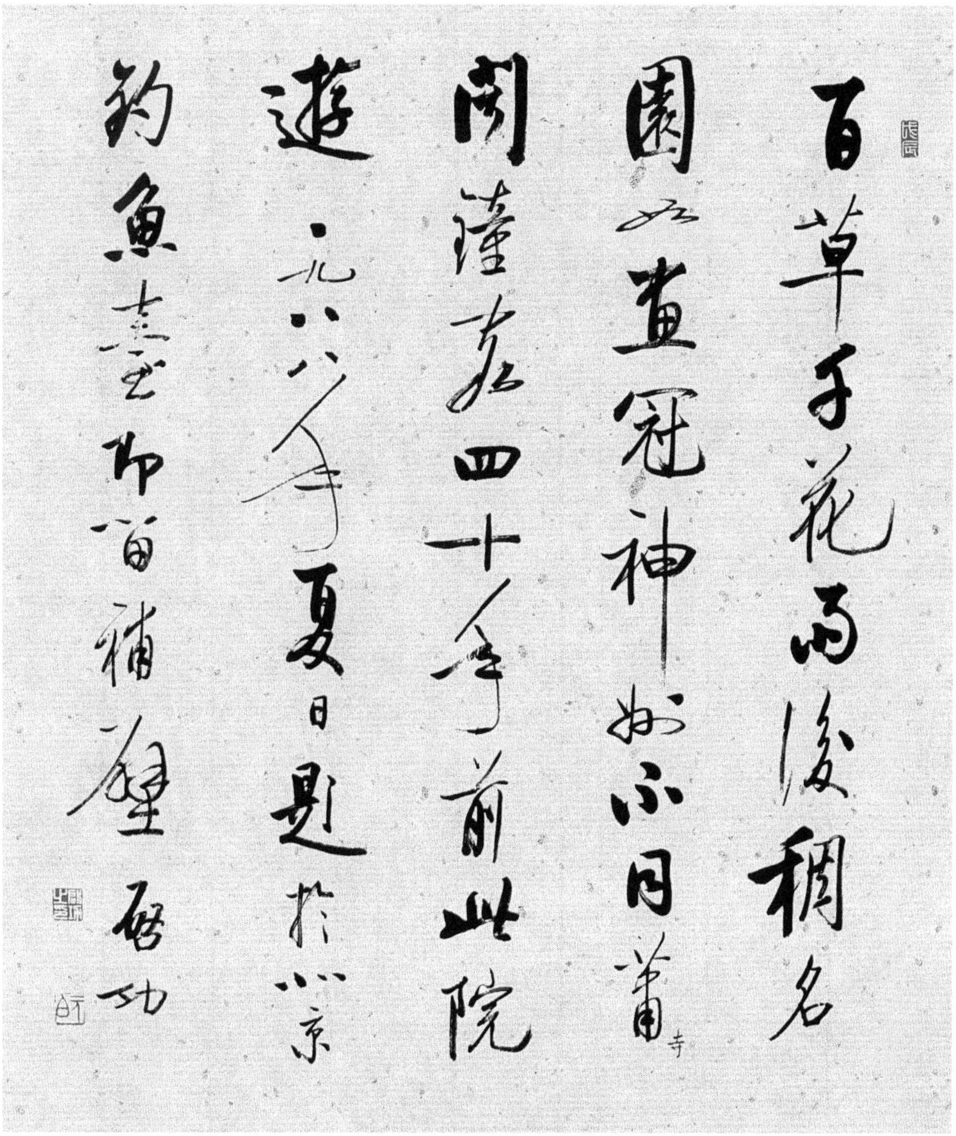

题赠钓鱼台补壁

一九八八年作　水墨纸本　90cm × 80cm　钓鱼台国宾馆藏

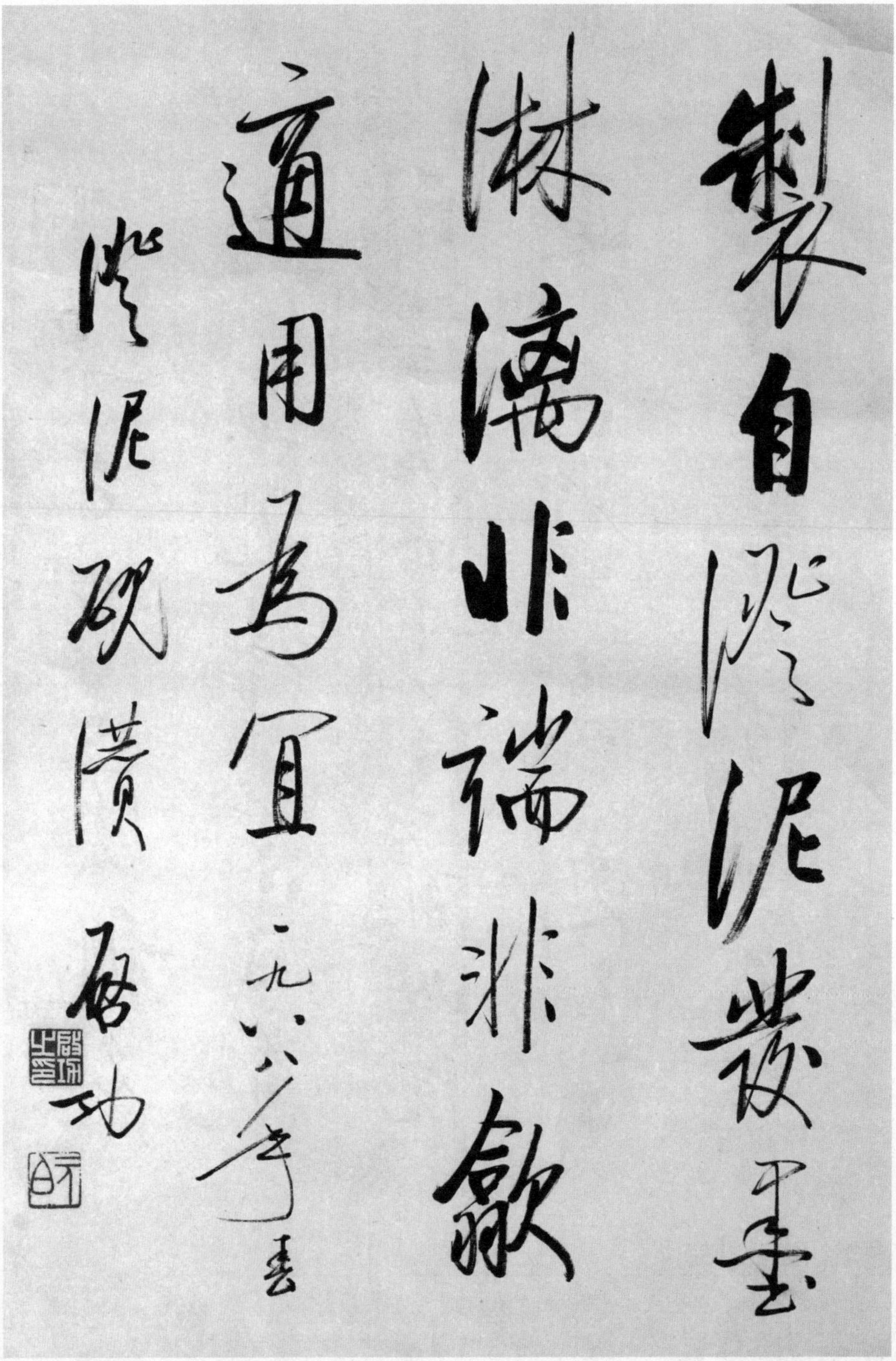

澄泥砚赞

一九八八年作 水墨纸本 个人收藏

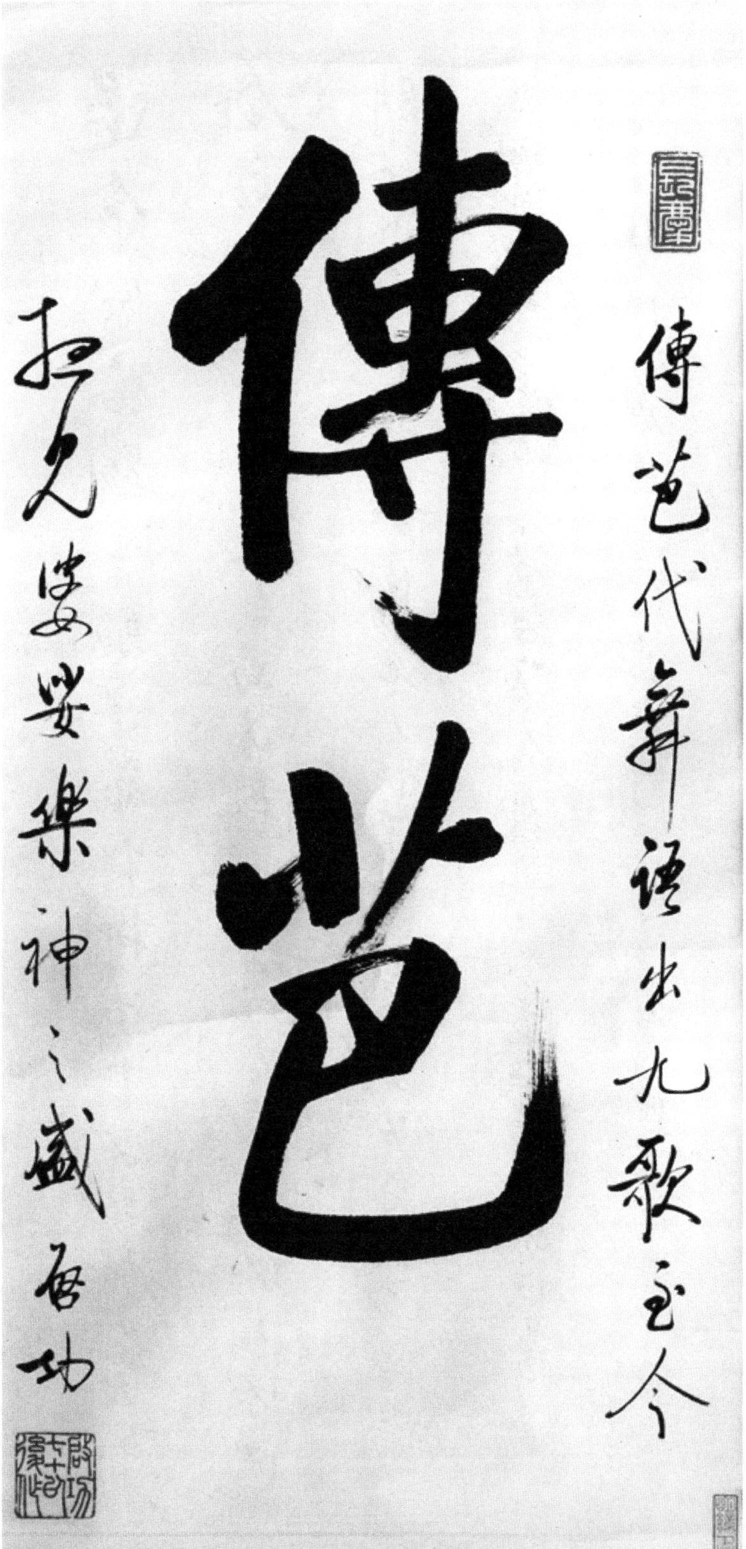

传芭
一九八八年作　水墨纸本　个人收藏

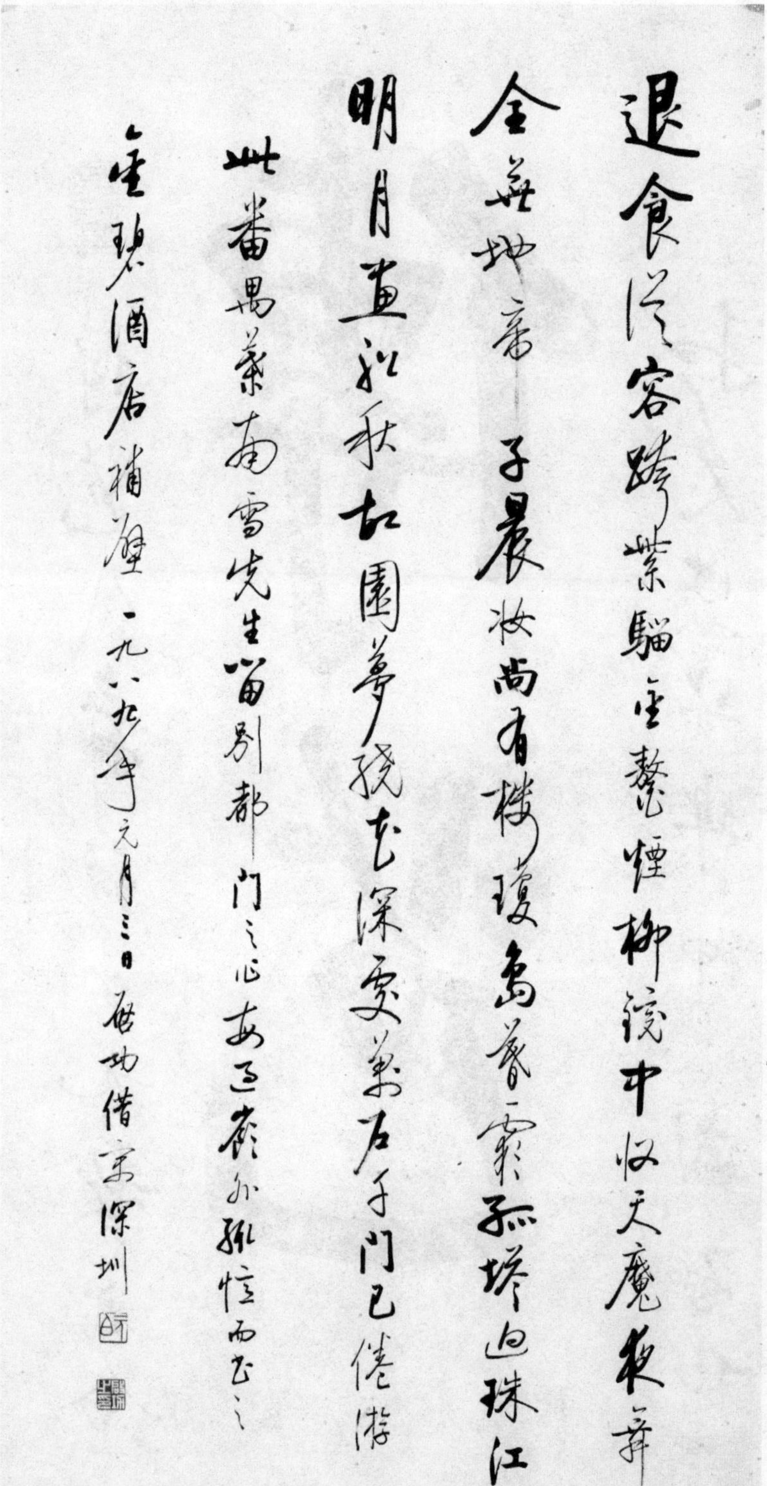

金壁酒店补壁

一九八九年作 水墨纸本 69cm×137cm 个人收藏

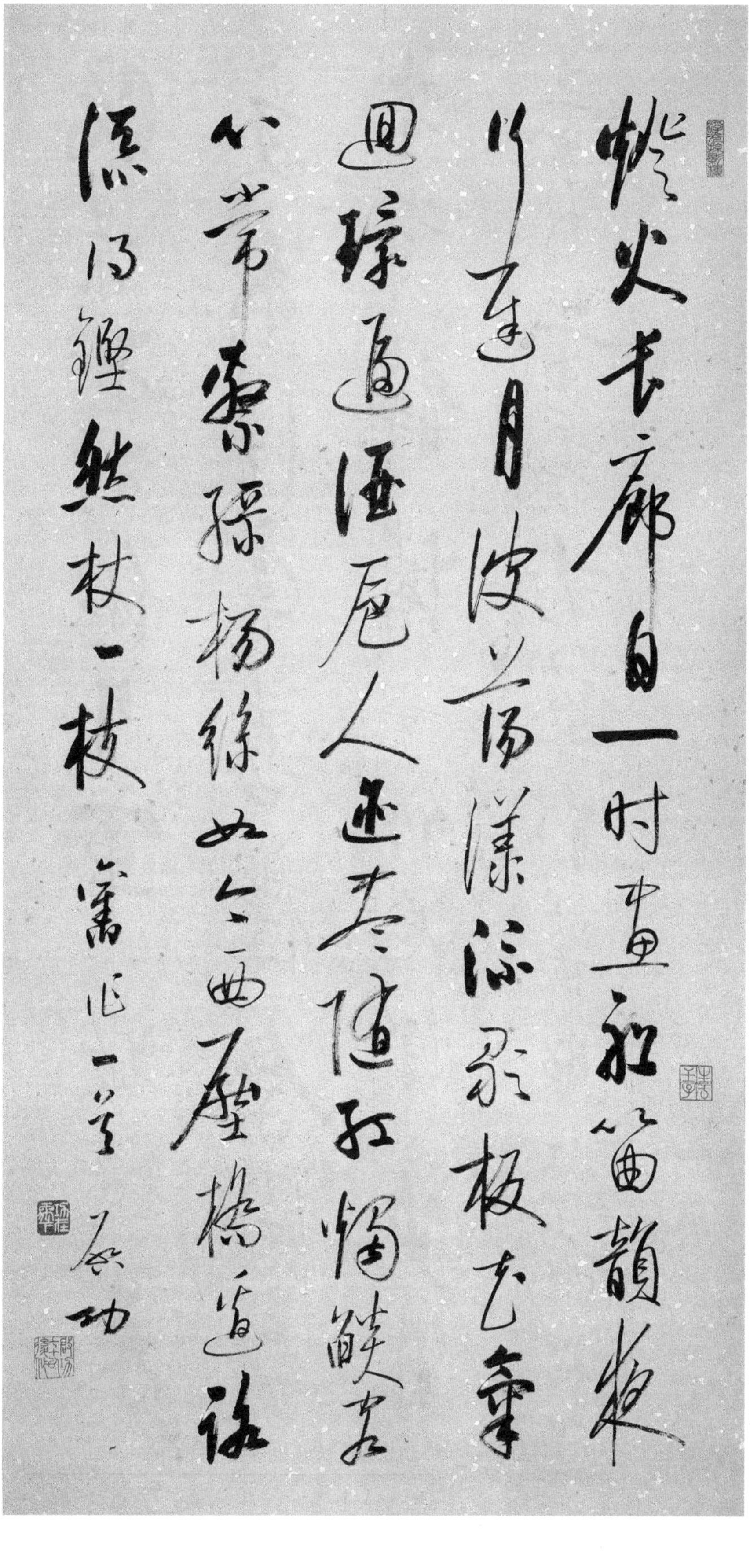

旧作一首——灯火长廊自一时

一九八九年作　水墨纸本　130cm×66cm　个人收藏

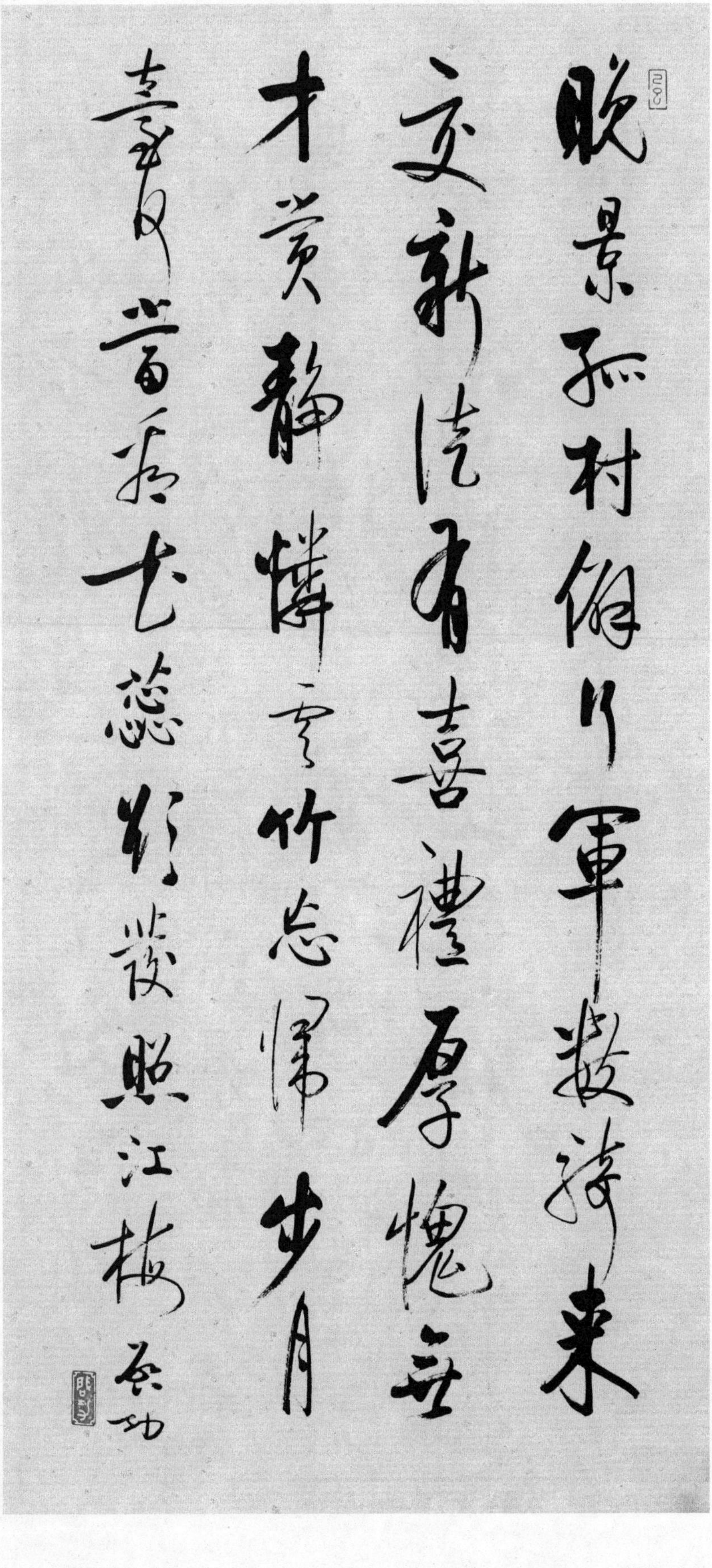

杜甫句——晚景孤村僻

一九八九年作 水墨纸本 138cm×67cm 个人收藏

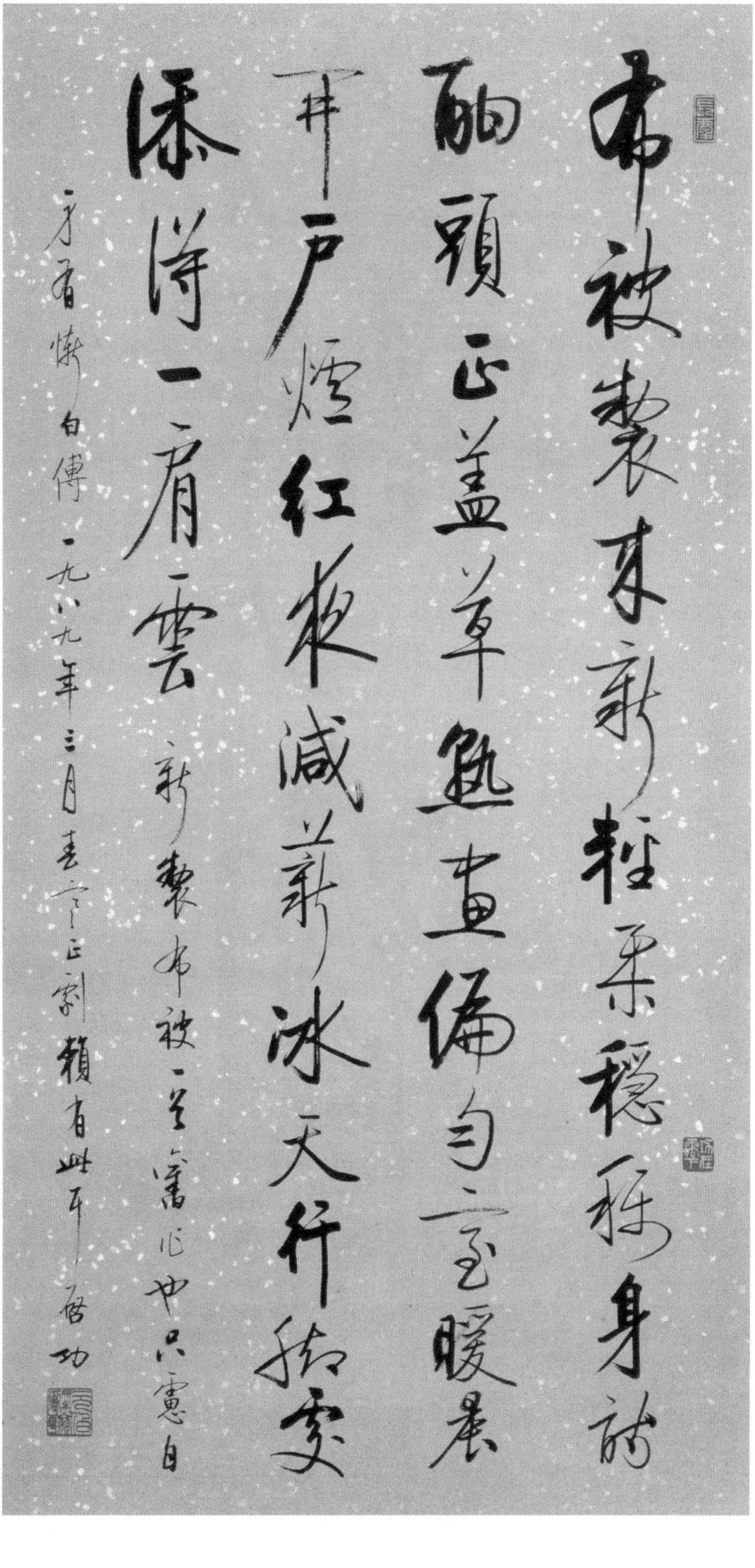

新制布被一首

一九八九年作　水墨纸本　136cm×66cm　个人收藏

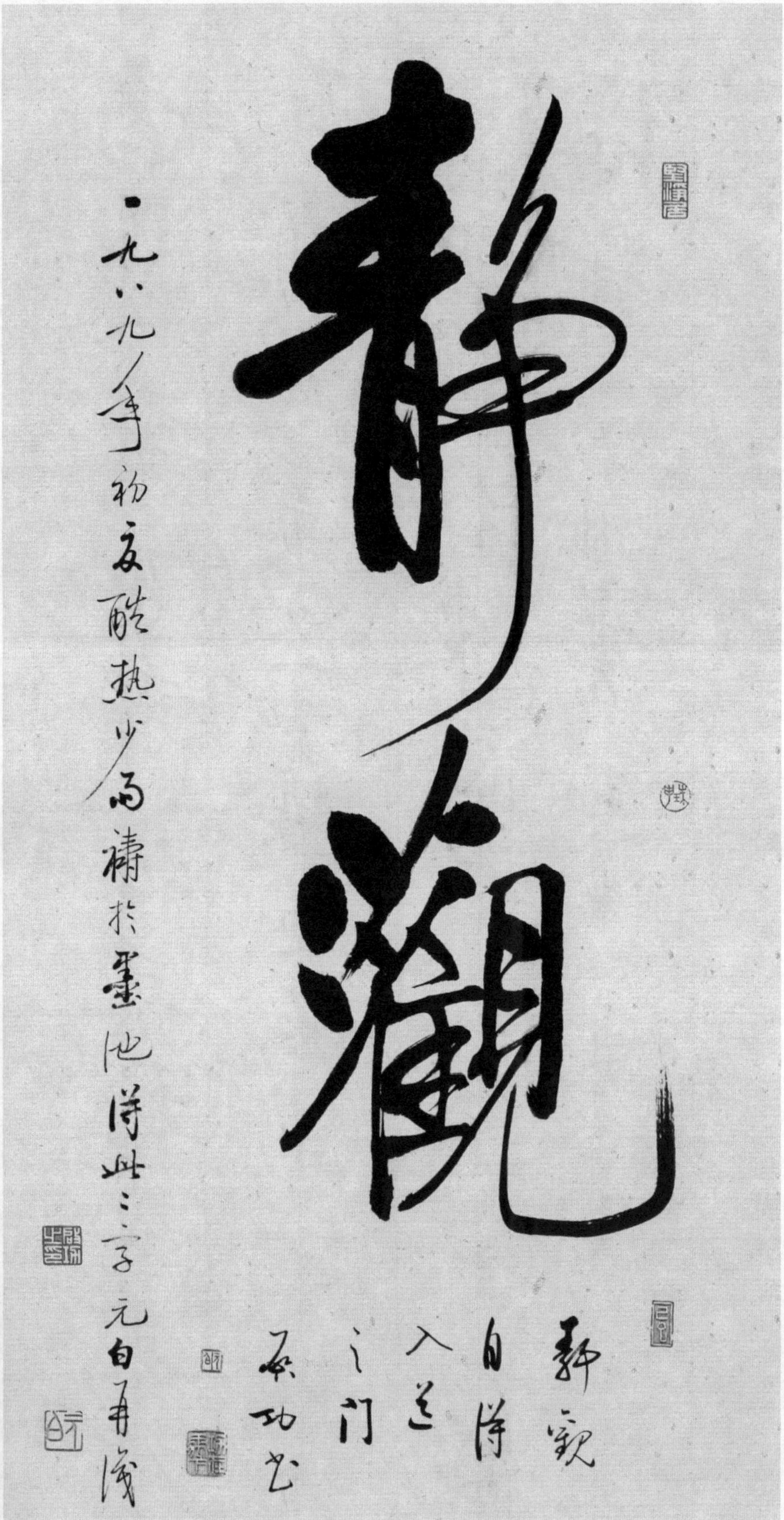

静观
一九八九年作 水墨纸本 80cm×46cm 个人收藏

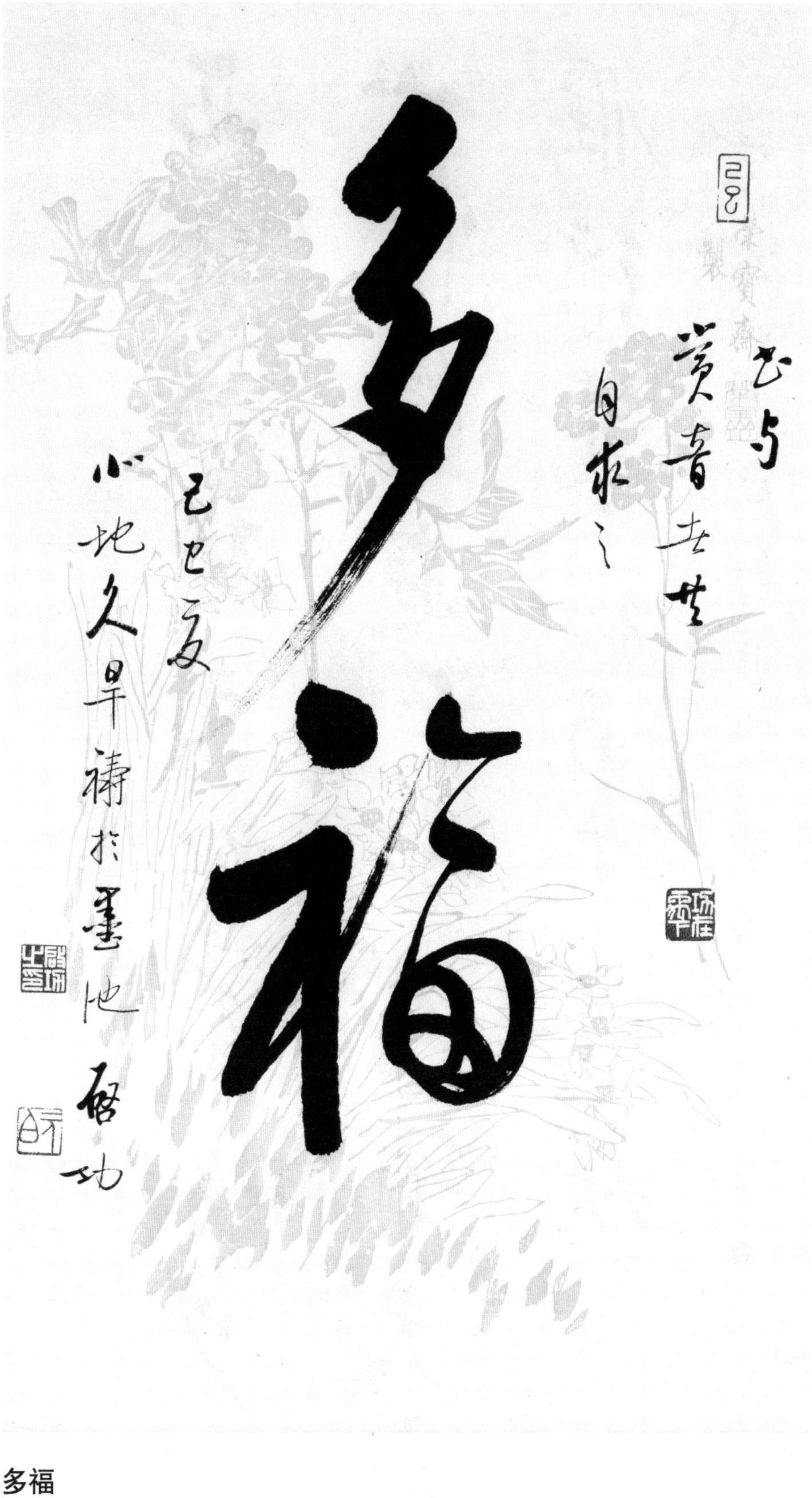

多福

一九八九年作　水墨纸本　80cm × 46cm　个人收藏

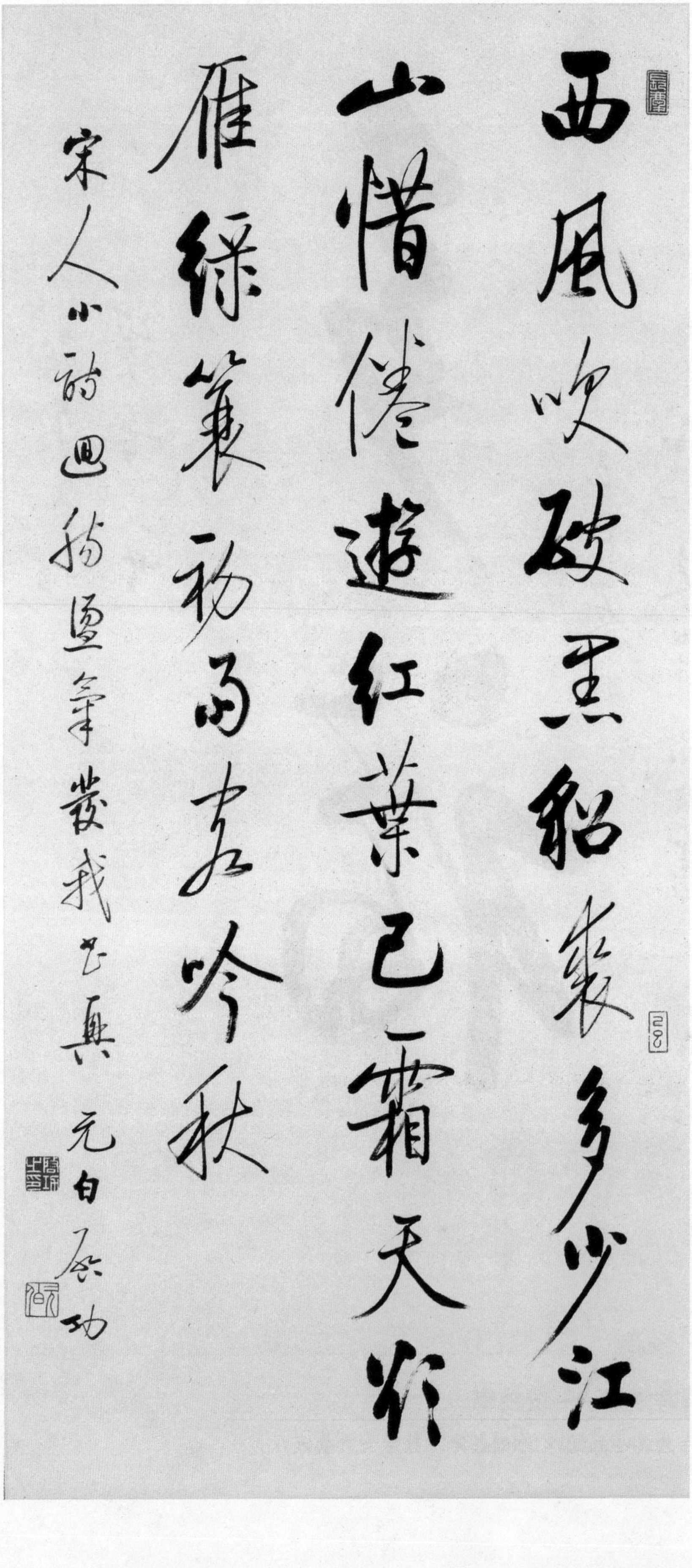

宋人小诗——西风吹破黑貂裘

一九八九年作　水墨纸本　130cm×66cm　个人收藏

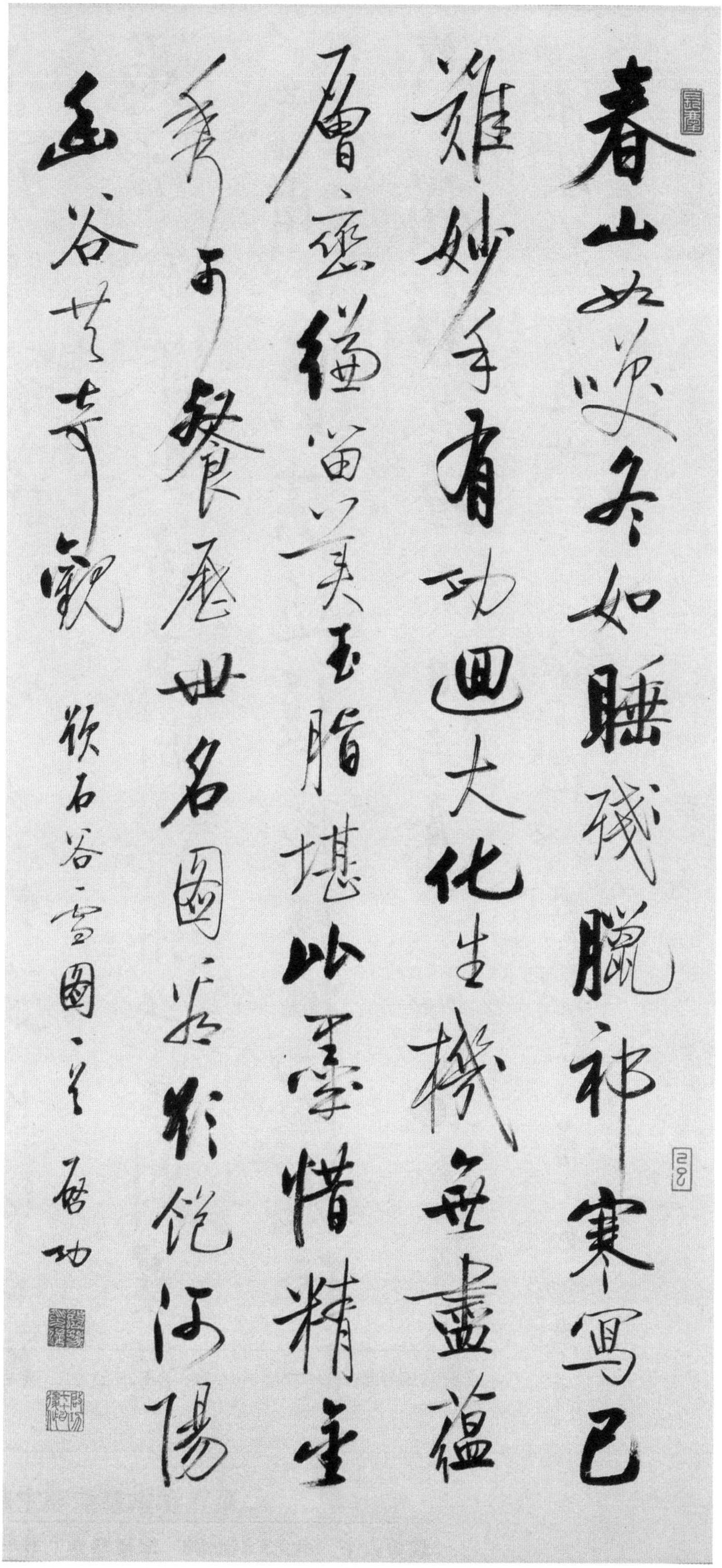

题石谷雪图

一九八九年作　水墨纸本　138cm×66cm　个人收藏

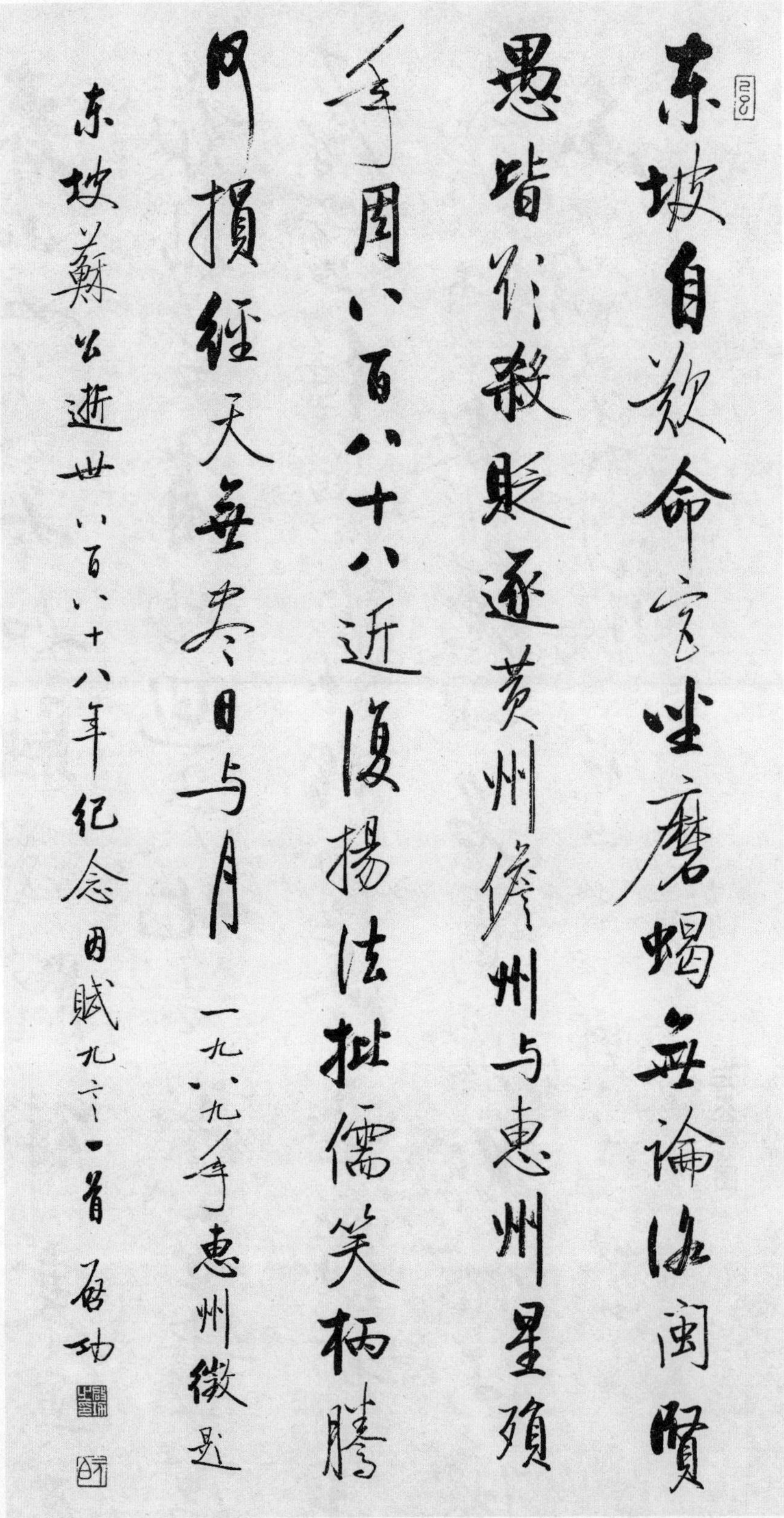
东坡自叹命宫坐磨蝎
愚皆从教贬逐黄州儋州与惠州星殒
年周八百八十八逝复扬法拙儒笑柄腾
风损经天无寿日与月
一九八九年惠州徽题
东坡苏公逝世八百八十八年纪念因赋九言一首 启功

苏东坡逝世八百八十八年纪念

一九八九年作　水墨纸本　138cm×66cm　个人收藏

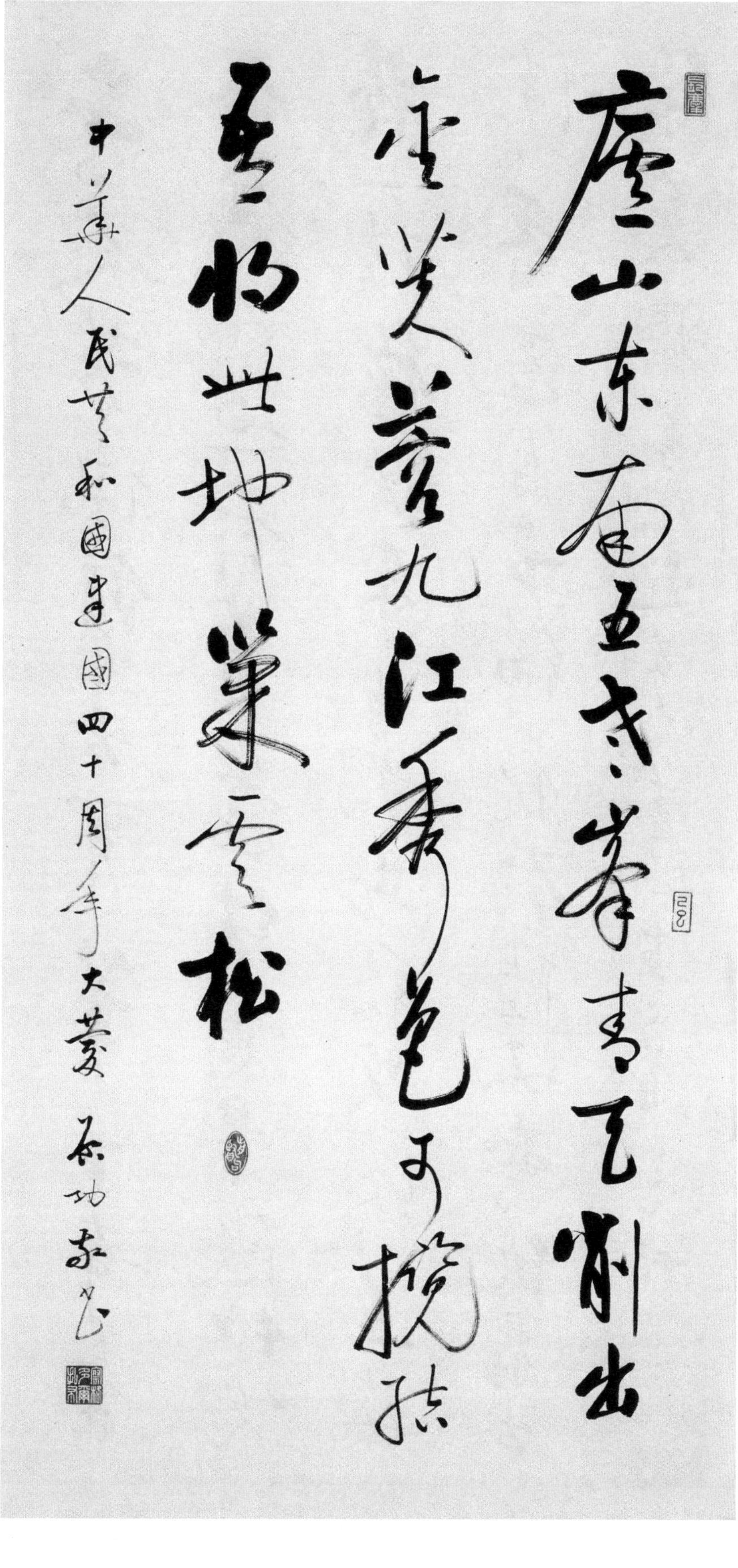

贺建国四十周年

一九八九年作　水墨纸本　133cm×64cm　个人收藏

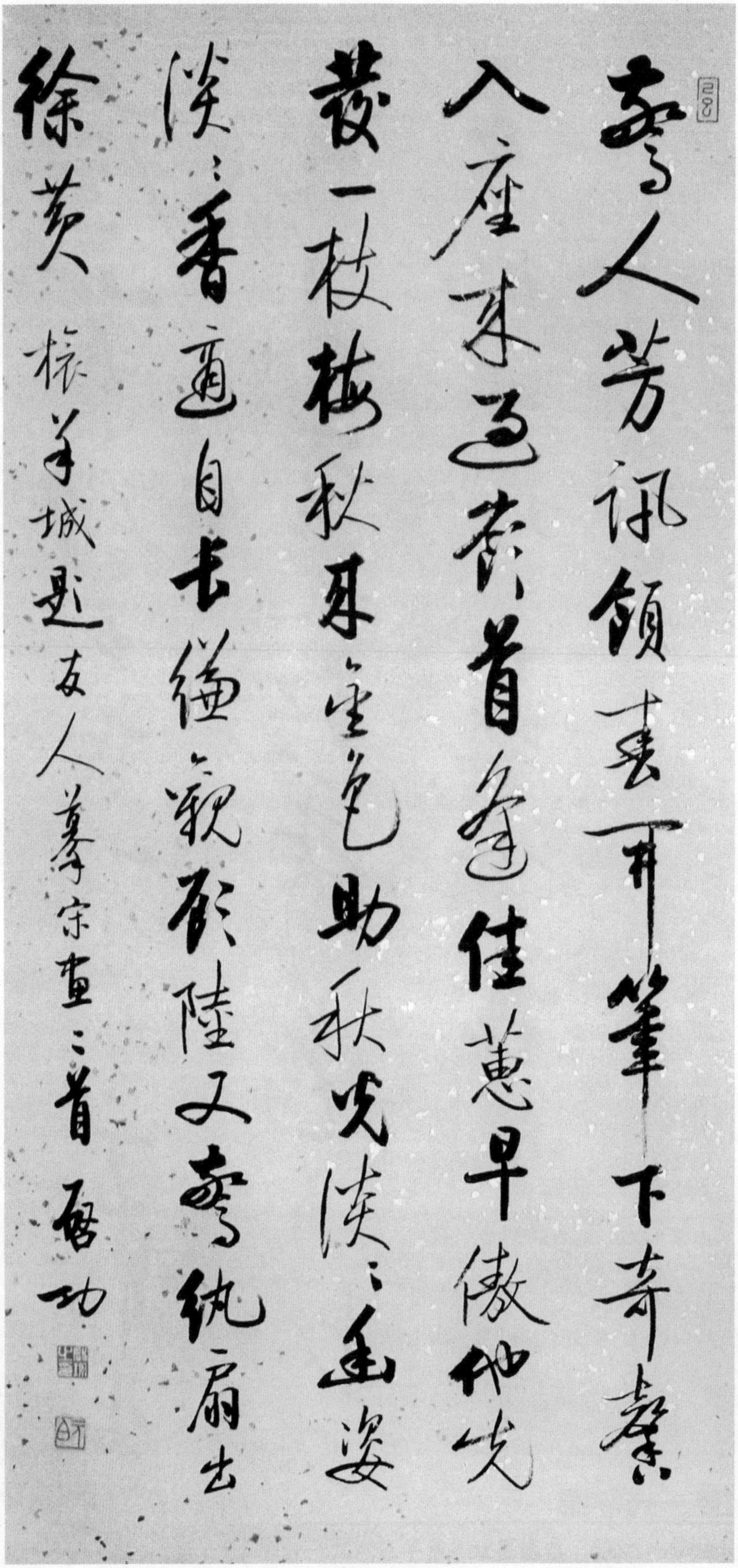

题友人摹宋画

一九八九年作 水墨纸本 136cm×63cm 个人收藏

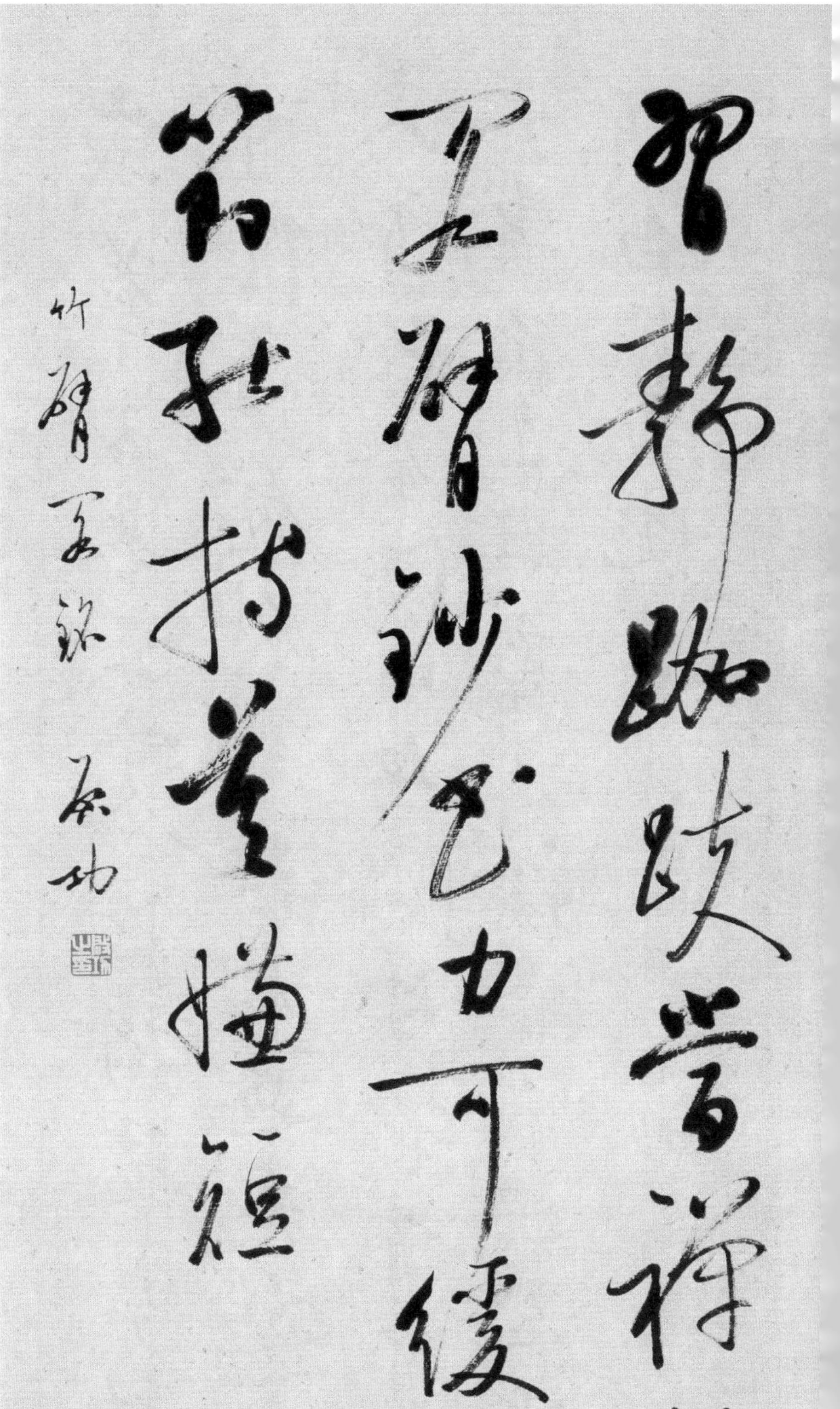

竹臂阁铭

二十世纪八十年代作　水墨纸本　68cm×35cm　个人收藏

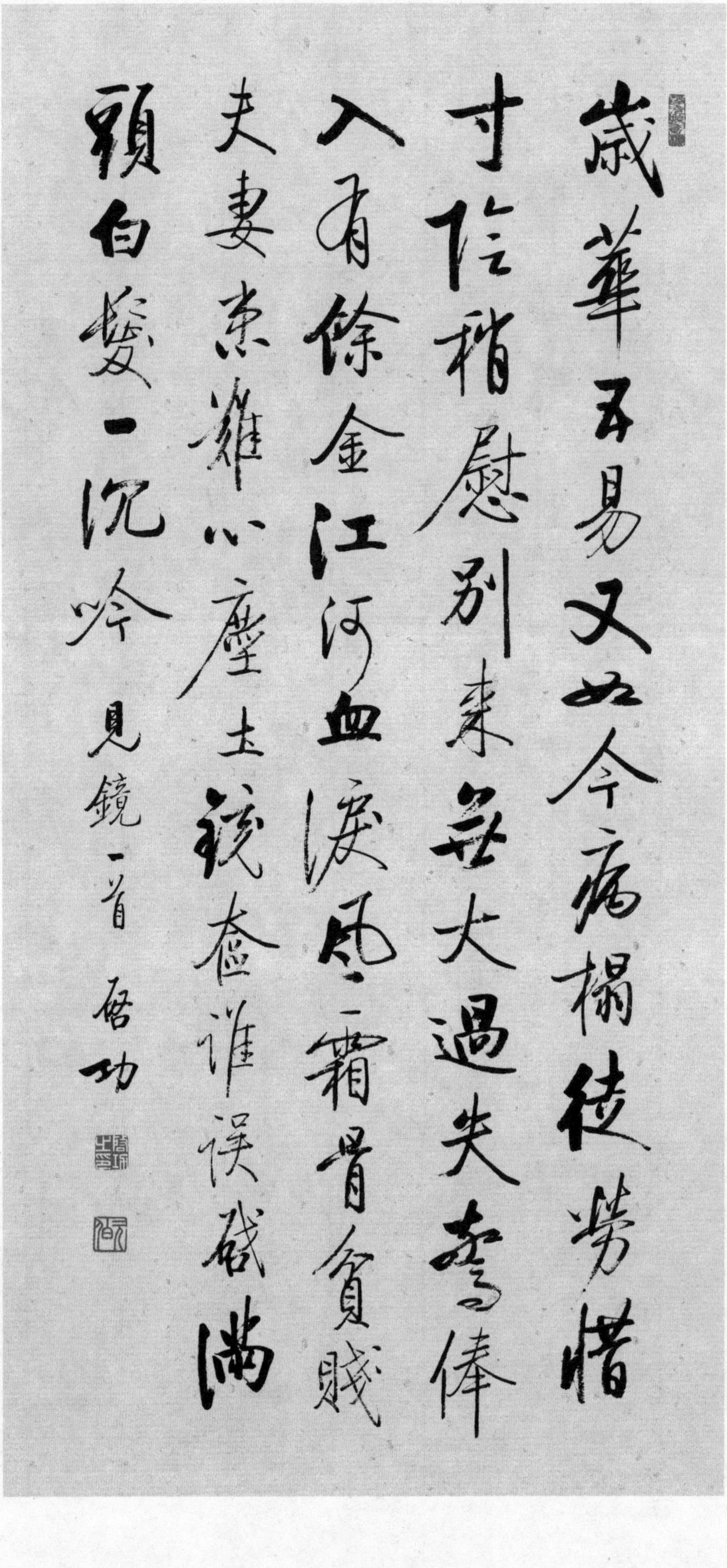
歲華天易又如今病榻徒勞惜
寸陰稍慰別來無大過失驚俸
入有餘金江河血淚風霜骨貧賤
夫妻患難心塵土鏡奩誰誤拭滿
頭白髮一沉吟
見鏡一首 啓功

见镜一首

二十世纪八十年代作 水墨纸本 135cm×55cm 个人收藏

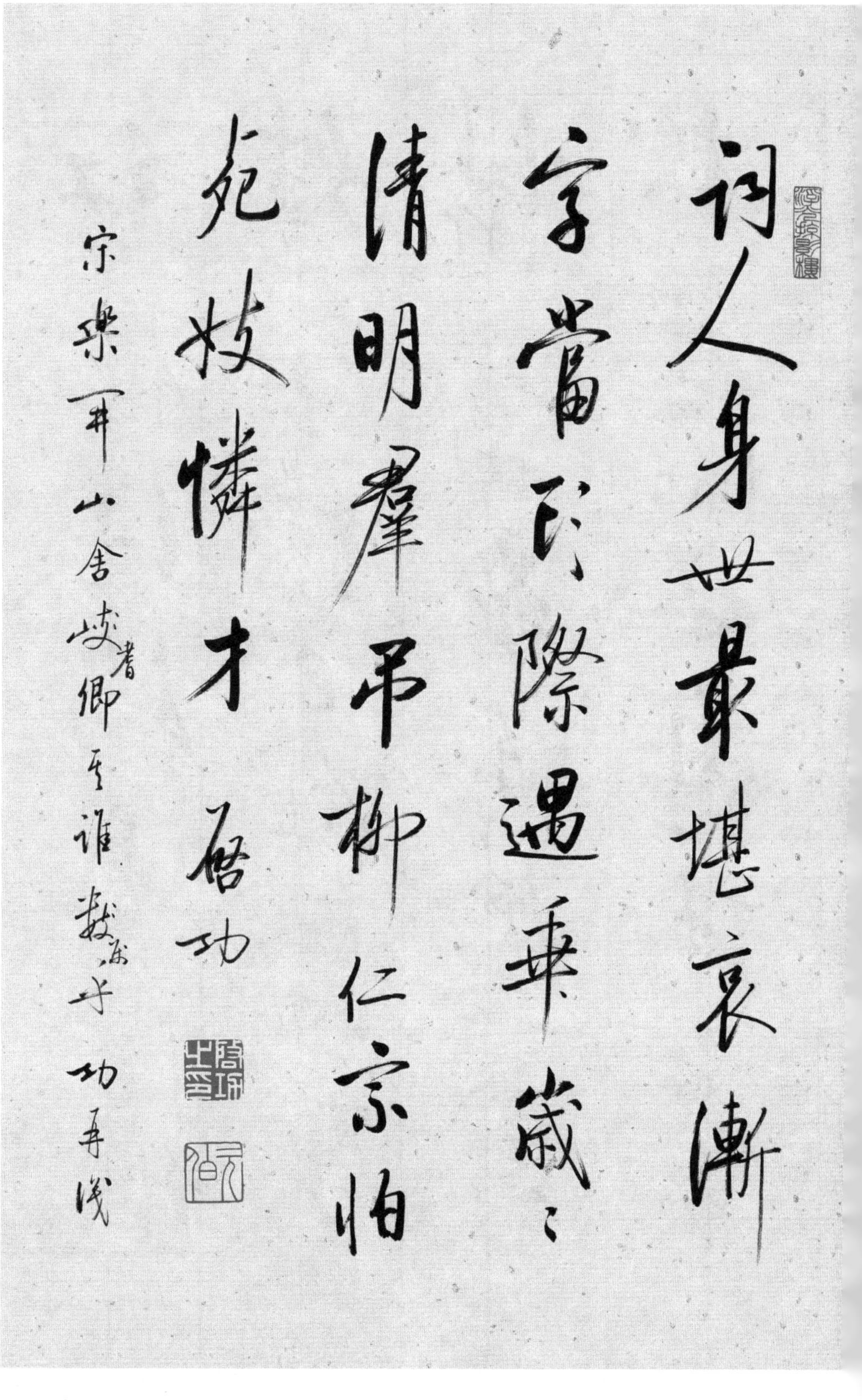

论词绝句一首——词人身世最堪哀

二十世纪八十年代作　水墨纸本　69cm × 46cm　个人收藏

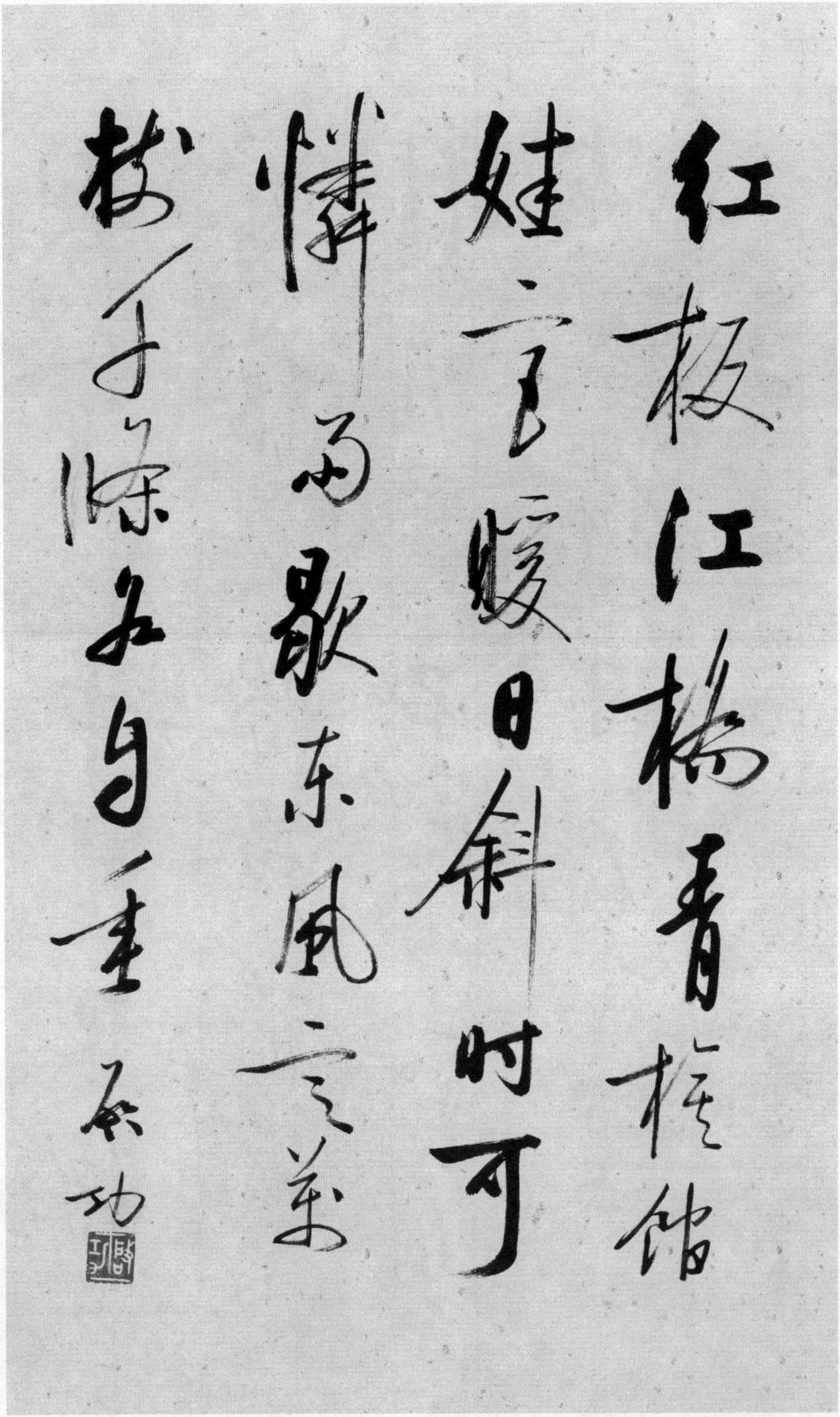

白居易句——红板江桥青（酒）旗

二十世纪八十年代作　水墨纸本　69cm × 46cm　个人收藏

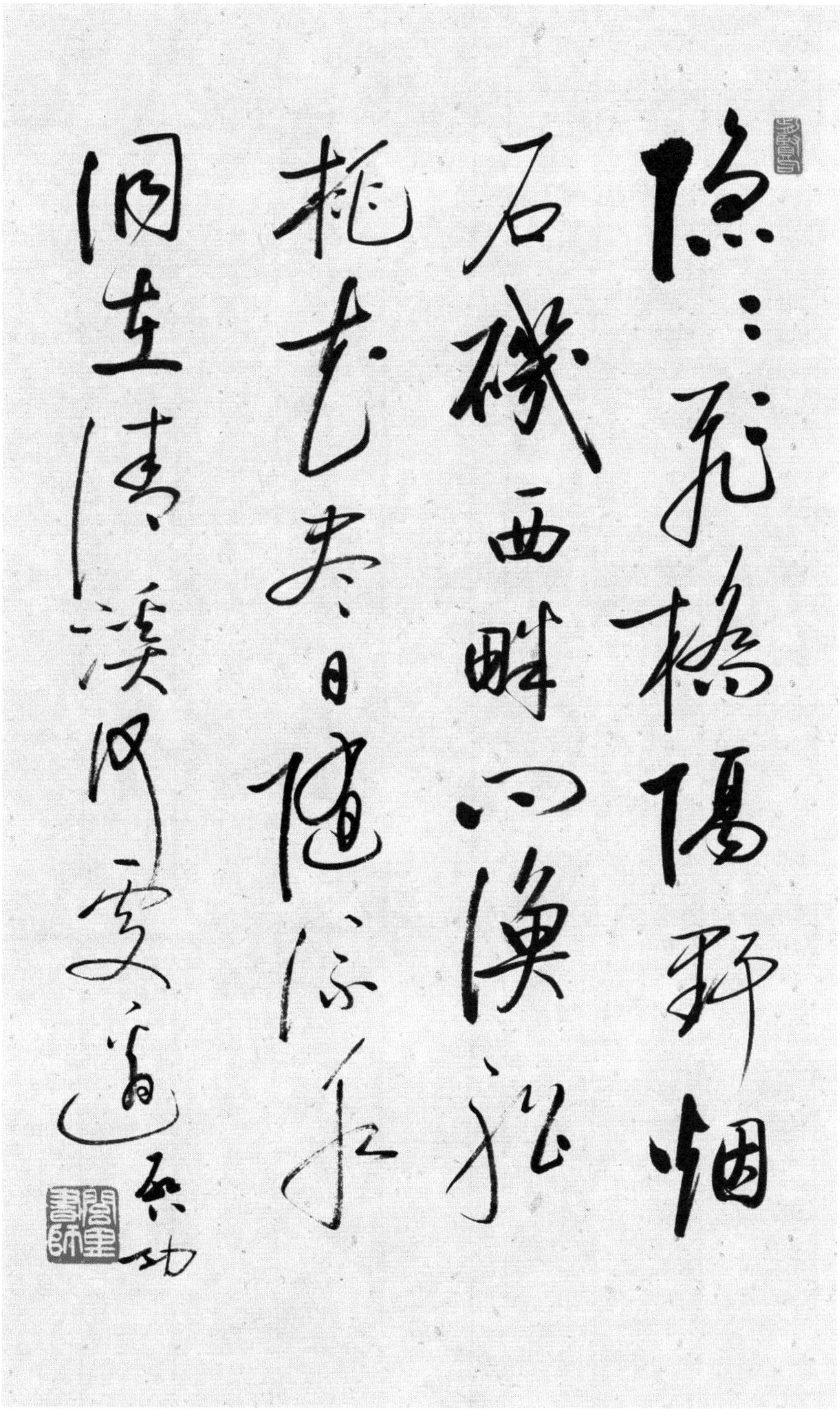

张旭句——隐隐飞桥隔野烟

二十世纪八十年代作　水墨纸本　69cm × 46cm　个人收藏

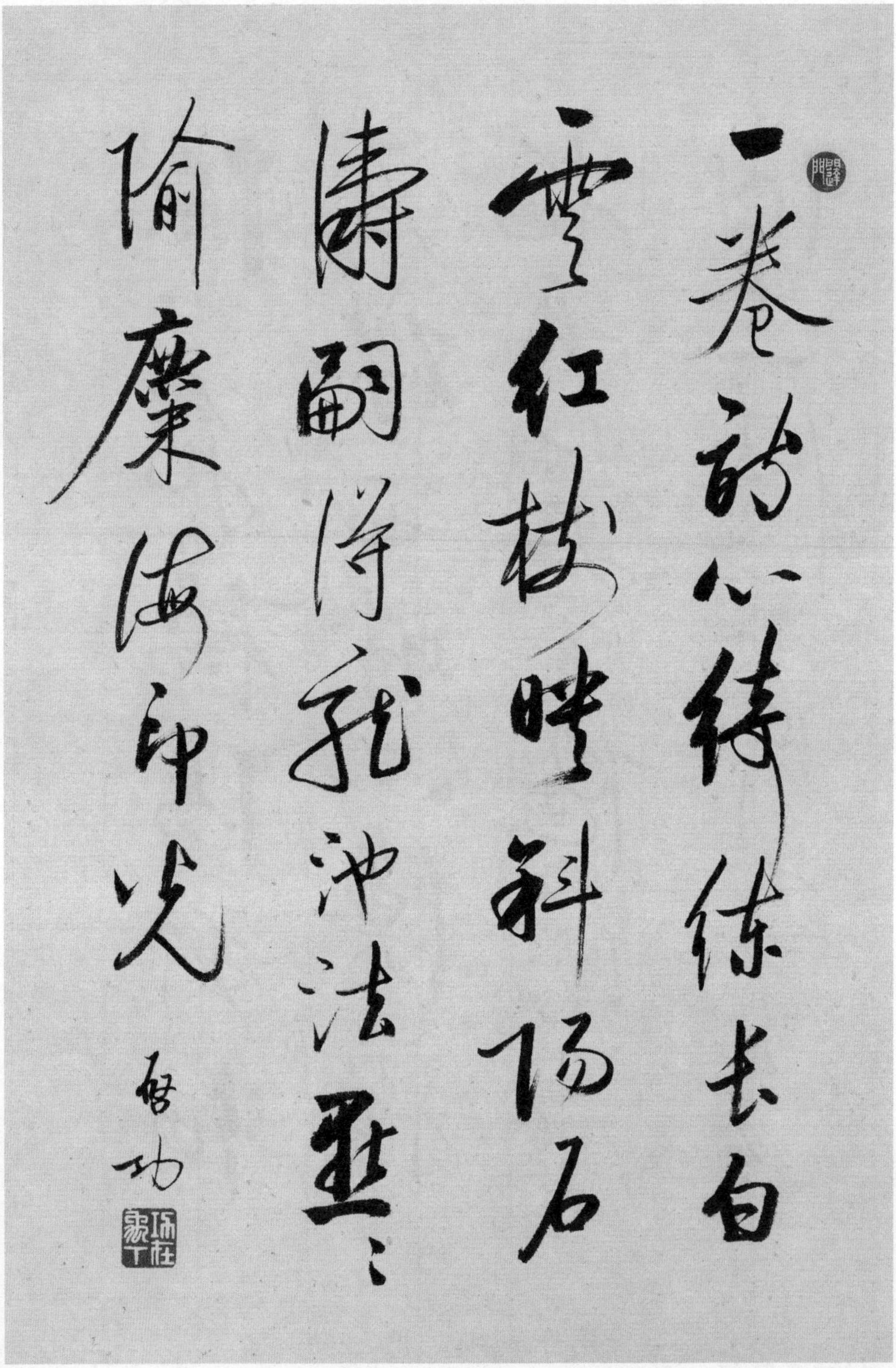

自作诗——一卷诗心绮练长

二十世纪八十年代作　水墨纸本　69cm×47cm　个人收藏

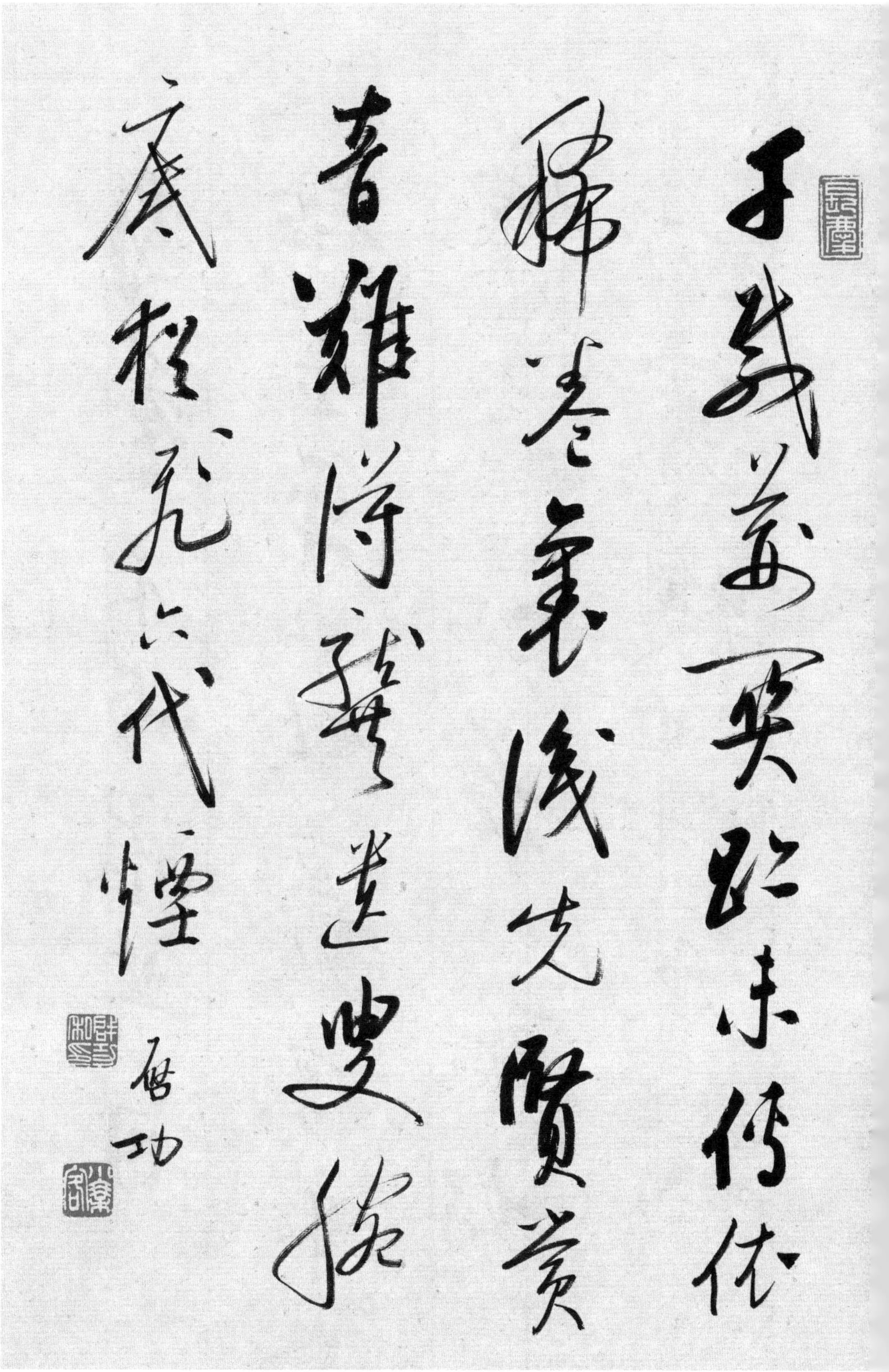

自作诗——千载荆关迹未传

二十世纪八十年代作　水墨纸本　70cm × 45cm　北京师范大学收藏

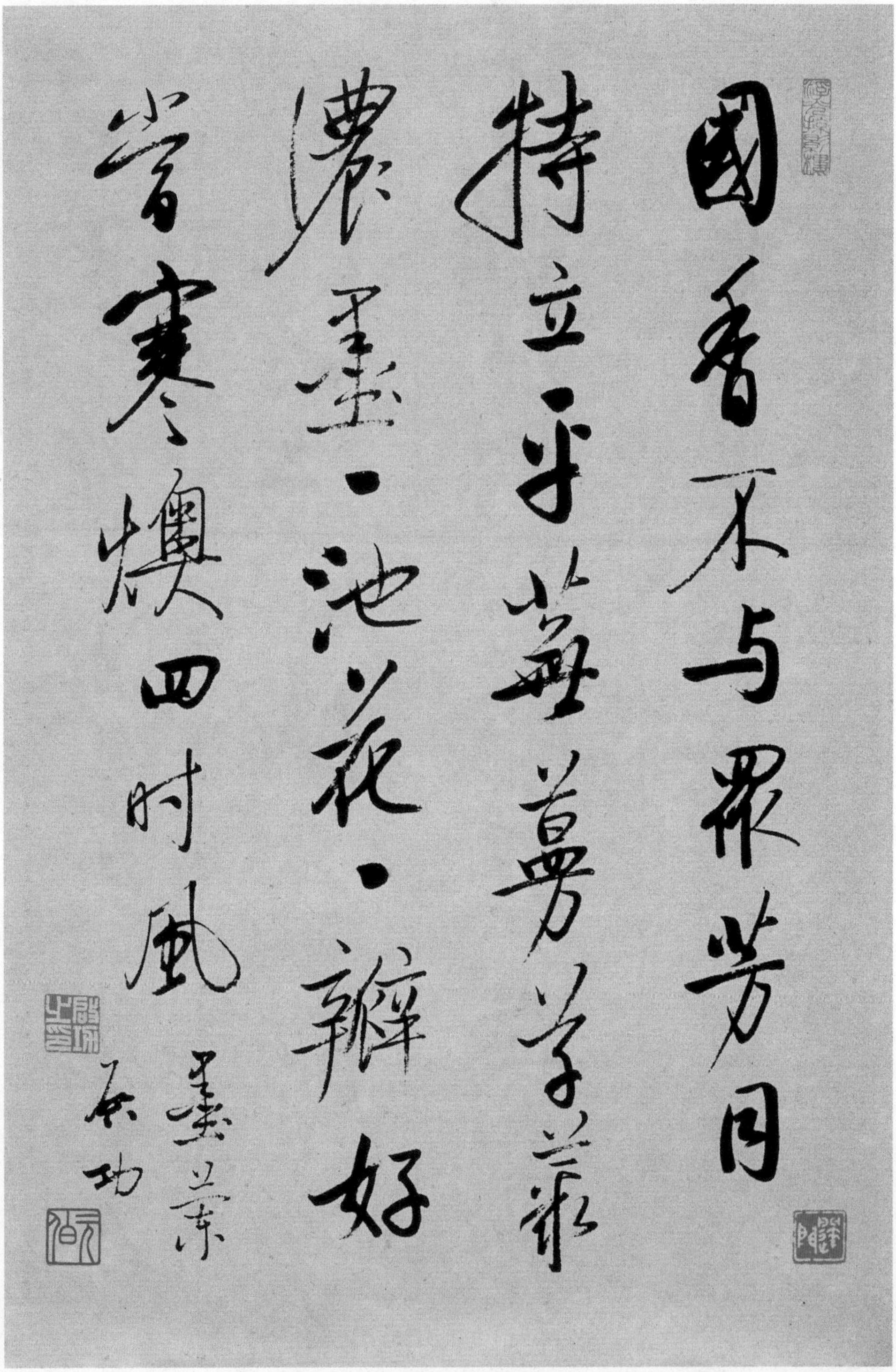

题墨兰

二十世纪八十年代作　水墨纸本　69cm × 47cm　北京师范大学收藏

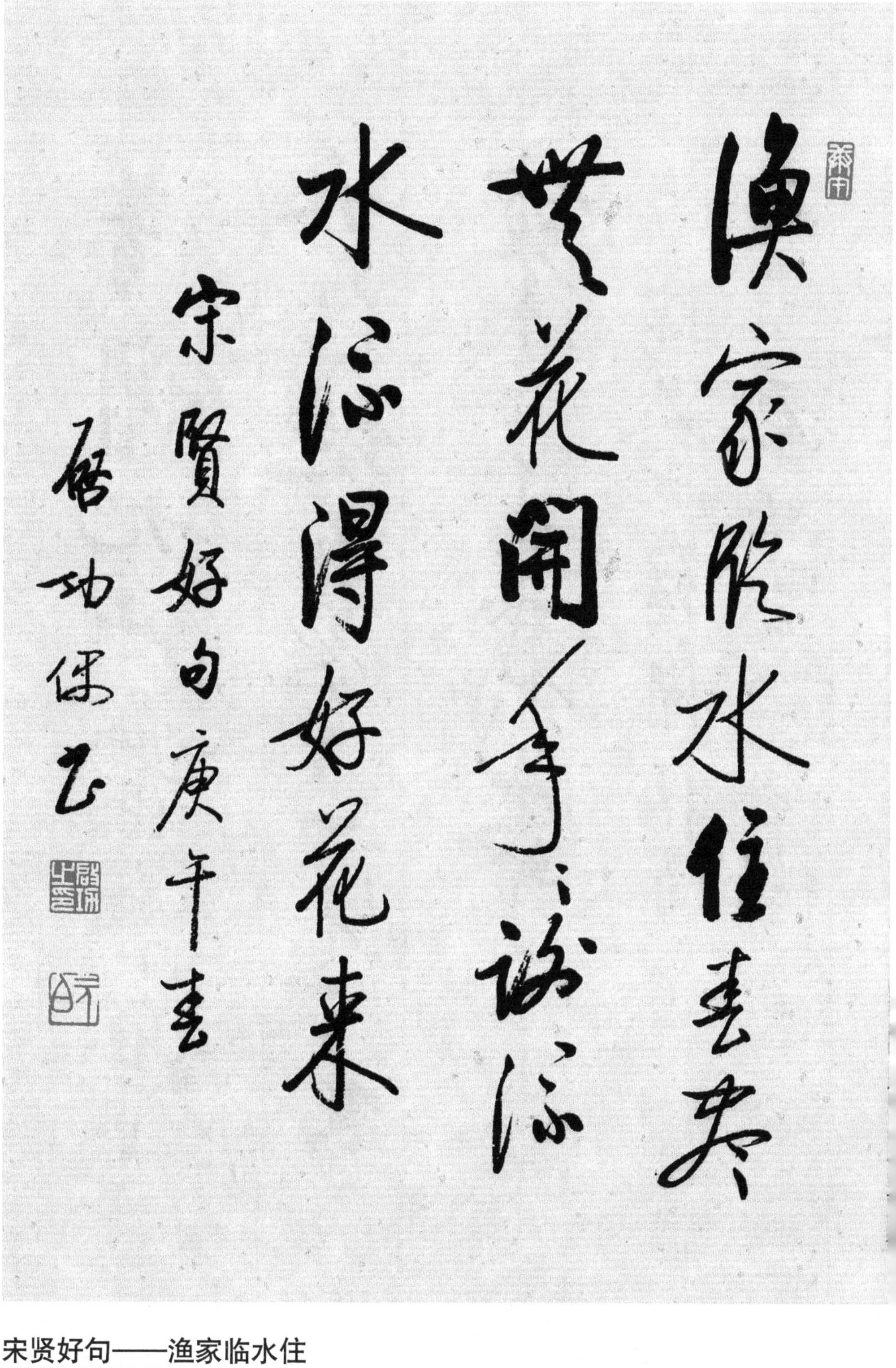

宋贤好句——渔家临水住

一九九〇年作　水墨纸本　66cm × 45cm　个人收藏

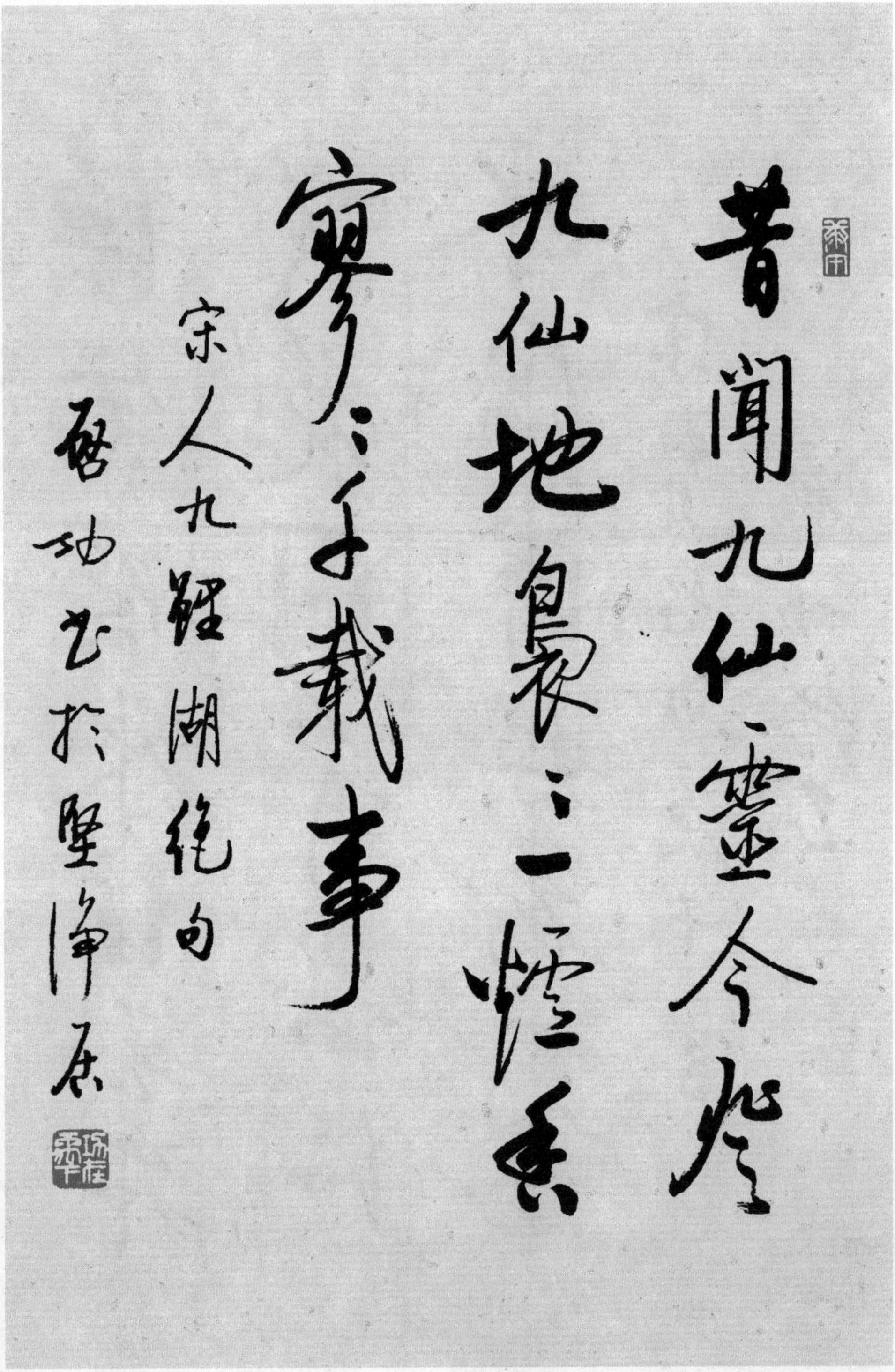

宋人九鲤湖绝句

一九九〇年作　水墨纸本　66cm×45cm　个人收藏

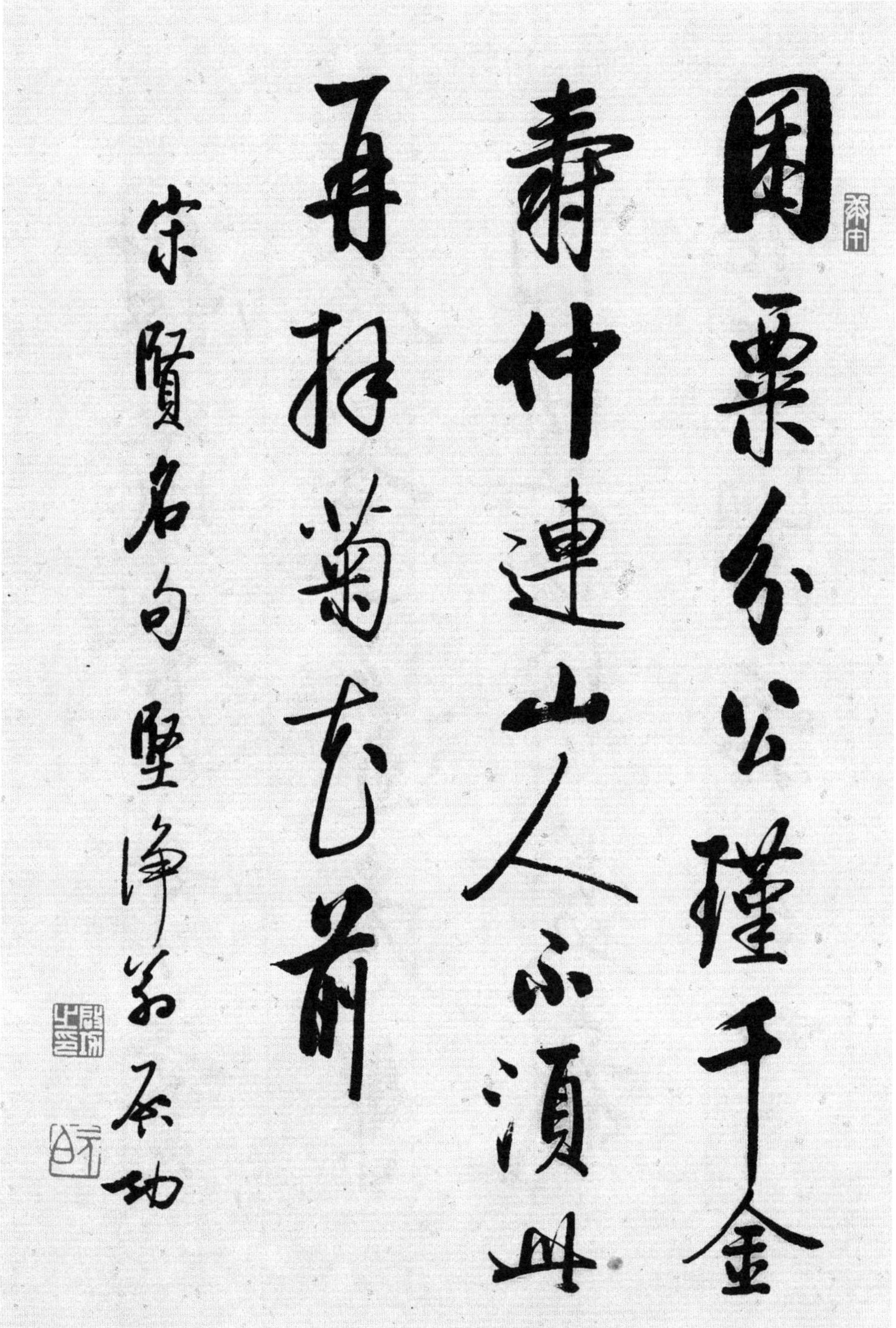
囷粟分公瑾千金
壽仲連山人不須此
再拜菊花前
宋賢名句 堅淨翁啟功

宋贤名句——囷粟分公瑾

一九九〇年作　水墨纸本　66cm×45cm　个人收藏

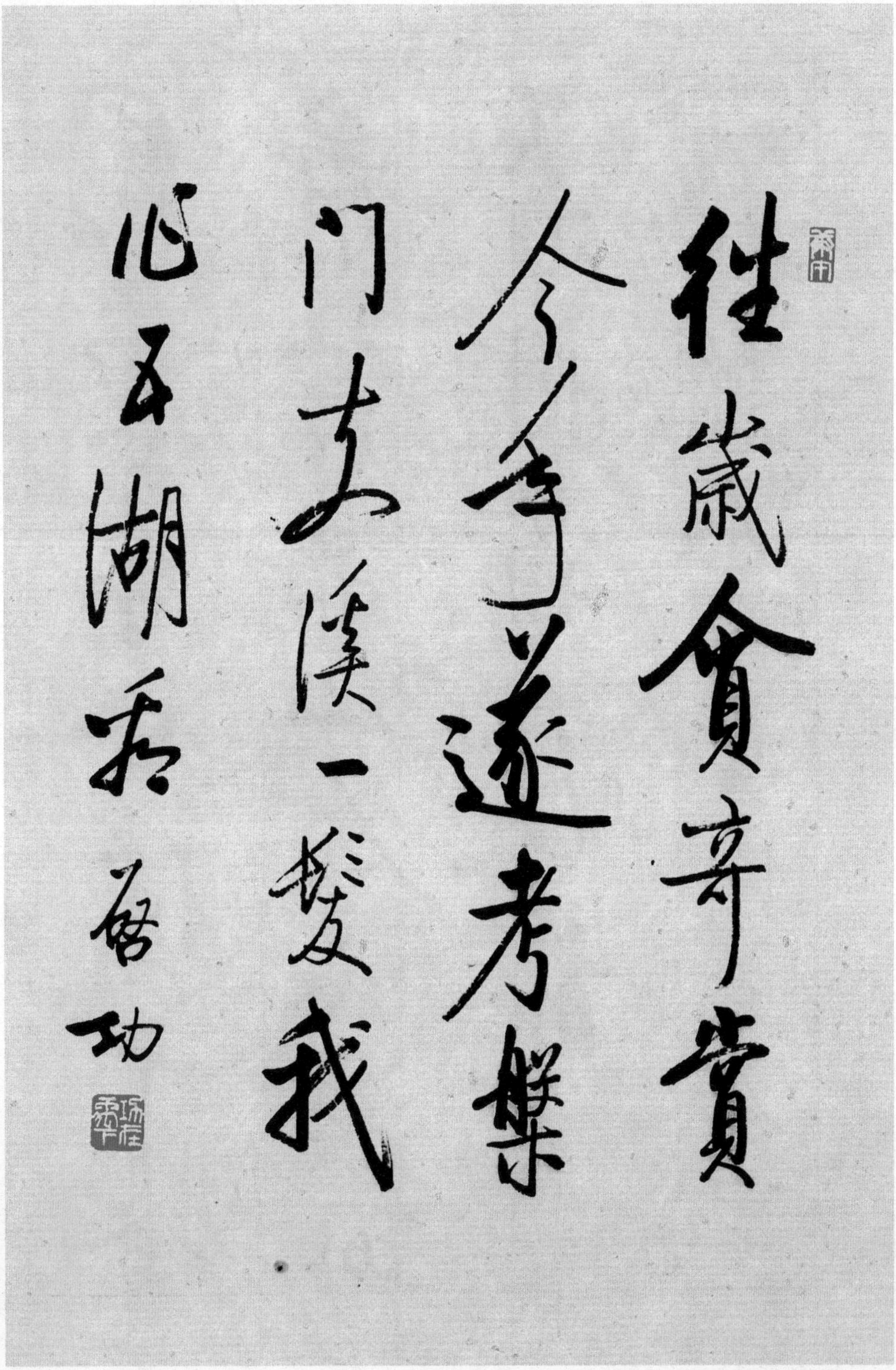

罗公升句——往岁贪奇赏

一九九〇年作 水墨纸本 66cm×45cm 个人收藏

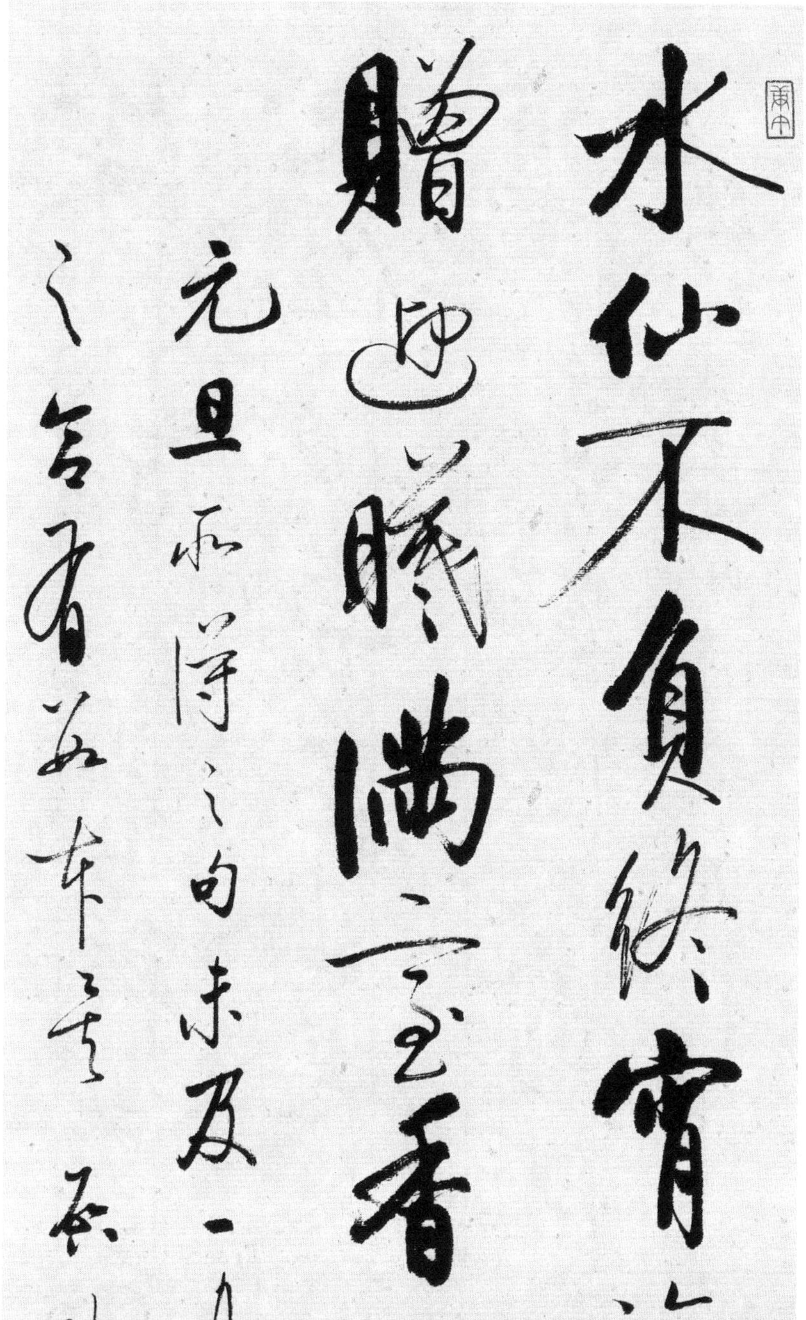

庚午元旦得句

一九九〇年作　水墨纸本　130cm×66cm　个人收藏

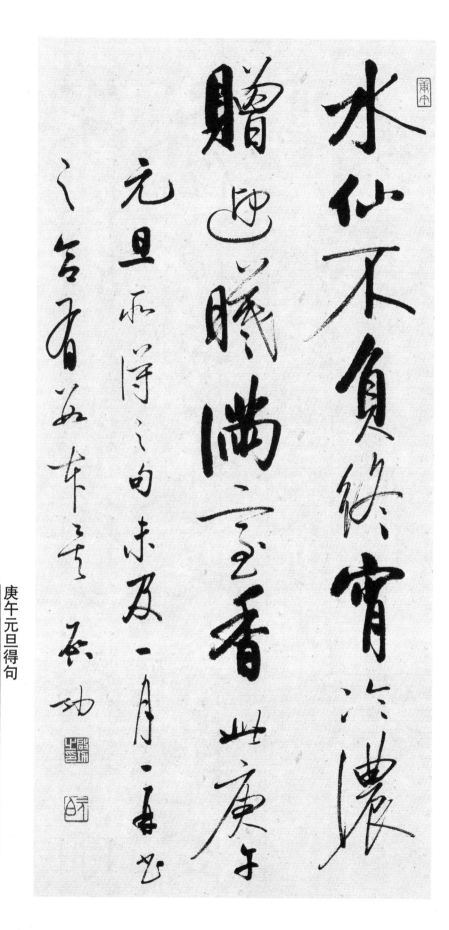

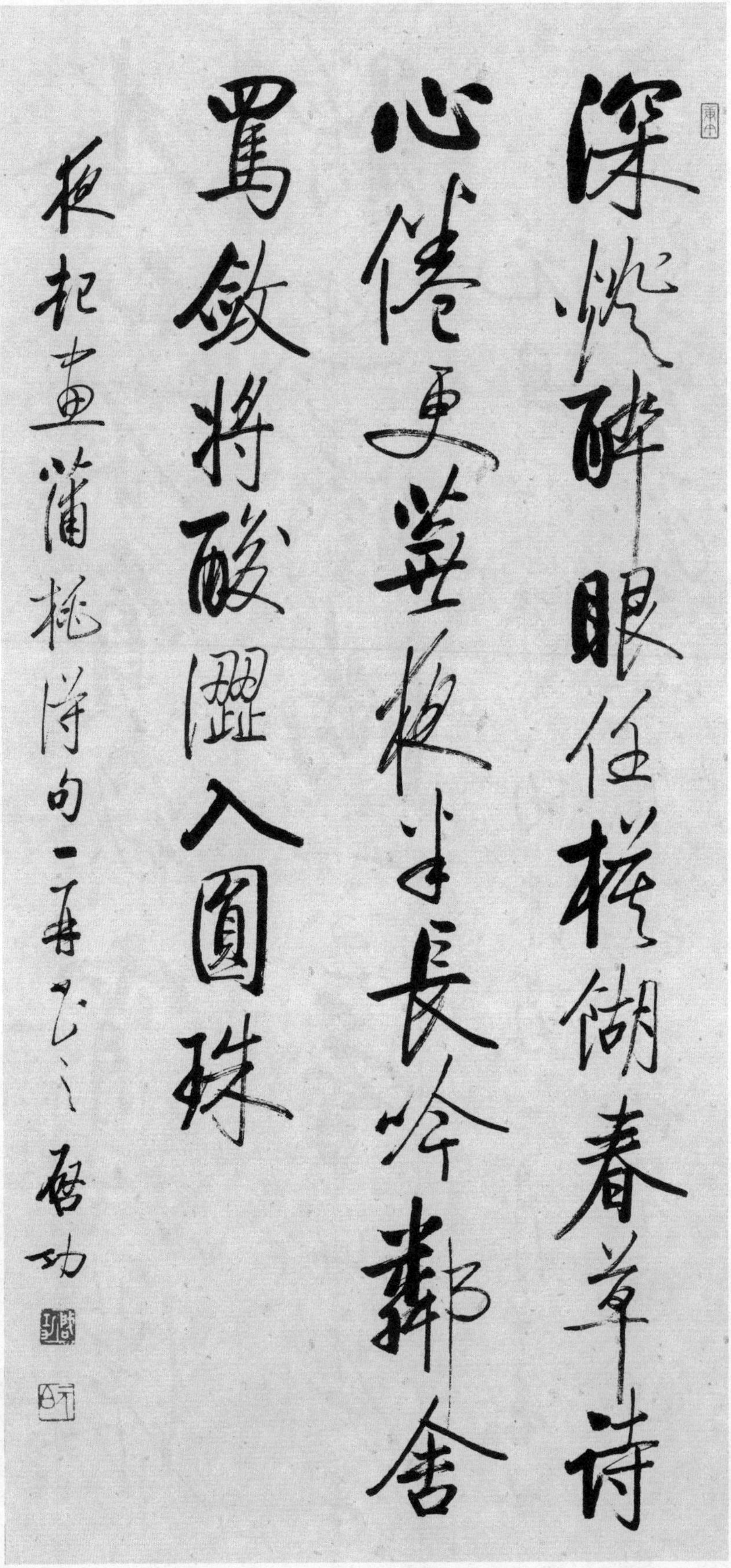
深憐醉眼任模糊春草詩
心倦更蕪夜半長吟鄰舍
罵飲將酸澀入圓珠
夜起畫蒲桃得句一再書之 啟功

夜起画葡萄得句

一九九〇年作 水墨纸本 130cm×66cm 个人收藏

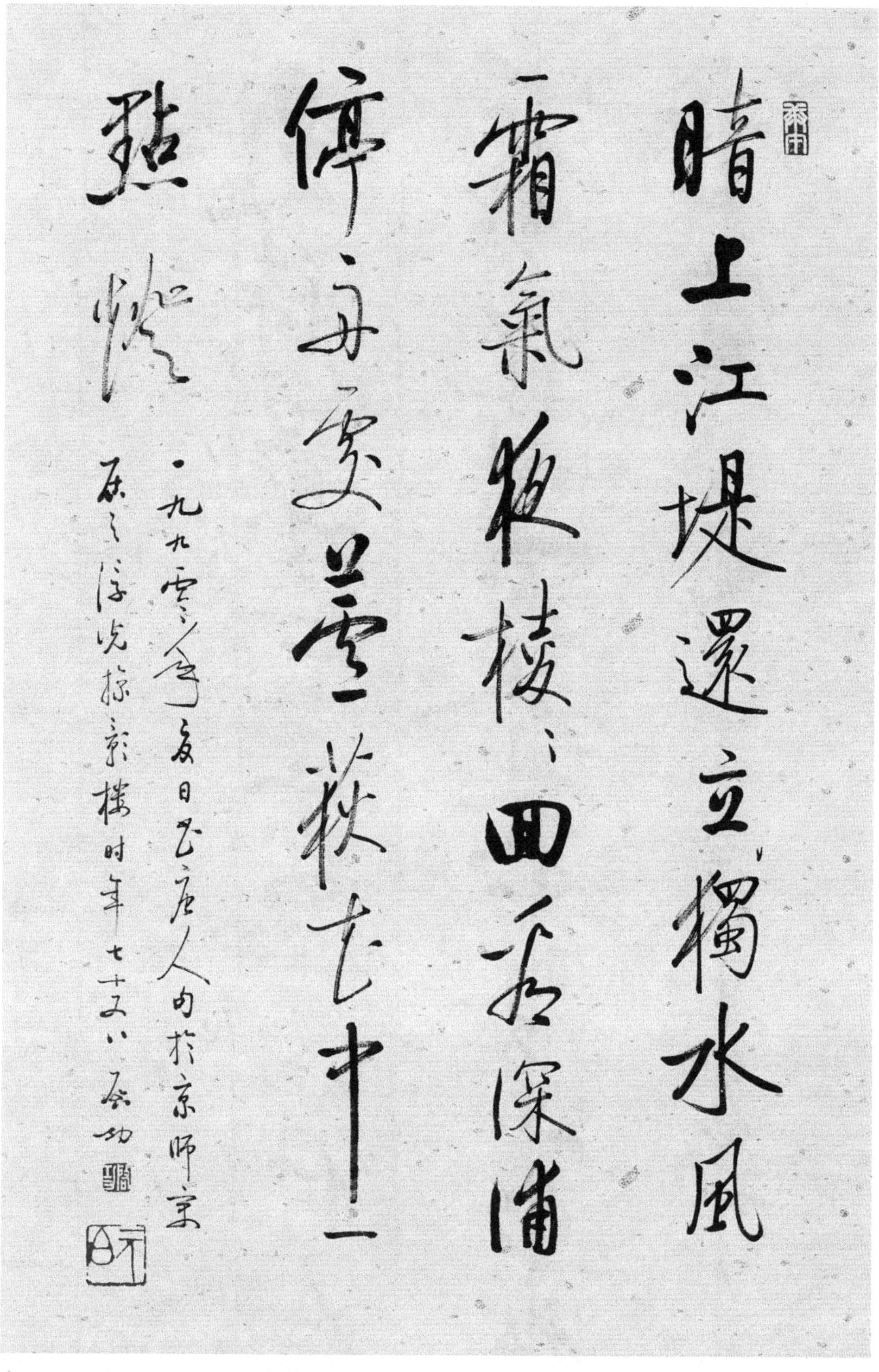

唐人句——暗上江堤还独立

一九九〇年作　水墨纸本　69cm×46cm　个人收藏

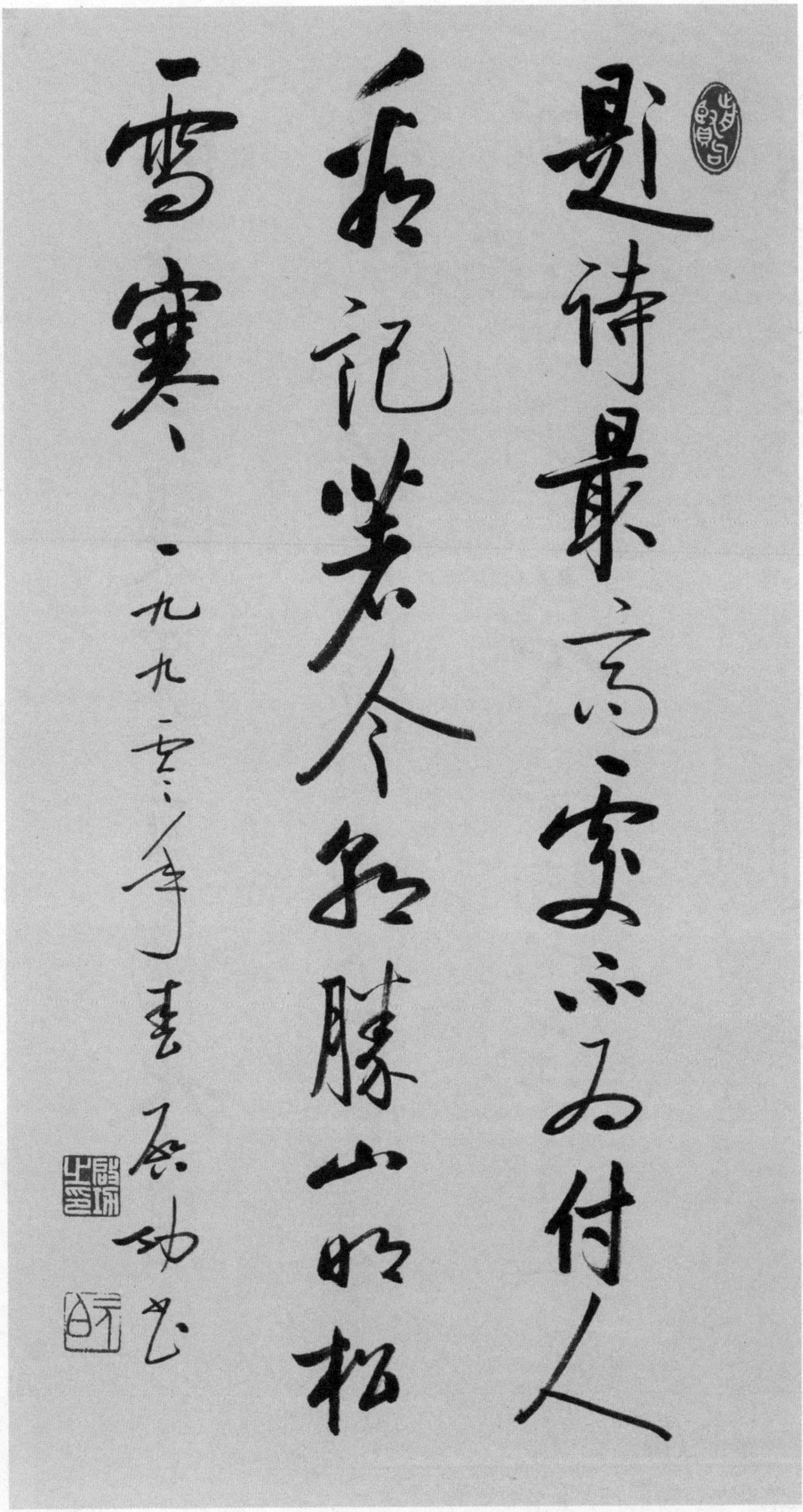

崔鷗句——题诗最高处

一九九〇年作 水墨纸本 68cm×35cm 个人收藏

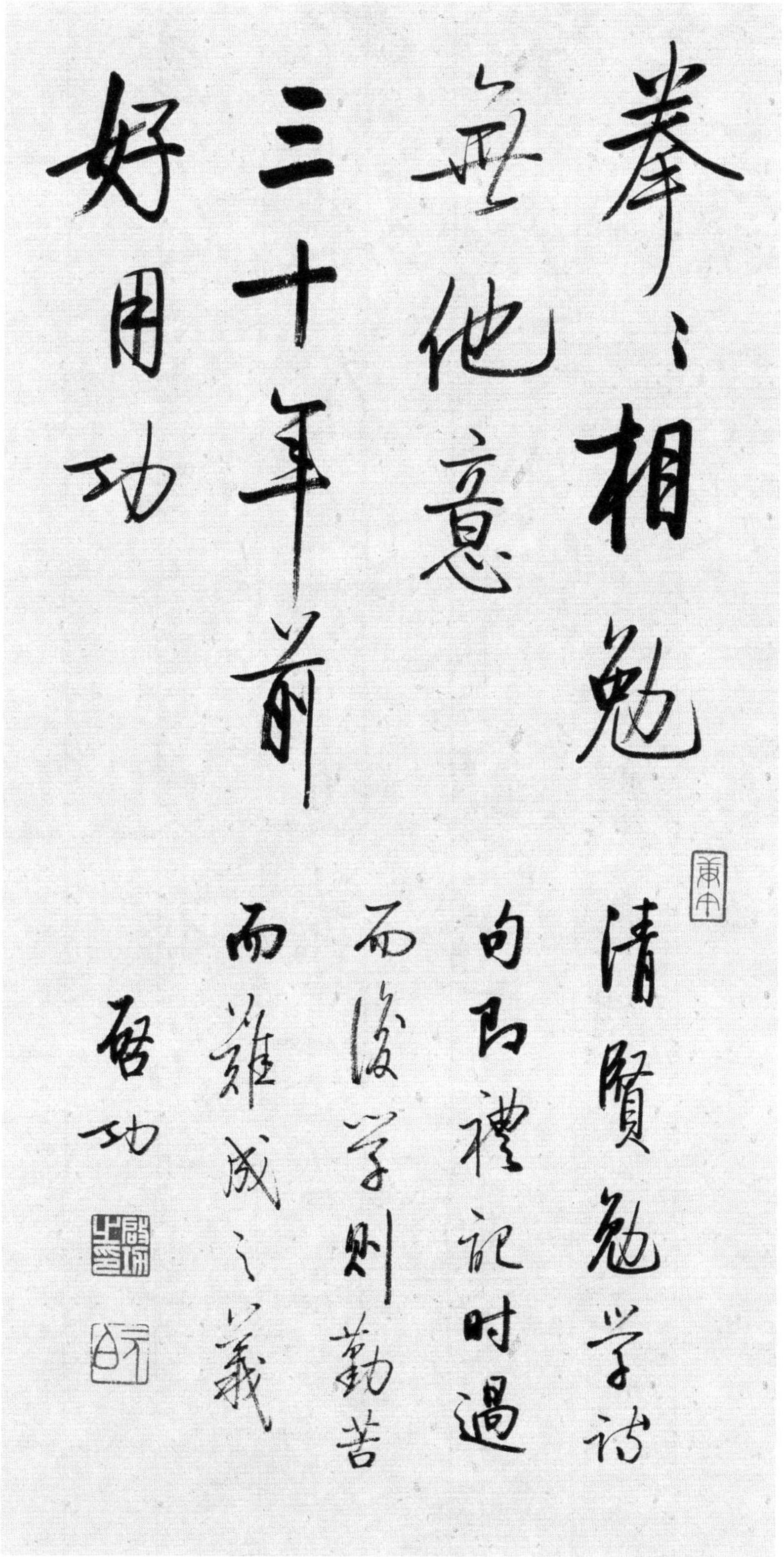
拳々相勉無他意
三十年前好用功
清賢勉學詩句以禮記時過而後學則勤苦而難成之義
啟功

清贤勉学诗句——拳拳相勉无他意

一九九〇年作　水墨纸本　64cm×32cm　个人收藏

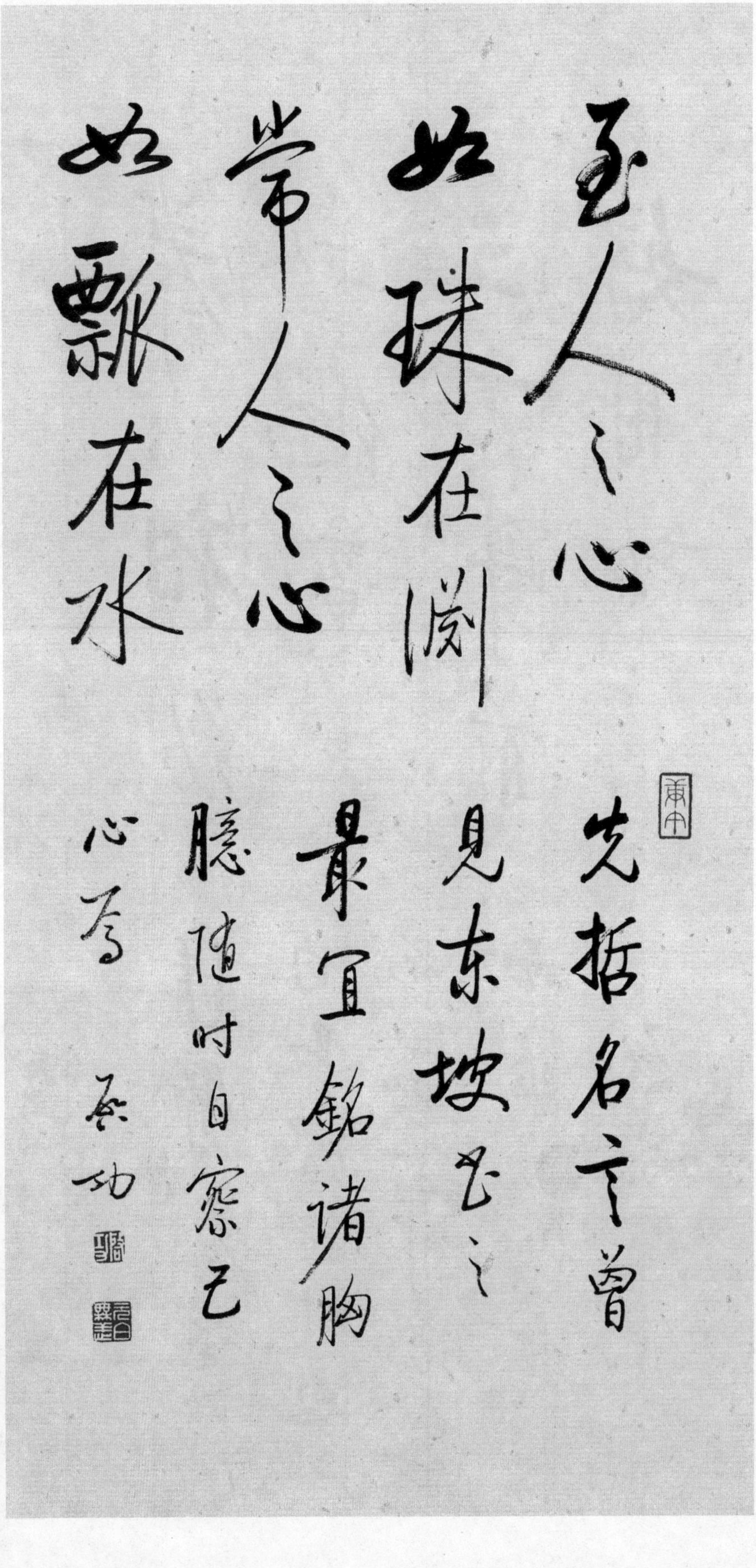
至人之心
如珠在渊
常人之心
如瓢在水
先哲名言曾
见东坡书之
最宜铭诸胸
臆随时自察己
心焉
启功

先哲名言——至人之心　如珠在渊

一九九〇年作　水墨纸本　64cm × 32cm　个人收藏

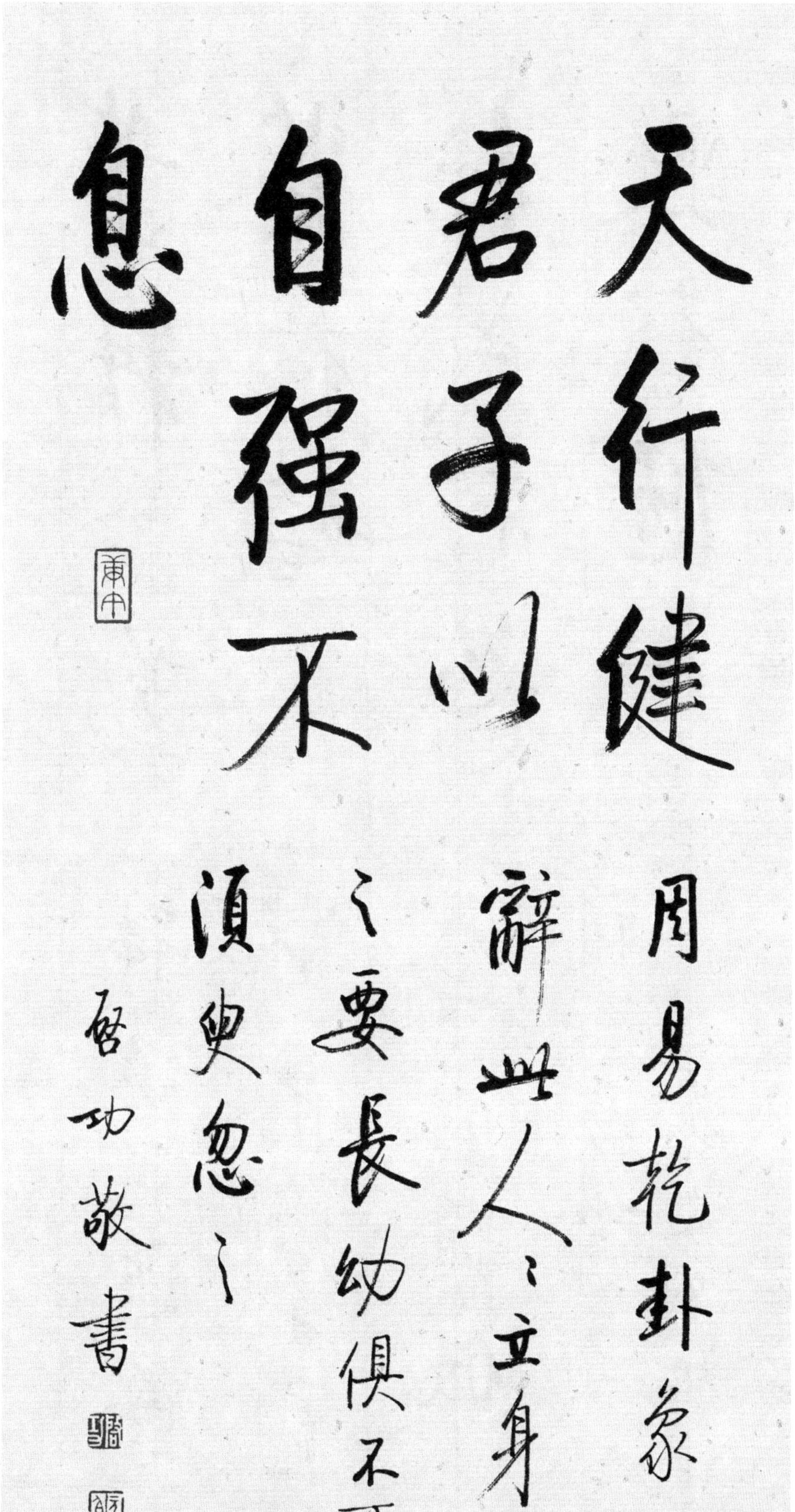
天行健君子以自强不息
周易乾卦象辞此人之立身之要长幼俱不可须臾忽之
启功敬书

周易乾卦象辞——天行健

一九九〇年作　水墨纸本　64cm×32cm　个人收藏

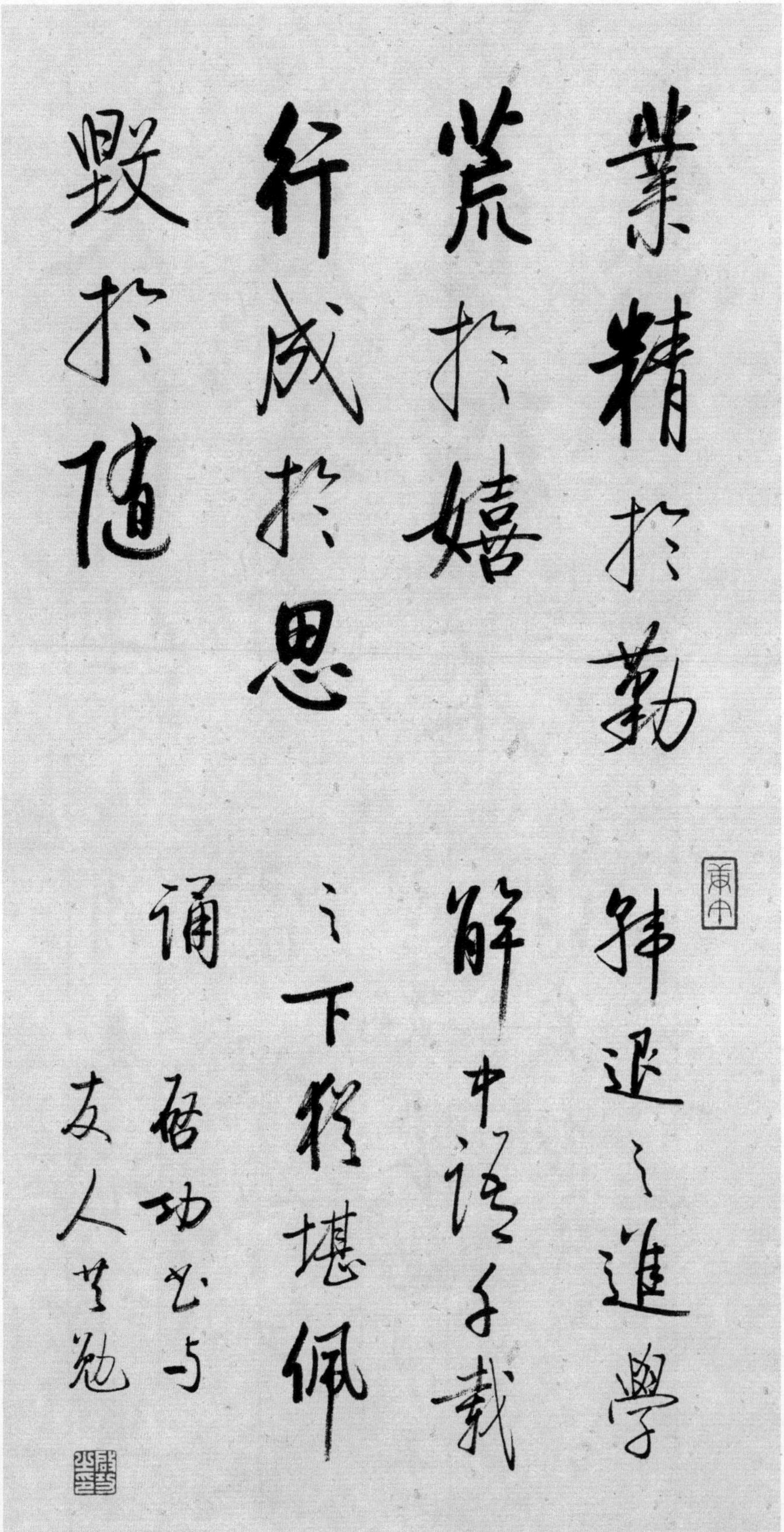
業精於勤
荒於嬉
行成於思
毀於隨
韓退之進學
解中語千載
之下猶堪佩
誦 啟功書與
友人共勉

韩退之语——业精于勤荒于嬉

一九九〇年作 水墨纸本 64cm×32cm 个人收藏

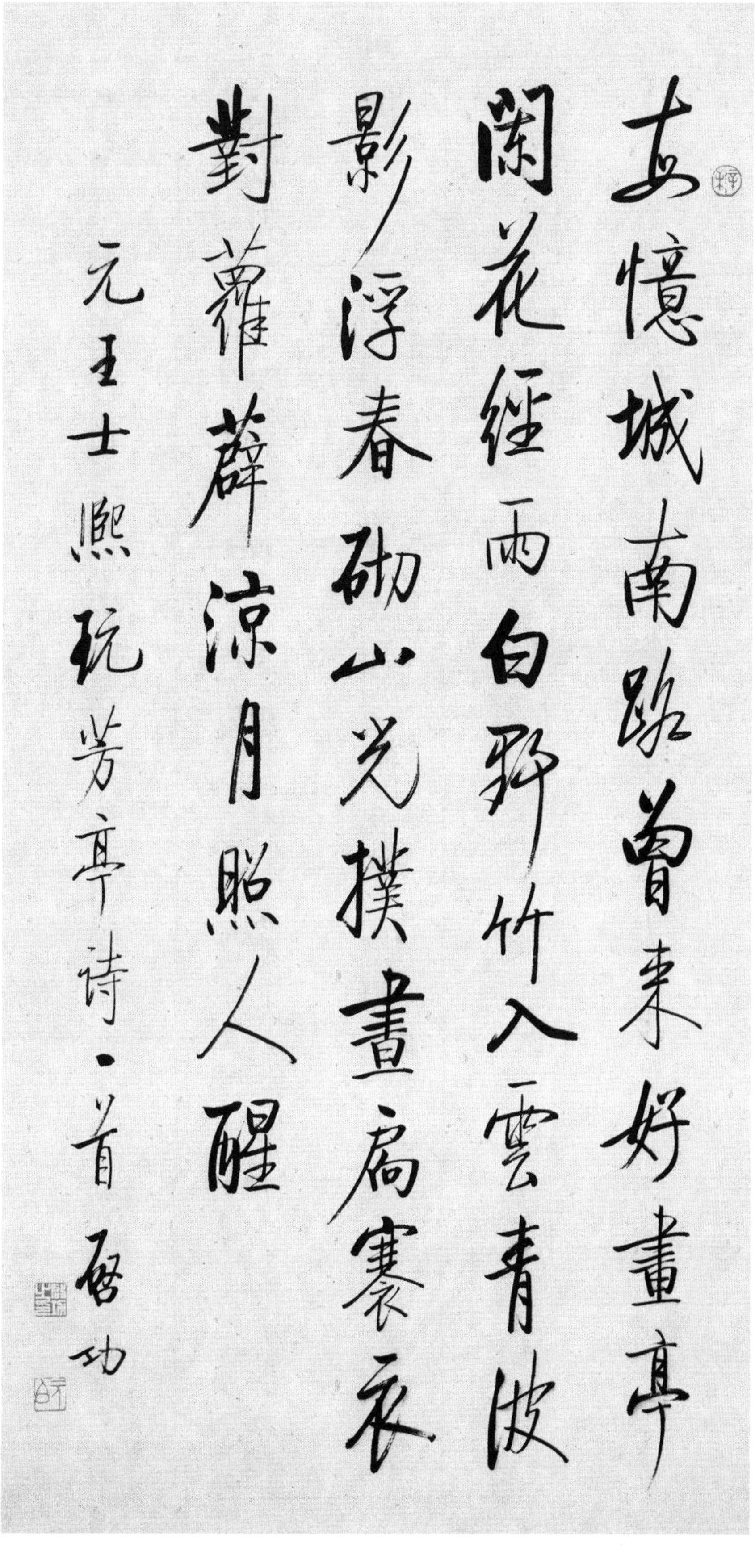
長憶城南路曾來好畫亭
閑花經雨白野竹入雲青波
影浮春砌山光撲畫扃寒衣
對蘿薜涼月照人醒
元王士熙玩芳亭詩一首 啓功

元王士熙玩芳亭诗一首

一九九一年作　水墨纸本　115cm×60cm　钓鱼台国宾馆藏

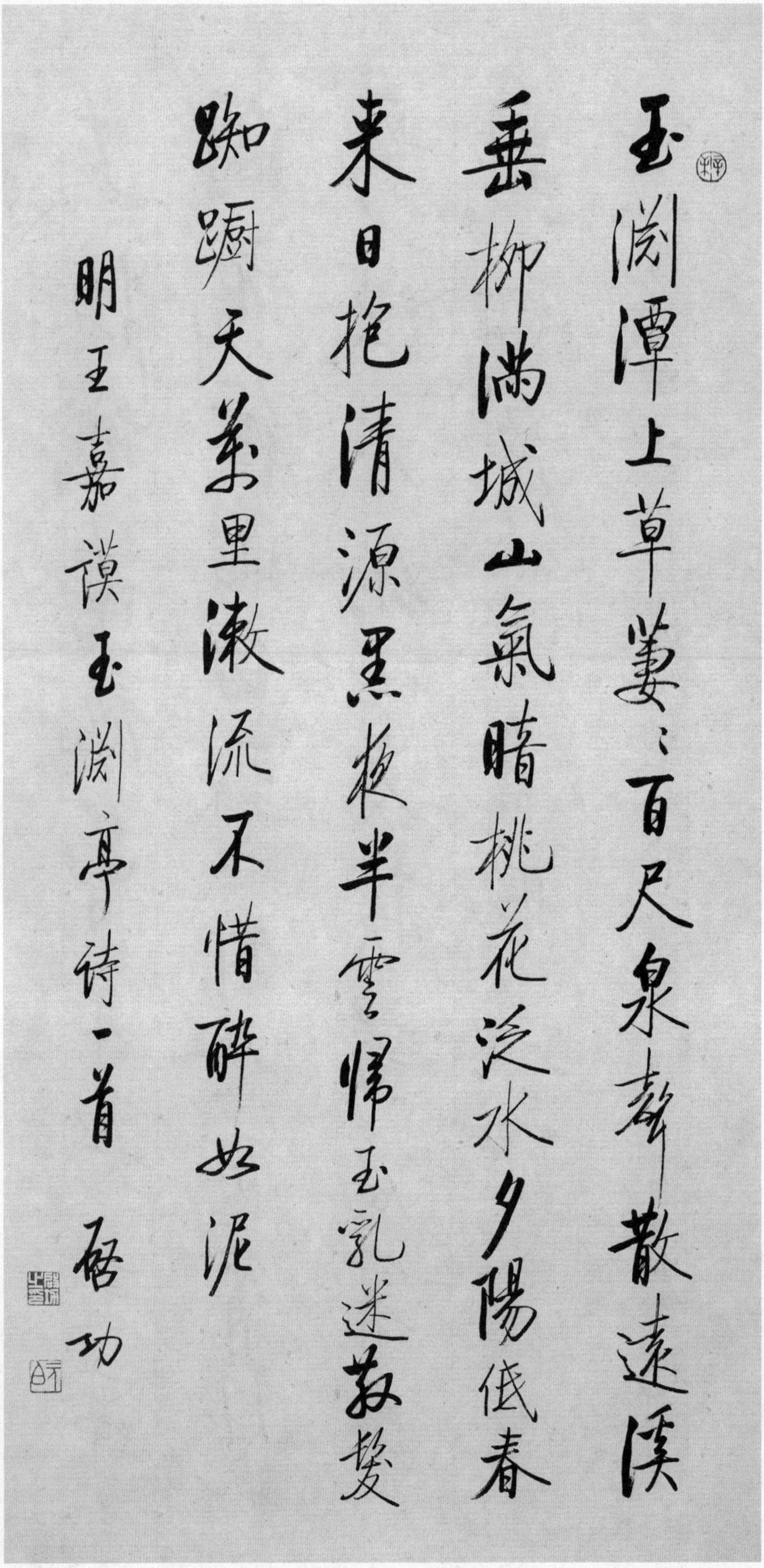
玉渊潭上草萋萋百尺泉声散远溪
垂柳满城山气暗桃花泛水夕阳低春
来日抱清源黑夜半云归玉乳迷
踟蹰天策里漱流不惜醉如泥
明王嘉谟玉渊亭诗一首 启功

明王嘉谟玉渊亭诗一首

一九九一年作　水墨纸本　115cm × 60cm　钓鱼台国宾馆藏

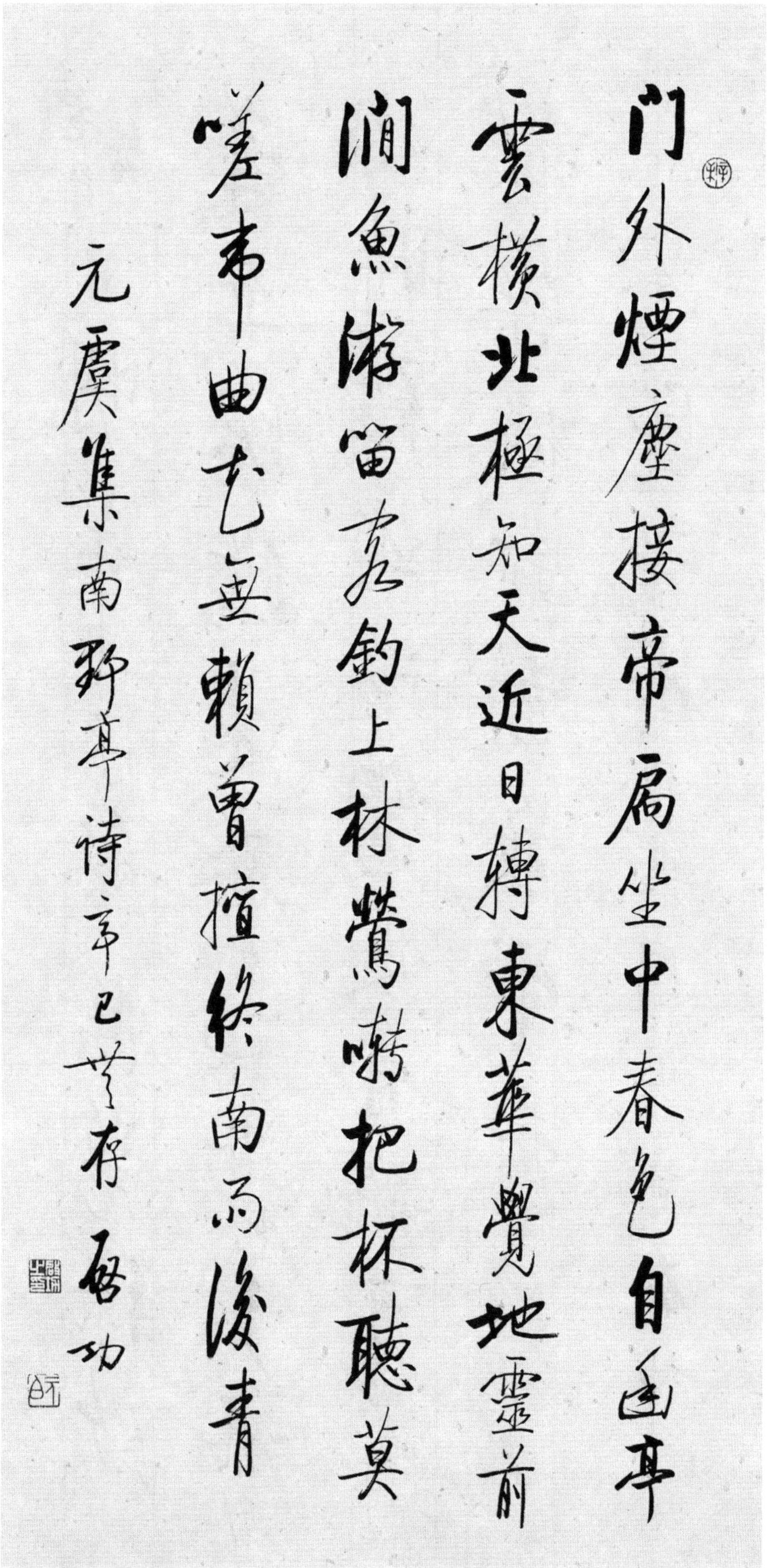
門外煙塵接帝局坐中春色自逌亭
雲橫北極知天近日轉東華覺地靈前
澗魚遊留客釣上林鶯囀把杯聽莫
嗟韋曲花無賴曾指終南爲後青
元虞集南野亭詩
啟功

元虞集南野亭诗

一九九一年作　水墨纸本　115cm×60cm　钓鱼台国宾馆藏

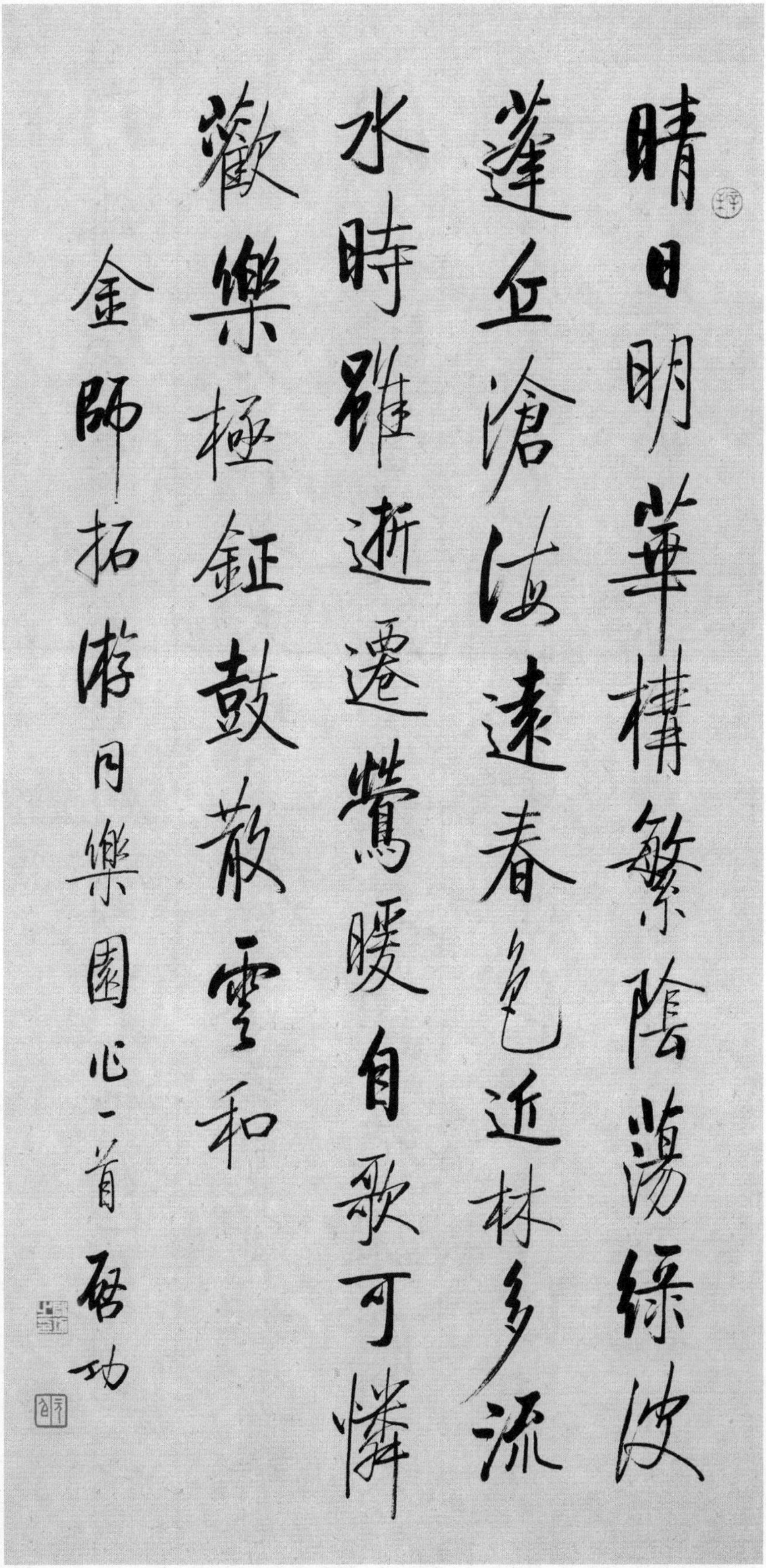
晴日明華構繁陰蕩綠波
蓬丘滄海遠春色近林多
水時雖逝遷鶯暖自歌可憐
歡樂極鉦鼓散雲和
金師拓游同樂園
啓功

金师拓游同乐园作

一九九一年作 水墨纸本 115cm×60cm 钓鱼台国宾馆藏

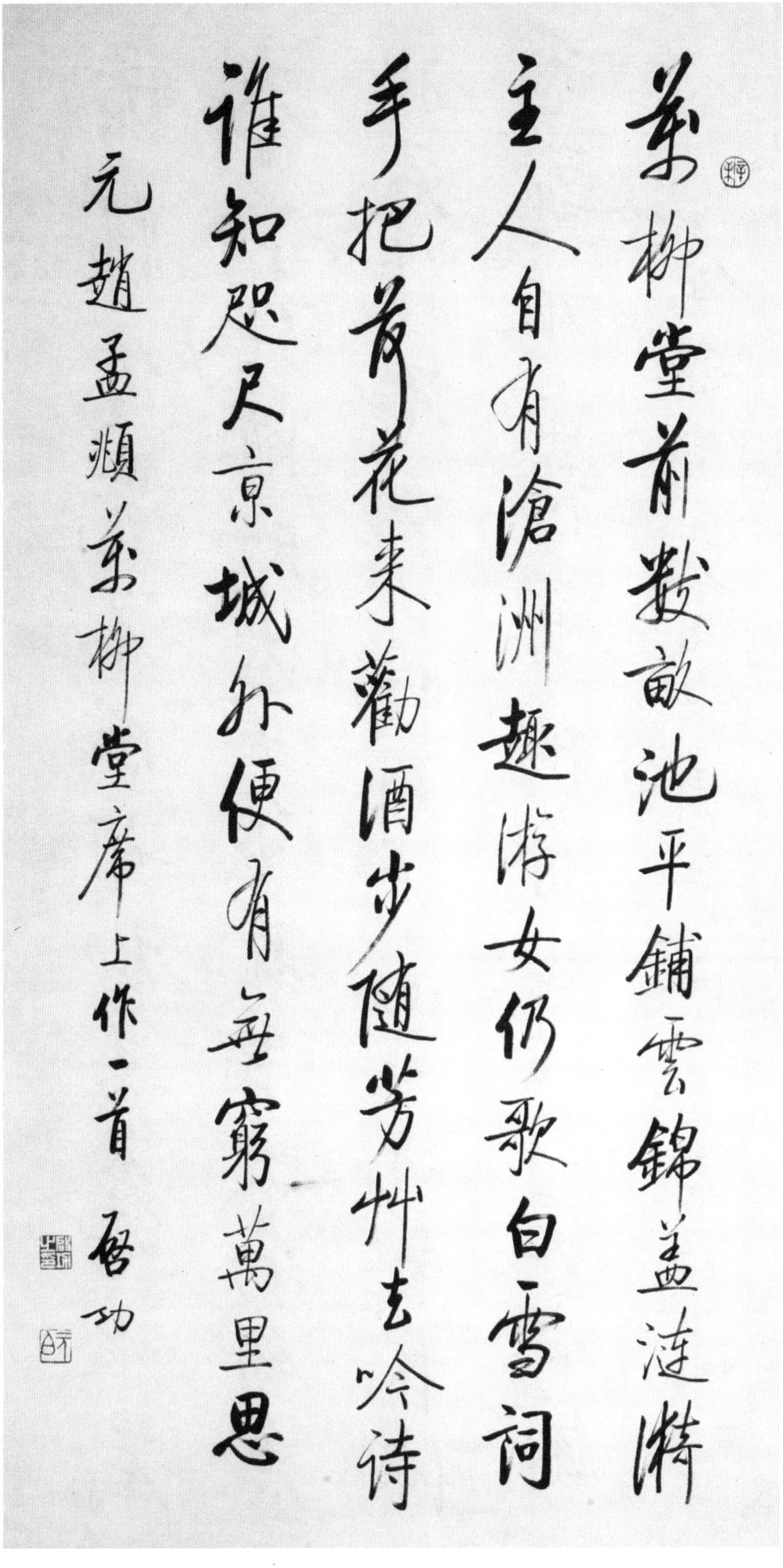
萬柳堂前數畝池平鋪雲錦蓋漣漪
主人自有滄洲趣游女仍歌白雪詞
手把荷花來勸酒步隨芳草去吟詩
誰知咫尺京城外便有無窮萬里思
元趙孟頫萬柳堂席上作一首 啓功

元赵孟頫万柳堂席上作一首

一九九一年作　水墨纸本　118cm×60cm　钓鱼台国宾馆藏

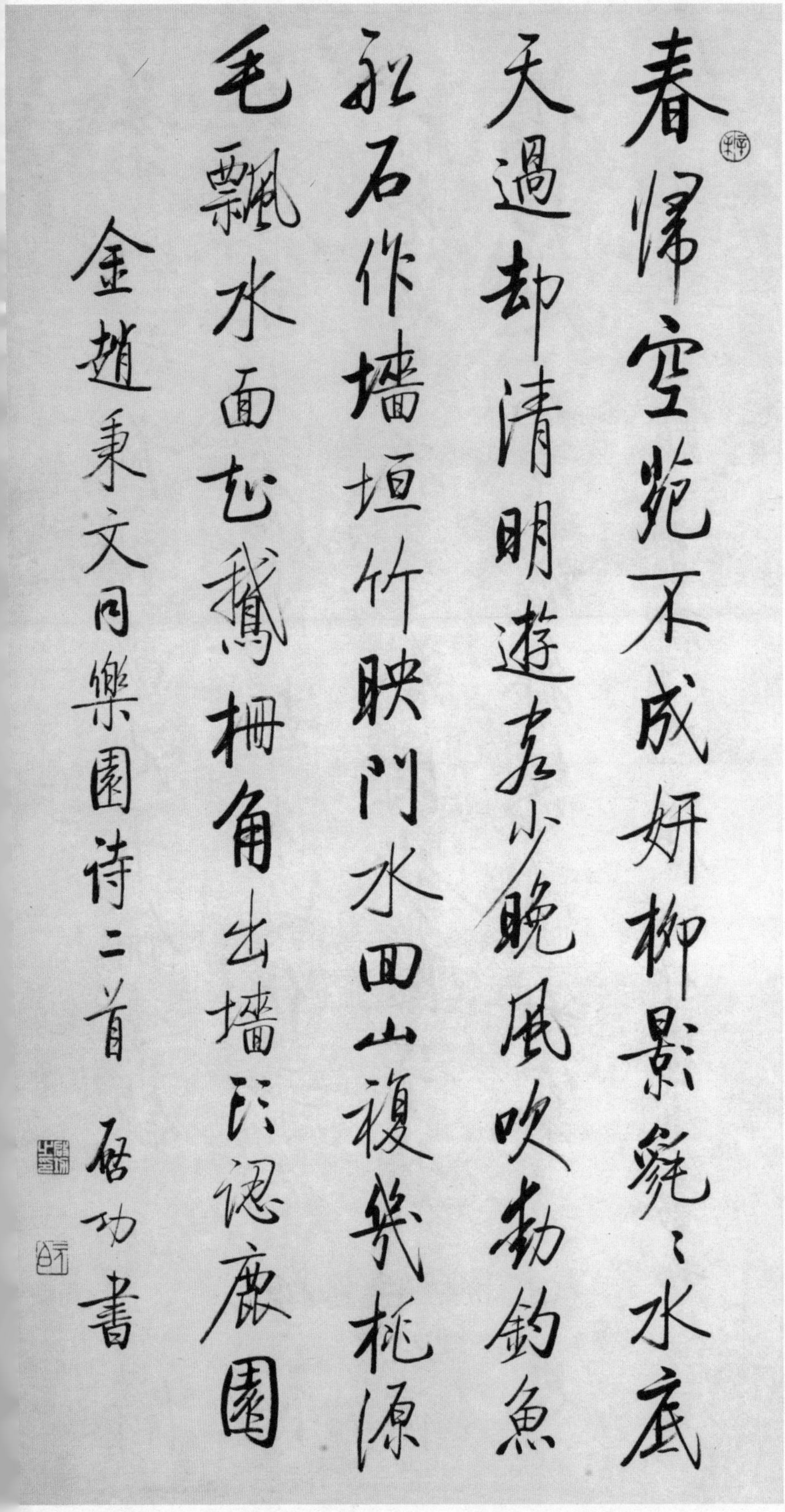
春歸空苑不成妍柳影絲〻水底
天過却清明遊客少晚風吹動釣魚
船石作墻垣竹映門水西山復幾桃源
毛飄水面知鵞柵角出墻頭認鹿園
金趙秉文同樂園詩二首 啓功書

金赵秉文同乐园诗二首

一九九一年作 水墨纸本 118cm×60cm 钓鱼台国宾馆藏

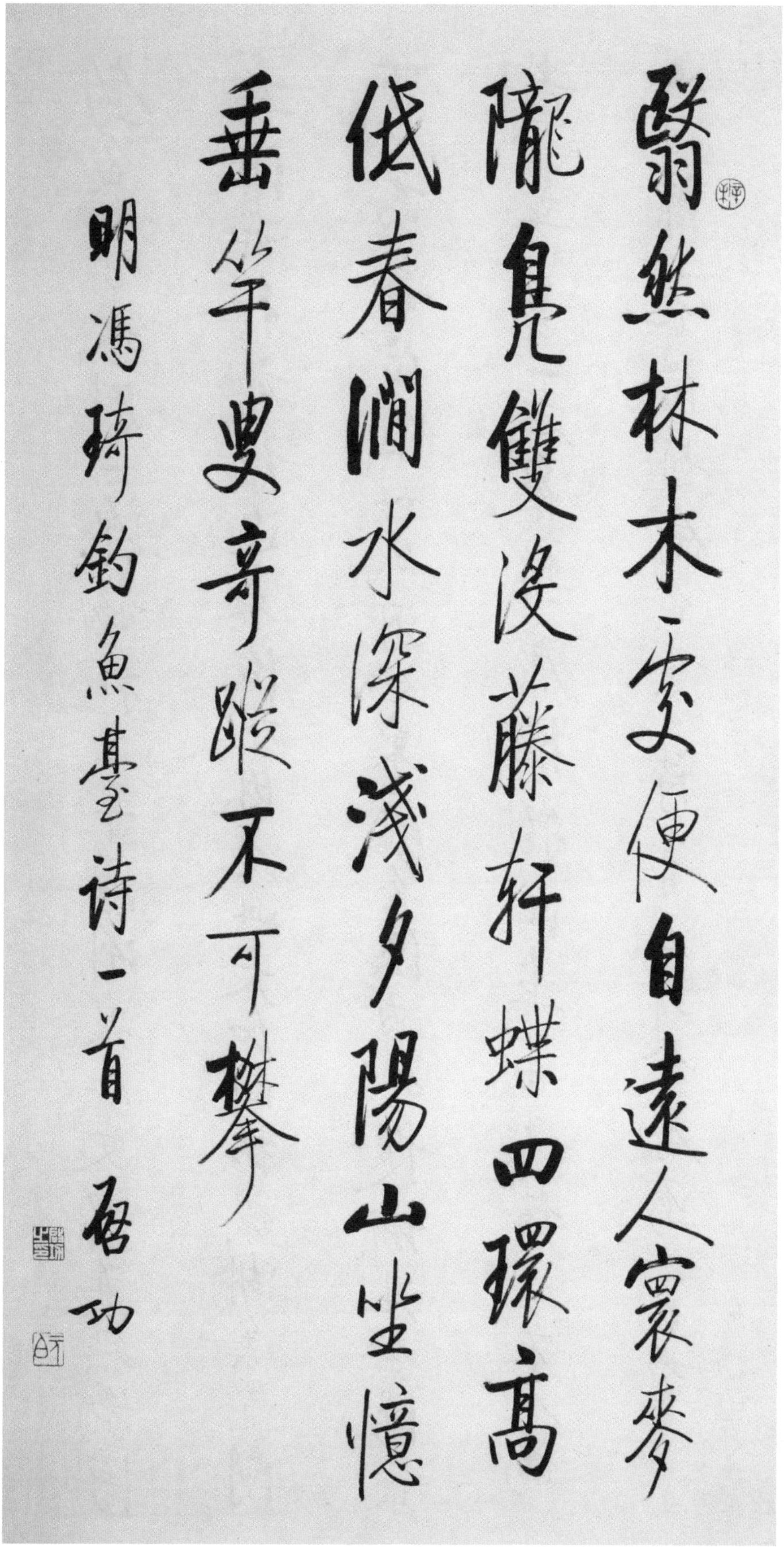
翳然林木變便自遠人寰麥
隴鳧雛沒藤軒蝶四環高
低春澗水深淺夕陽山坐憶
垂竿叟奇蹤不可攀
明馮琦釣魚臺詩一首 啟功

明冯琦钓鱼台诗一首

一九九一年作 水墨纸本 118cm×60cm 钓鱼台国宾馆藏

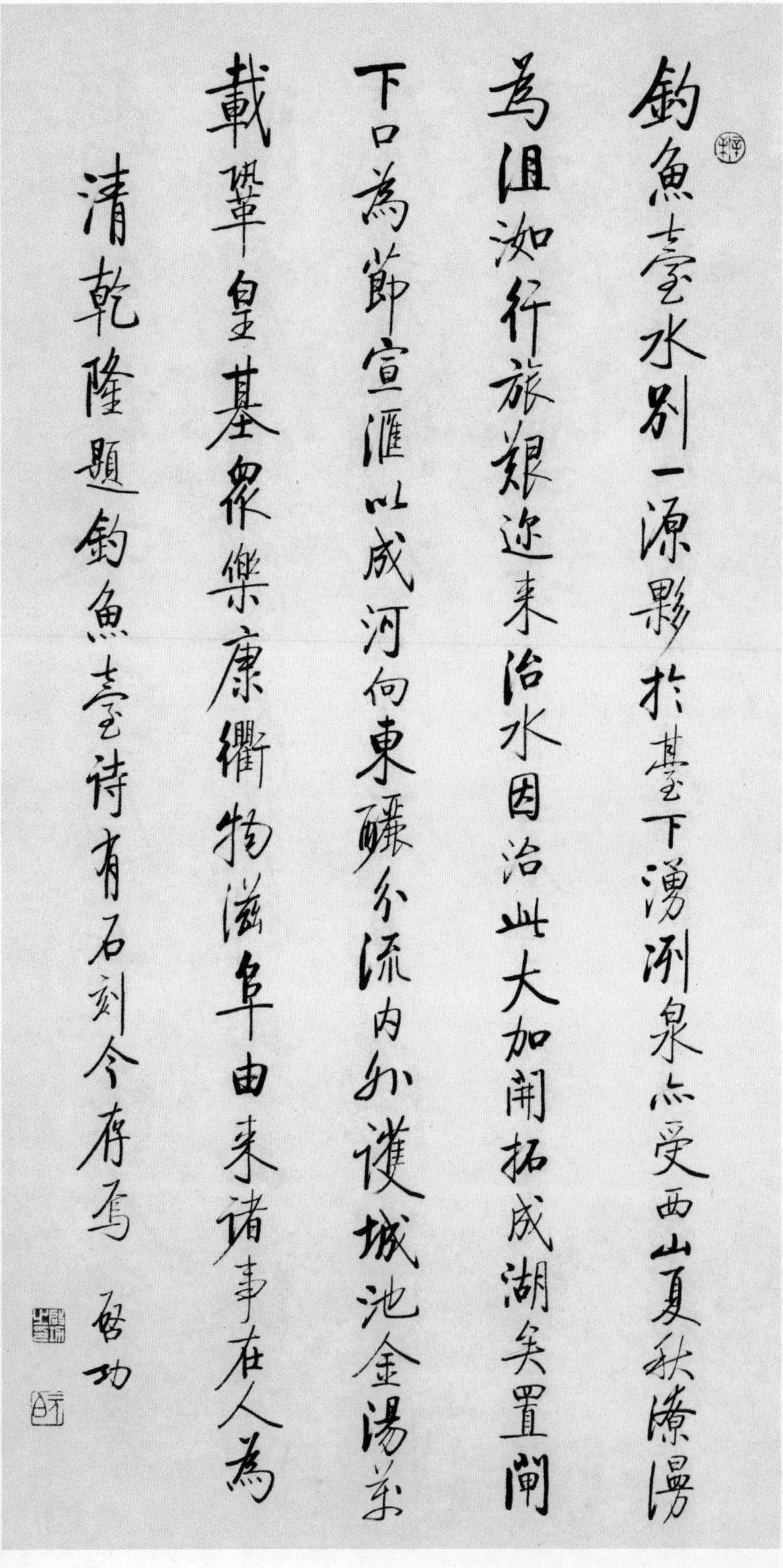
釣魚臺水別一源影於臺下湧洌泉亦受西山夏秋潦湯
為沮洳行旅艱途來治水因治此大加開拓成湖矣置閘
下口為節宣滙以成河向東碾分流內外護城池金湯茲
載鞏皇基衆樂康衢物滋阜由来諸事在人為
清乾隆題釣魚臺詩有石刻今存焉
啟功

乾隆题钓鱼台诗

一九九一年作　水墨纸本　118cm × 60cm　钓鱼台国宾馆藏

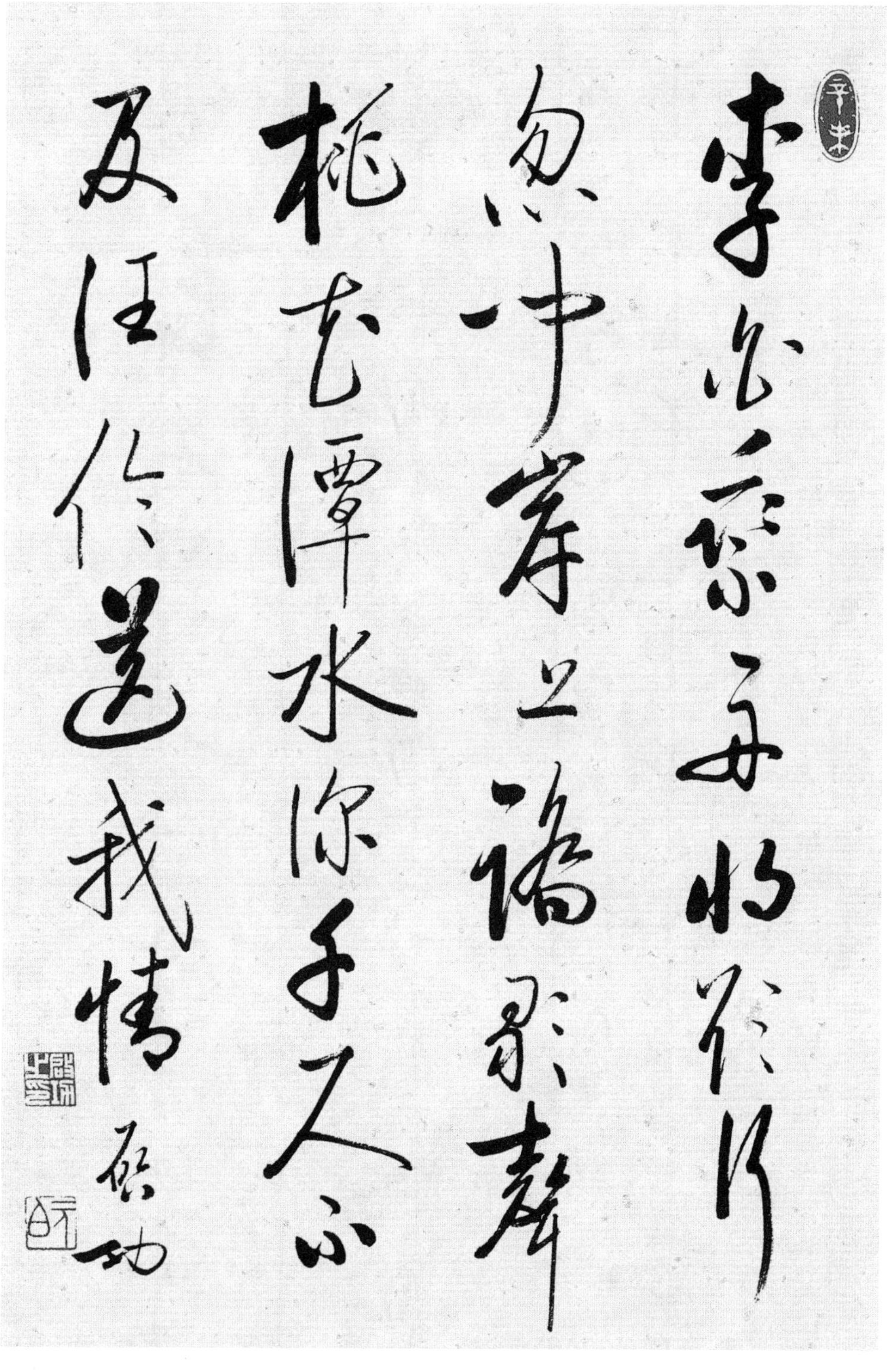
李白乘舟将欲行
忽闻岸上踏歌声
桃花潭水深千尺不
及汪伦送我情
启功

李白句——李白乘舟将欲行

一九九一年作　水墨纸本　65cm×45cm　个人收藏

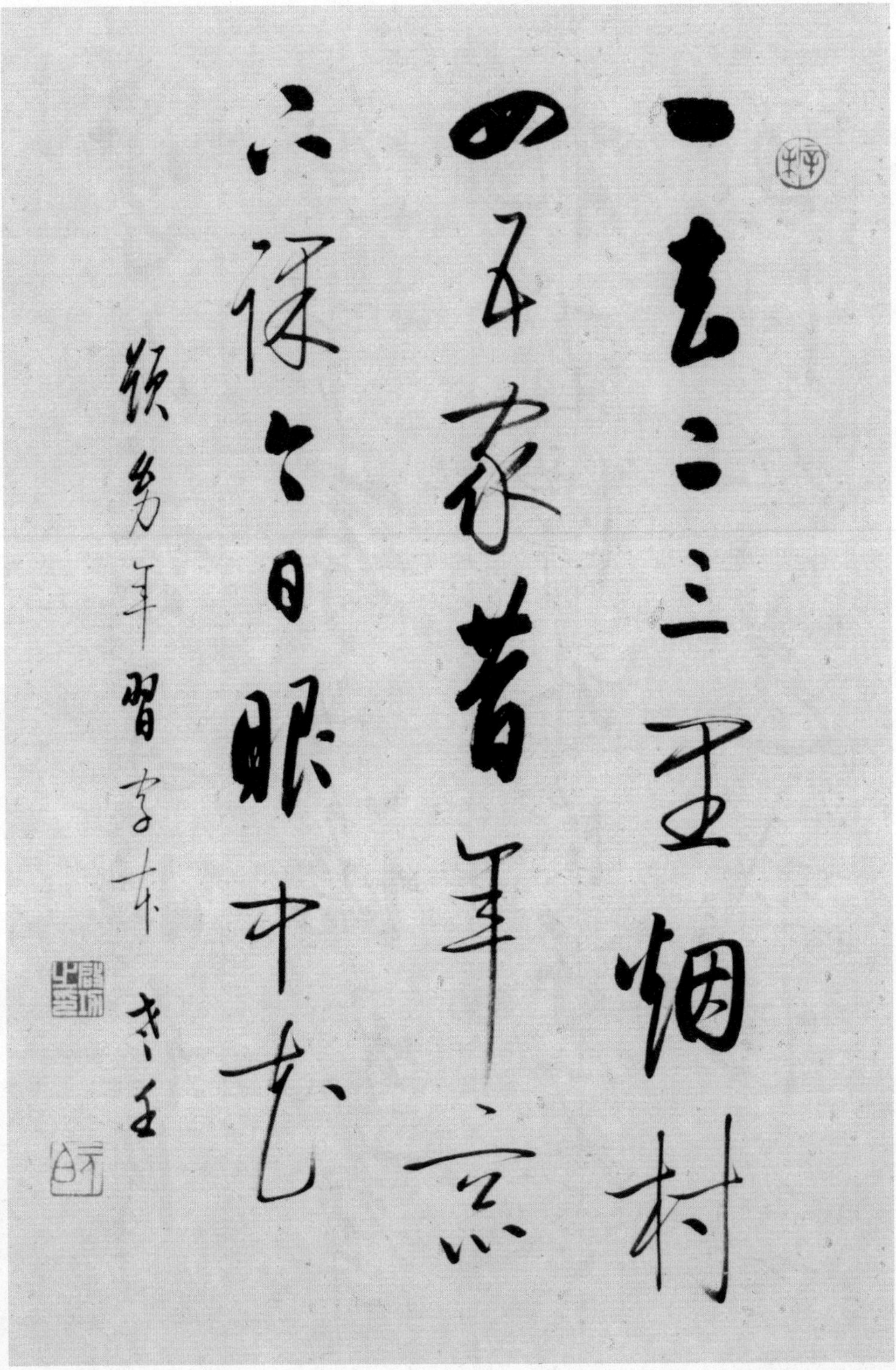

题幼年习字本

一九九一年作　水墨纸本　65cm×45cm　个人收藏

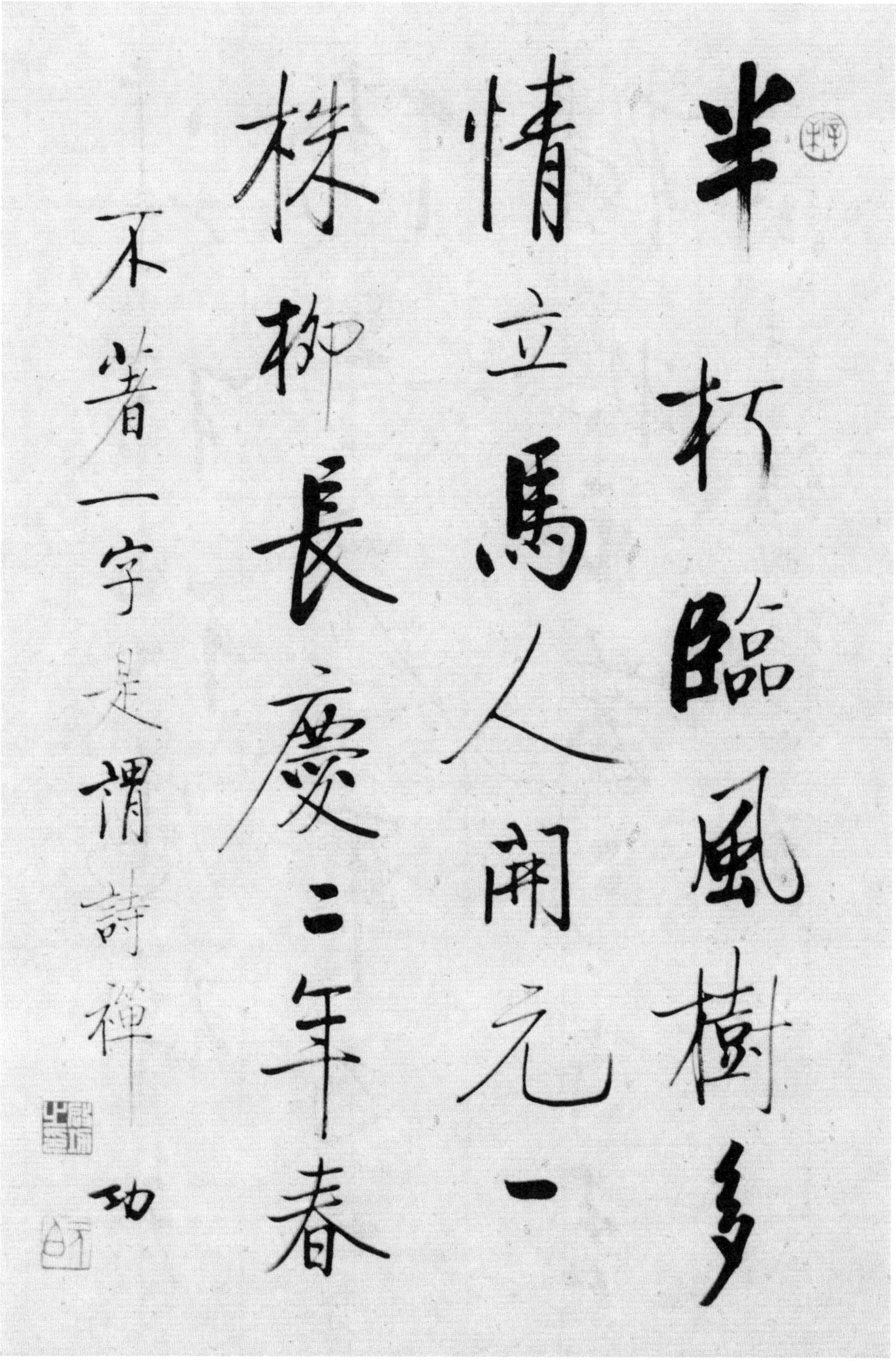
半朽臨風樹
多情立馬人
開元一株柳
長慶二年春
不著一字是謂詩禪
功

诗禅（楷）

一九九一年作　水墨纸本　65cm×45cm　个人收藏

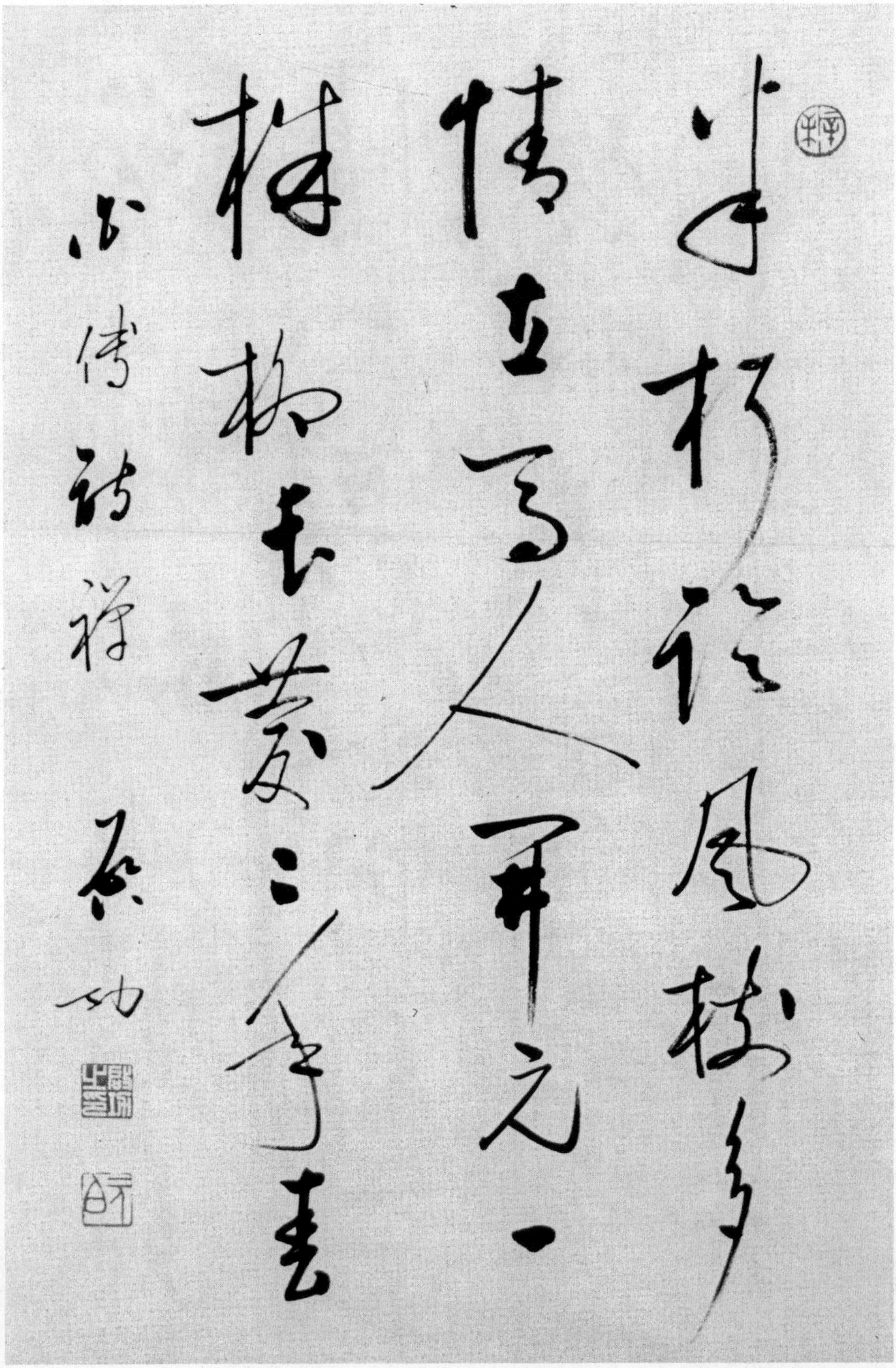

诗禅（草）

一九九一年作　水墨纸本　65cm×45cm　个人收藏

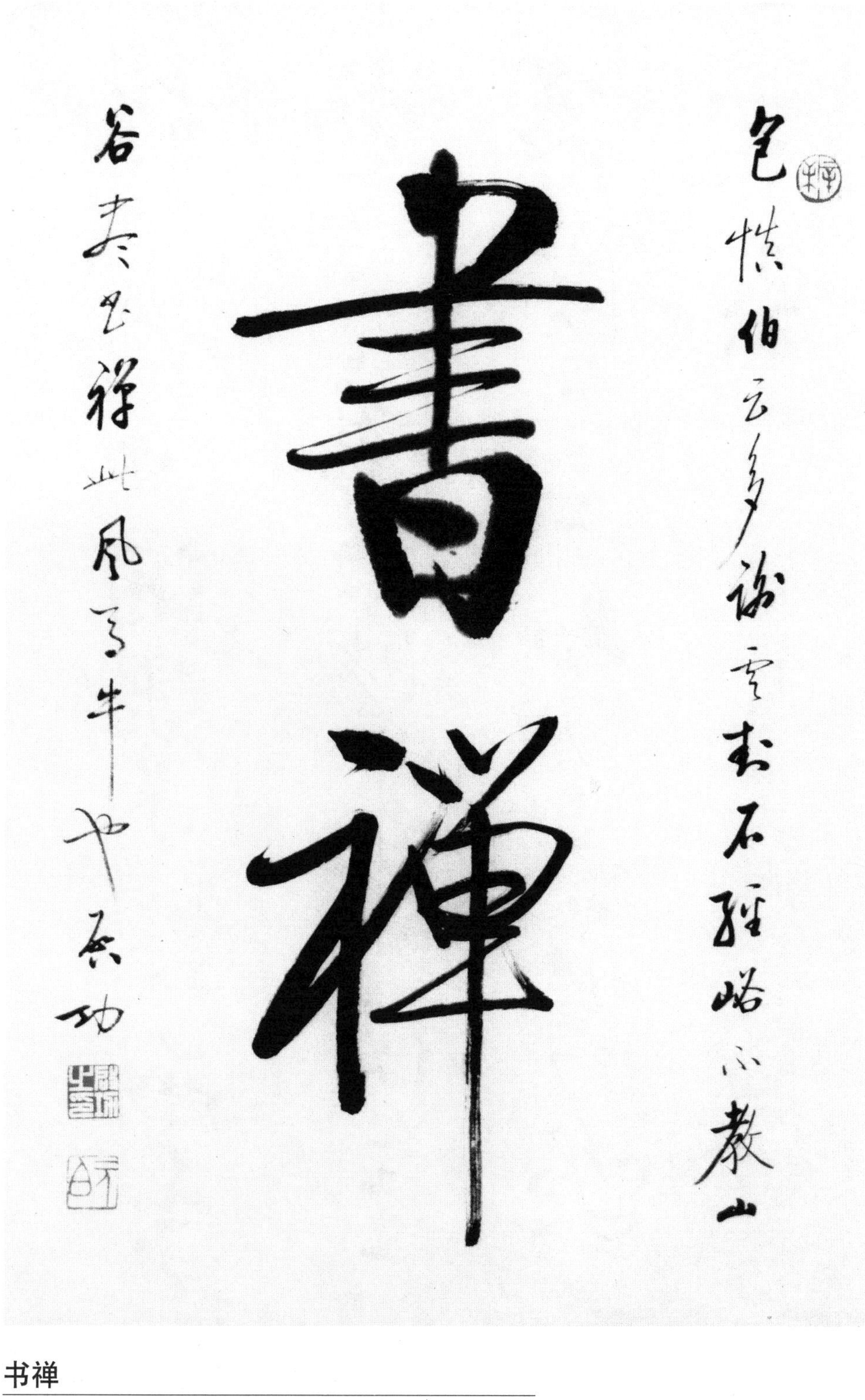

书禅

一九九一年作　水墨纸本　65cm × 45cm　个人收藏

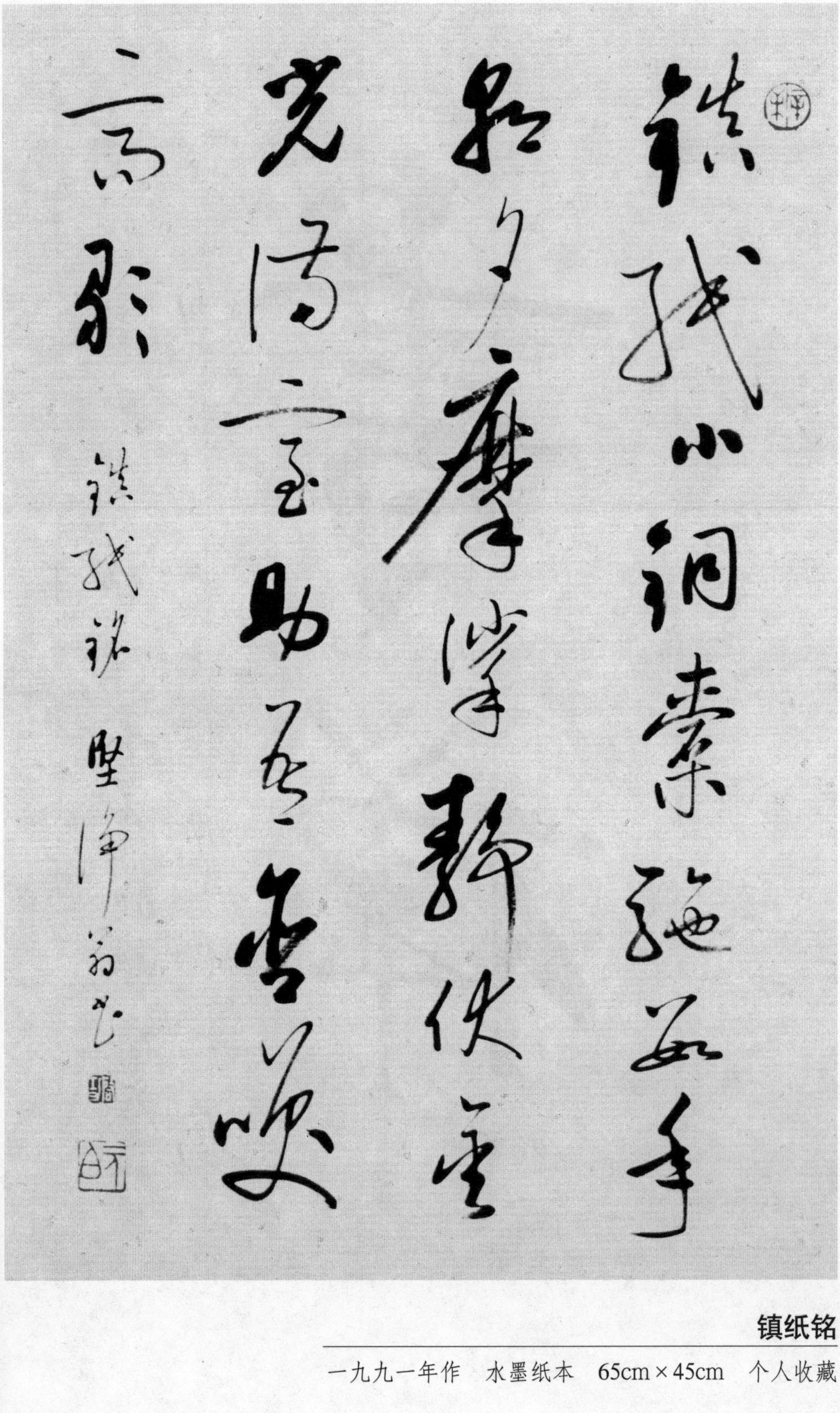

镇纸铭

一九九一年作　水墨纸本　65cm×45cm　个人收藏

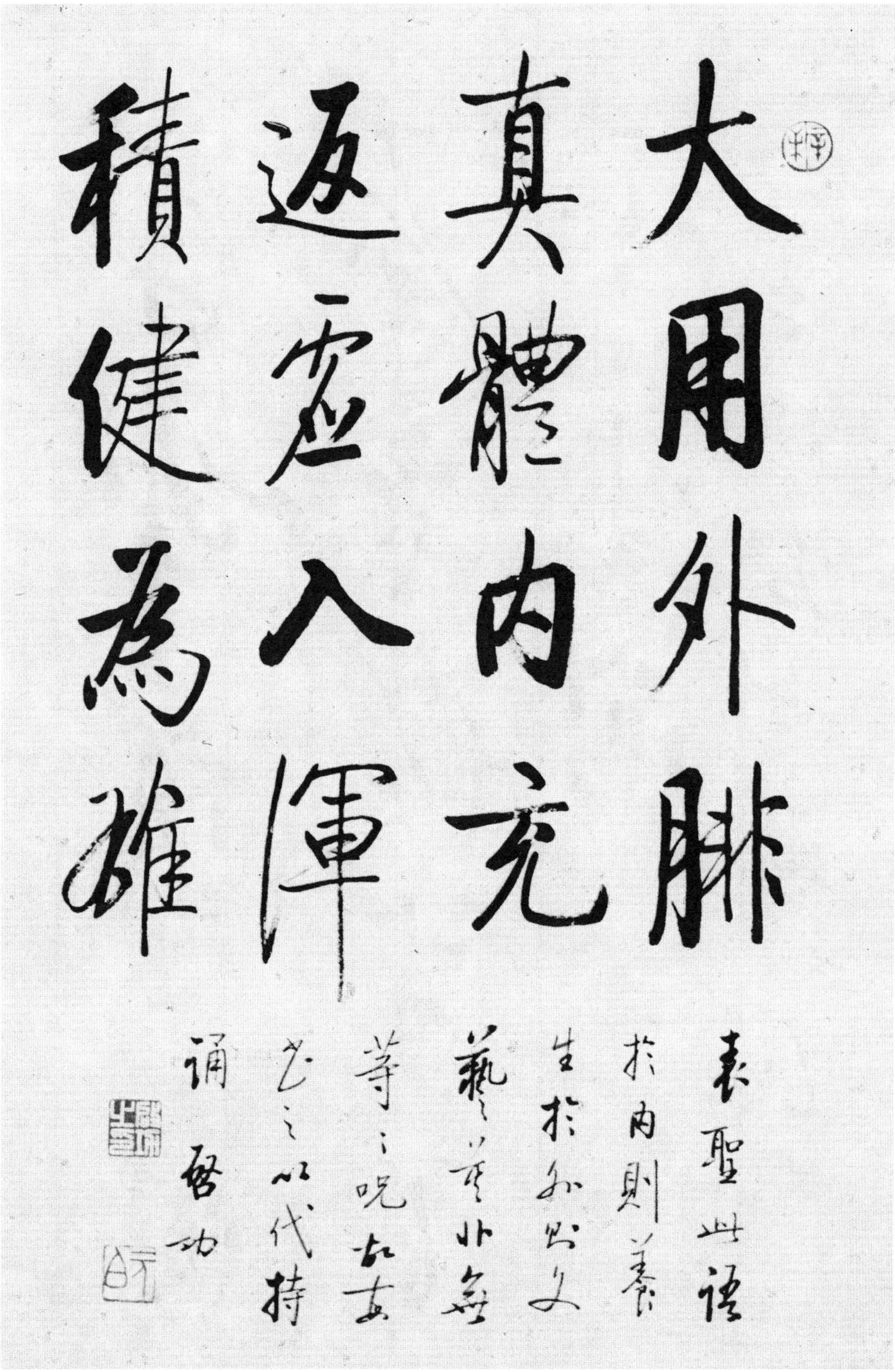

表圣语——大用外腓

一九九一年作　水墨纸本　65cm × 45cm　个人收藏

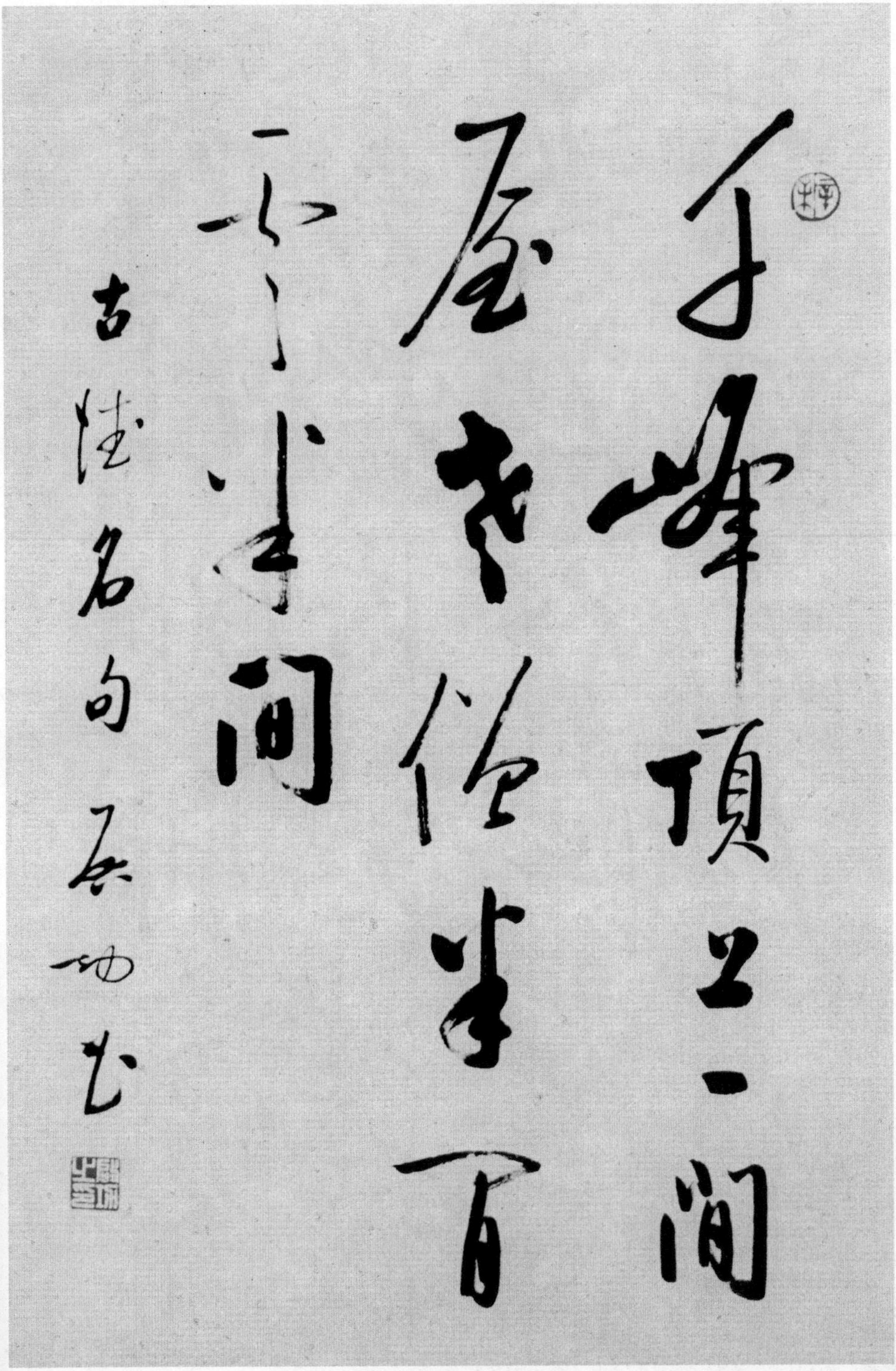

古德名句——千峰顶上一间屋

一九九一年作 水墨纸本 65cm×45cm 个人收藏

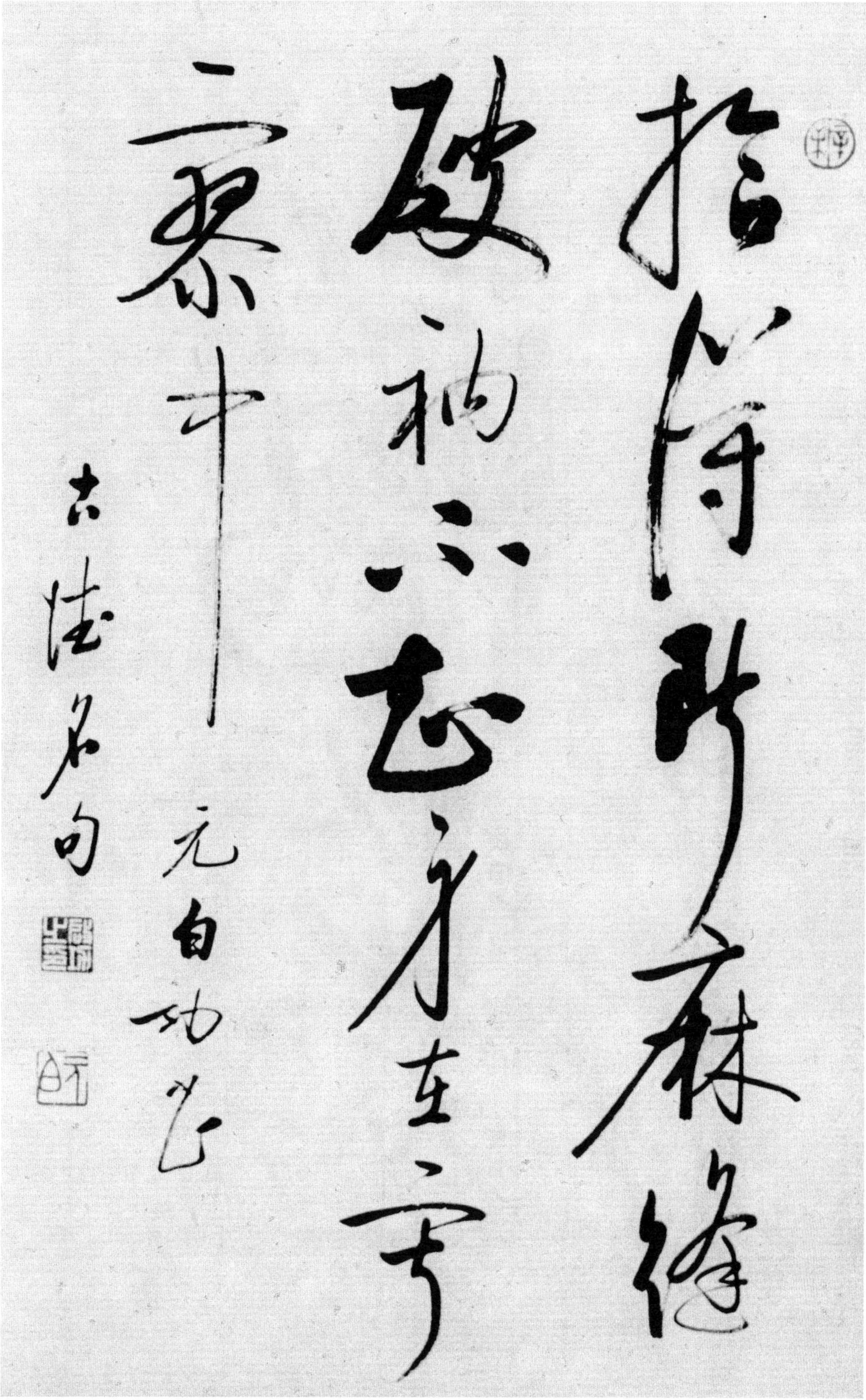

古德名句——拾得断麻缝破衲

一九九一年作　水墨纸本　65cm × 45cm　个人收藏

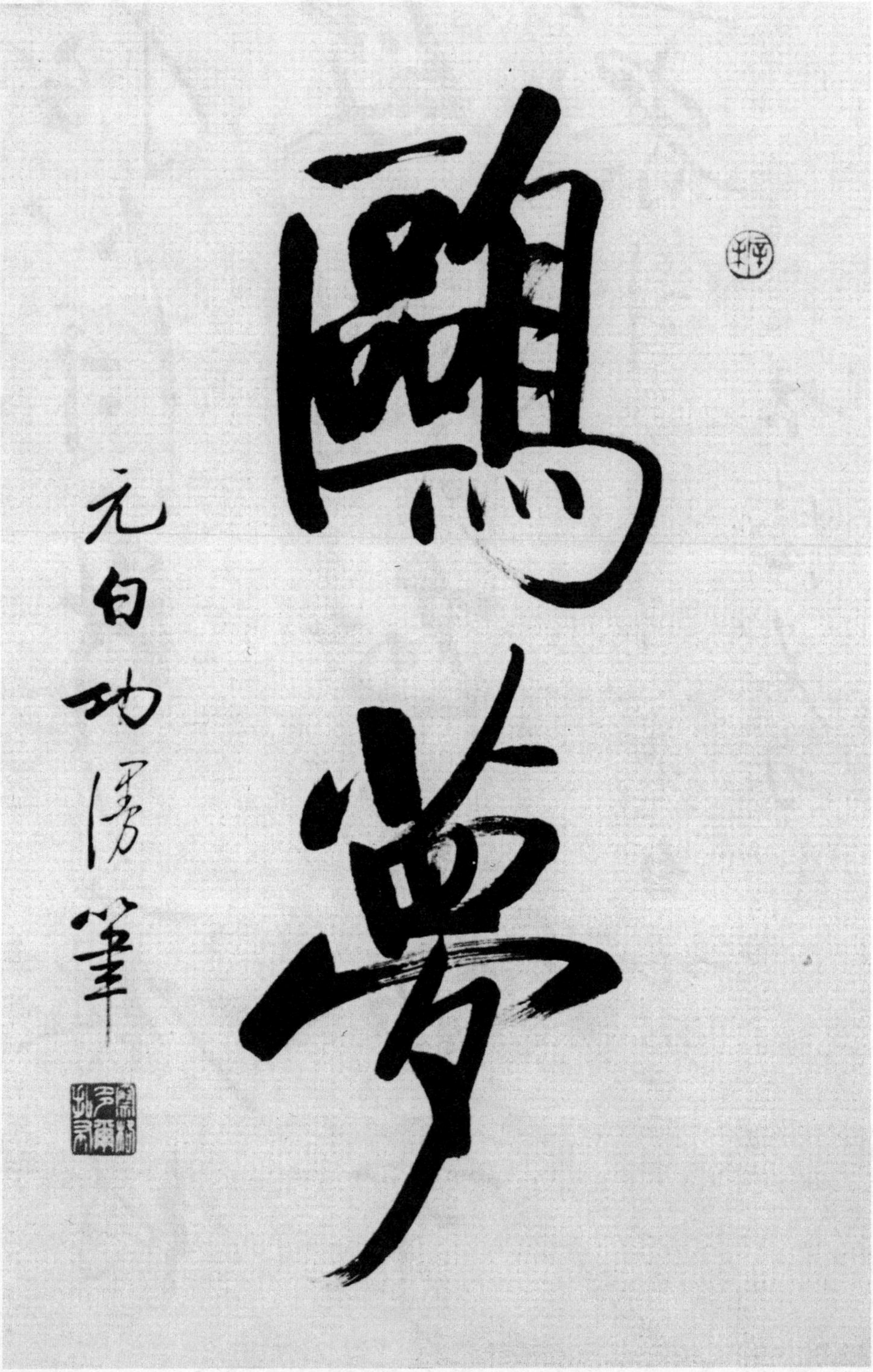

鸥梦

一九九一年作 水墨纸本 65cm×45cm 个人收藏

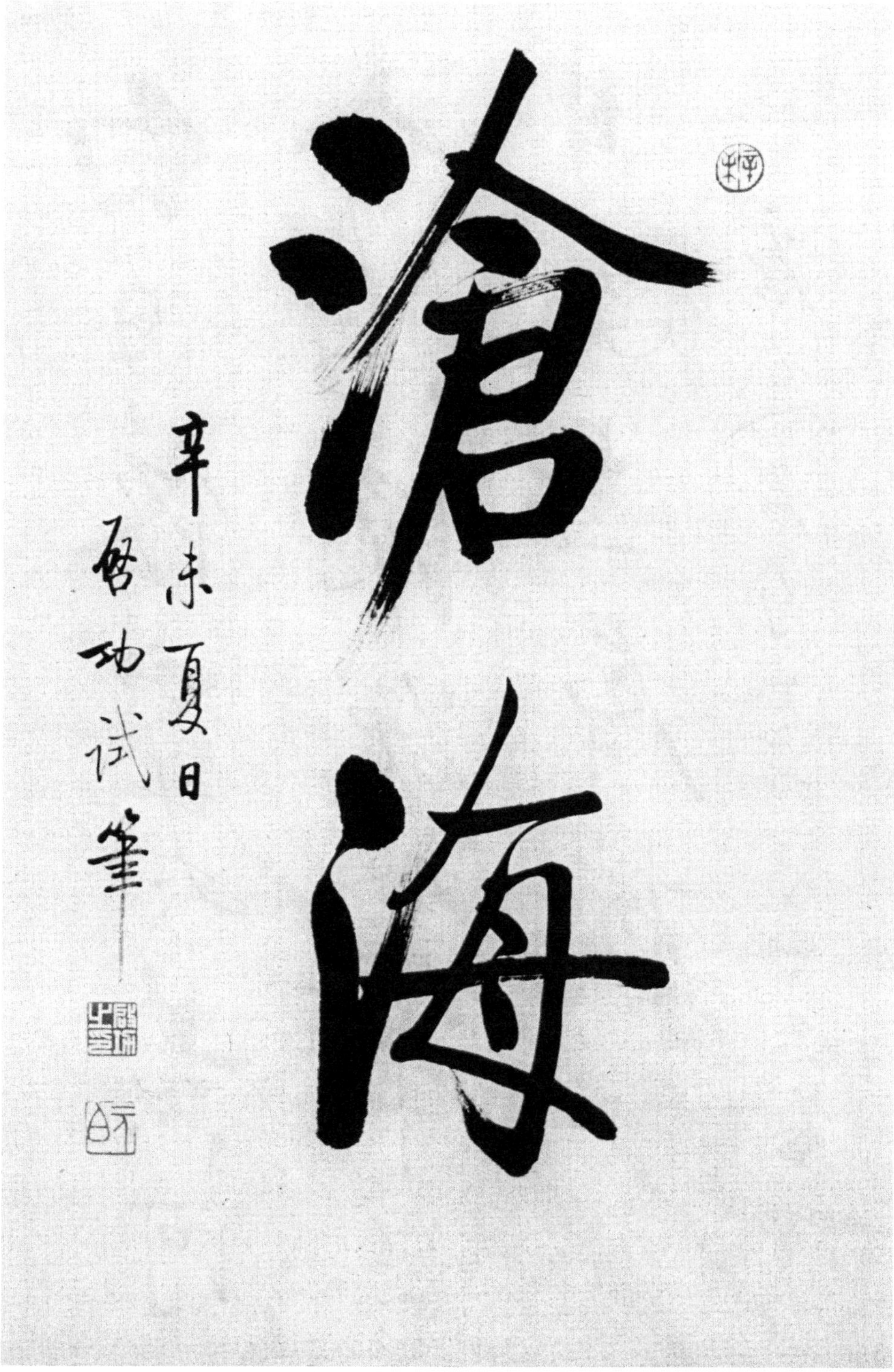

沧海

一九九一年作　水墨纸本　65cm × 45cm　个人收藏

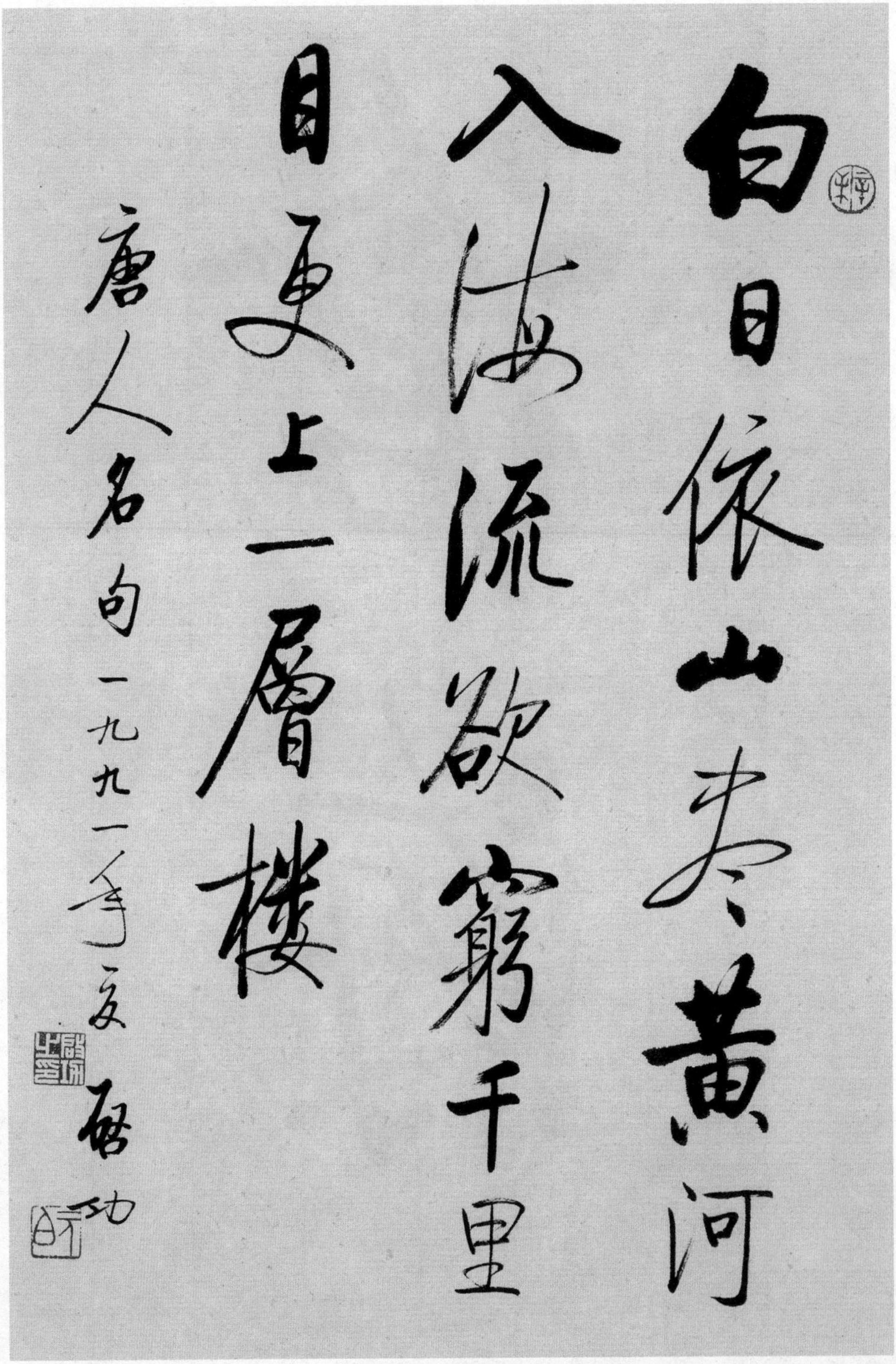
白日依山盡黄河
入海流欲窮千里
目更上一層樓
唐人名句 一九九一年夏 启功

李白句——白日依山尽

一九九一年作　水墨纸本　69cm×47cm　个人收藏

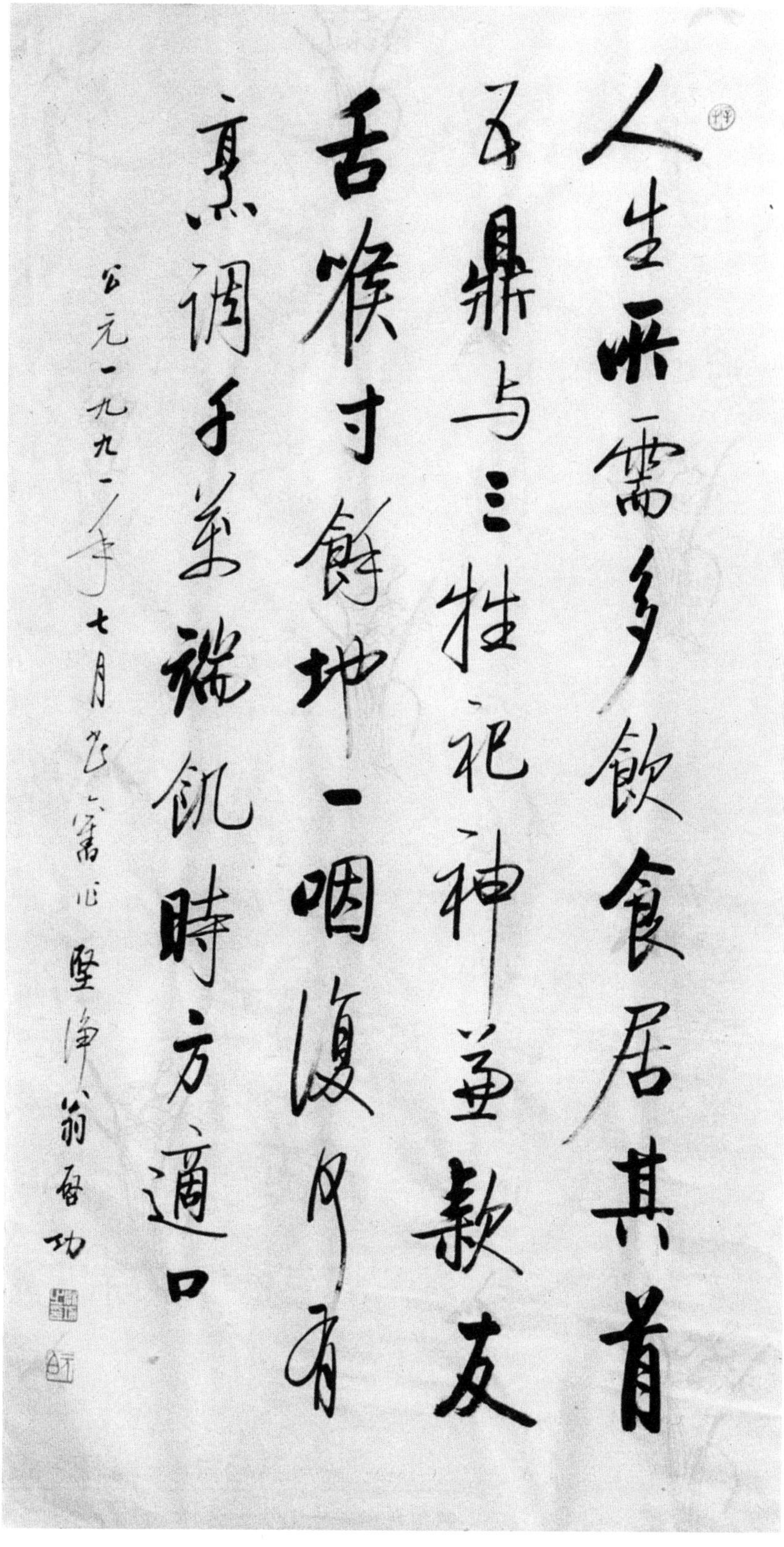
人生所需多饮食居其首
者鼎与三牲祀神兼款友
舌喉寸馀地一咽复何有
烹调千万端饥时方适口
坚净翁启功

自作诗——人生所需多

一九九一年作　水墨纸本　116cm×62cm　个人收藏

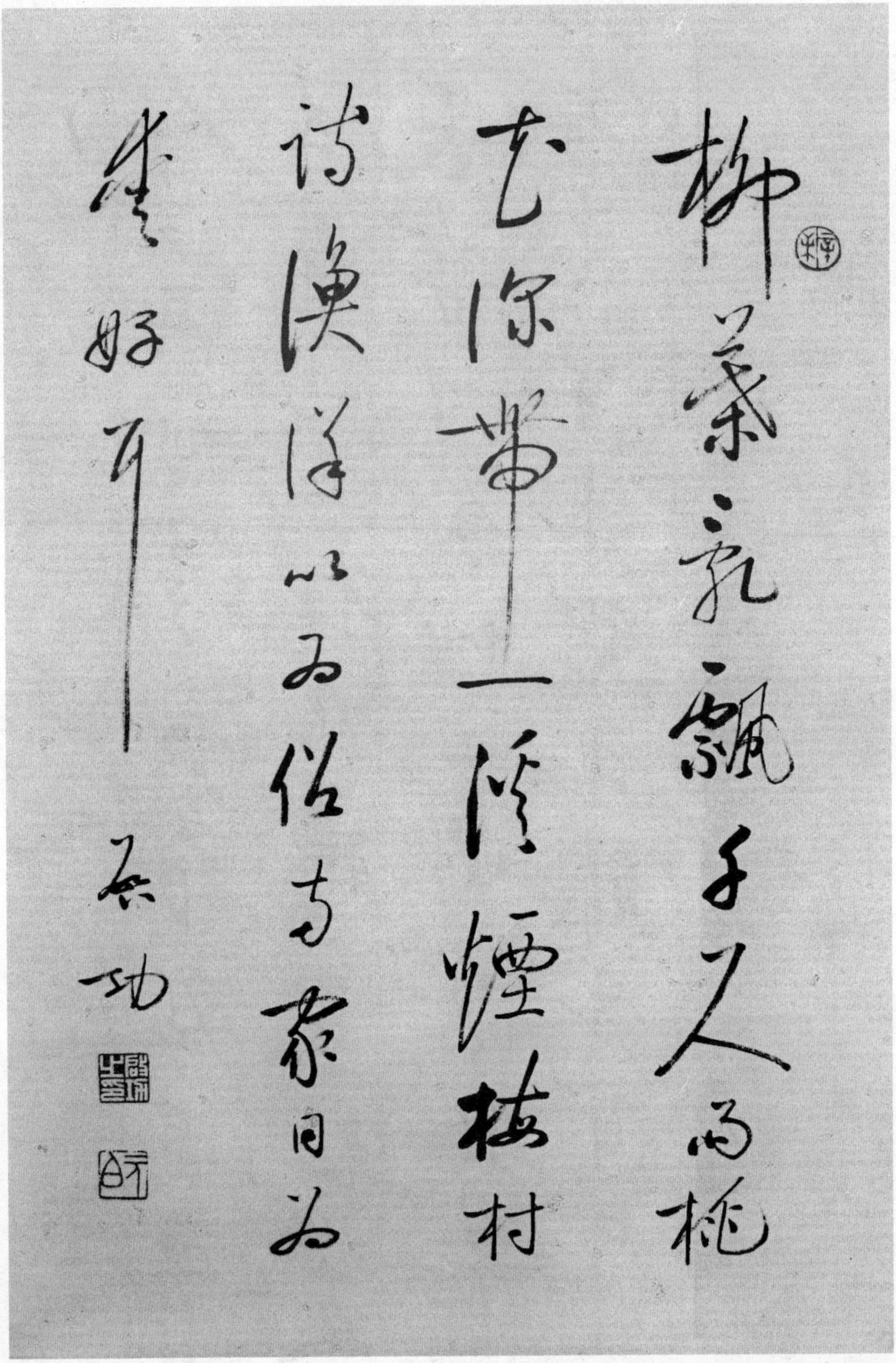

吴梅村句——柳叶乱飘千尺雨

一九九一年作　水墨纸本　69cm×47cm　个人收藏

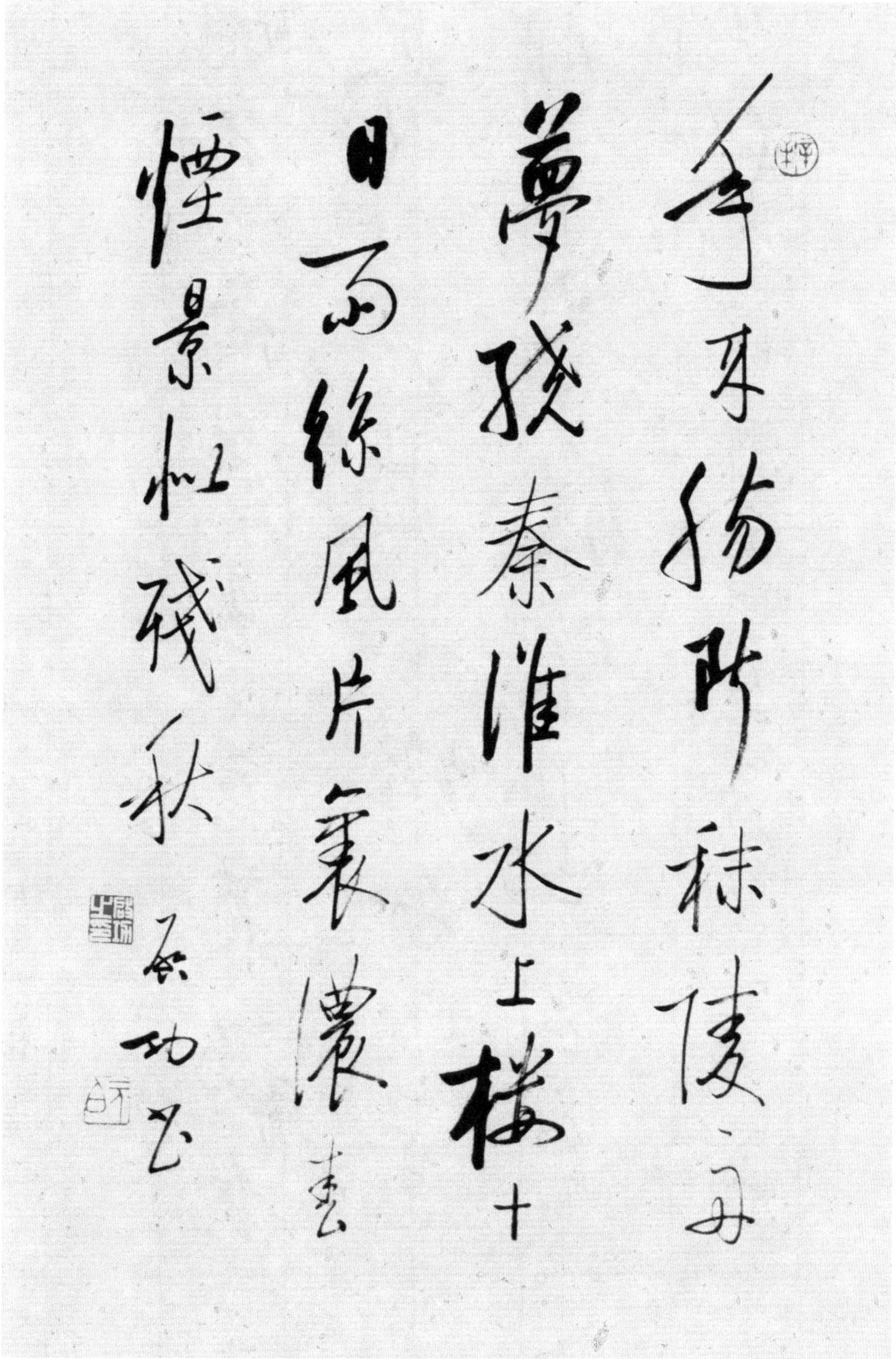

王士禛句——年来肠断秣陵舟

一九九一年作　水墨纸本　67cm × 43cm　个人收藏

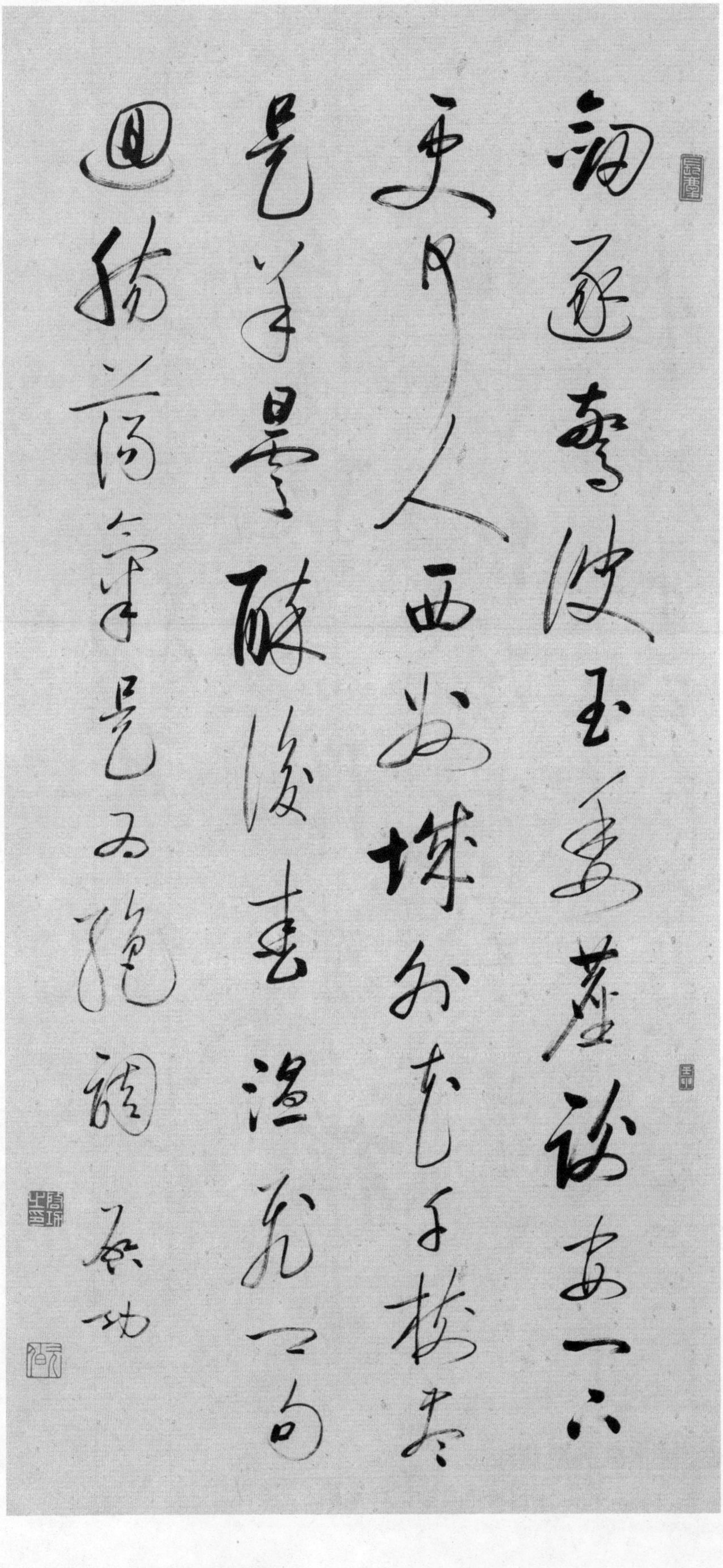

温飞卿句——剑逐惊波玉委尘

一九九二年作　水墨纸本　138cm×70cm　北京师范大学收藏

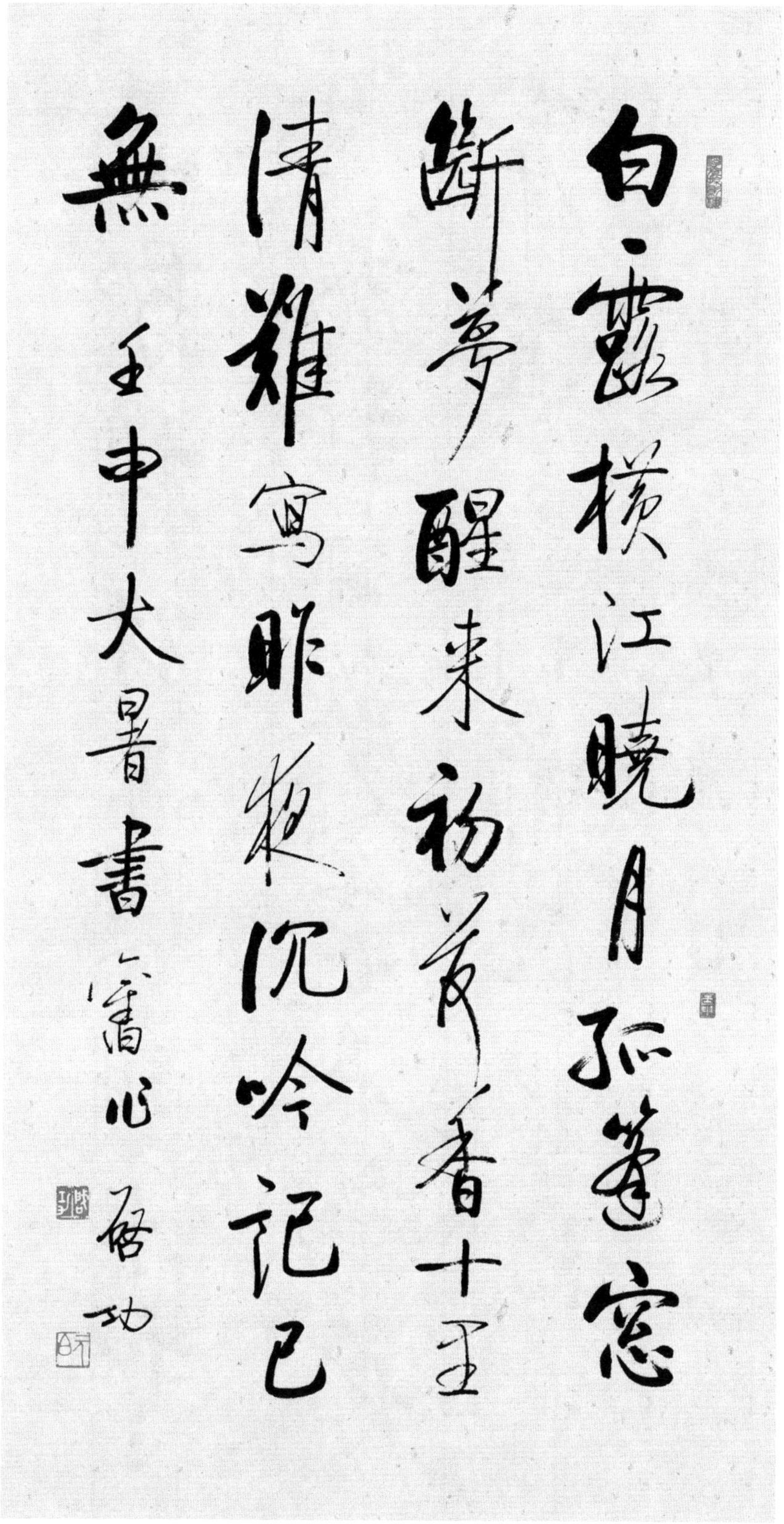

自作诗——白露横江晓月孤

一九九二年作　水墨纸本　138cm×70cm　北京师范大学收藏

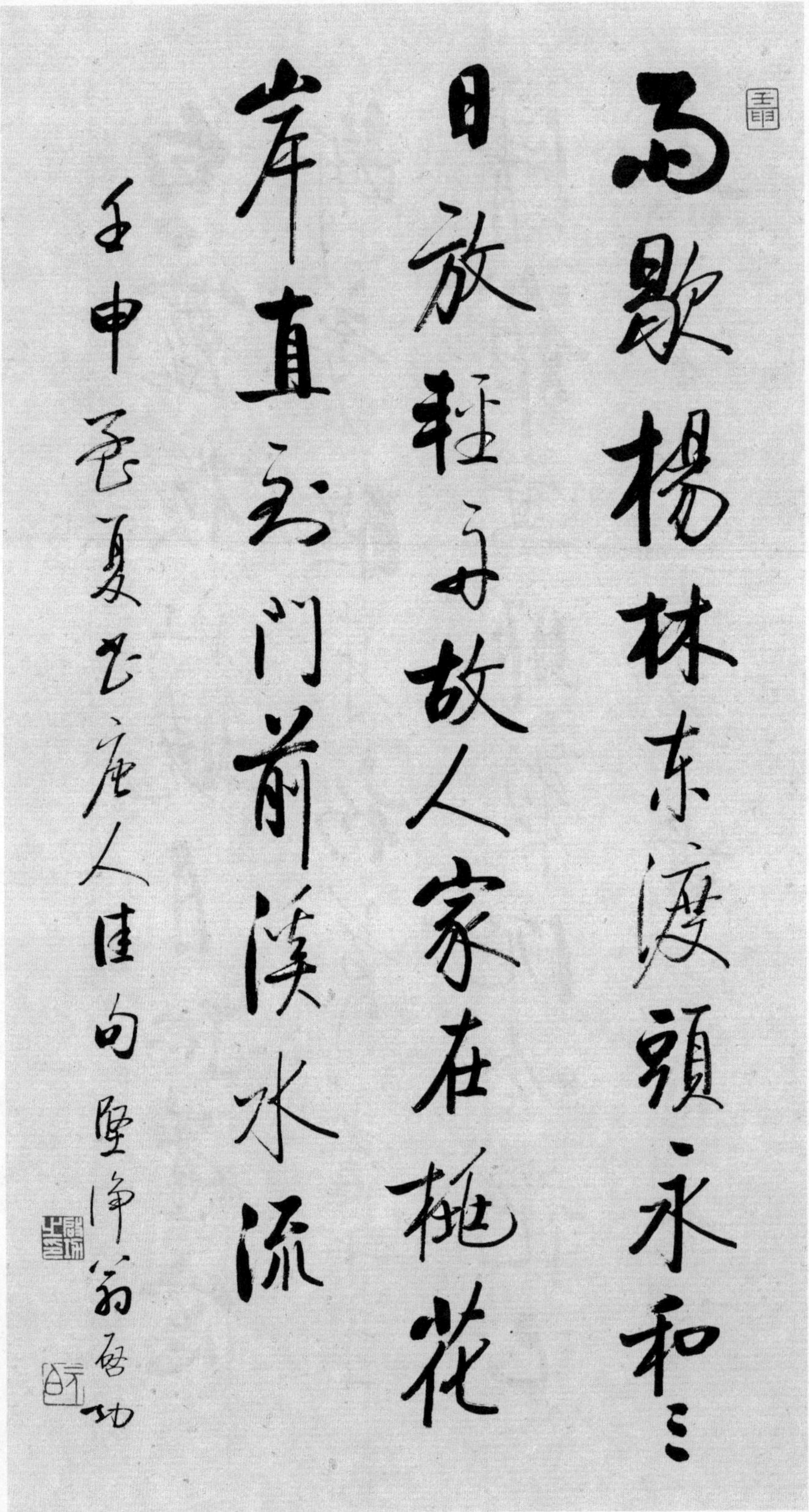
雨歇杨林东渡头永和三
日放轻舟故人家在桃花
岸直到门前溪水流

唐人佳句——雨歇杨林东渡头

一九九二年作 水墨纸本 89cm × 50cm 个人收藏

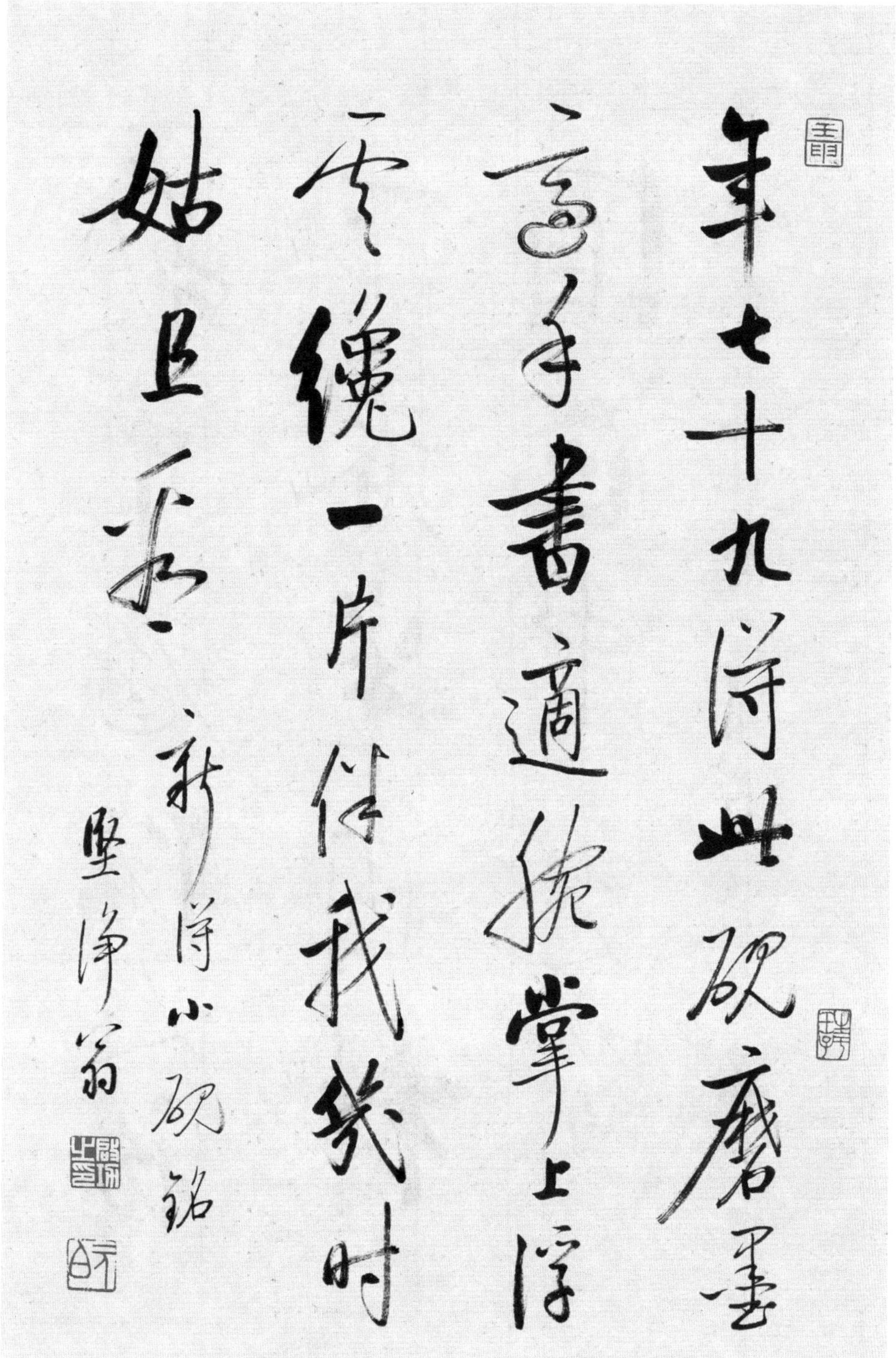

新得小砚铭

一九九二年作　水墨纸本　69cm × 45cm　北京师范大学收藏

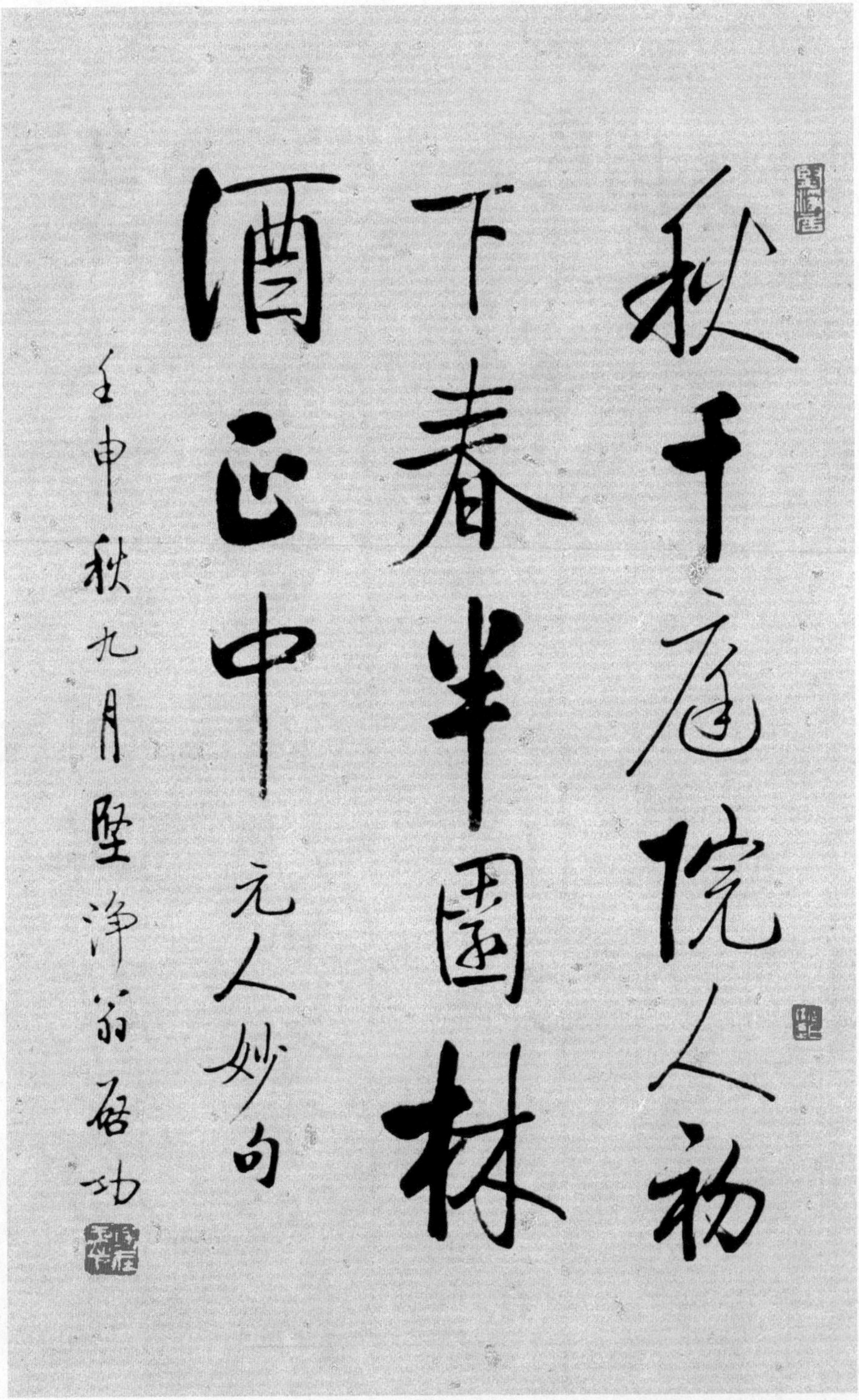

元人妙句——秋千庭院人初下

一九九二年作　水墨纸本　69cm×47cm　个人收藏

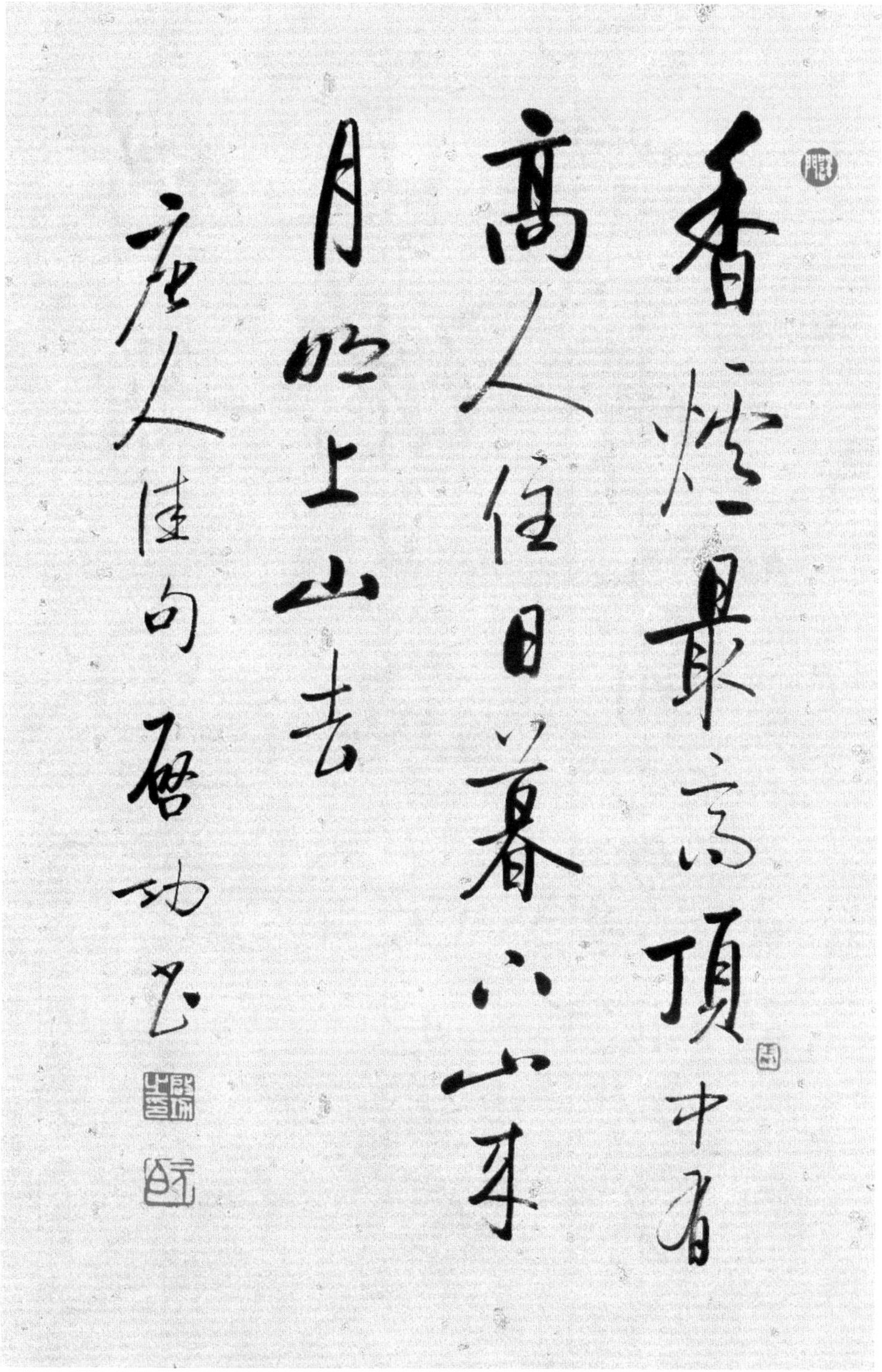

唐人佳句——香炉最高顶

一九九二年作　水墨纸本　69cm×47cm　个人收藏

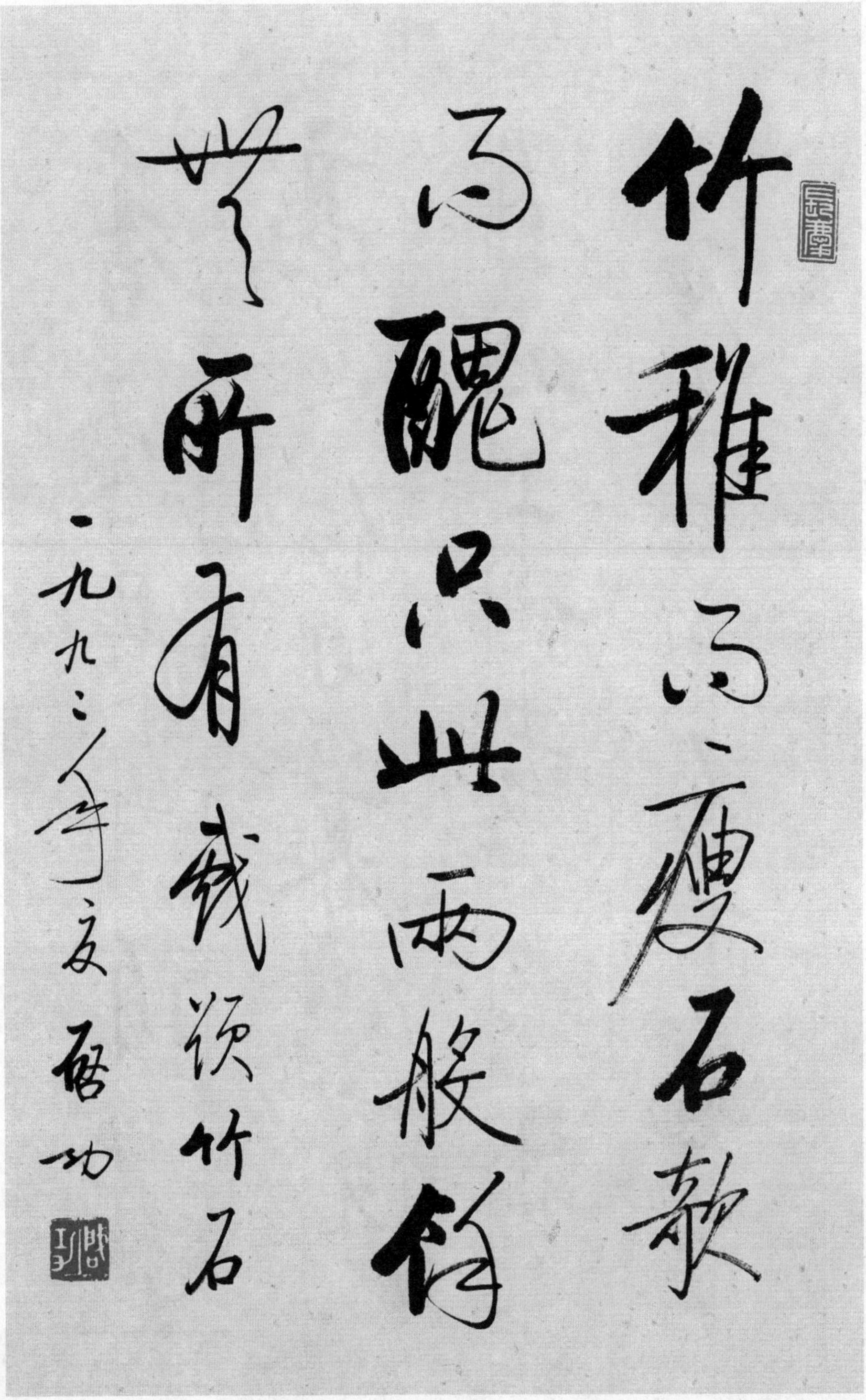

戏题竹石

一九九二年作　水墨纸本　69cm × 45cm　北京师范大学收藏

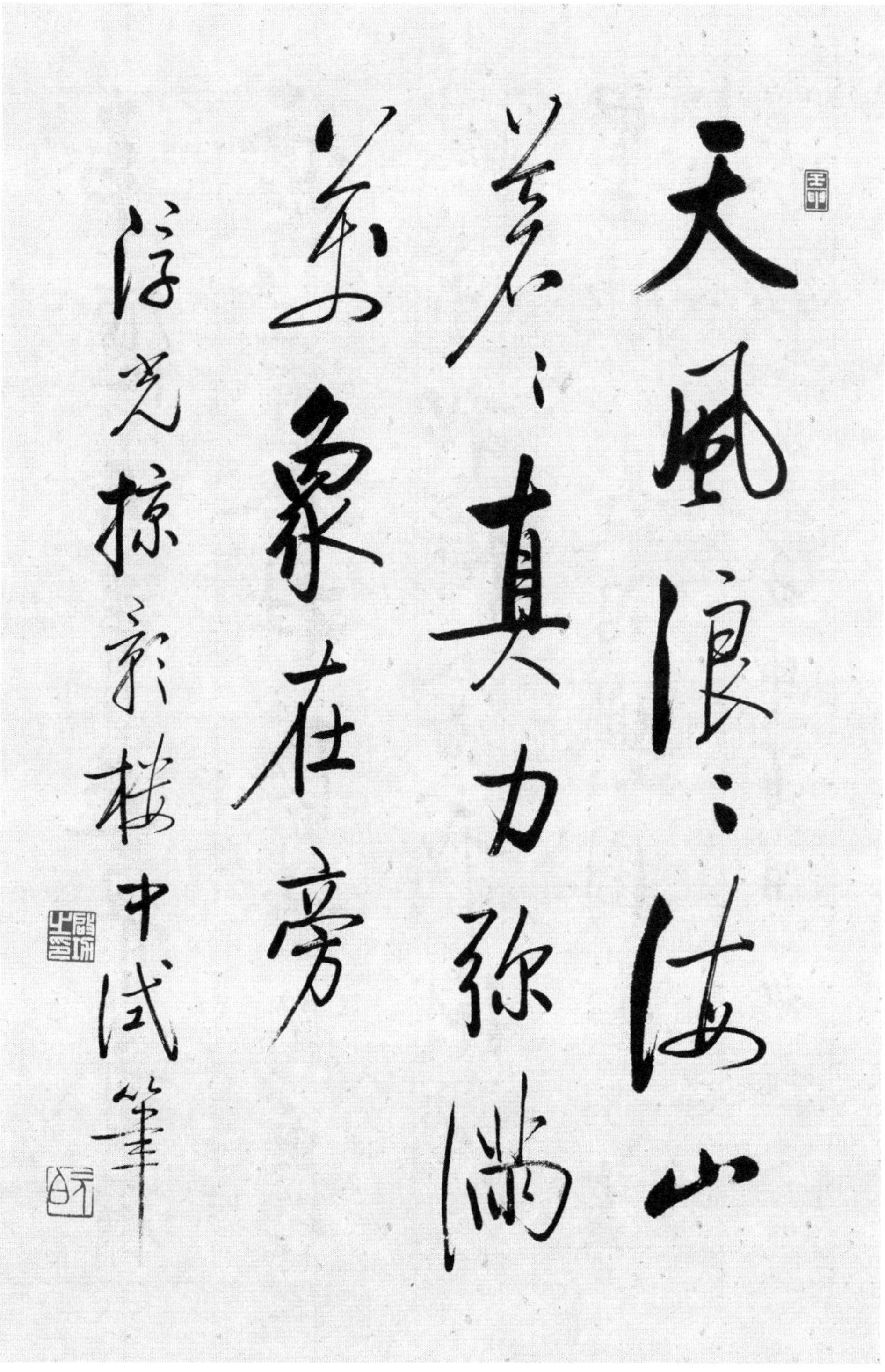
天风浪浪海山苍苍
真力弥满万象在旁
浮光掠影楼中试笔

司空图句——天风浪浪

一九九二年作　水墨纸本　69cm×45cm　北京师范大学收藏

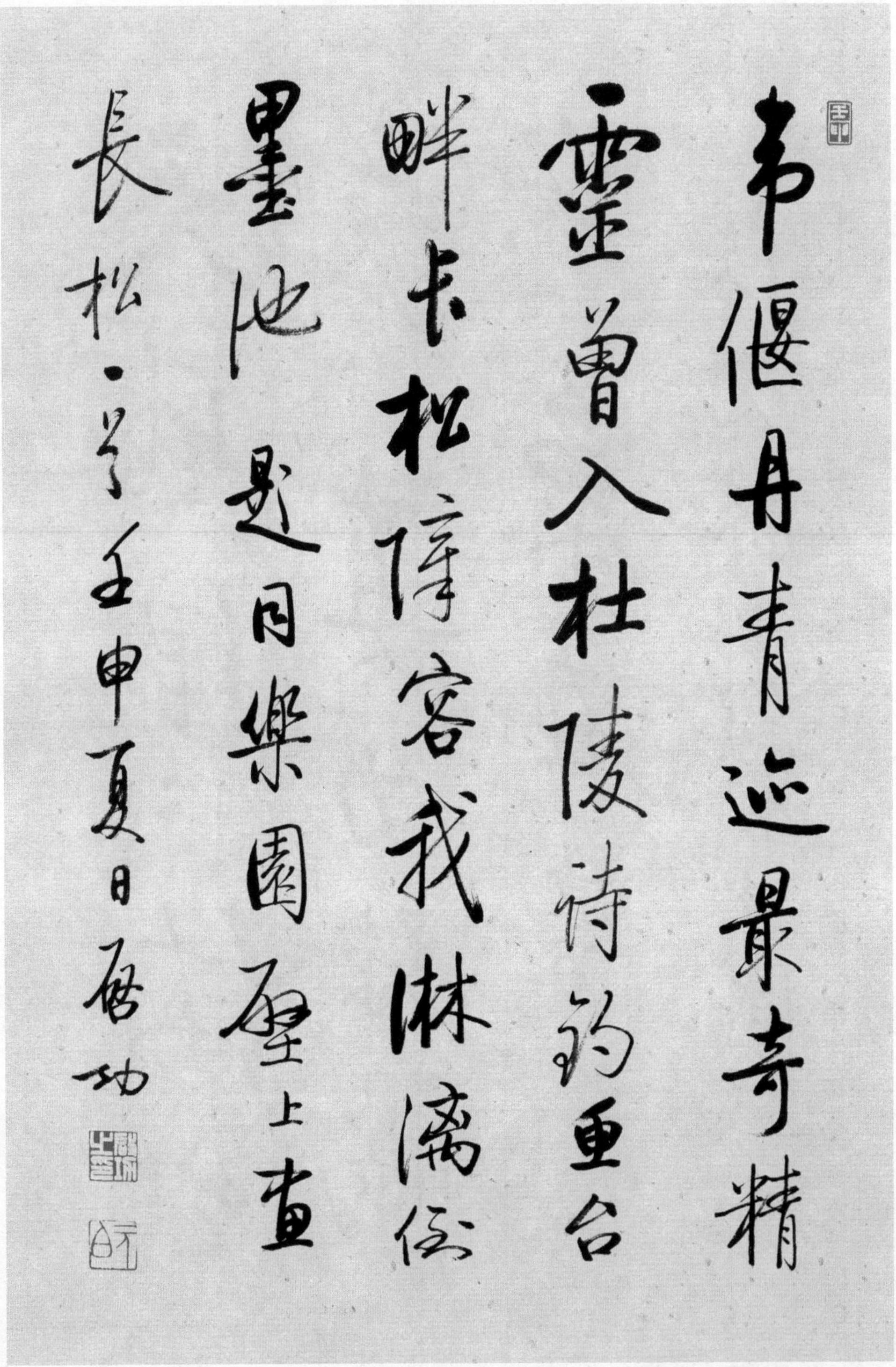

题同乐园壁上画长松

一九九二年作　水墨纸本　69cm×45cm　北京师范大学收藏

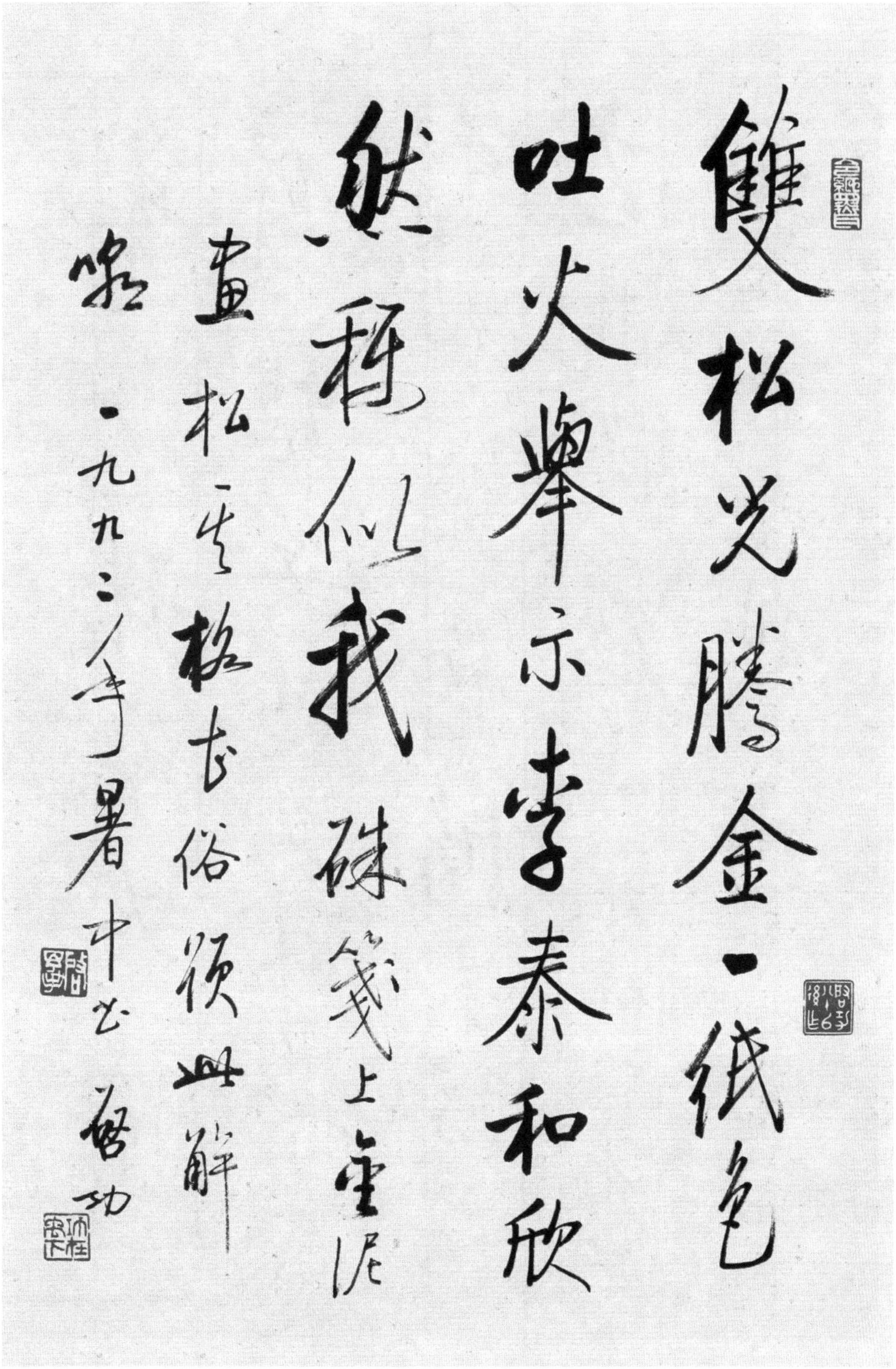

题双松图

一九九二年作　水墨纸本　69cm × 45cm　北京师范大学收藏

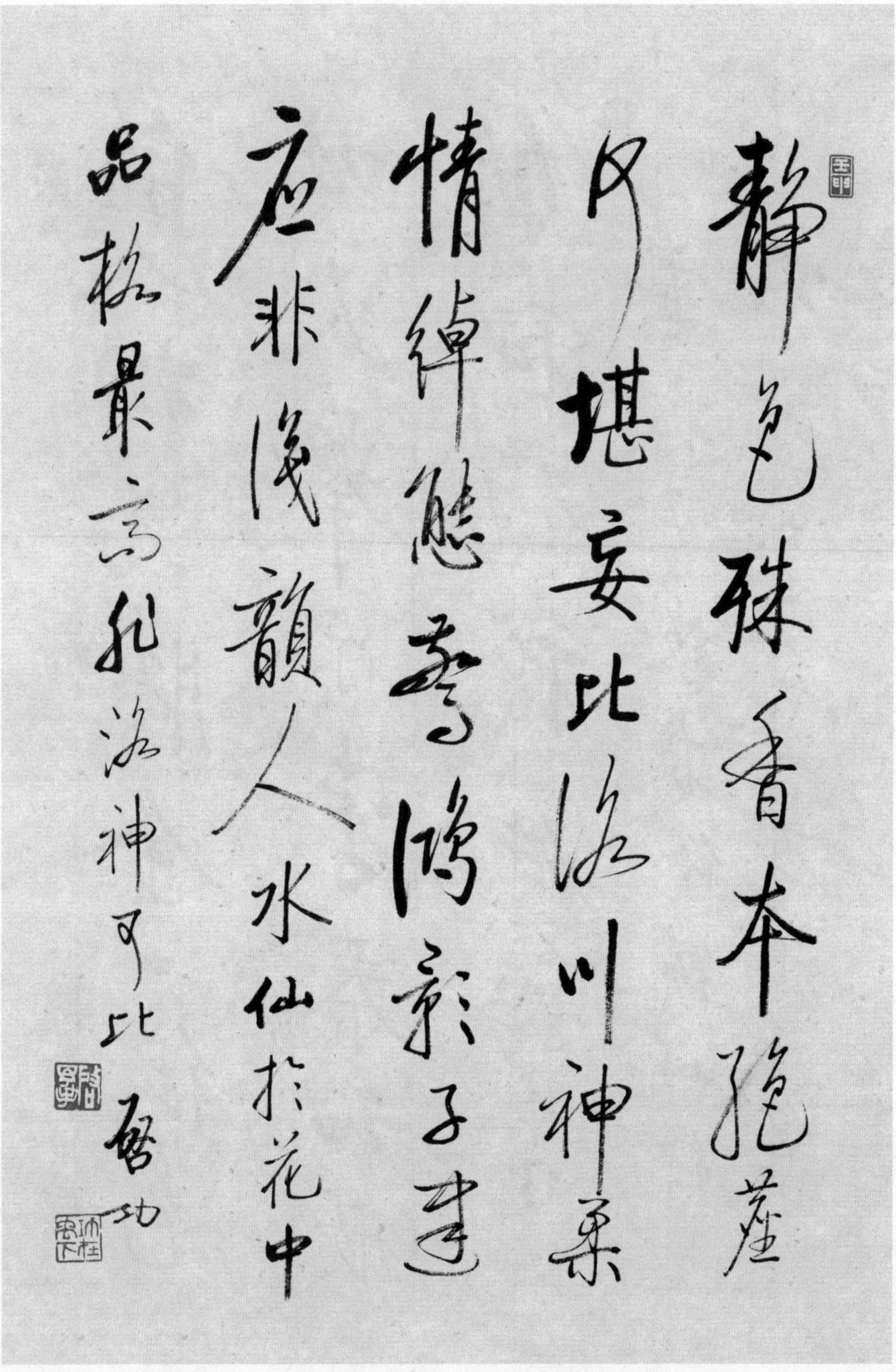

题水仙

一九九二年作 水墨纸本 69cm×45cm 北京师范大学收藏

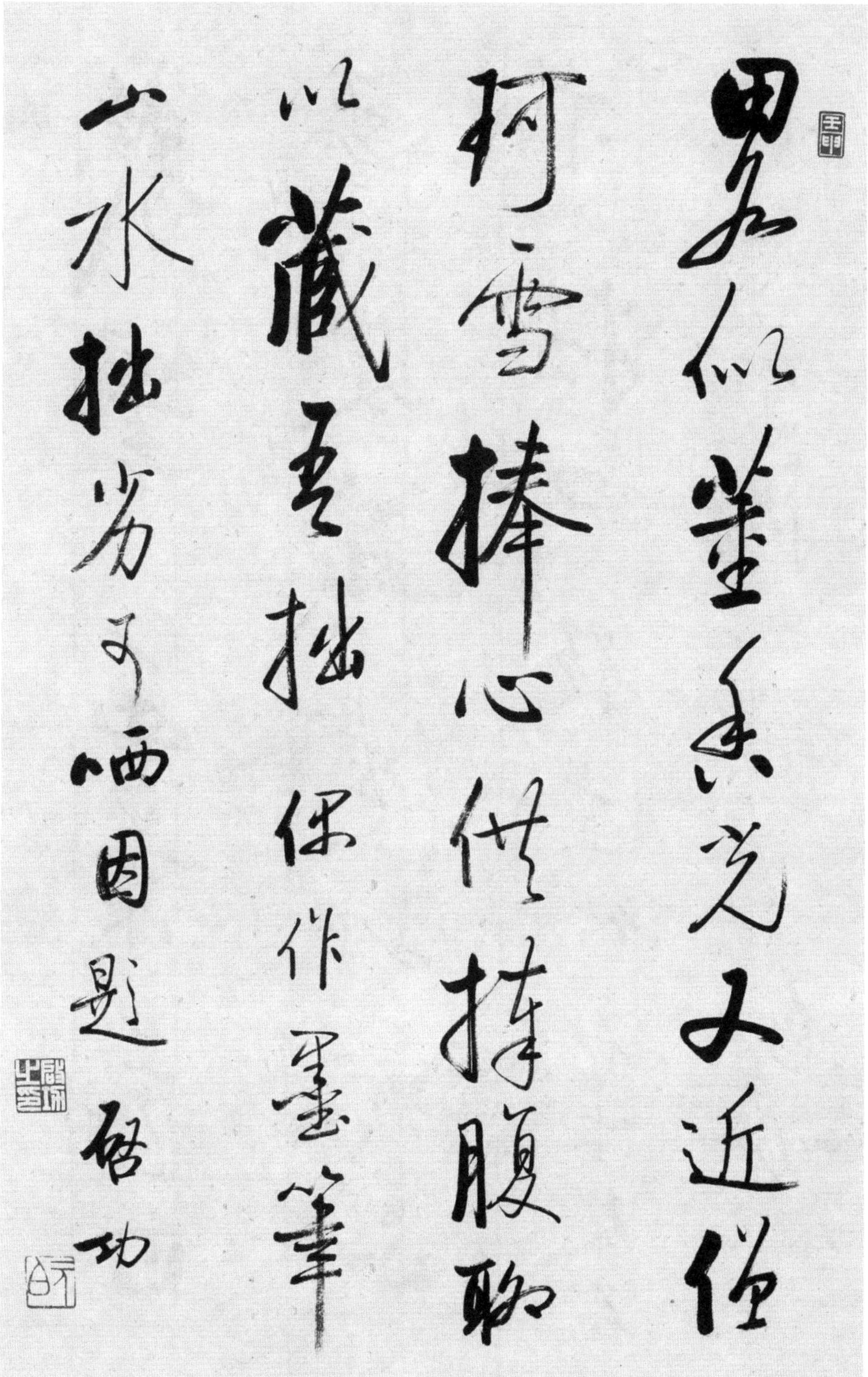

题墨笔山水

一九九二年作　水墨纸本　69cm × 45cm　北京师范大学收藏

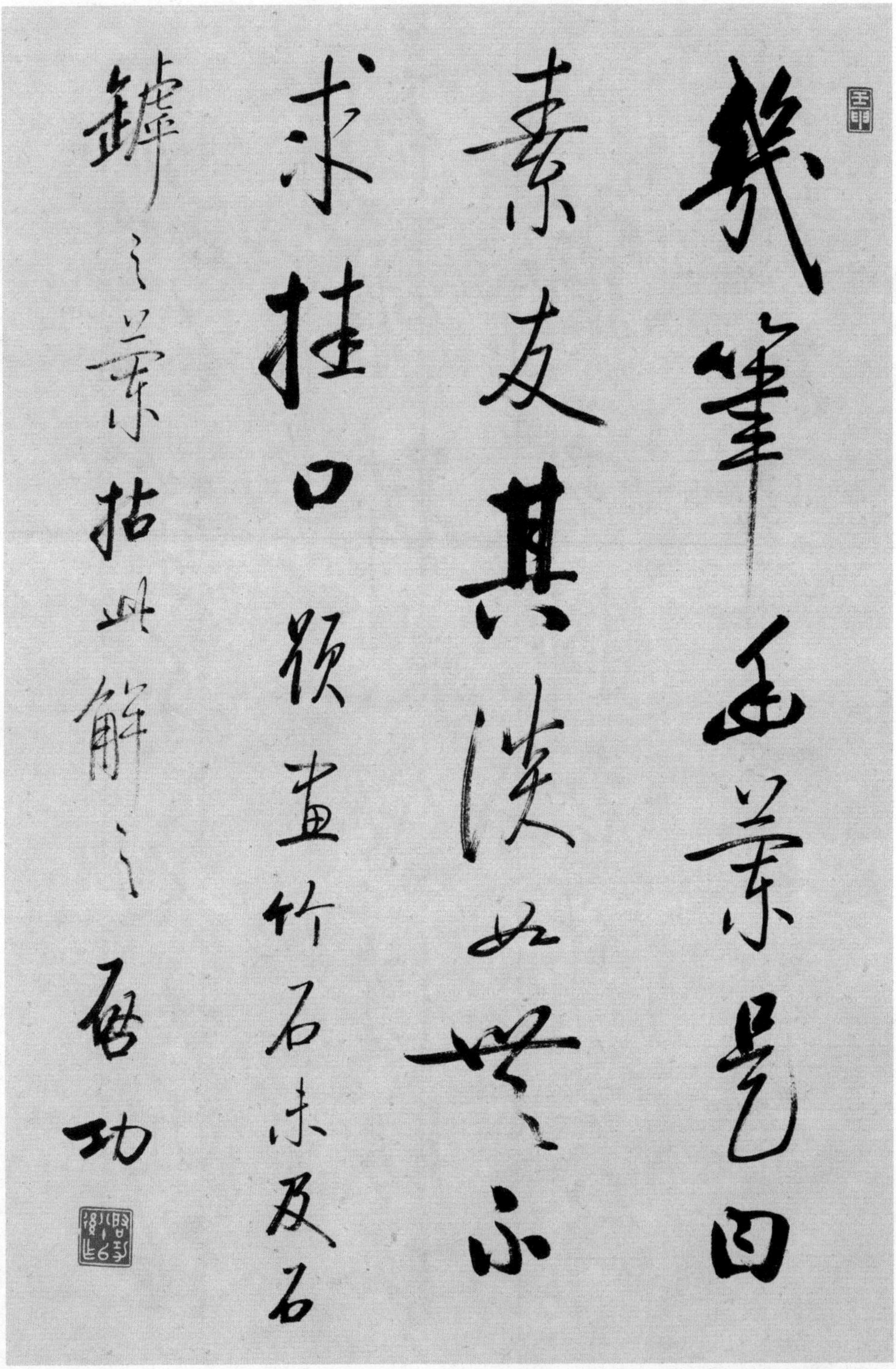

题画竹石

一九九二年作　水墨纸本　69cm × 45cm　北京师范大学收藏

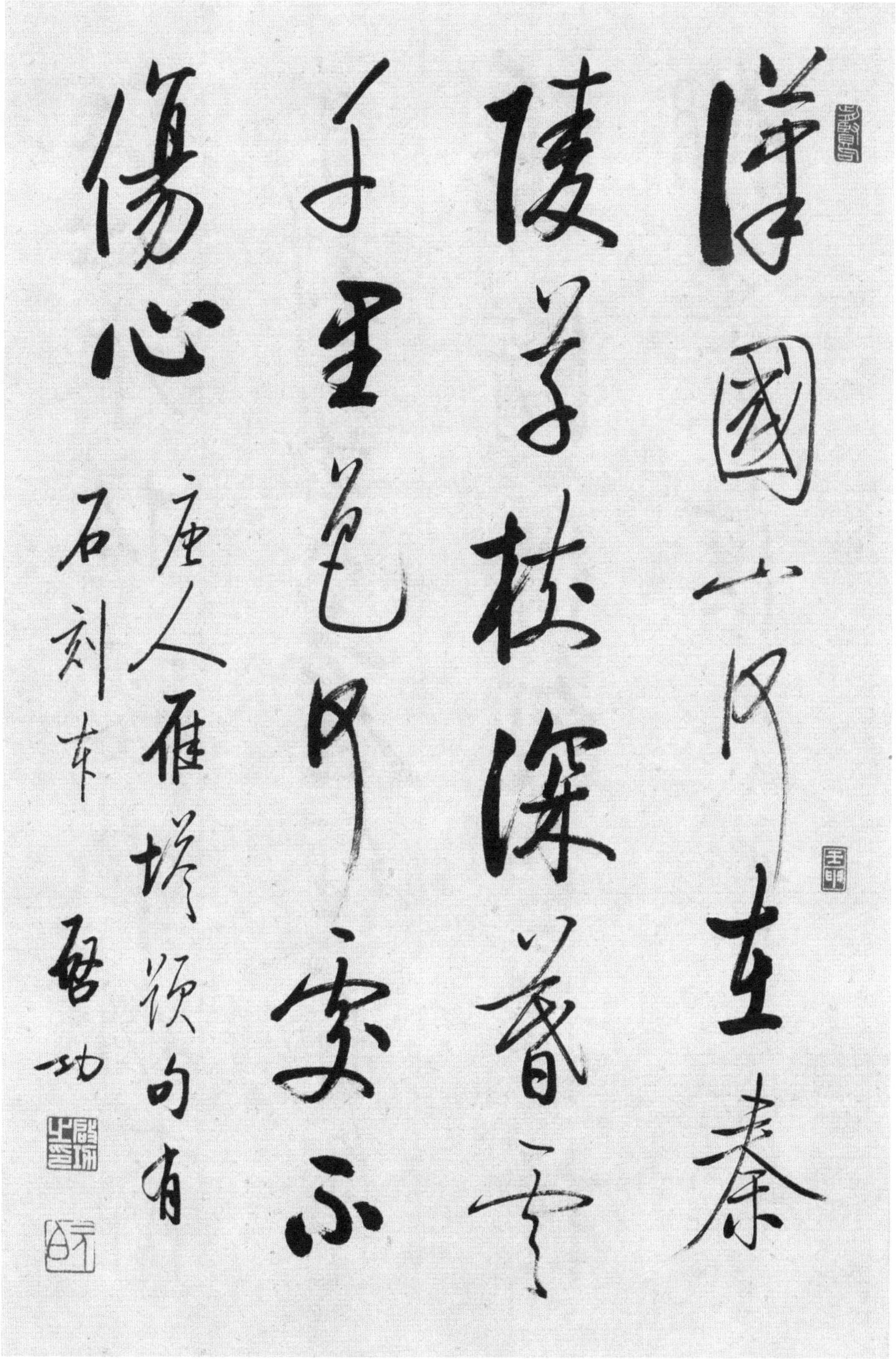
漢國山河在秦陵草樹深暮雲千里色無處不傷心
唐人雁塔題句有石刻本
啓功

唐人雁塔题句

一九九二年作　水墨纸本　69cm×45cm　北京师范大学收藏

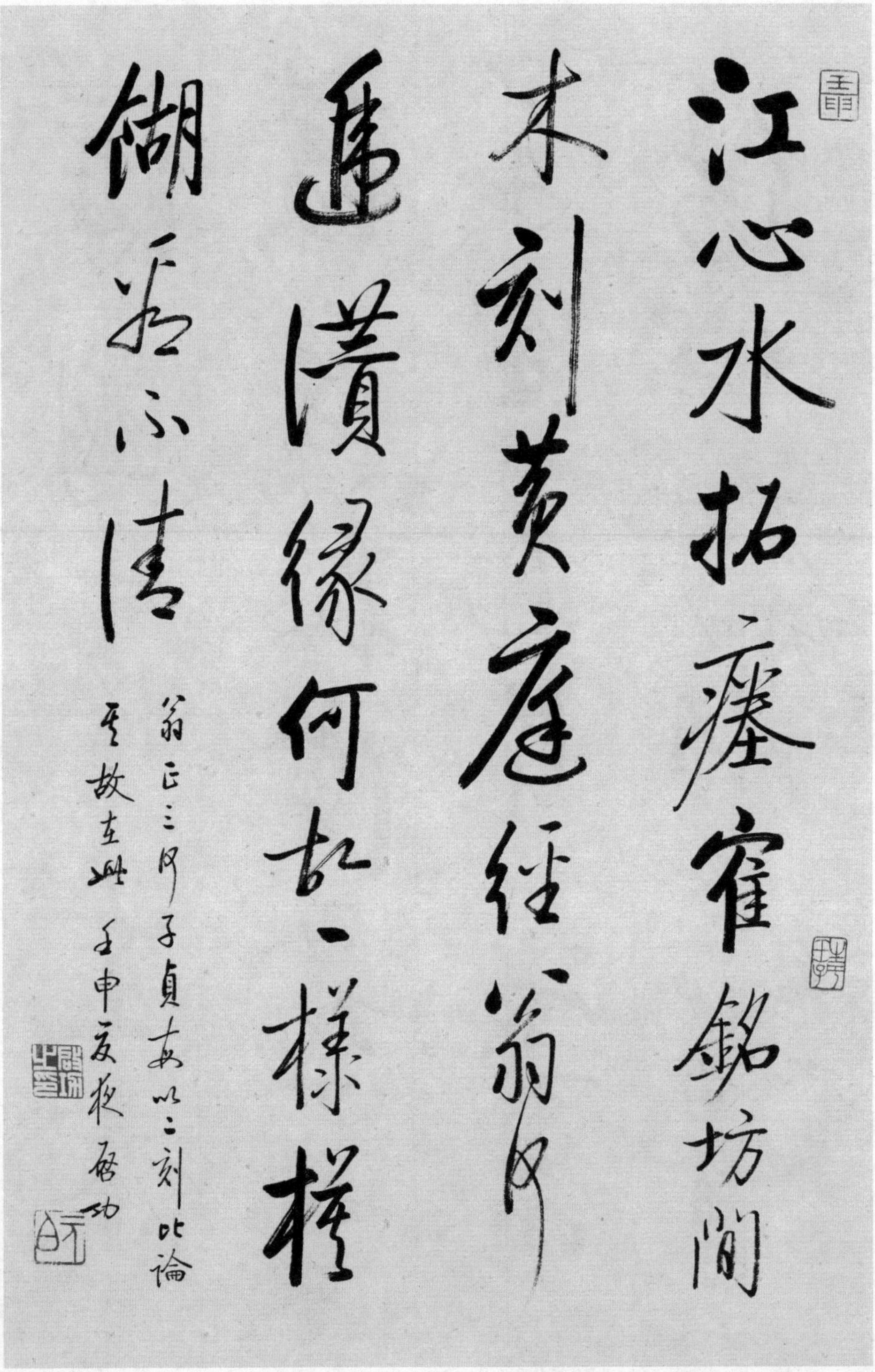

自作诗——江心水拓瘗鹤铭

一九九二年作　水墨纸本　69cm×45cm　北京师范大学收藏

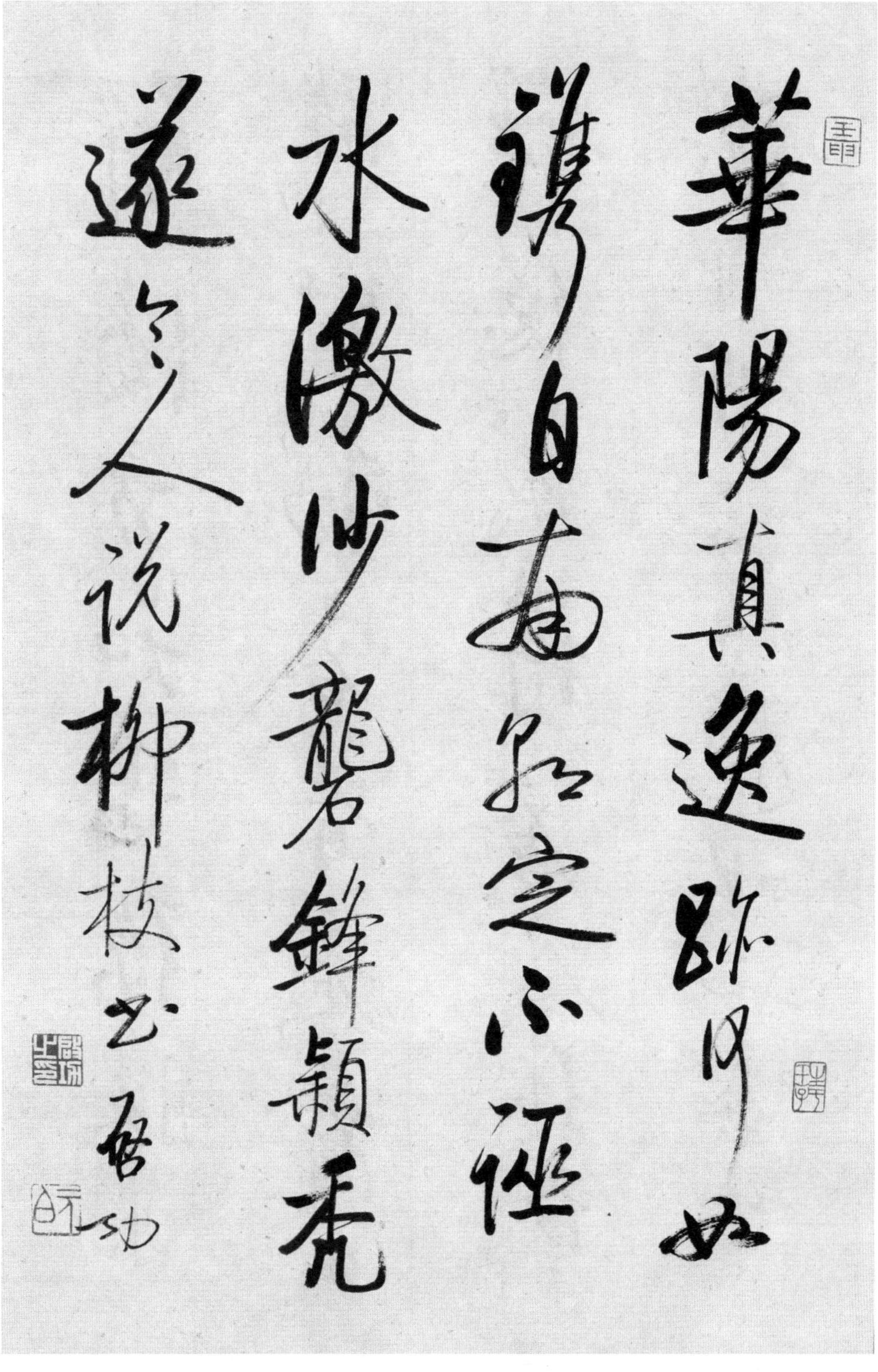

自作诗——华阳真逸迹何如

一九九二年作　水墨纸本　69cm×45cm　北京师范大学收藏

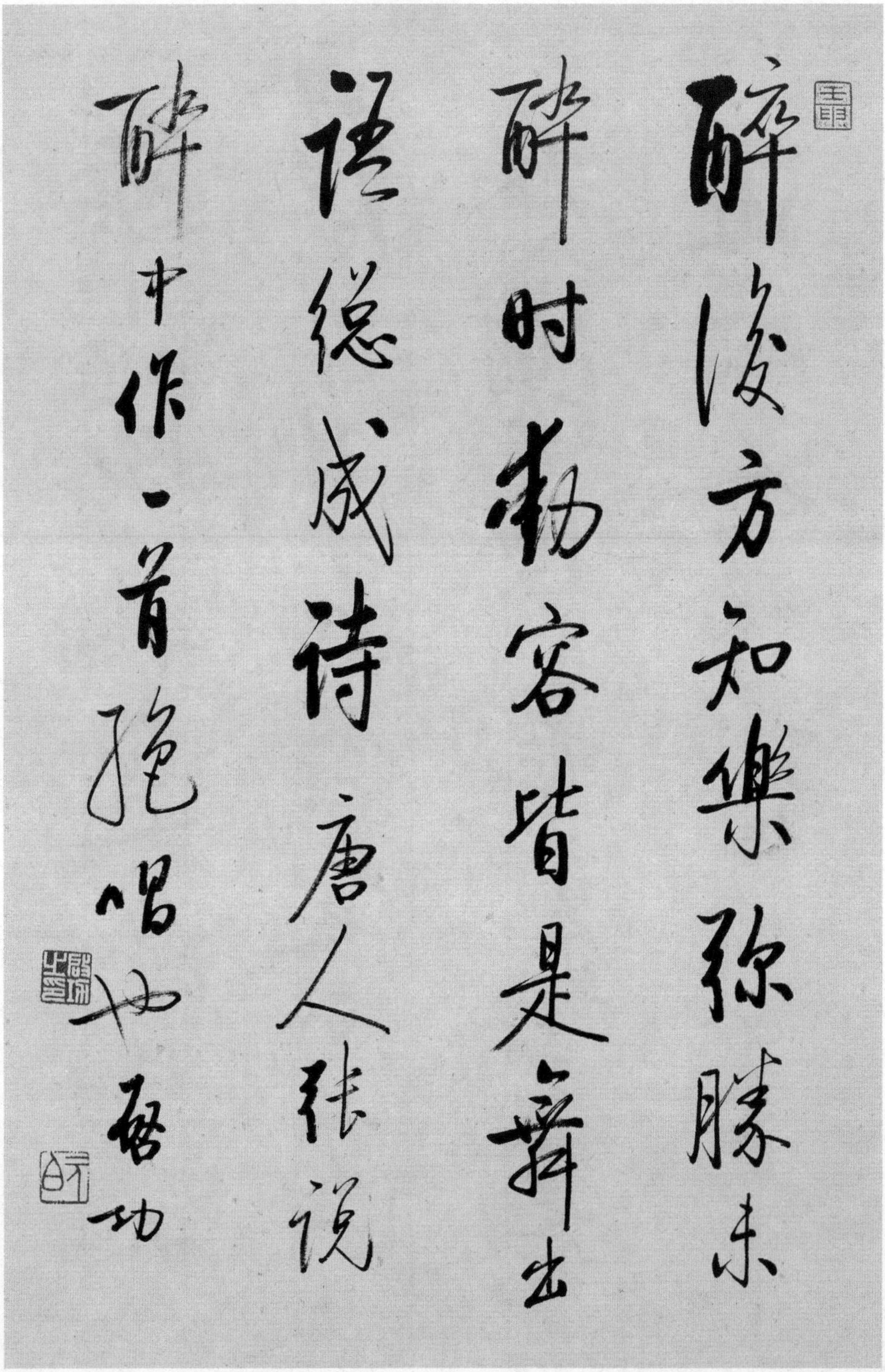

唐人张说醉中作

一九九二年作　水墨纸本　69cm × 47cm　个人收藏

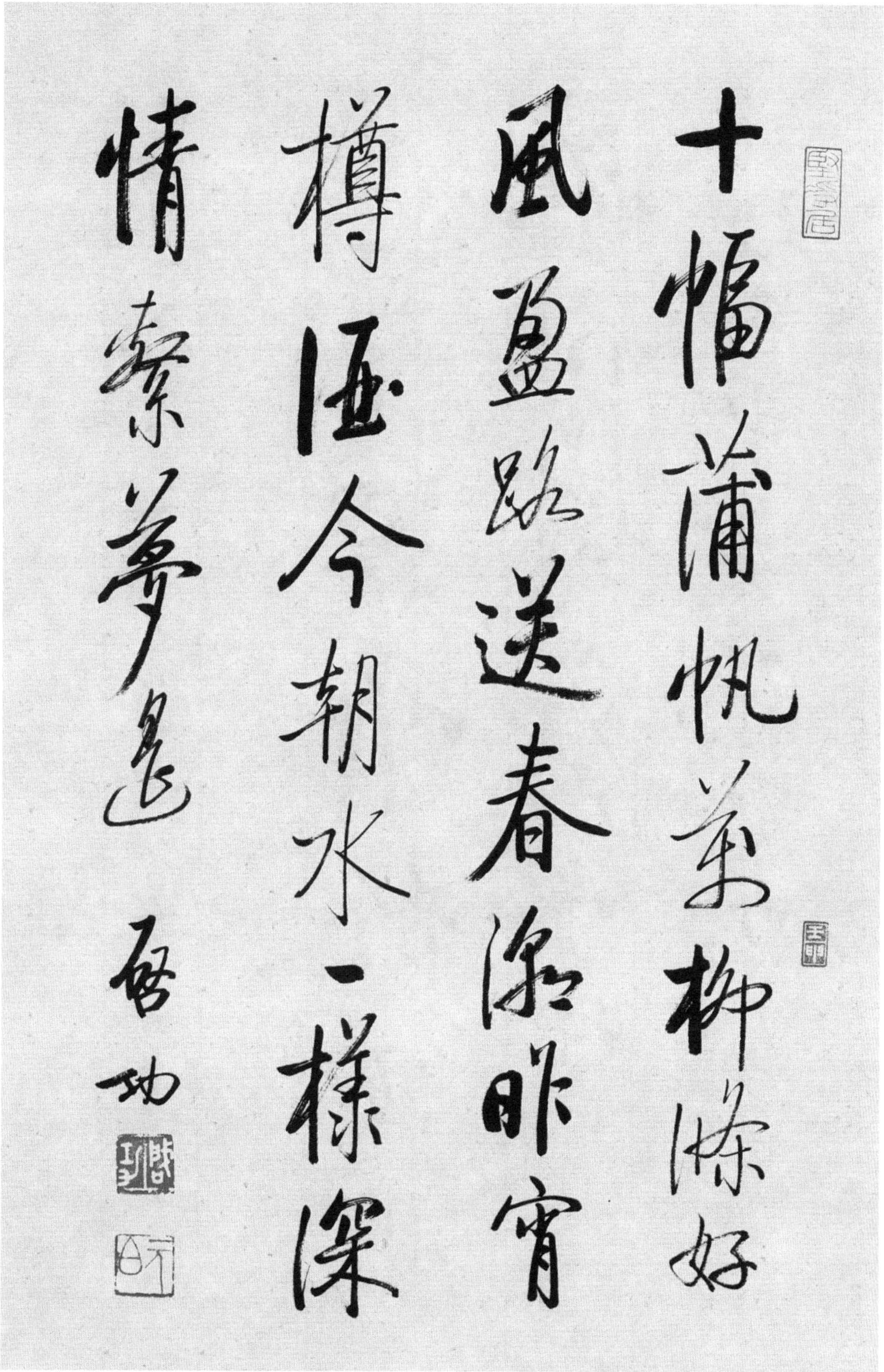

自作诗——十幅蒲帆万柳条

一九九二年作　水墨纸本　69cm×45cm　北京师范大学收藏

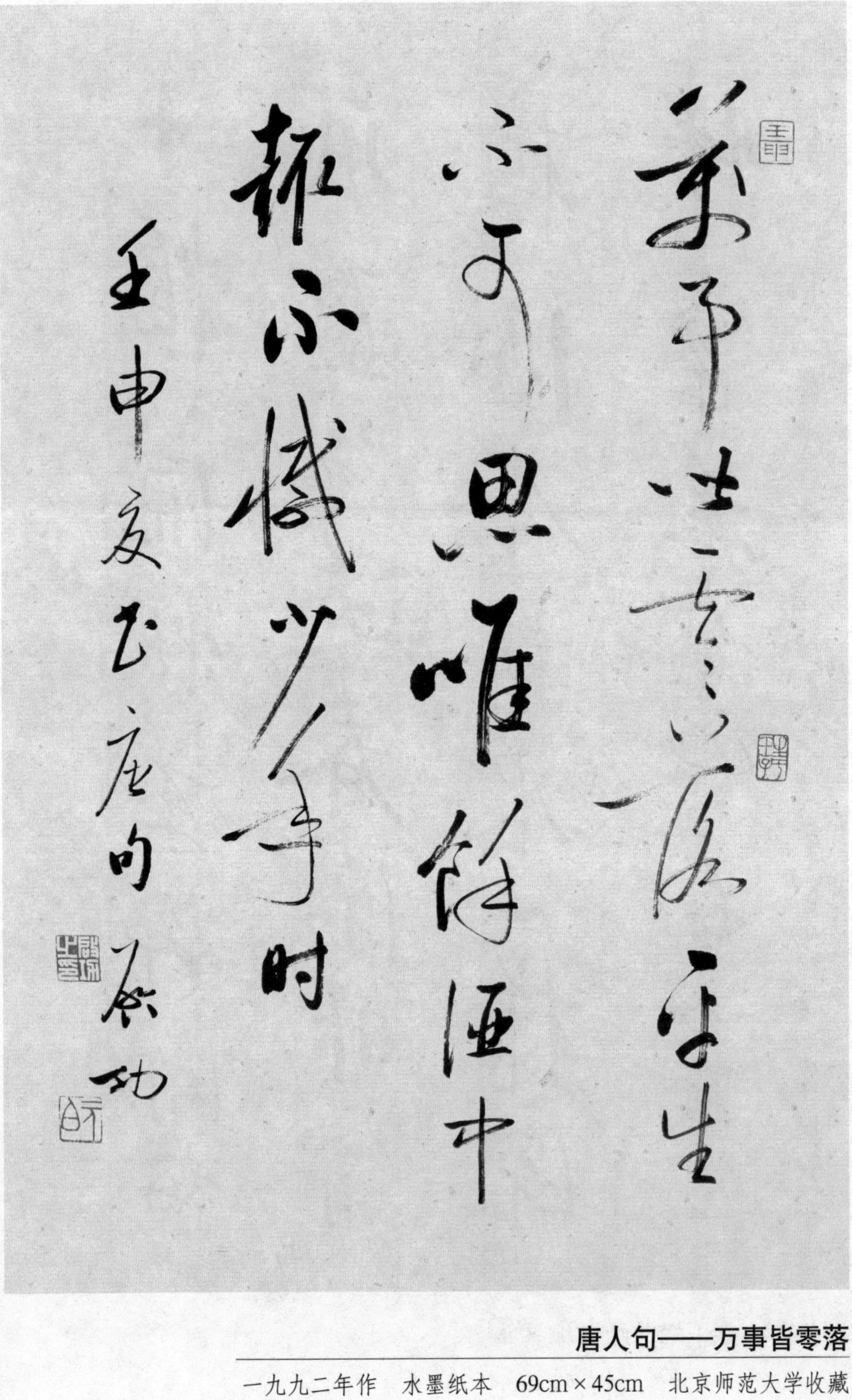

唐人句——万事皆零落

一九九二年作　水墨纸本　69cm × 45cm　北京师范大学收藏

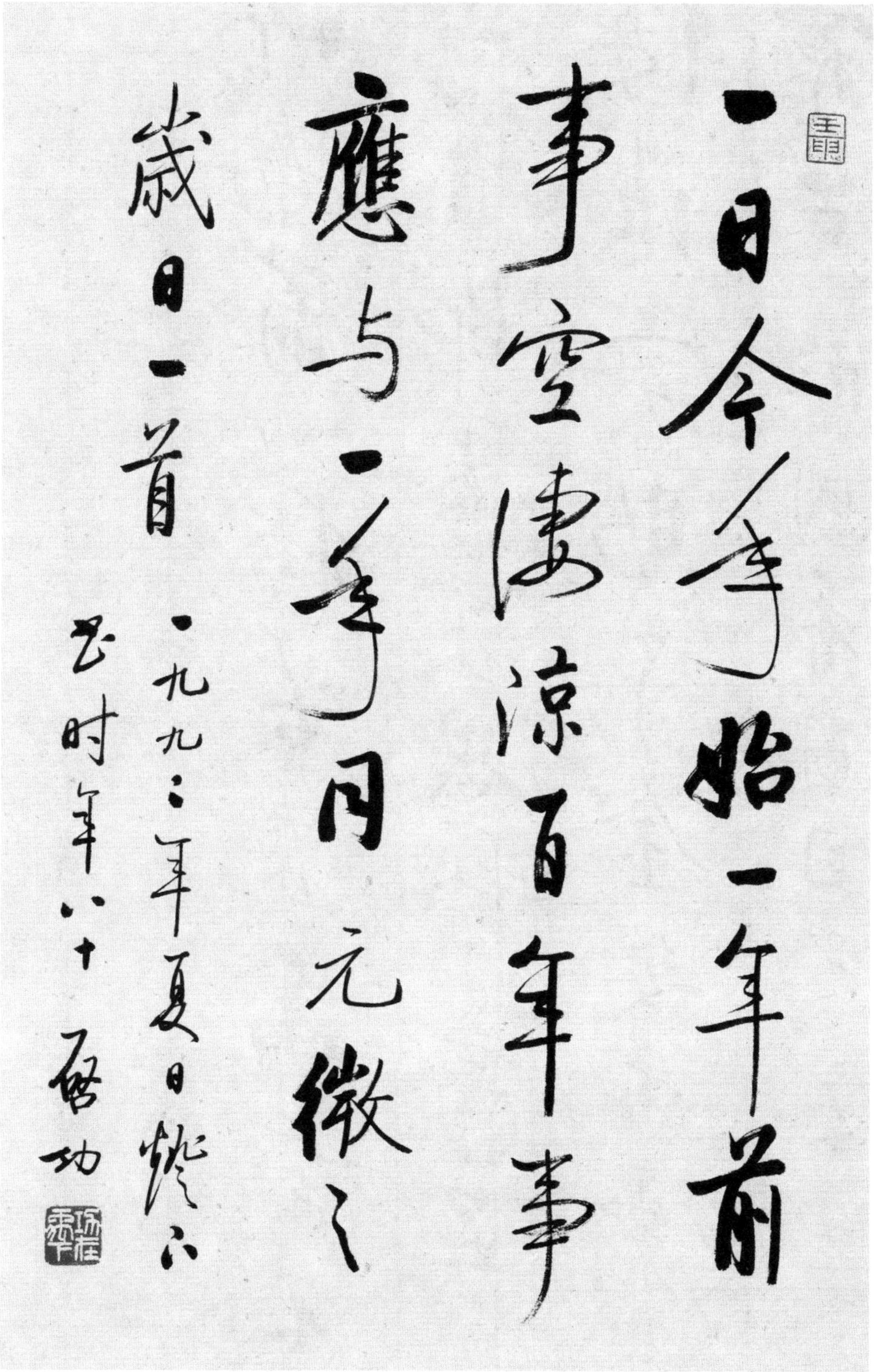

元微之岁日一首

一九九二年作　水墨纸本　69cm×47cm　个人收藏

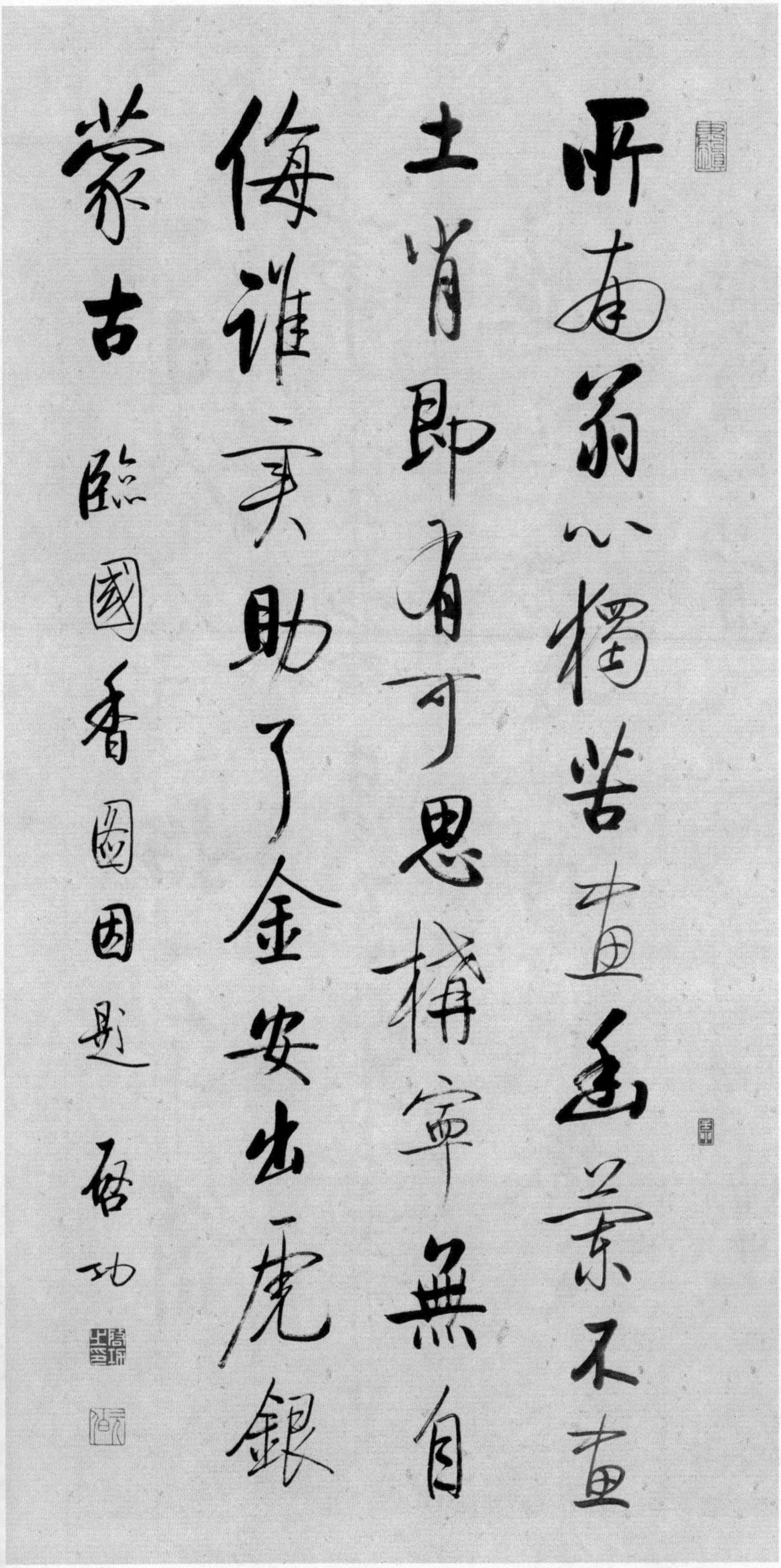
所南翁心獨苦畫蘭不畫
土肖即有可思構寧無自
悔誰云美助了金安出虎銀
蒙古
臨國香圖因題　啟功

临国香图因题

一九九二年作　水墨纸本　138cm×70cm　北京师范大学收藏

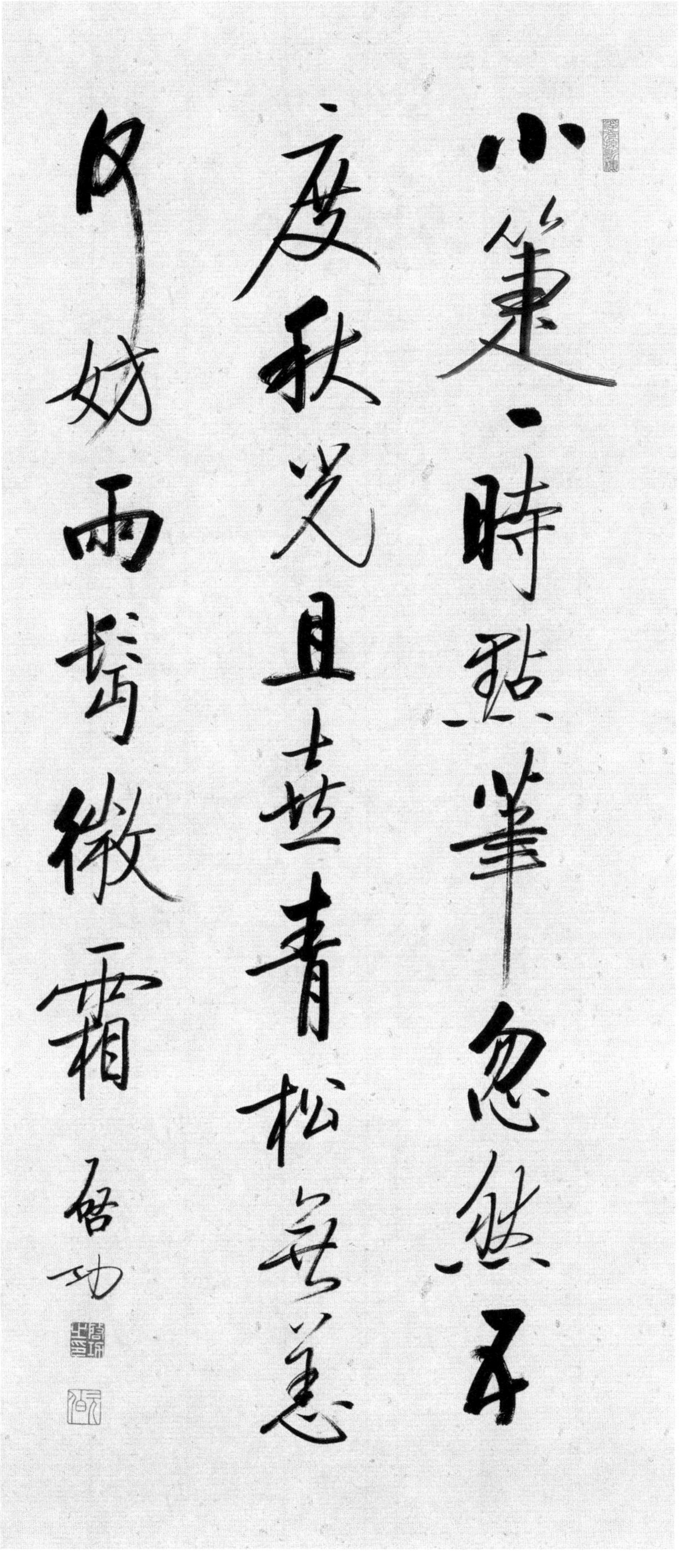

自作诗——小篁一时点笔

一九九二年作　水墨纸本　120cm×57cm　个人收藏

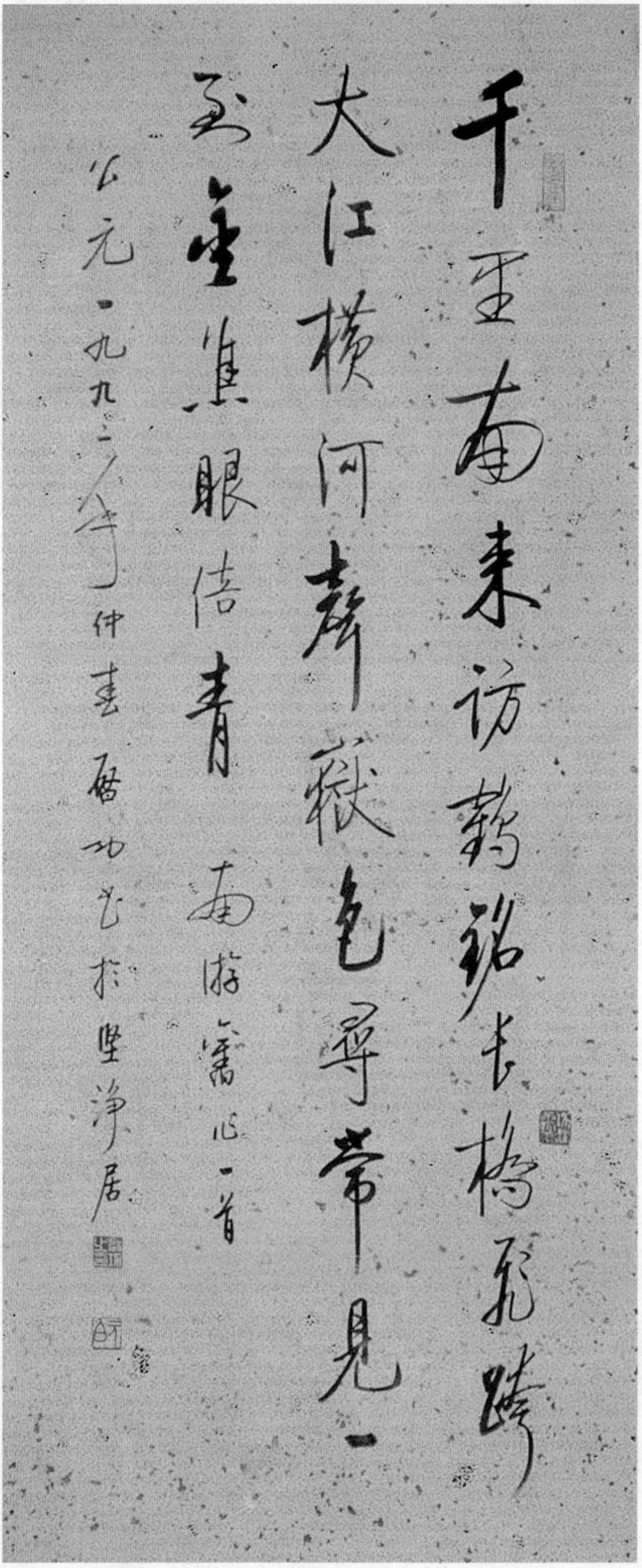

南游旧作一首

一九九二年作 水墨纸本 126cm×56cm 个人收藏

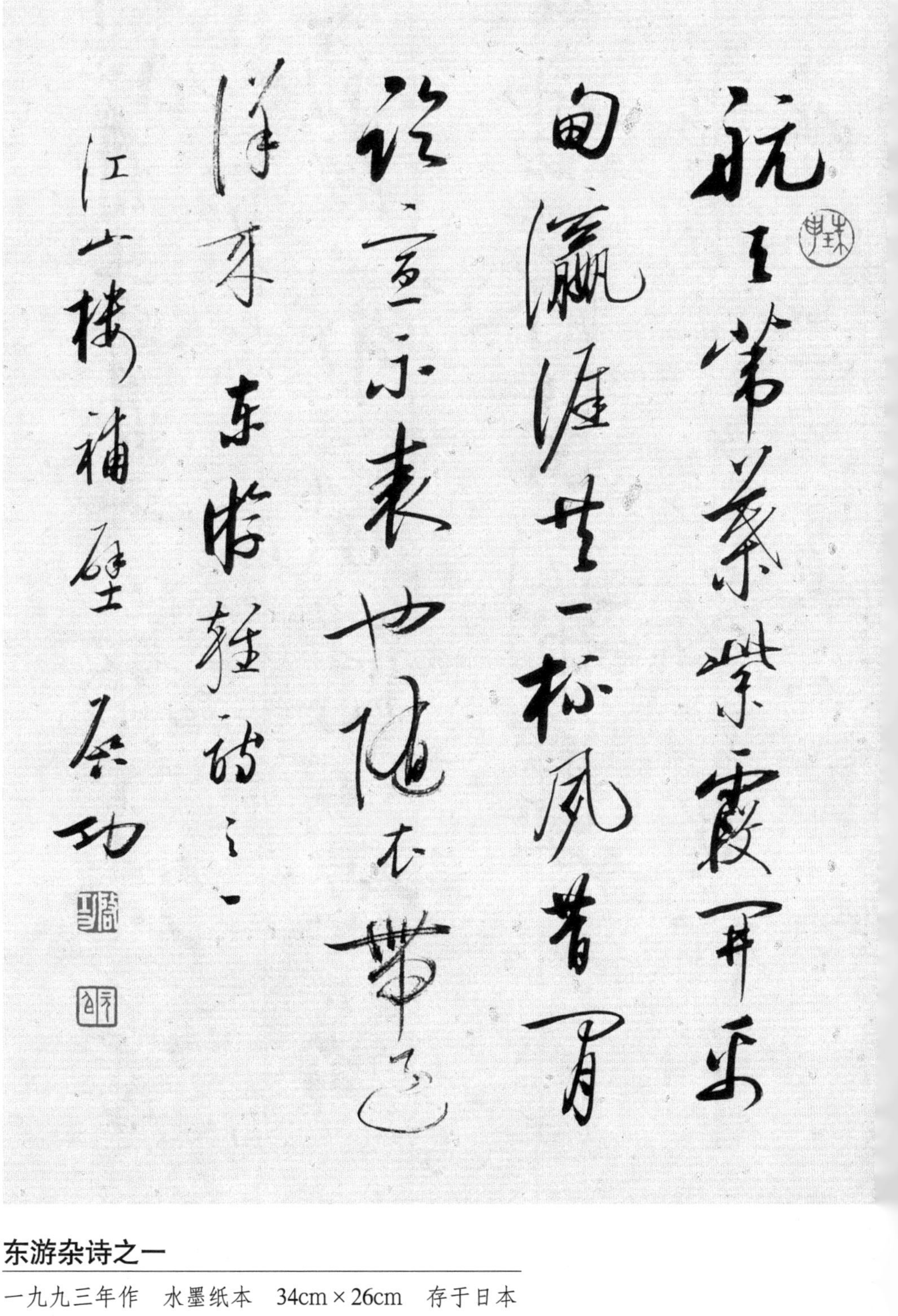

东游杂诗之一

一九九三年作　水墨纸本　34cm × 26cm　存于日本

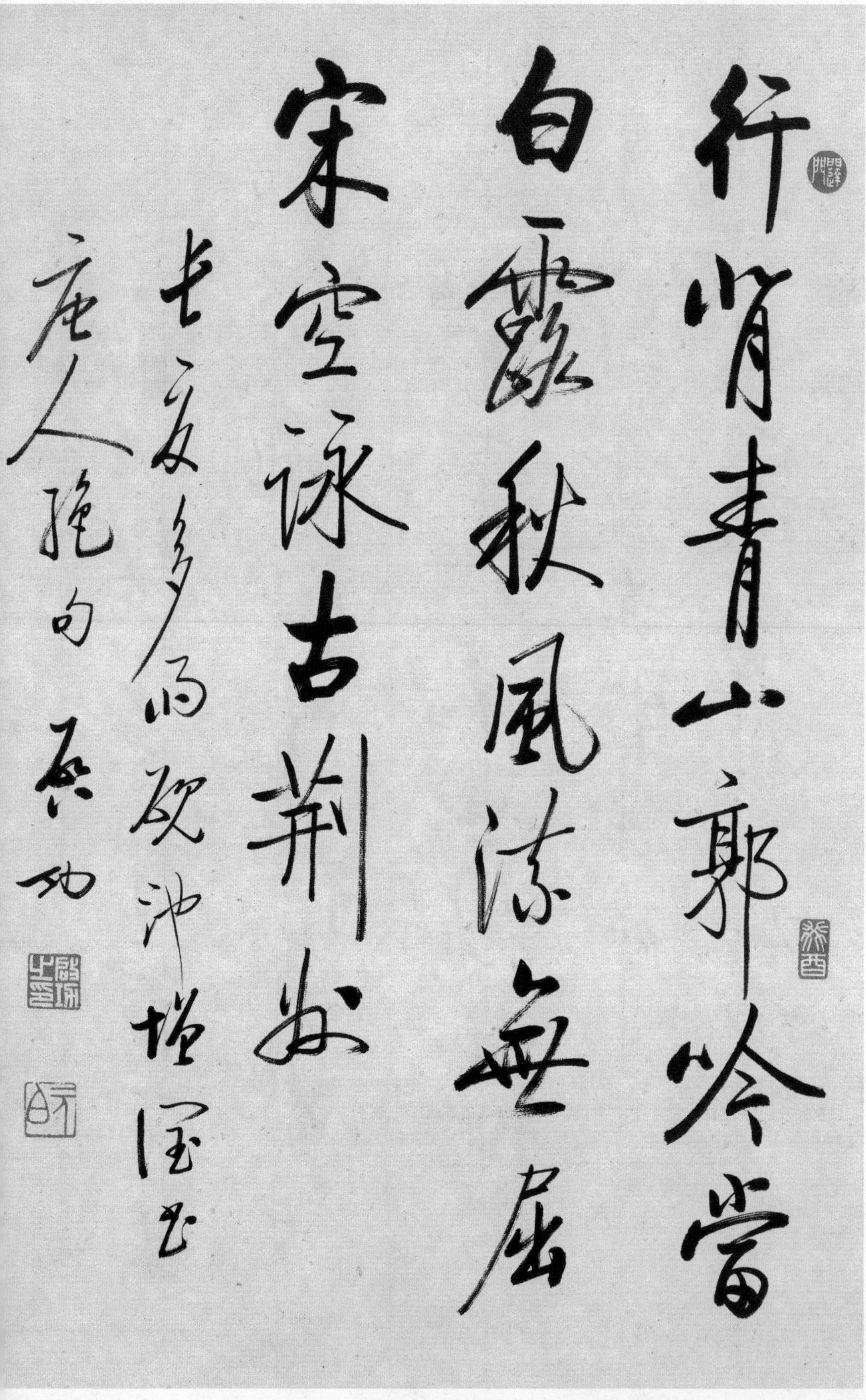

唐人绝句——行背青山郭

一九九三年作 水墨纸本 70cm × 45cm 北京师范大学收藏

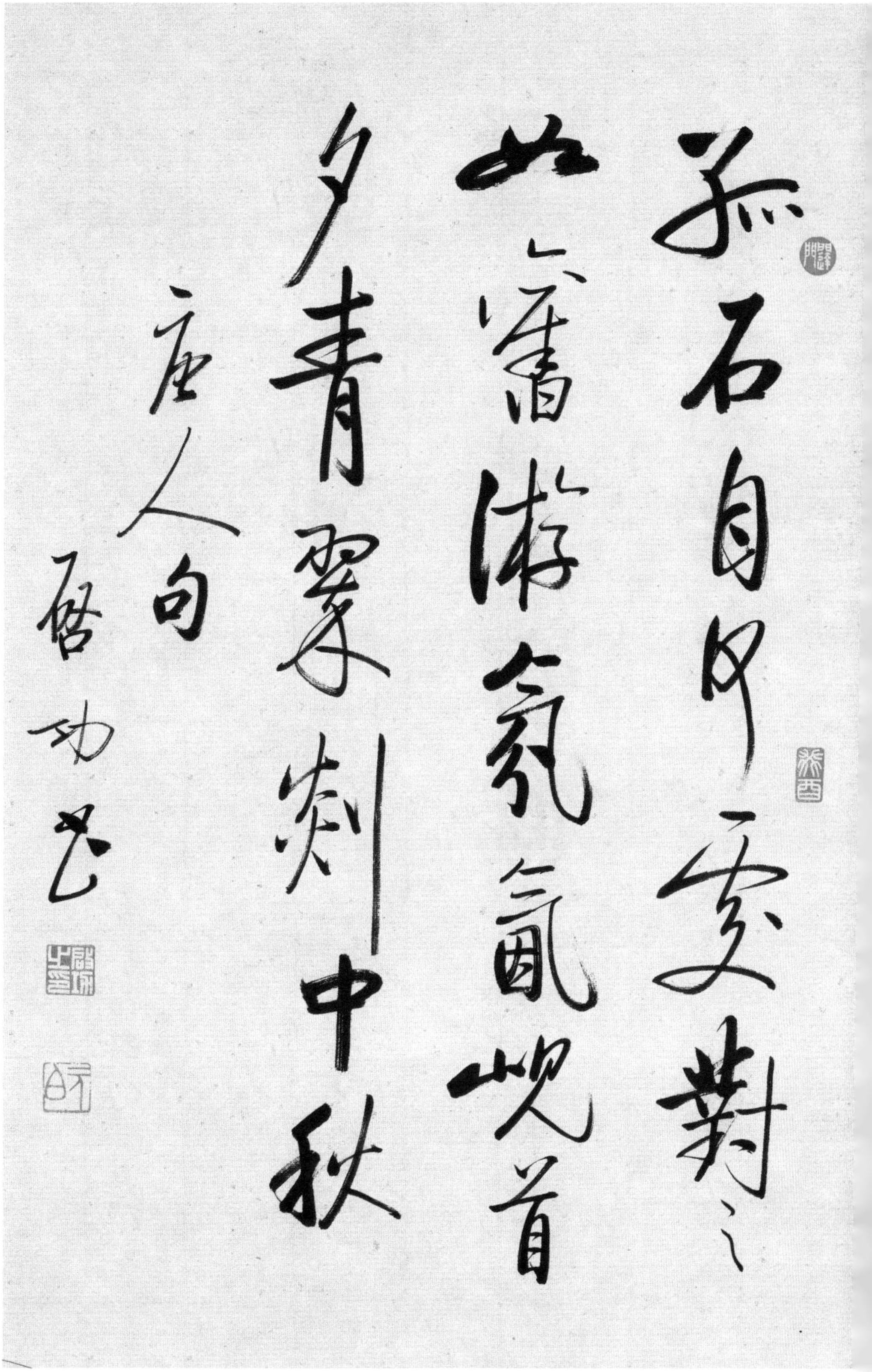

唐人句——孤石自何处

一九九三年作　水墨纸本　70cm × 45cm　北京师范大学收藏

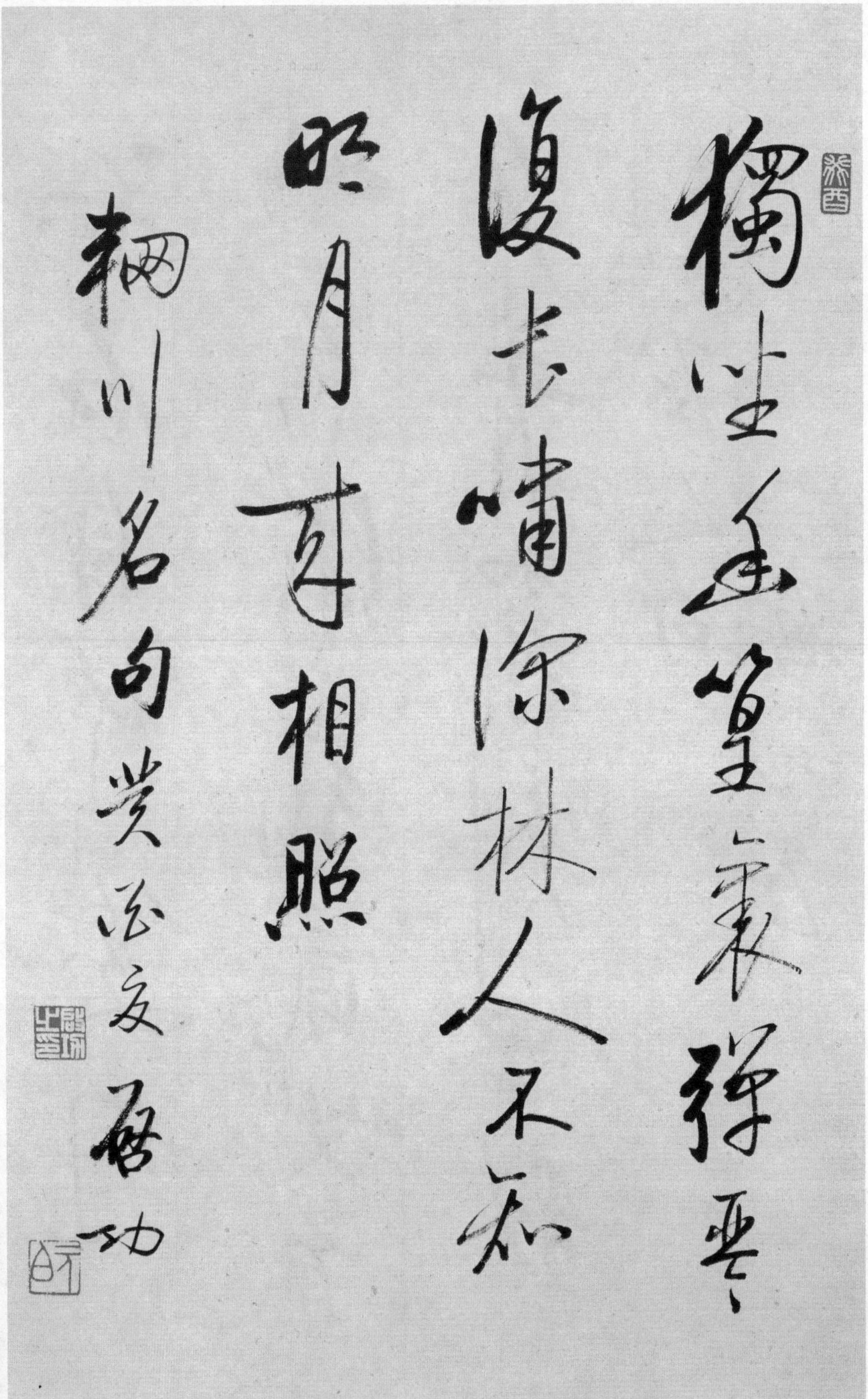

辋川名句——独坐幽篁里

一九九三年作　水墨纸本　70cm × 45cm　北京师范大学收藏

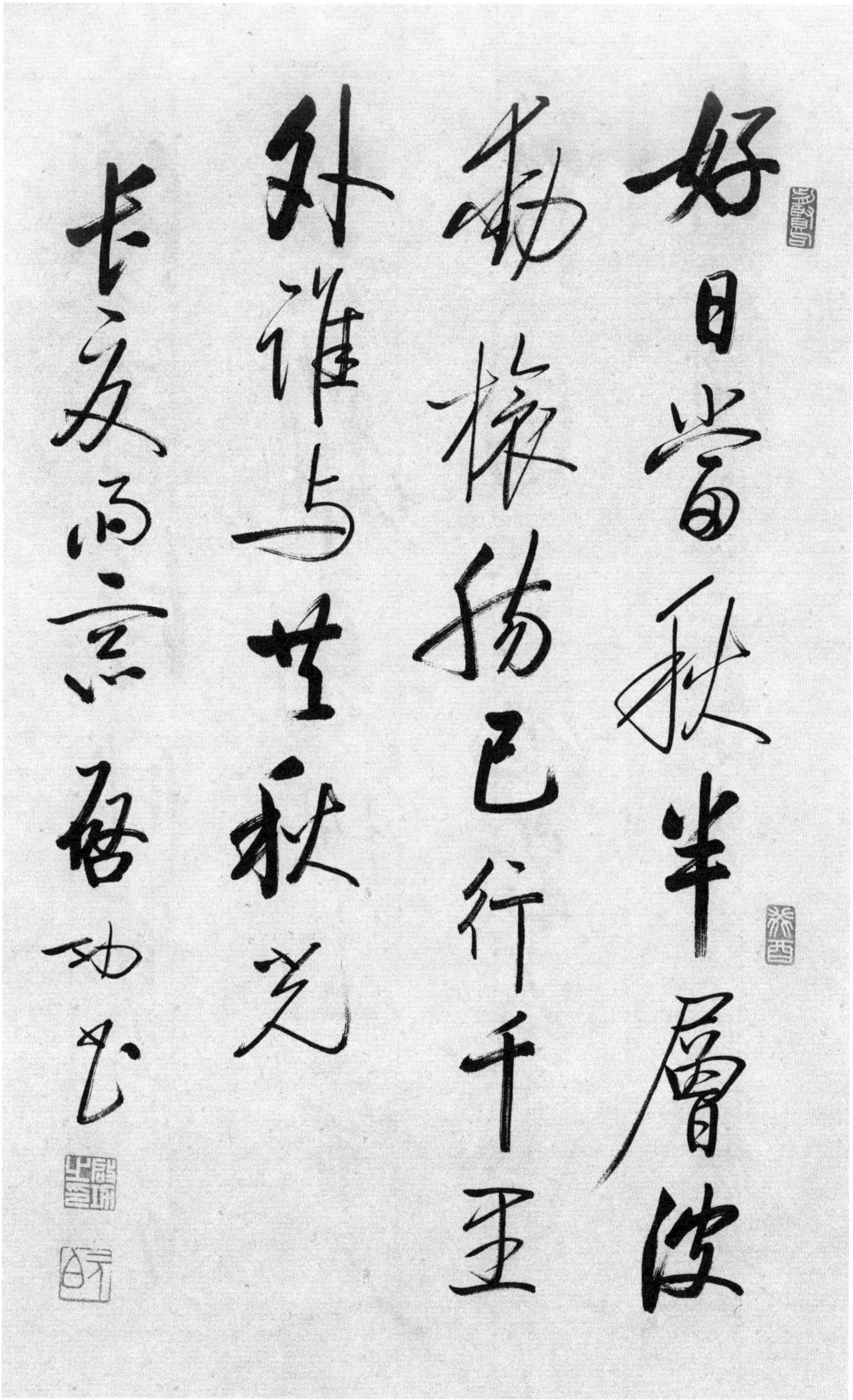

钱珝句——好日当秋半

一九九三年作　水墨纸本　69cm × 45cm　北京师范大学收藏

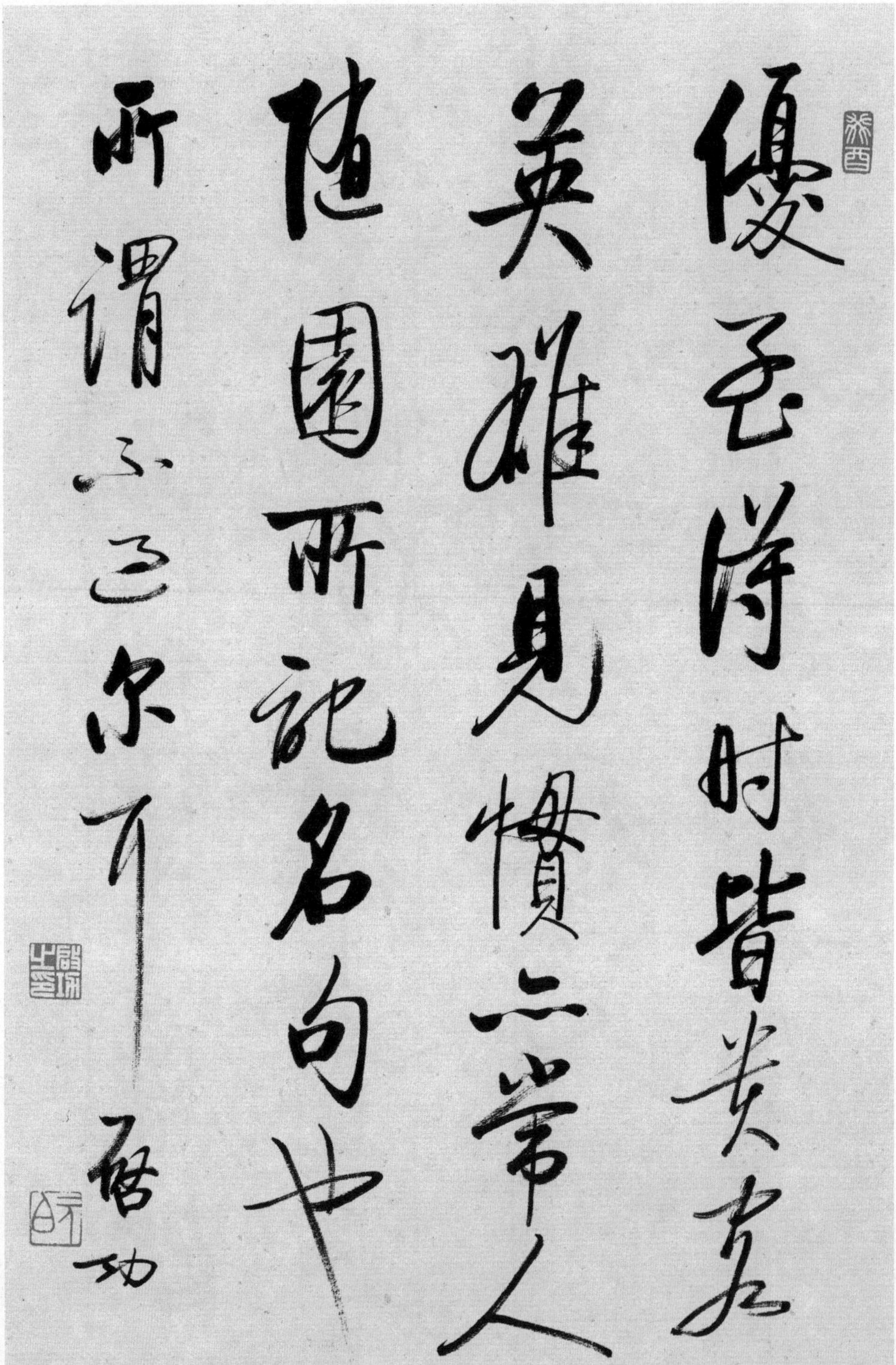
優孟得时皆贵客
英雄見慣亦常人
随園所記名句也
所謂不過尔尔
启功

随园名句——优孟得时皆贵客

一九九三年作　水墨纸本　70cm × 45cm　北京师范大学收藏

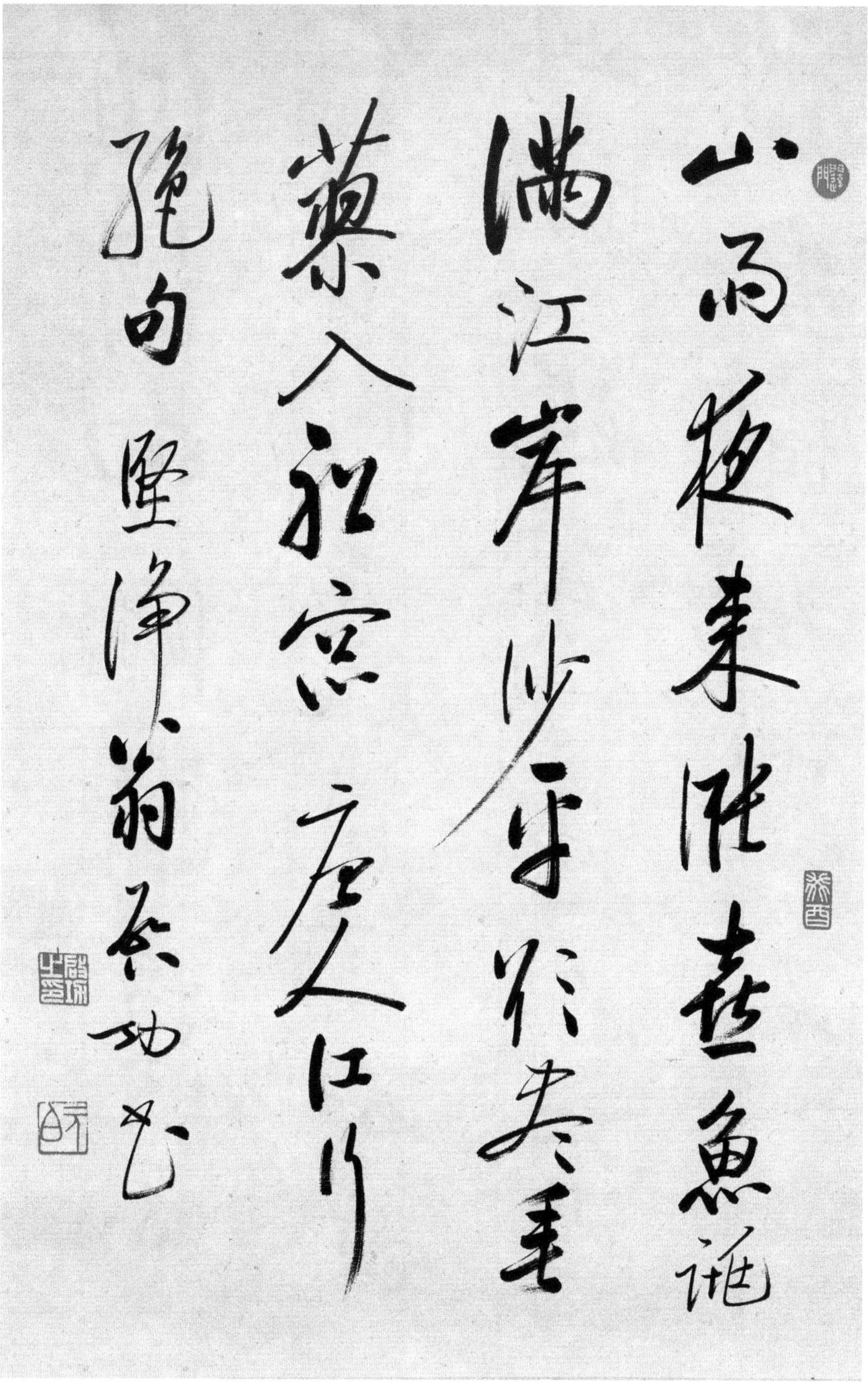

唐人江行绝句——山雨夜来涨

一九九三年作　水墨纸本　70cm × 45cm　北京师范大学收藏

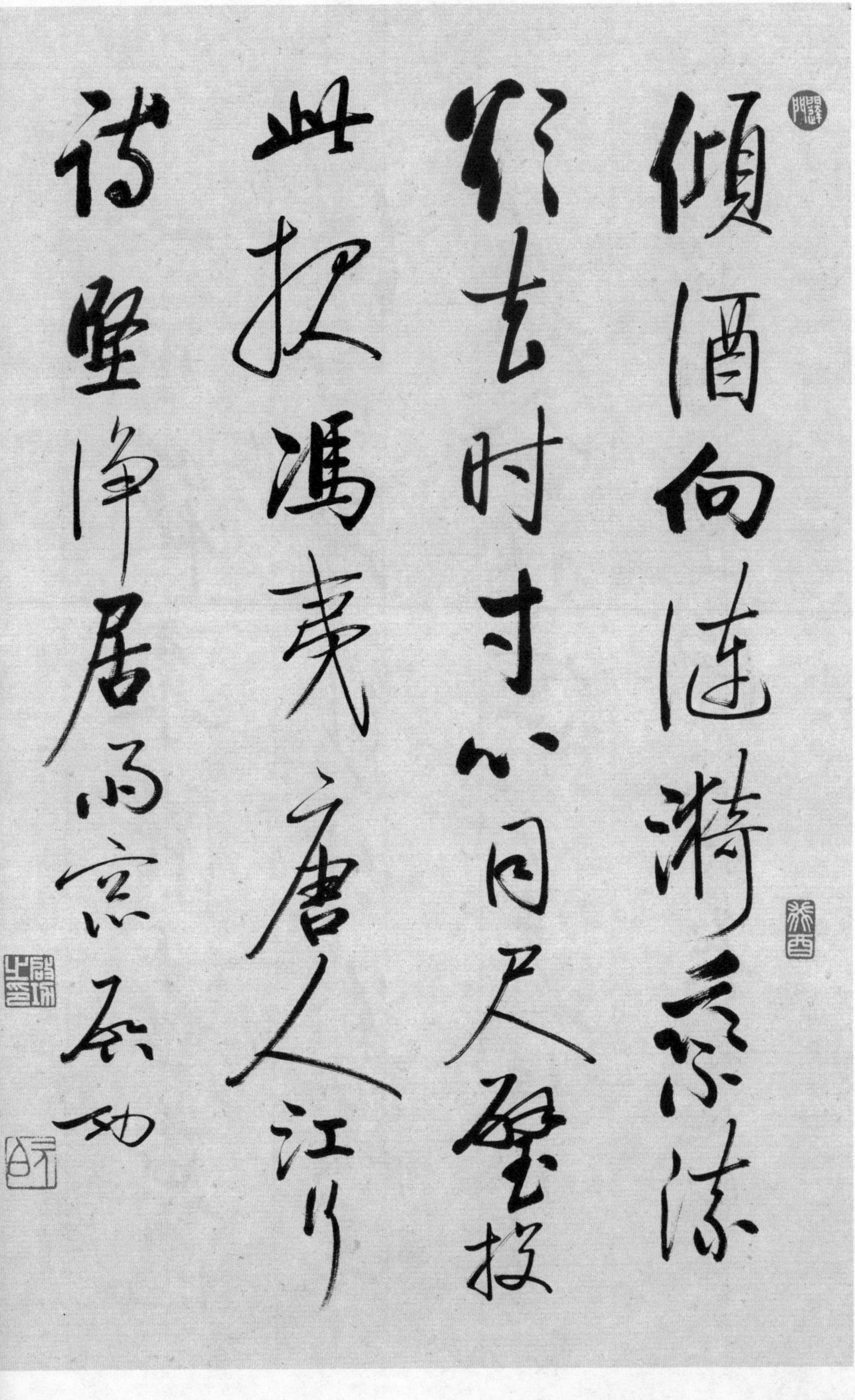

唐人江行诗——倾酒向涟漪

一九九三年作　水墨纸本　70cm×45cm　北京师范大学收藏

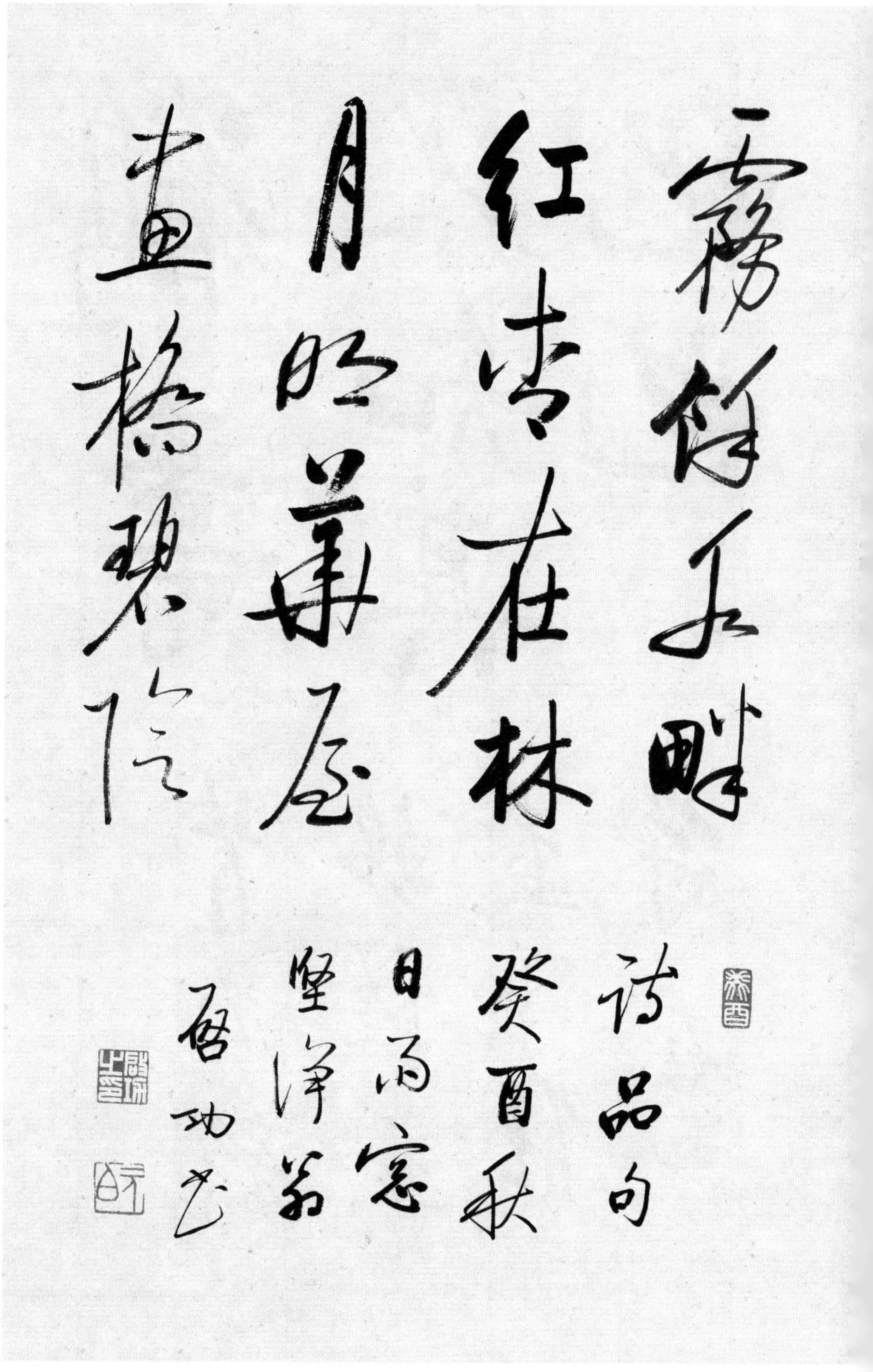

诗品句——雾余水畔

一九九三年作　水墨纸本　70cm×45cm　北京师范大学收藏

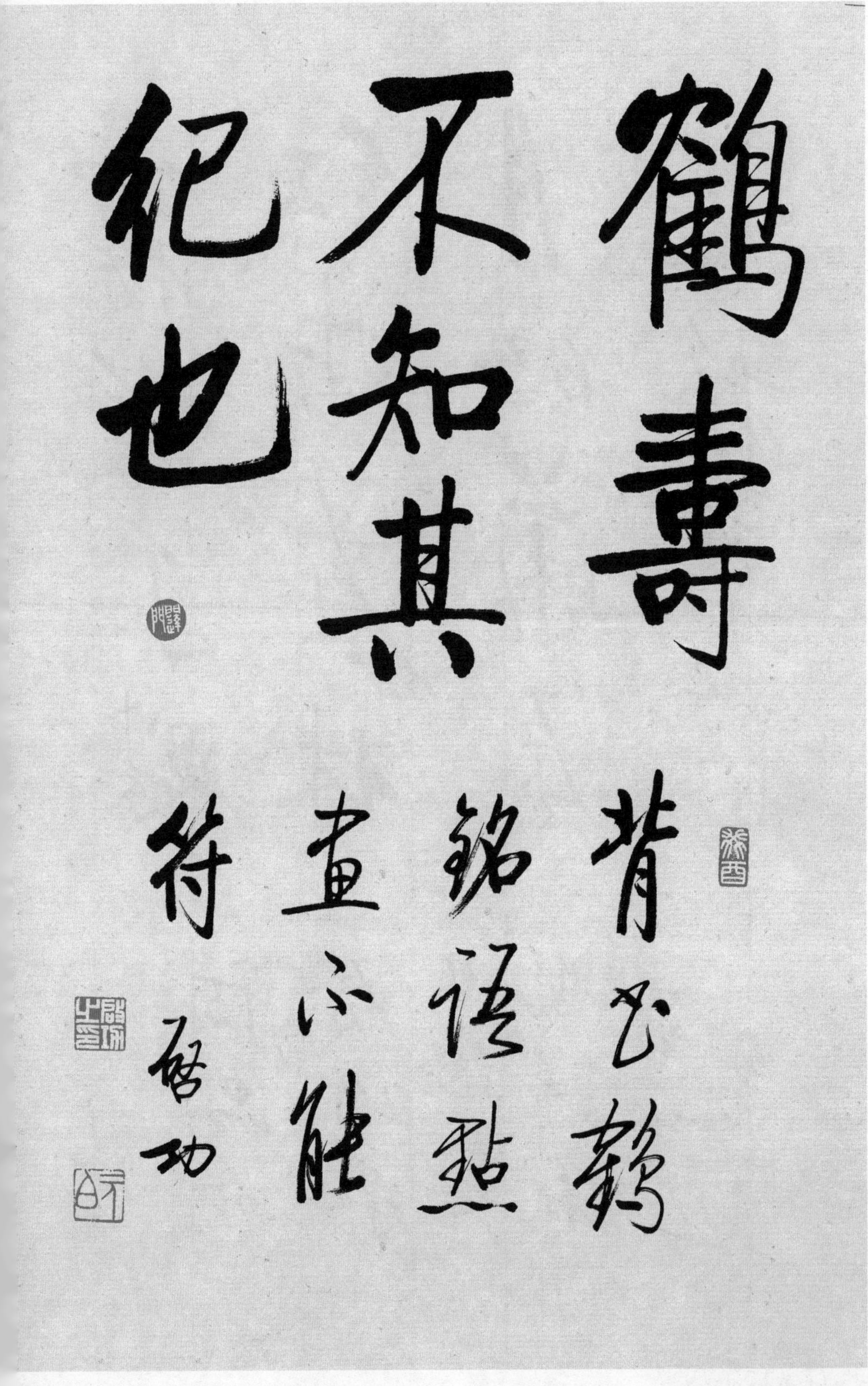

鹤寿不知其纪也

一九九三年作　水墨纸本　70cm × 45cm　北京师范大学收藏

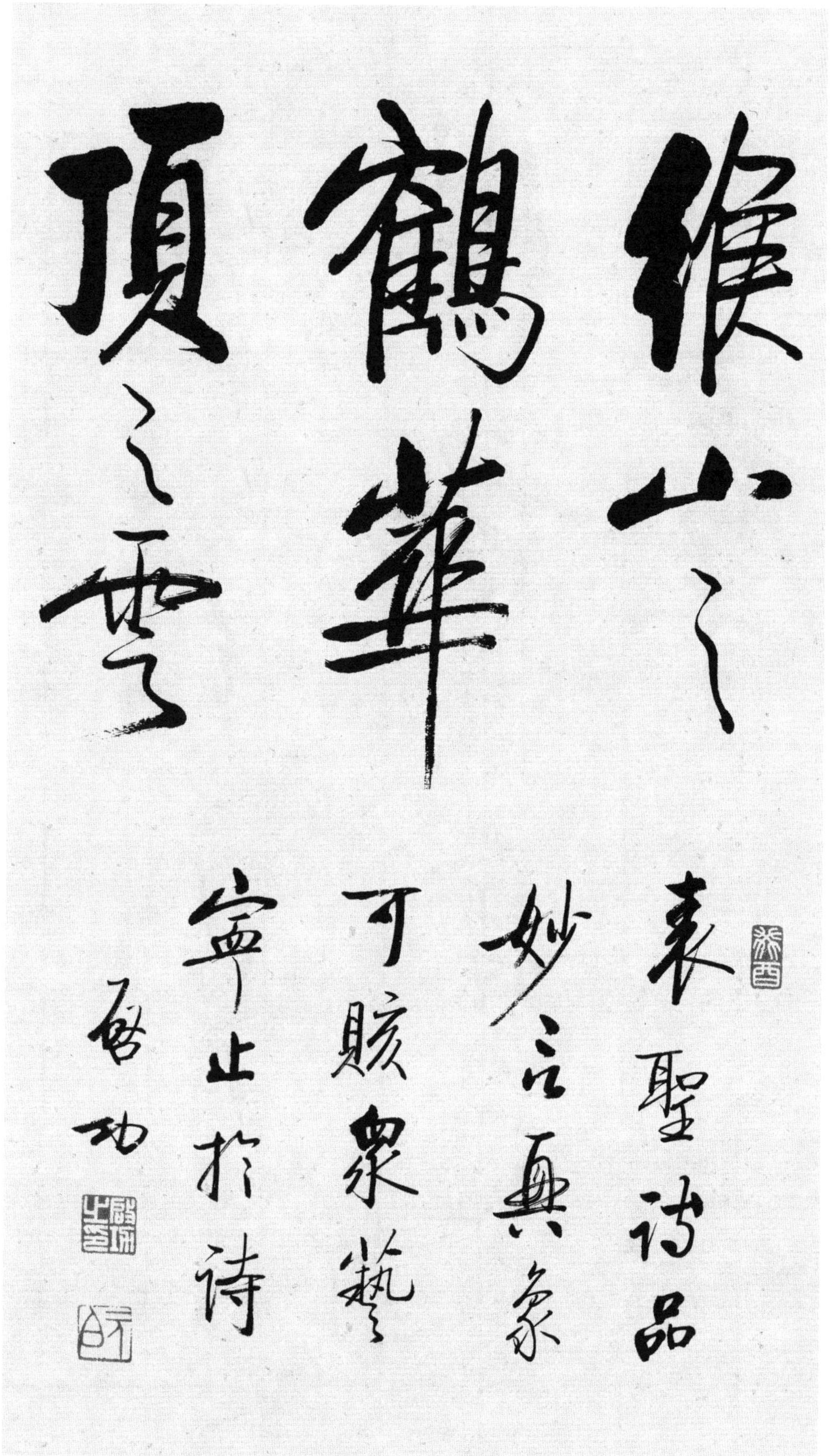

缑山之鹤　华顶之云

一九九三年作　水墨纸本　70cm × 45cm　北京师范大学收藏

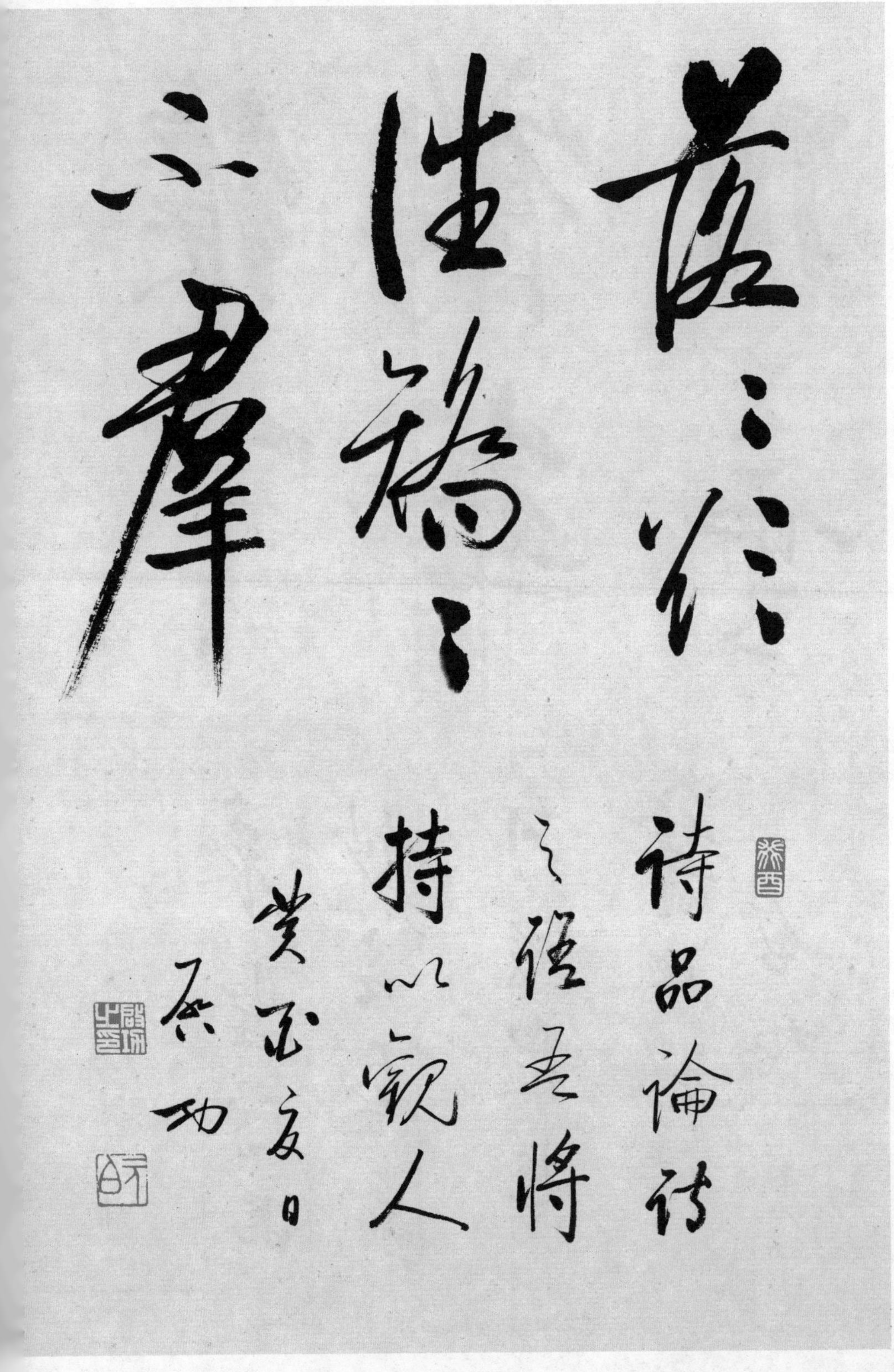

落落欲往　矫矫不群

一九九三年作　水墨纸本　70cm × 45cm　北京师范大学收藏

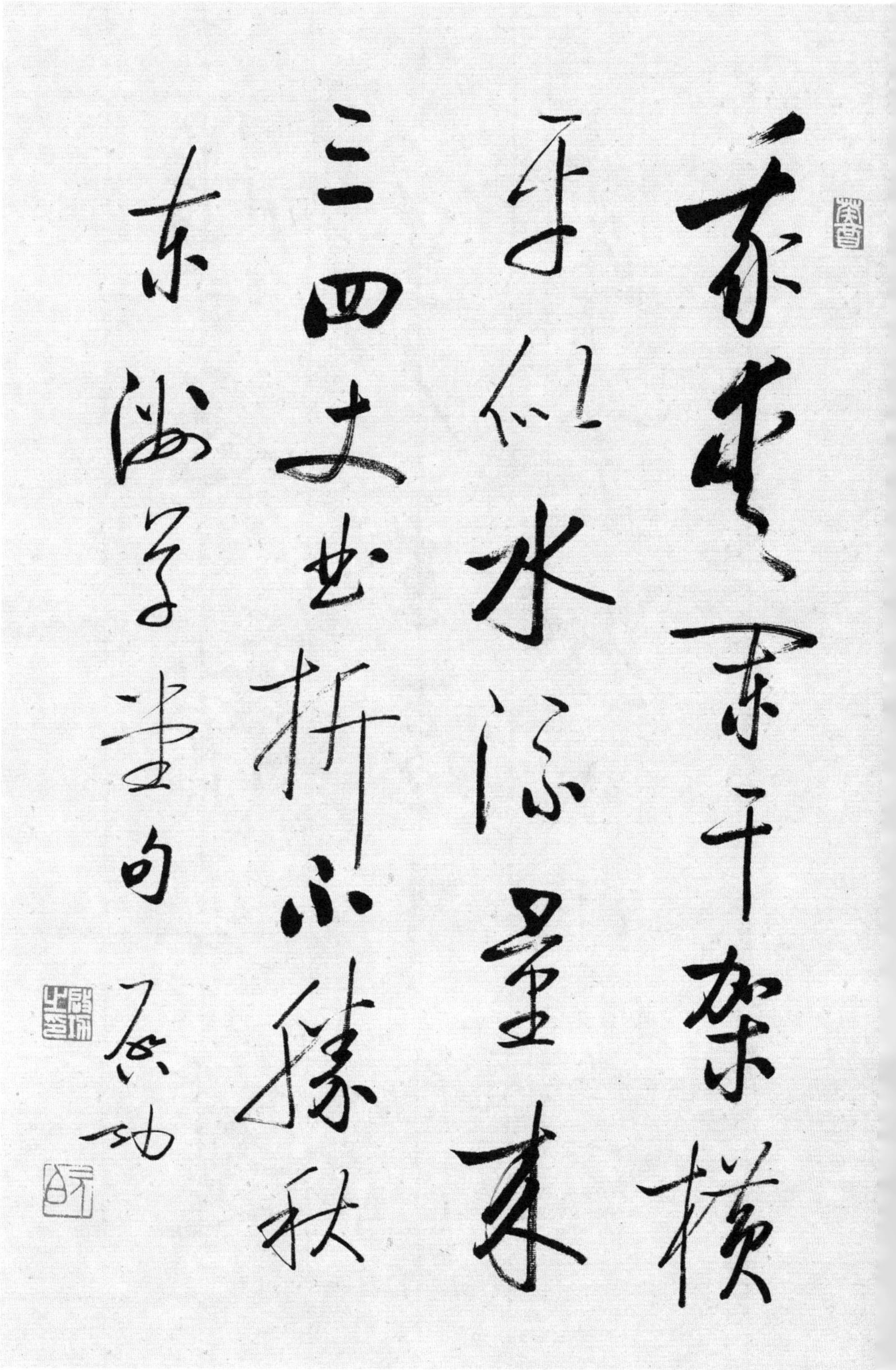

东洲草堂句

一九九三年作　水墨纸本　70cm × 45cm　北京师范大学收藏

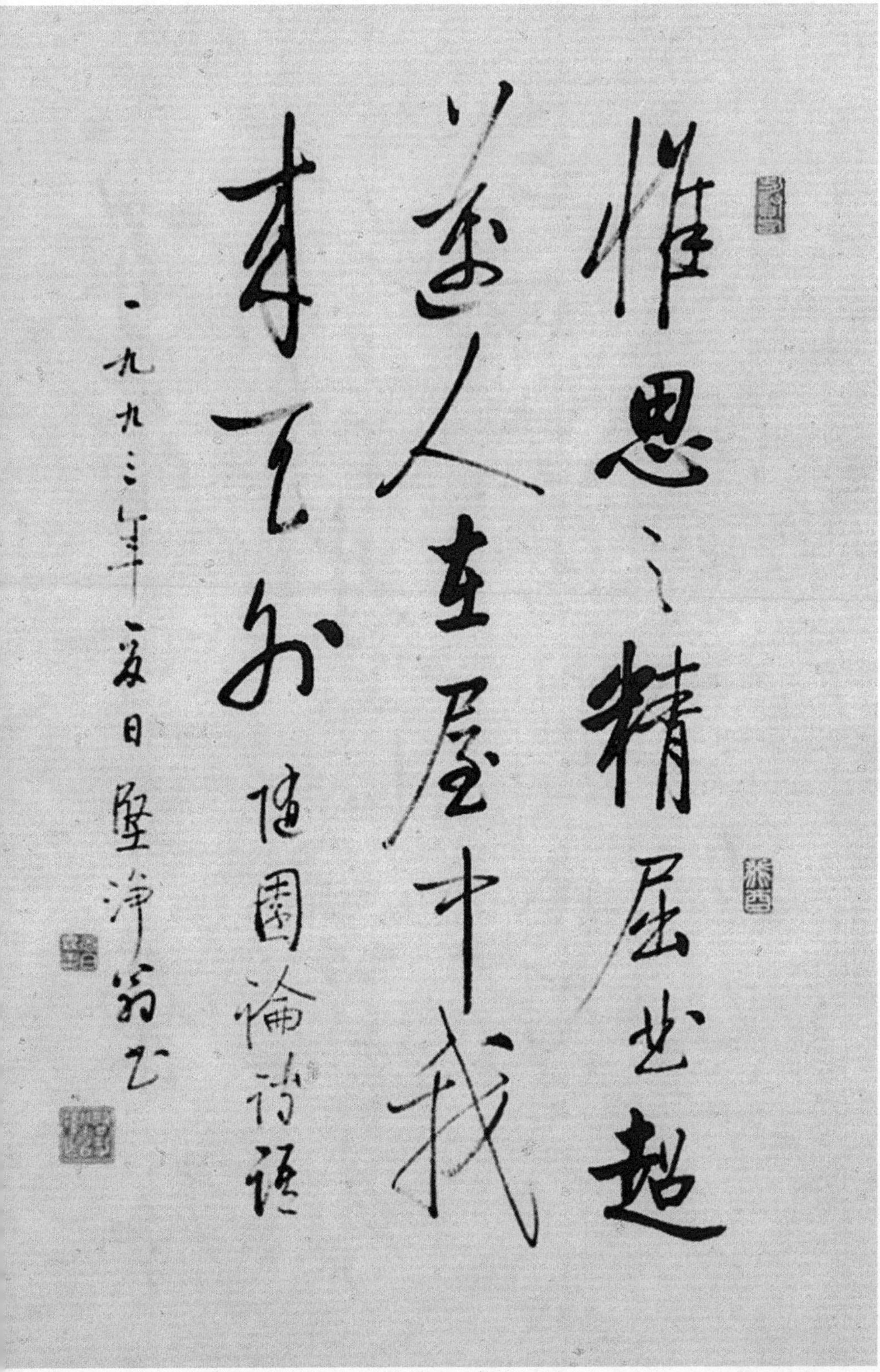

随园论诗语

一九九三年作　水墨纸本　69cm×47cm　个人收藏

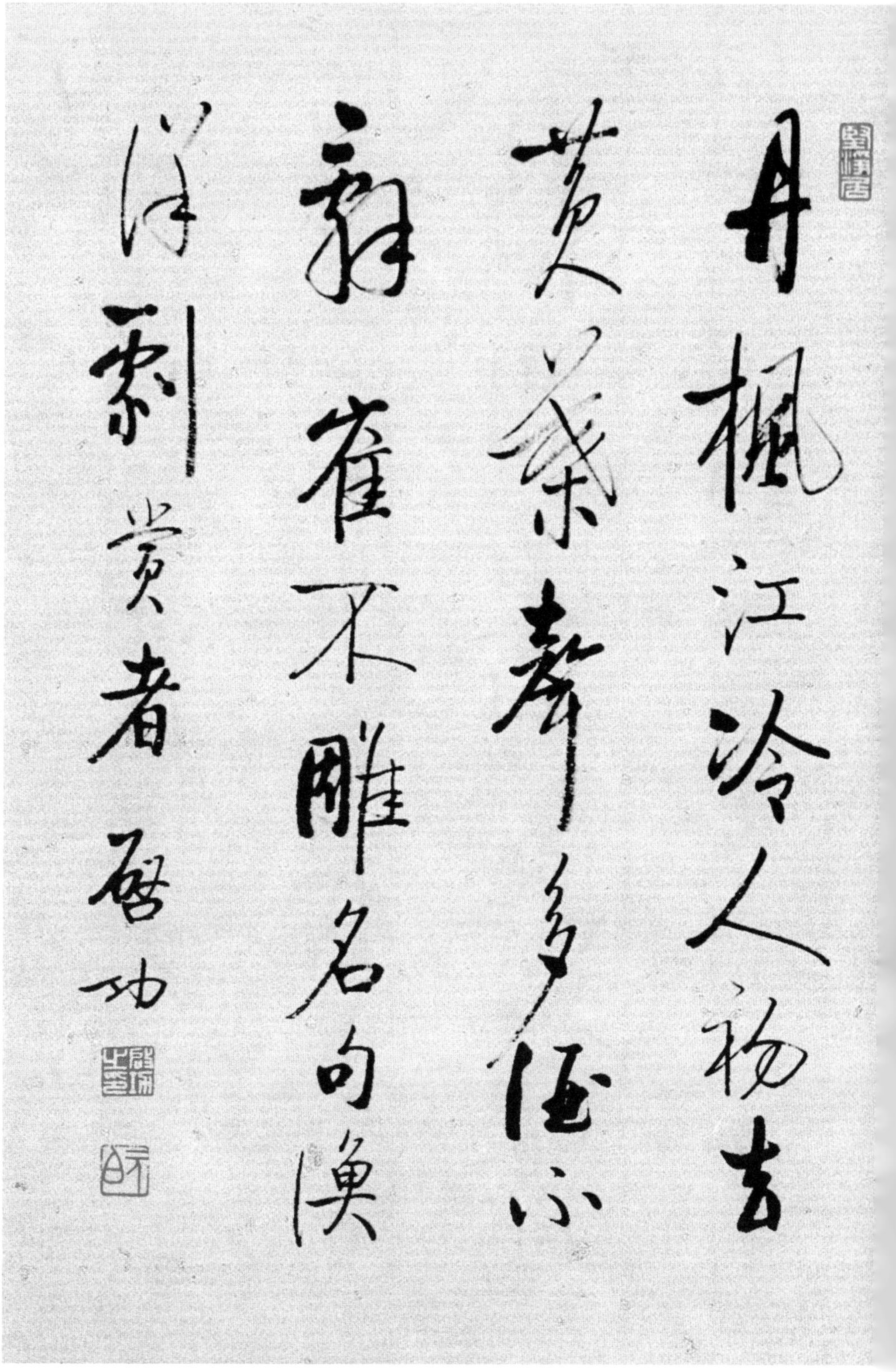

崔不雕名句——丹枫江冷人初去

一九九三年作　水墨纸本　69cm × 47cm　个人收藏

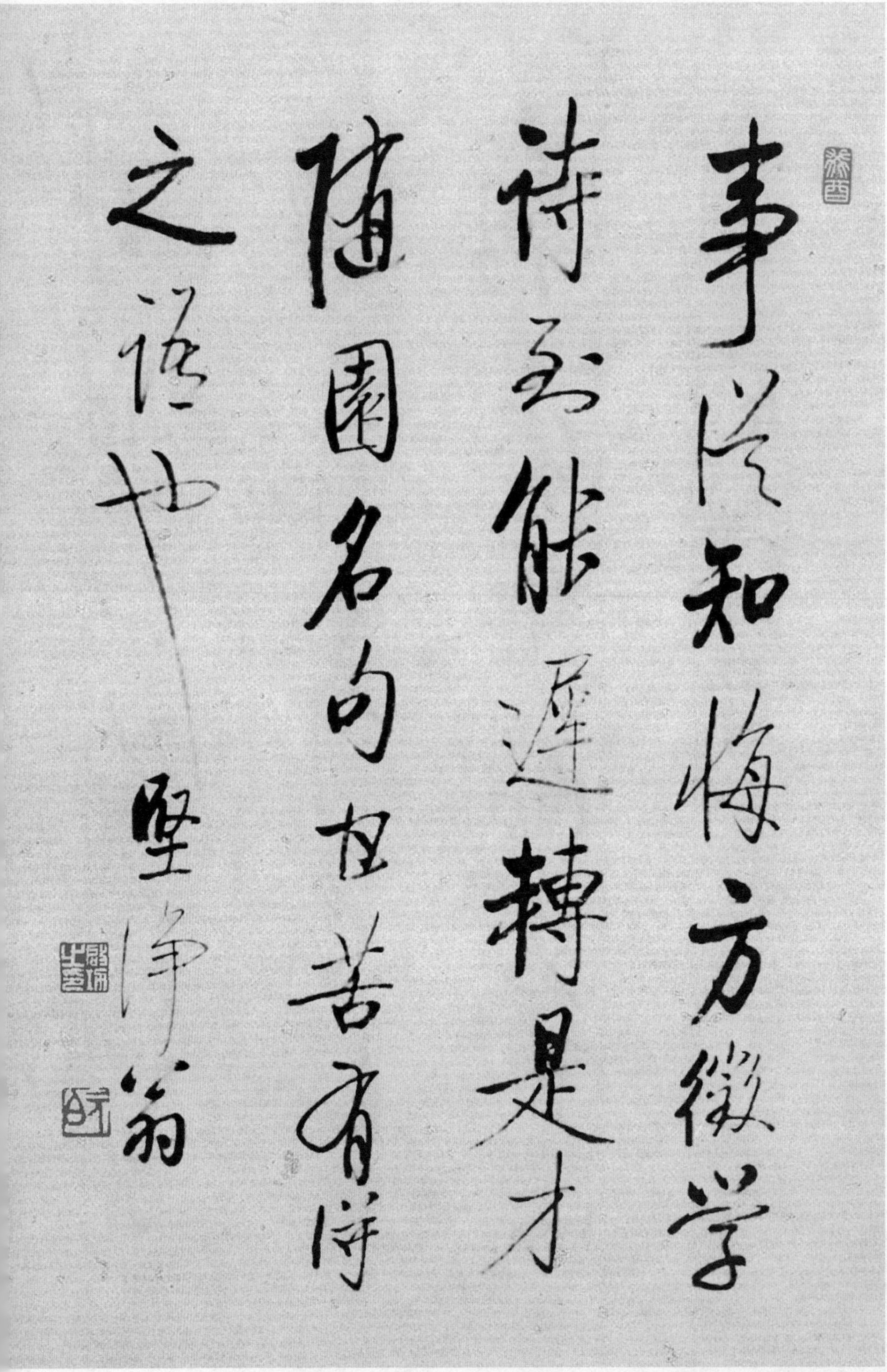

随园名句

一九九三年作　水墨纸本　69cm × 47cm　个人收藏

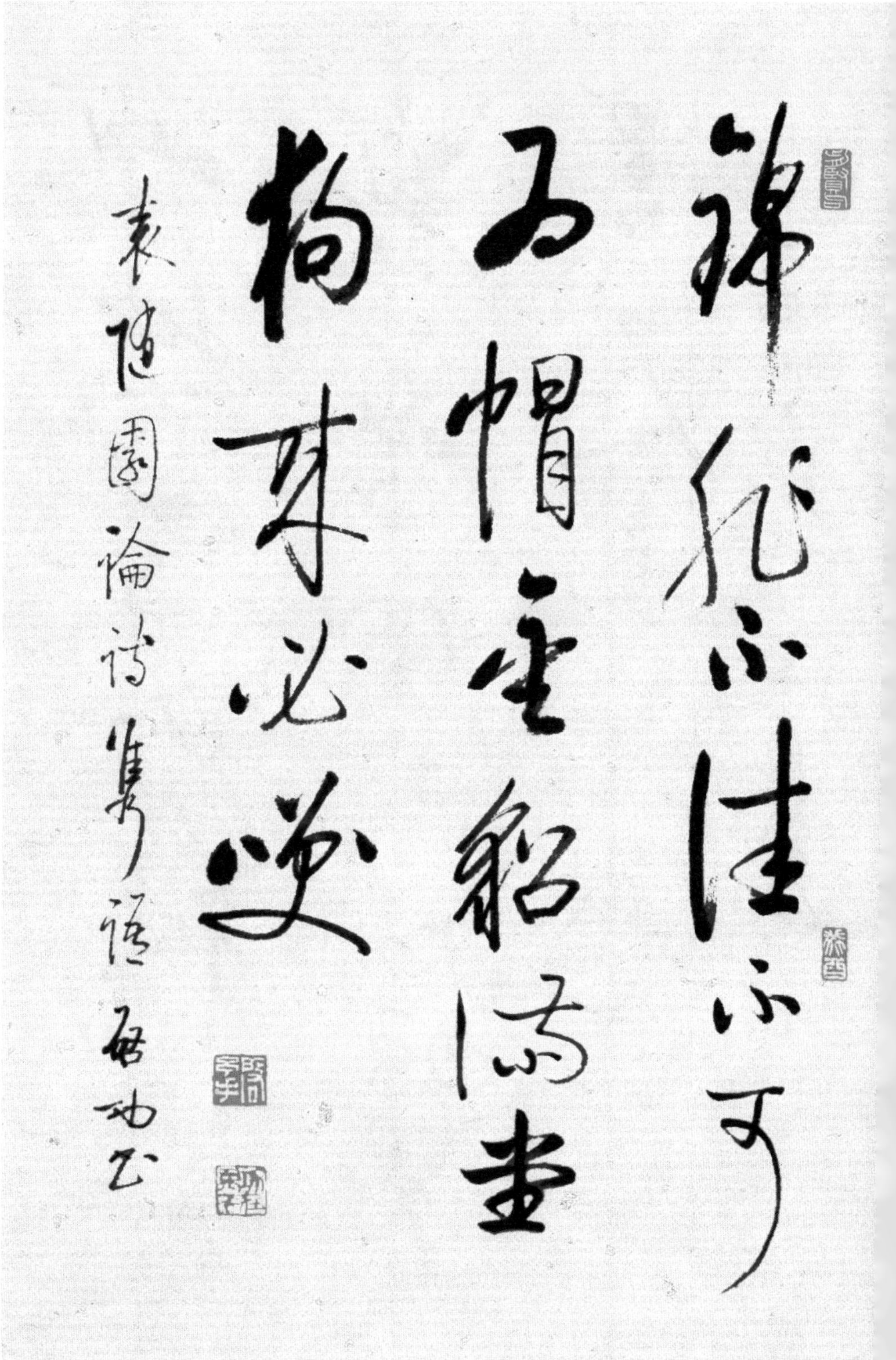

随园论诗隽语

一九九三年作　水墨纸本　69cm × 47cm　个人收藏

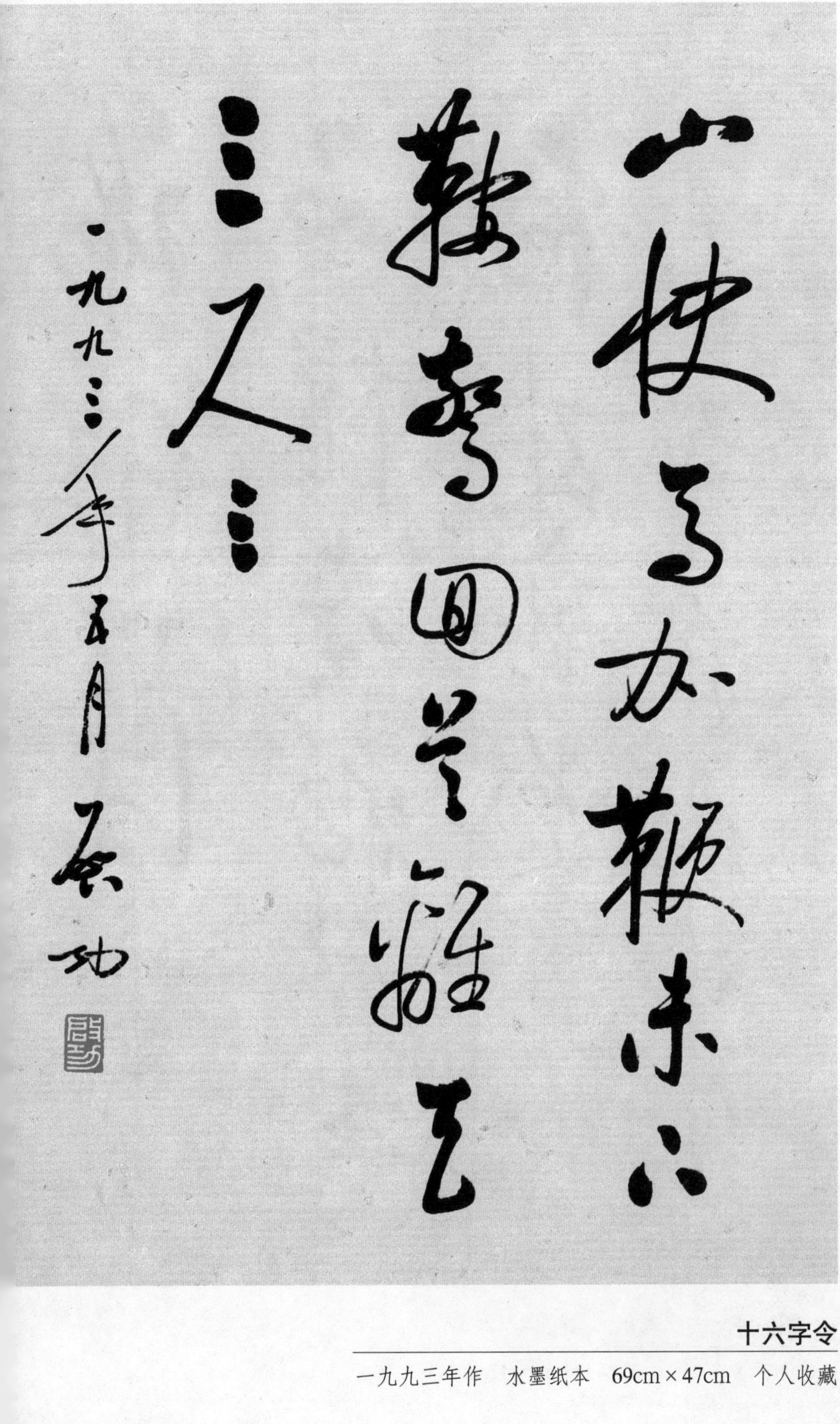

十六字令

一九九三年作 水墨纸本 69cm×47cm 个人收藏

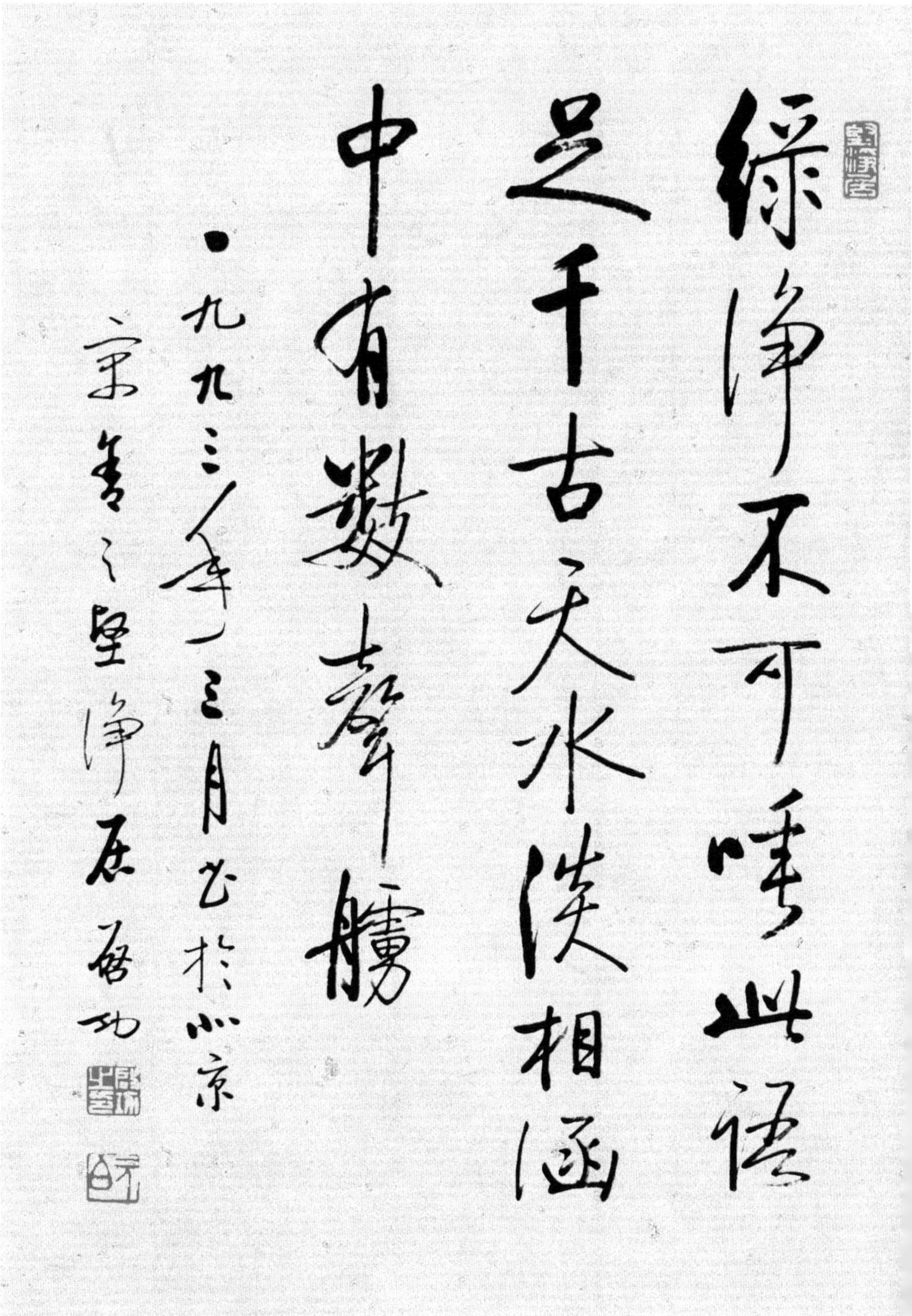

高珩句——绿净不可唾

一九九三年作　水墨纸本　69cm×47cm　个人收藏

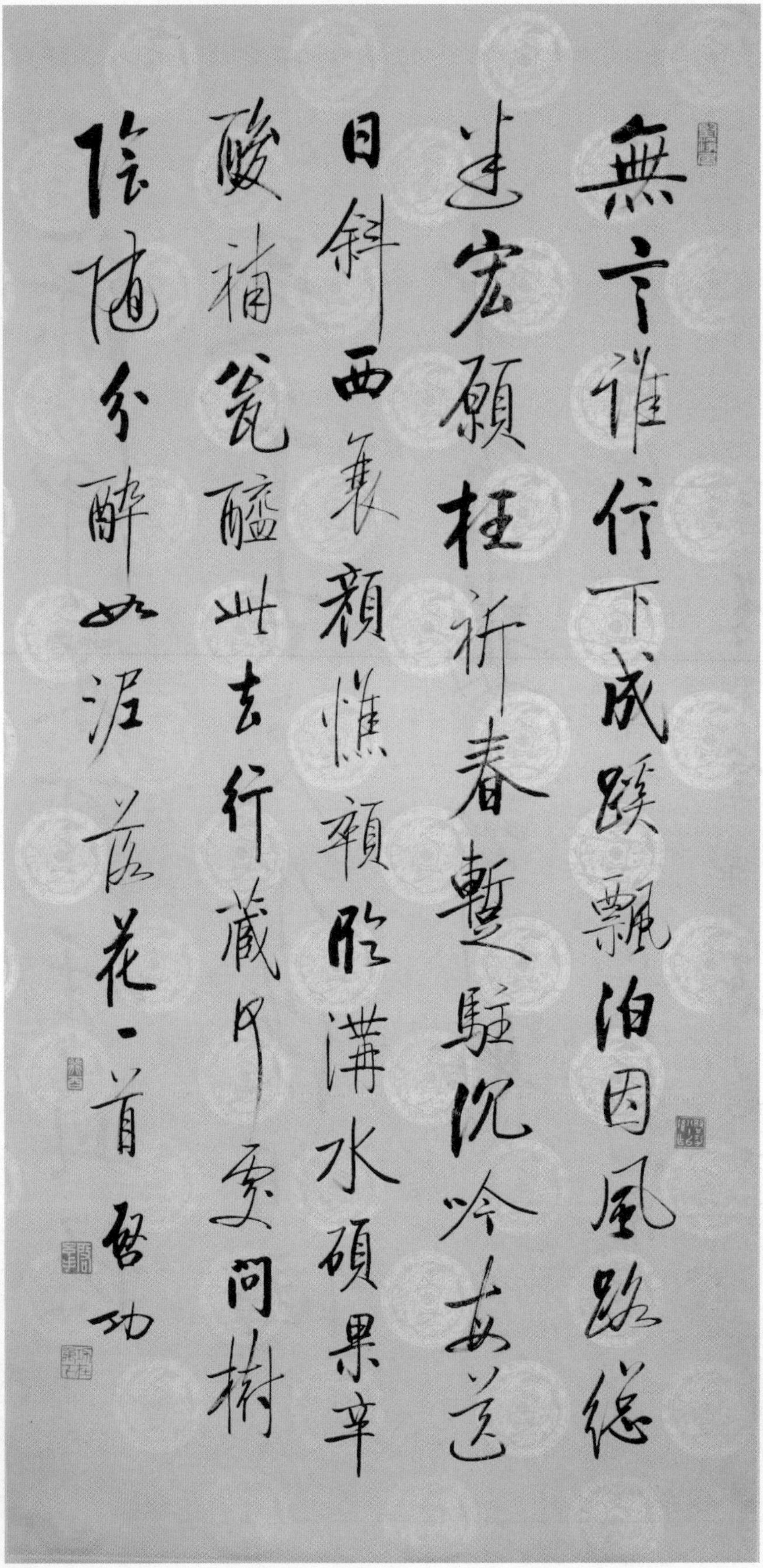

落花诗

一九九三年作 水墨纸本 133cm × 70cm 个人收藏

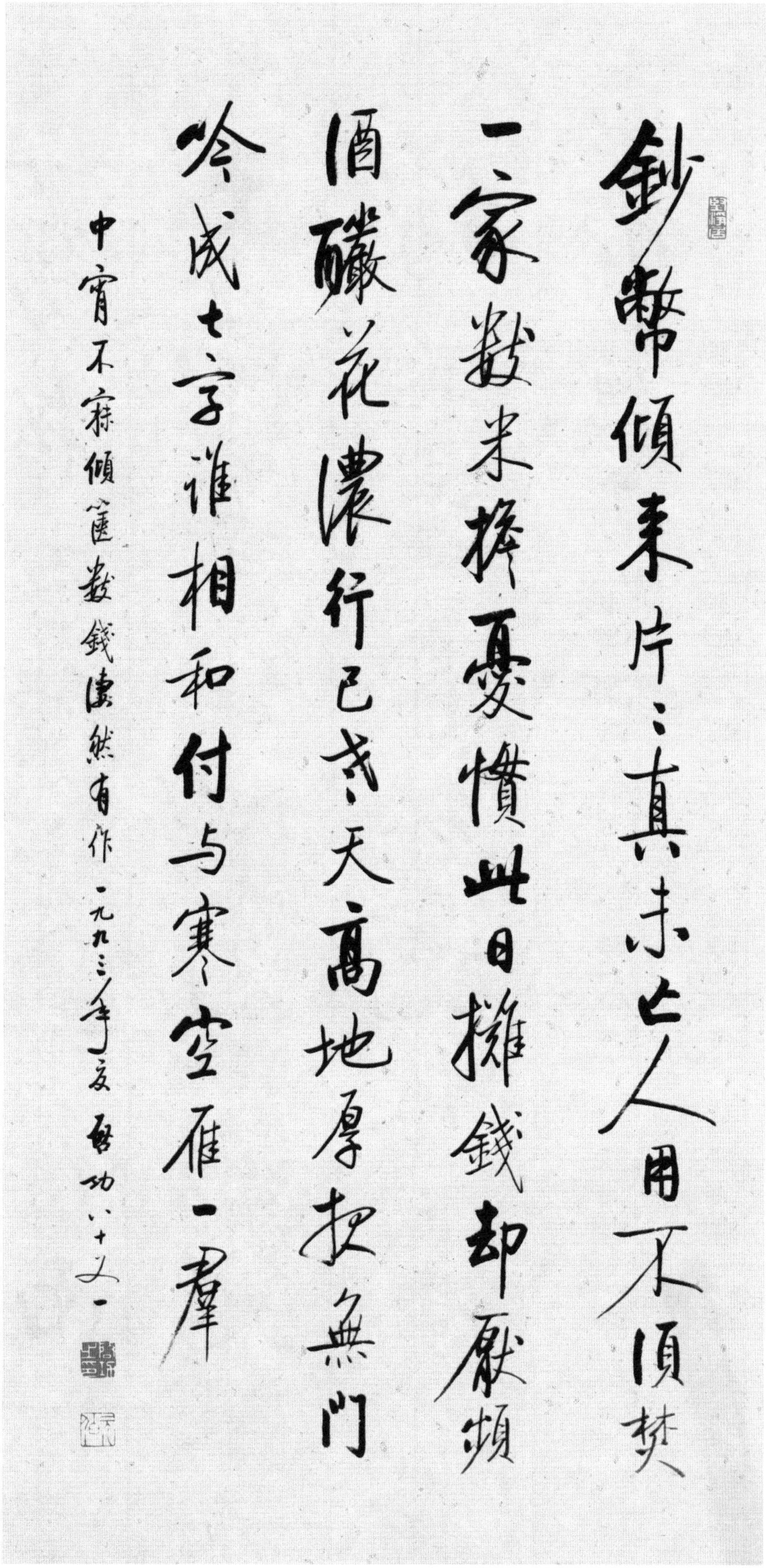

钞币倾来片片真
未亡人用不须焚
一家数米担忧惯
此日摊钱却厌频
酒酿花浓行已老
天高地厚报无门
吟成七字谁相和
付与寒空雁一群
中宵不寐倾箧数钱漫然有作
启功

倾箧数钱有作

一九九三年作　水墨纸本　130cm×66cm　个人收藏

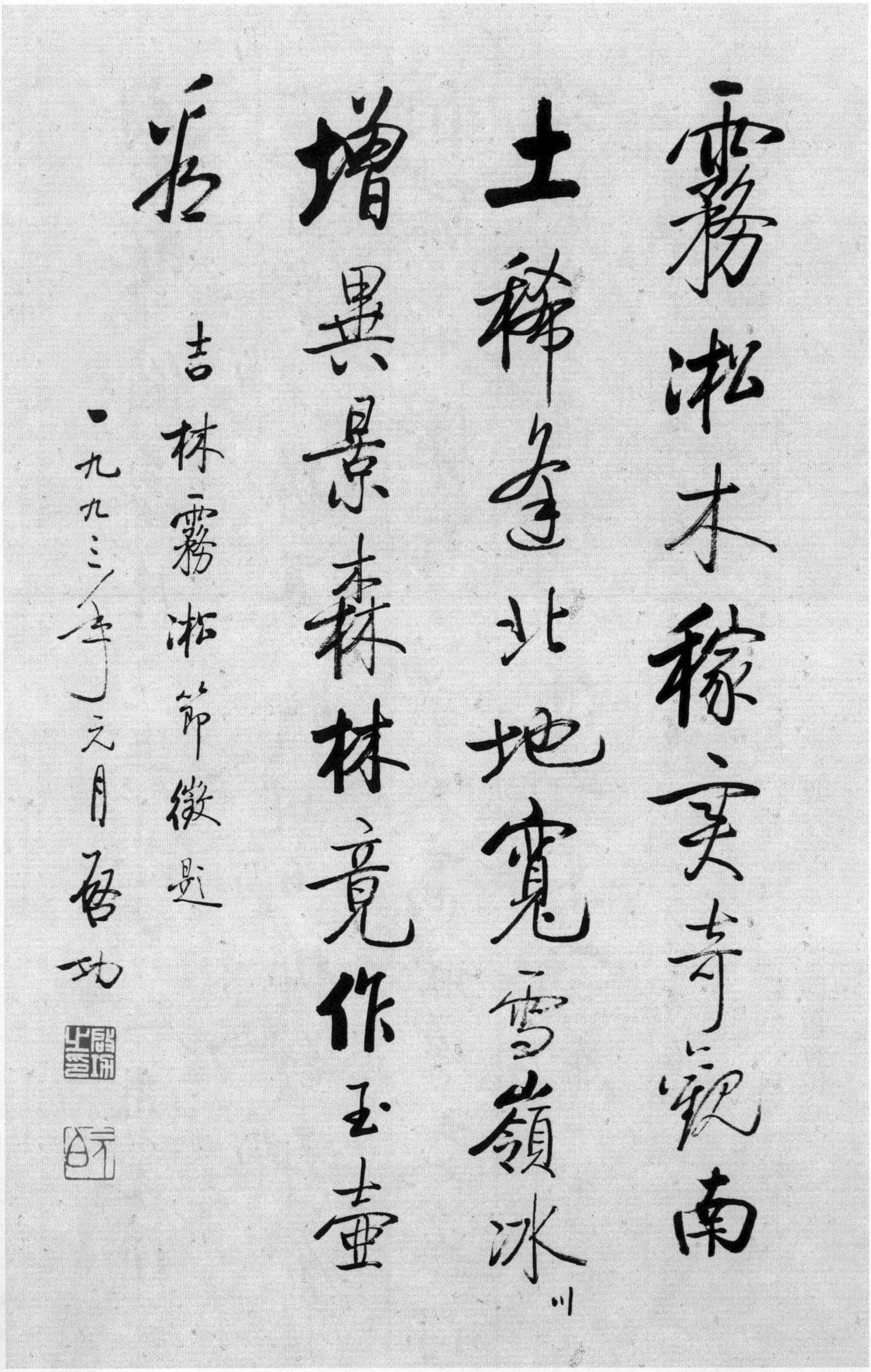
霧淞木稼、實奇觀南
土稀逢北地寬雪嶺冰川
增異景森林竟作玉壺
看
吉林霧淞節徵題
一九九三年元月啓功

题吉林雾淞节

一九九三年作　水墨纸本　66cm × 44cm　个人收藏

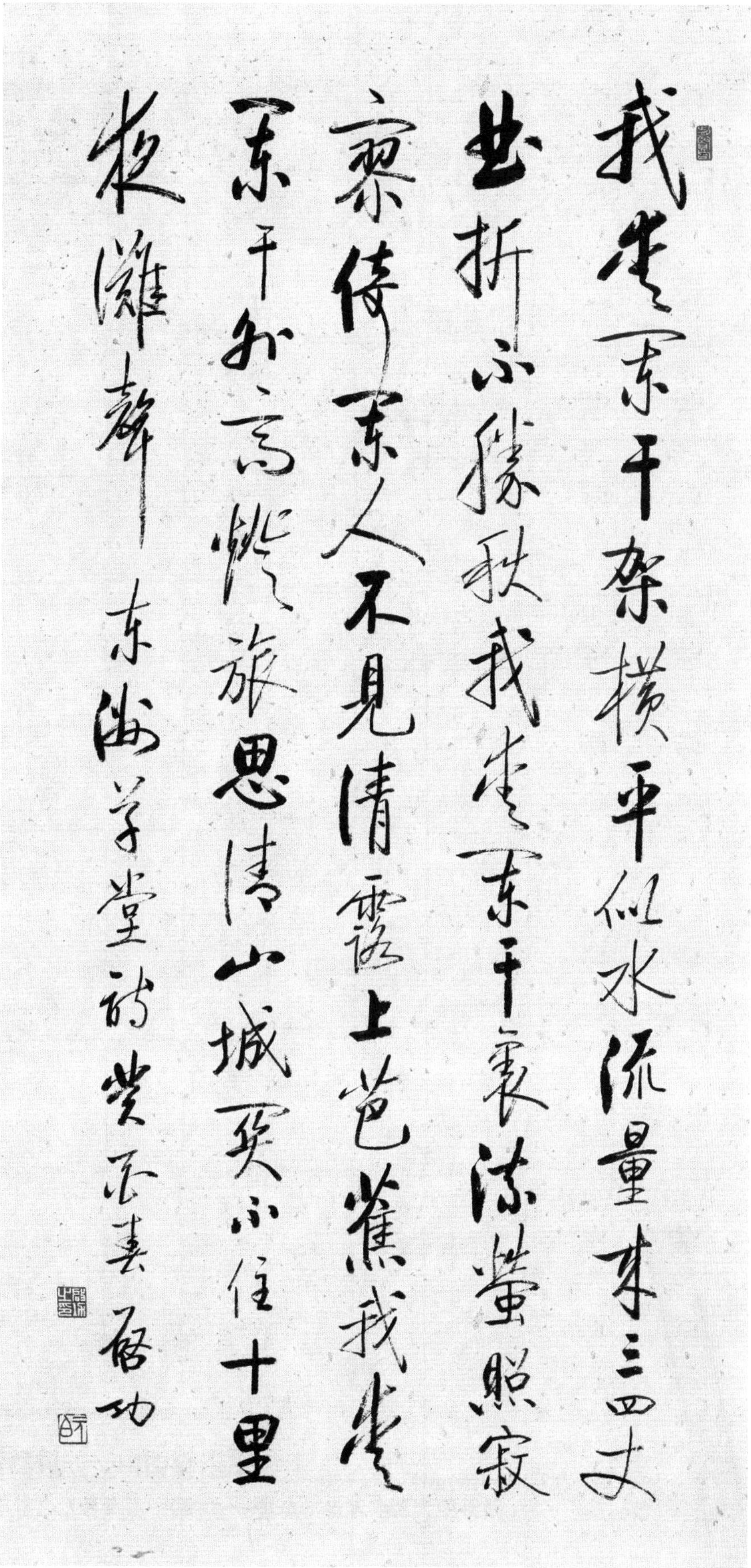

东洲草堂诗

一九九三年作　水墨纸本　134cm×67cm　个人收藏

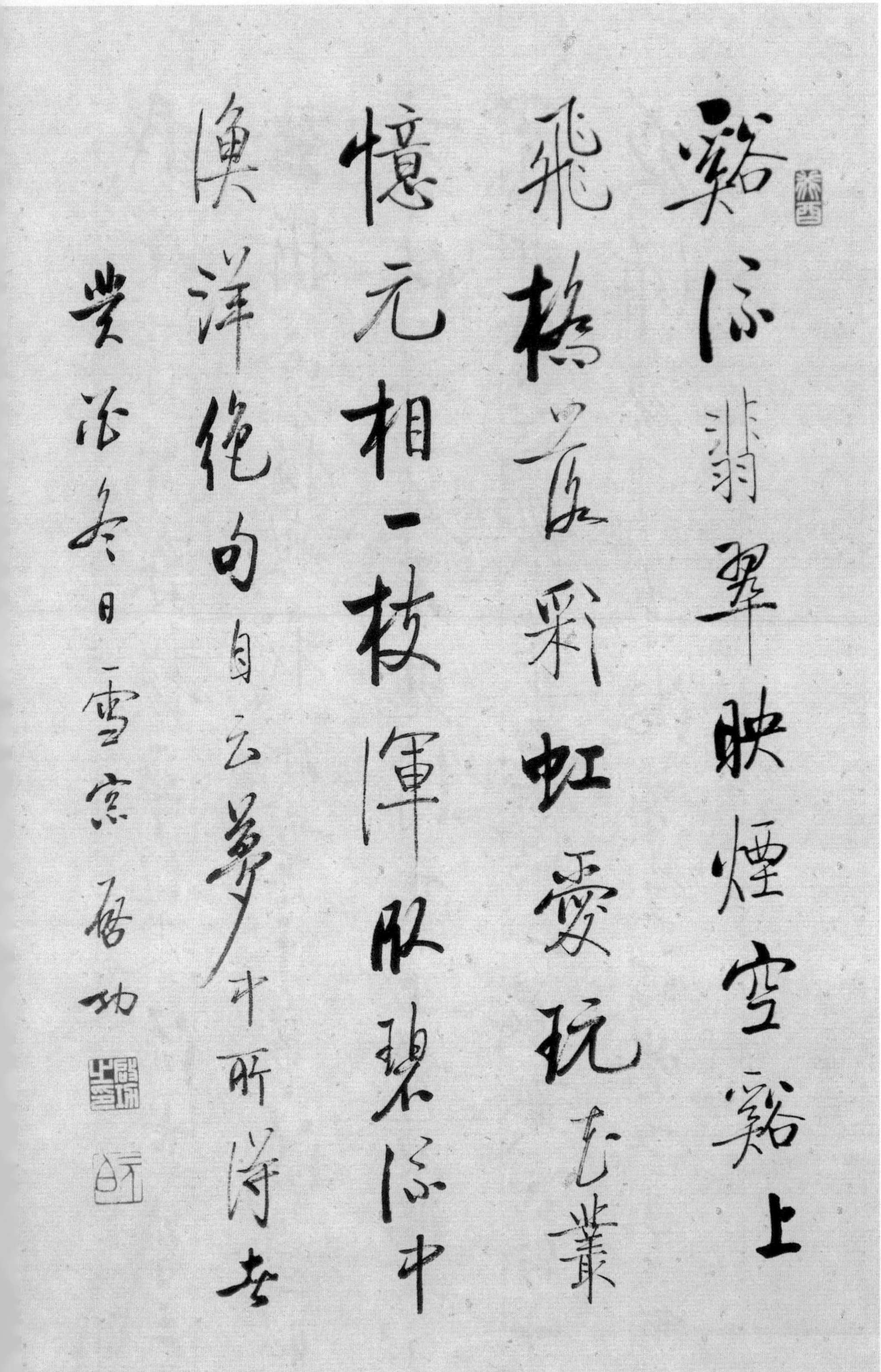

王士禛句——谿流翡翠映烟空

一九九三年作 水墨纸本 64cm × 44cm 个人收藏

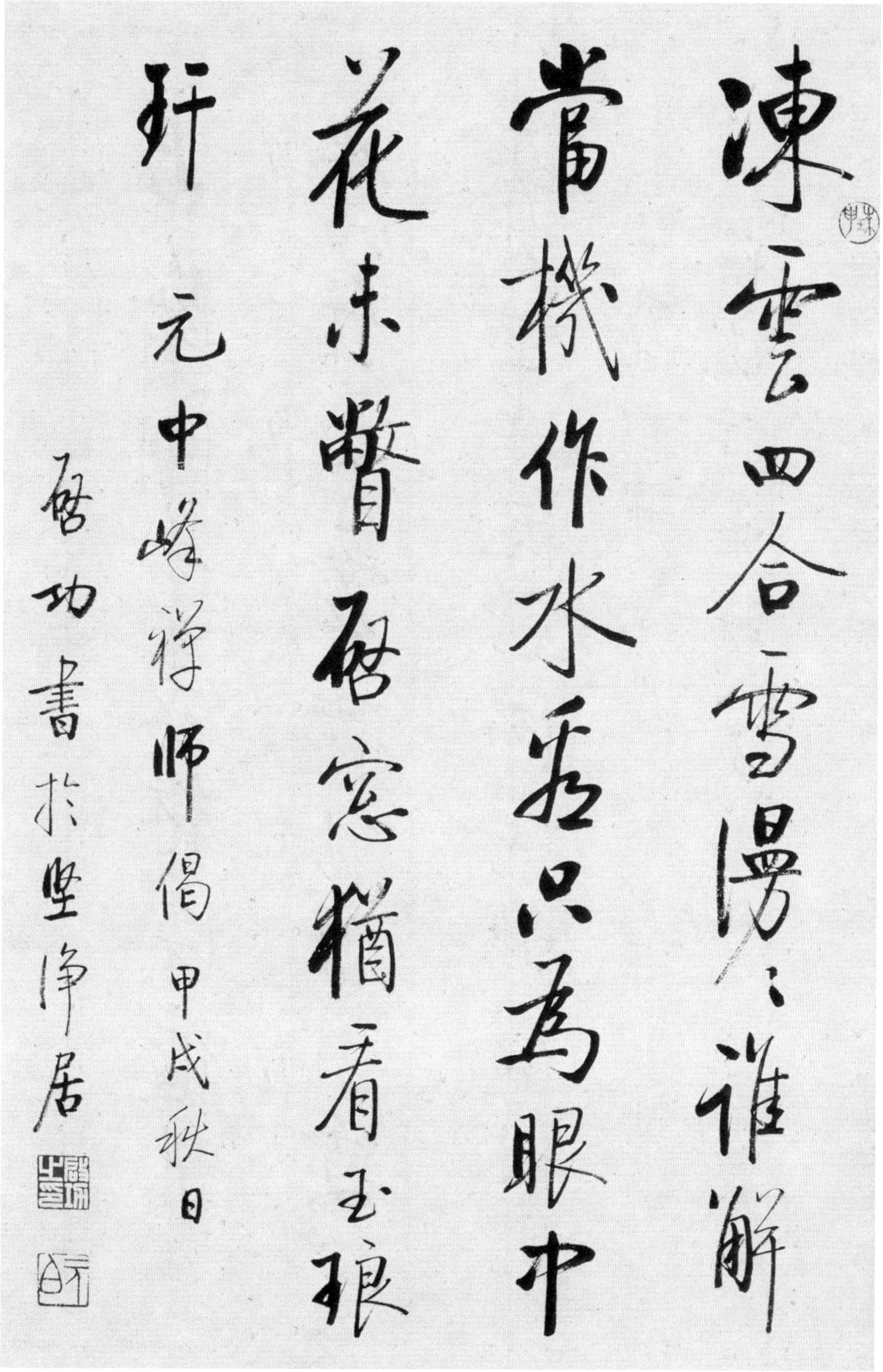
凍雲四合雪漫漫誰解
當機作水看只為眼中
花未瞥啟窗猶看玉琅
玕 元中峰禪師偈 甲戌秋日
啟功書於堅淨居

元中峰禅师偈

一九九四年作　水墨纸本　62cm × 43cm　个人收藏

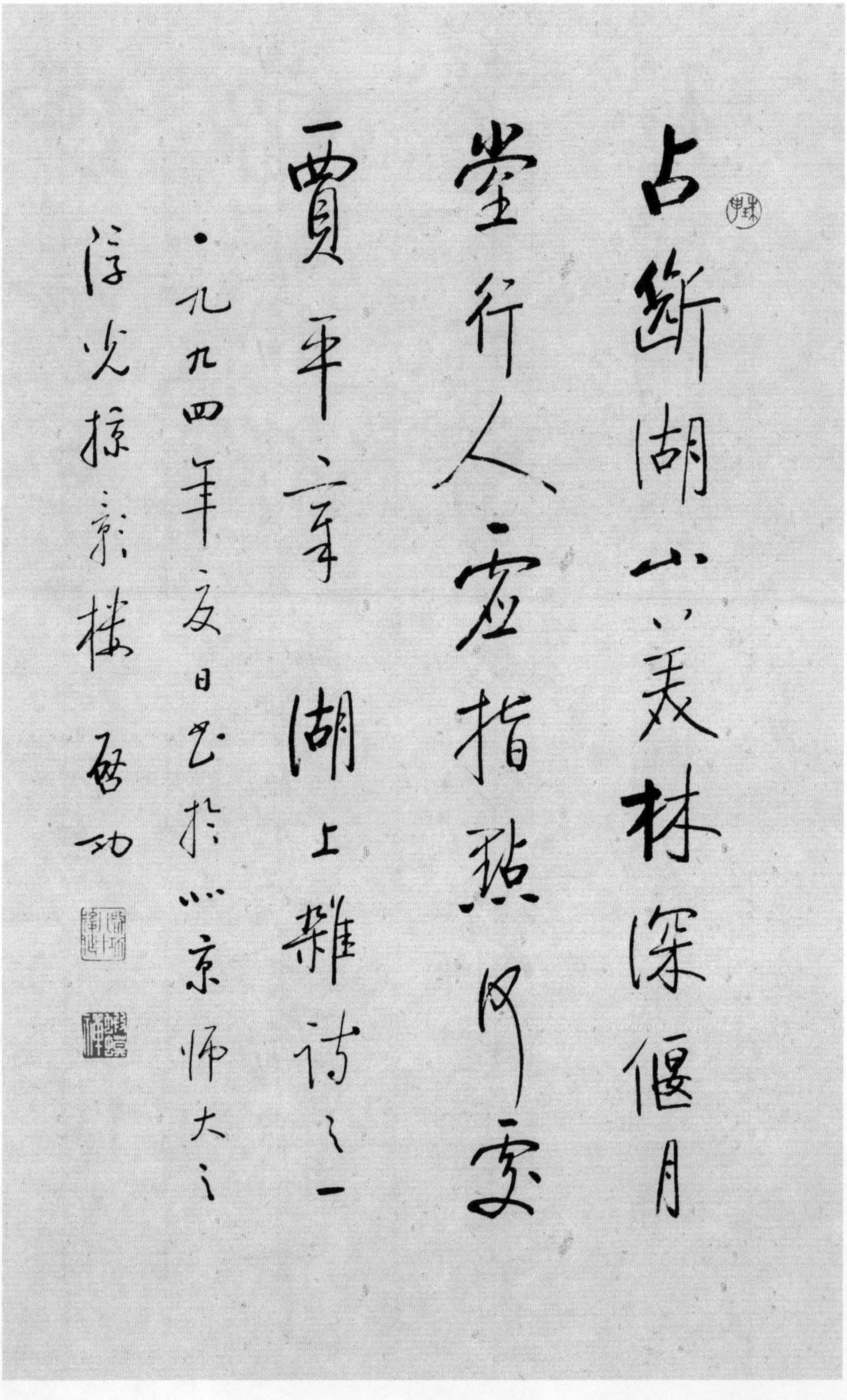

湖上杂诗

一九九四年作　水墨纸本　85cm × 50cm　个人收藏

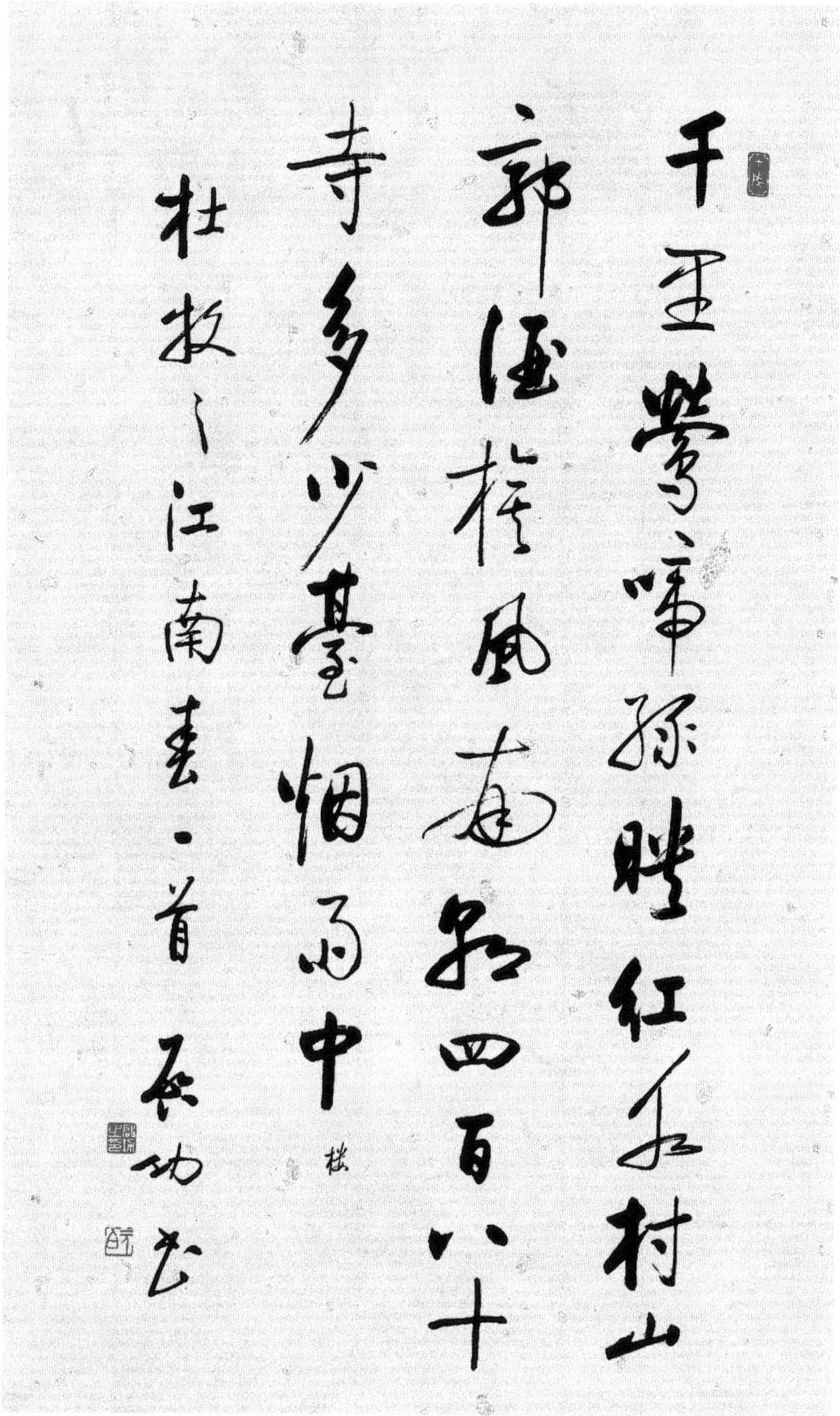

杜牧江南春一首

一九九四年作　水墨纸本　122cm × 74cm　个人收藏

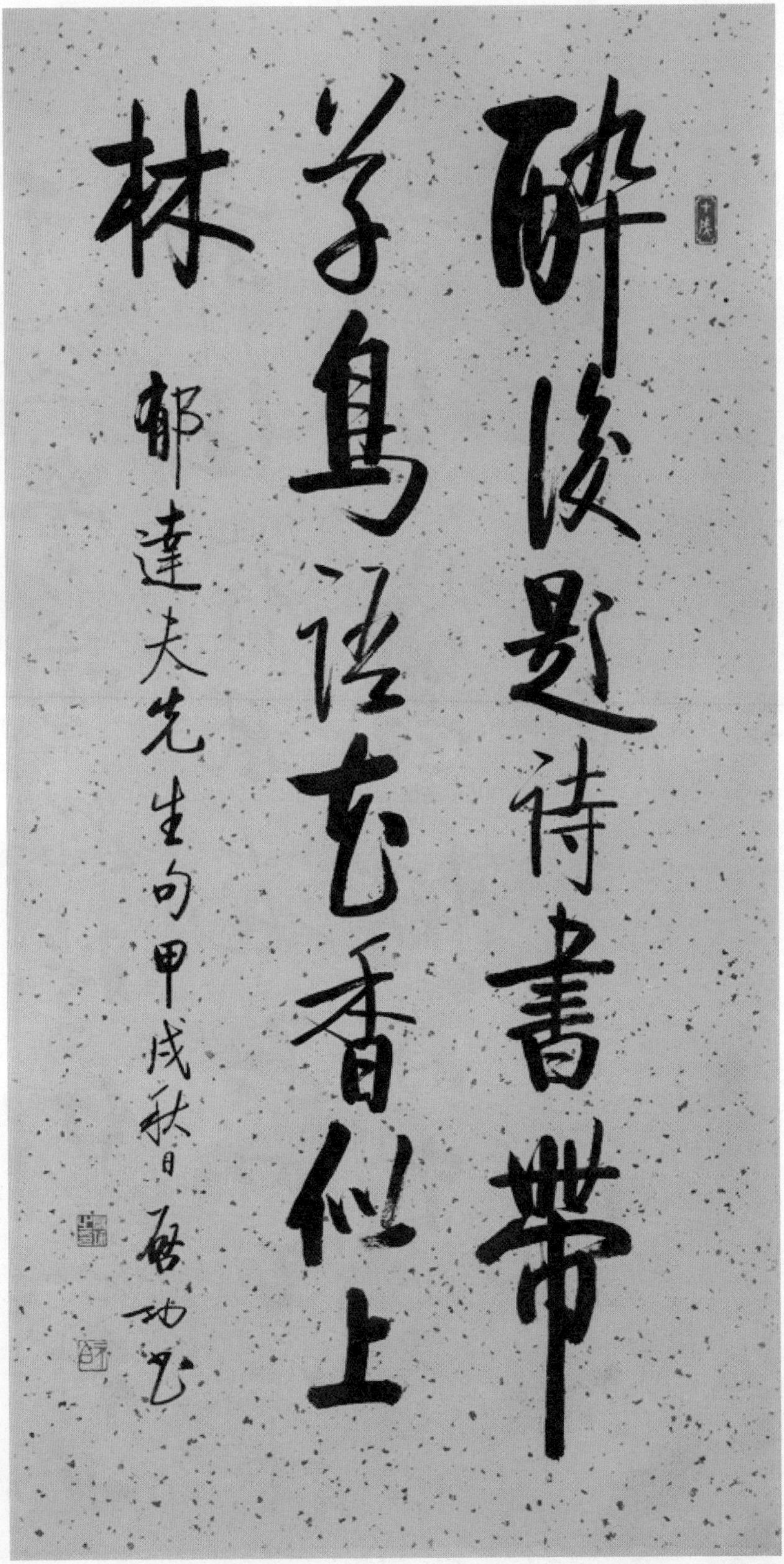

醉后题诗书带草

一九九四年作　水墨洒金笺　个人收藏

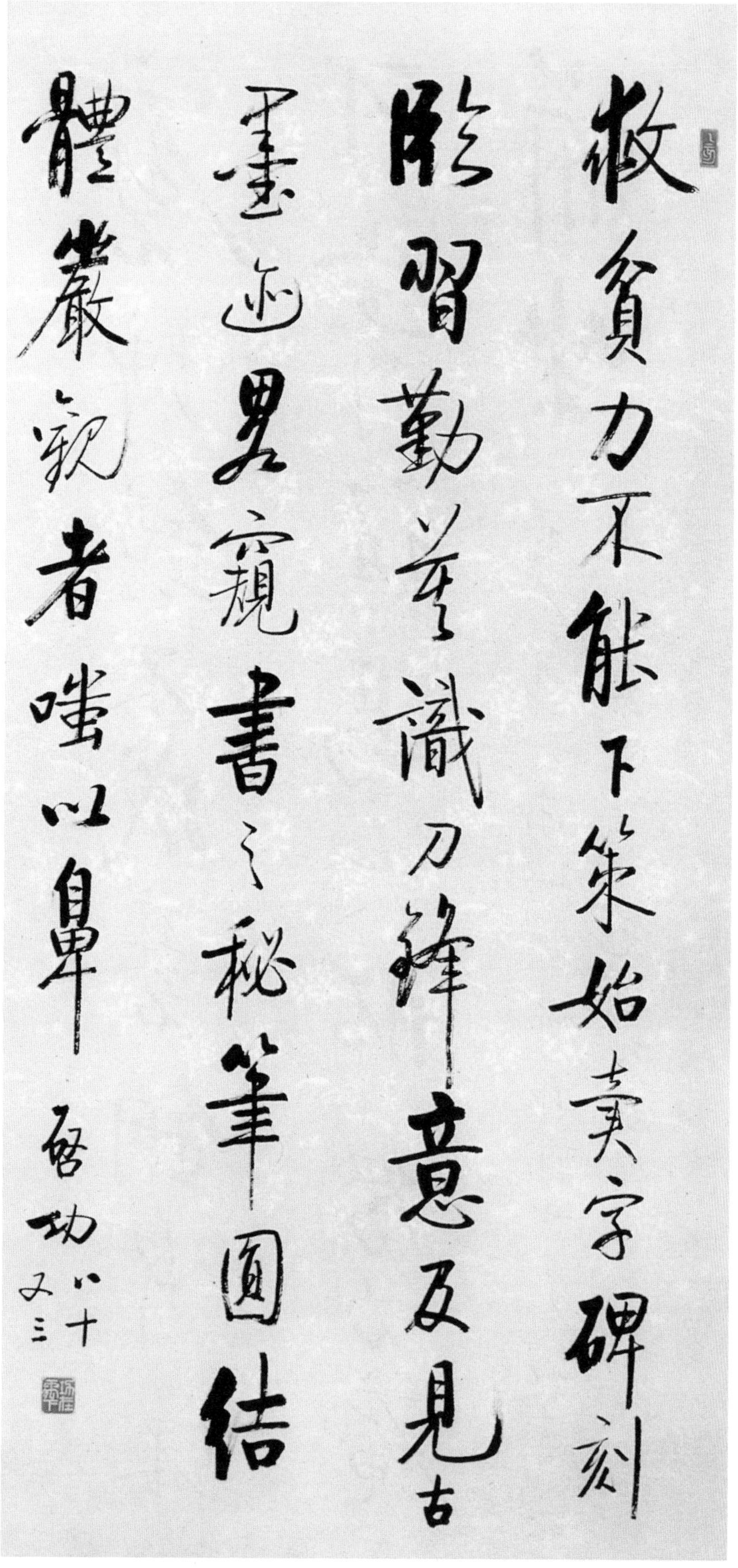
救貧力不能下策始賣字碑刻
臨習勤并識刀鋒意及見古
墨迹果窺書之秘筆圓結
體嚴觀者嗤以自卑
啓功 八十又三

自作诗——救贫力不能

一九九五年作 水墨纸本 124cm×58cm 个人收藏

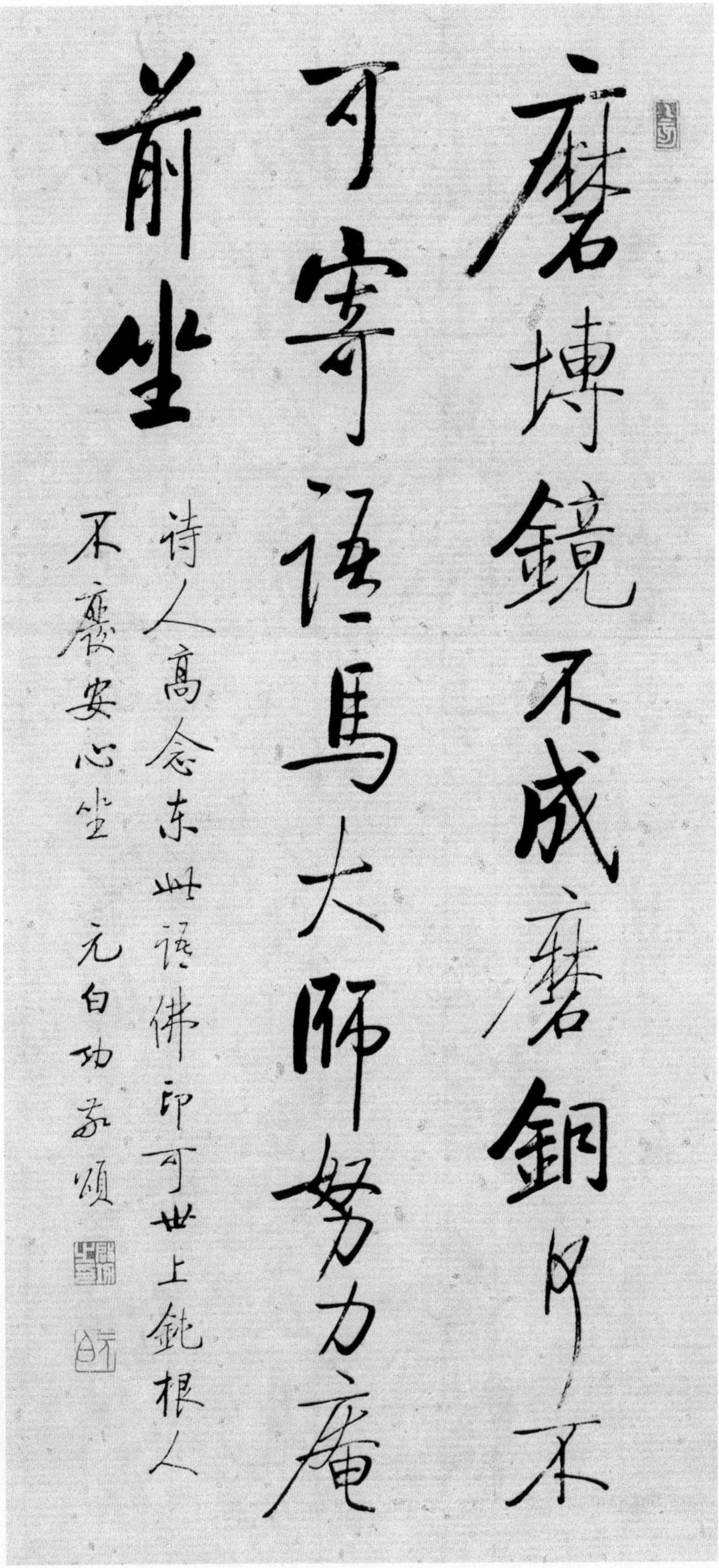
磨塼鏡不成
磨銅又不可
寄語馬大師
努力庵前坐
詩人高念東與語佛印可世上鈍根人
不應安心坐　元白功并頌

高念东语——磨砖镜不成

一九九五年作　水墨纸本　87cm×42cm　个人收藏

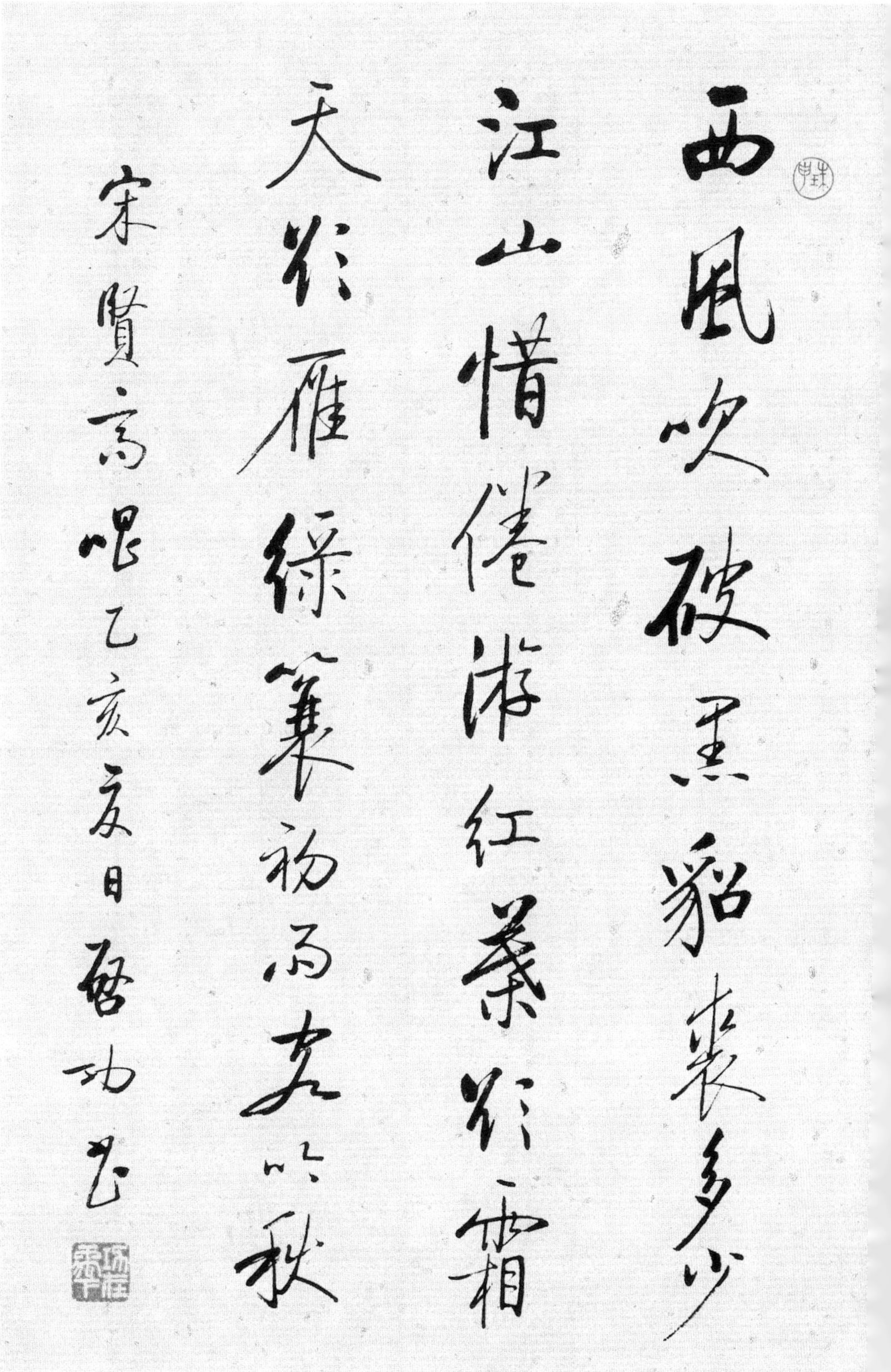

宋伯仁句——西风吹破黑貂裘

一九九五年作　水墨纸本　66cm × 44cm　个人收藏

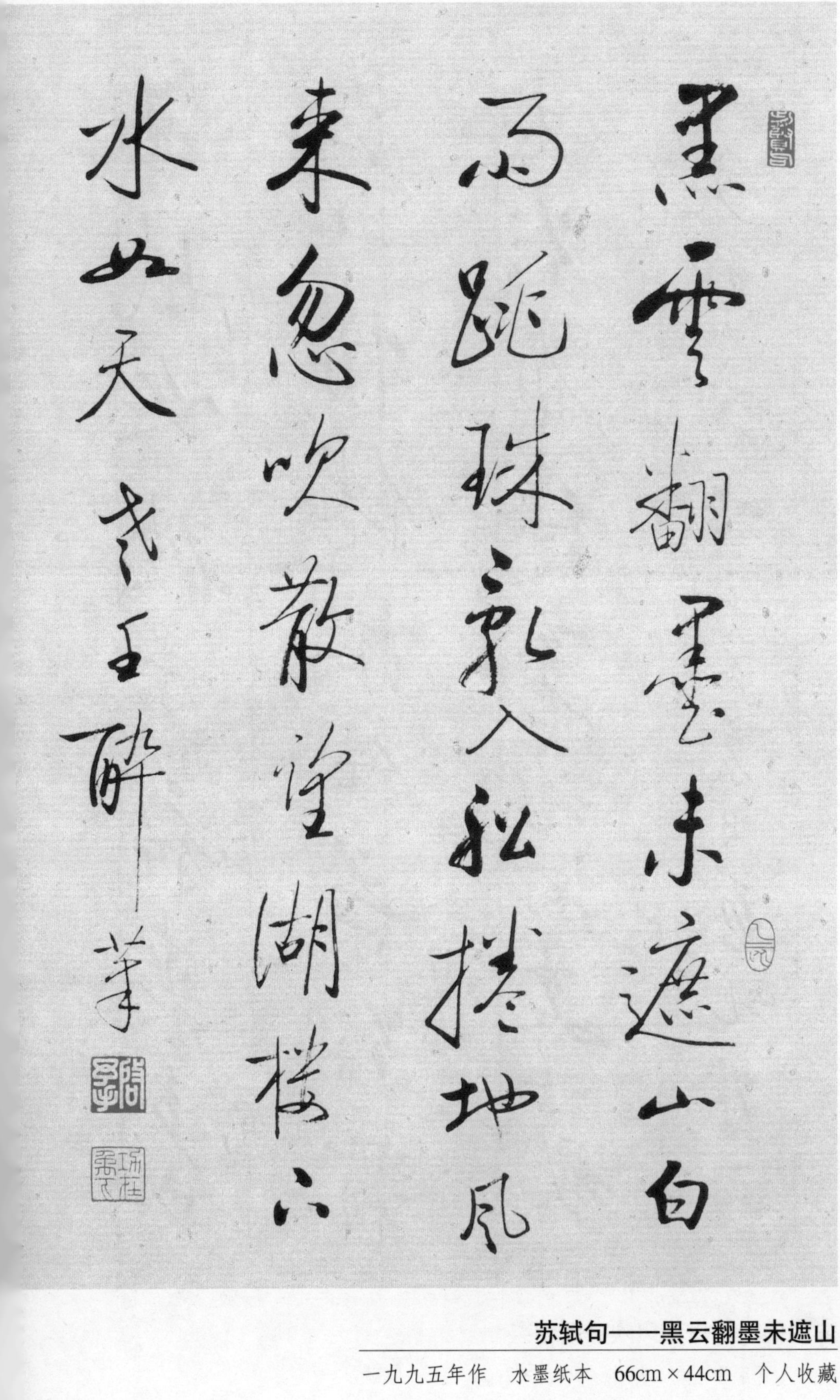

苏轼句——黑云翻墨未遮山

一九九五年作　水墨纸本　66cm × 44cm　个人收藏

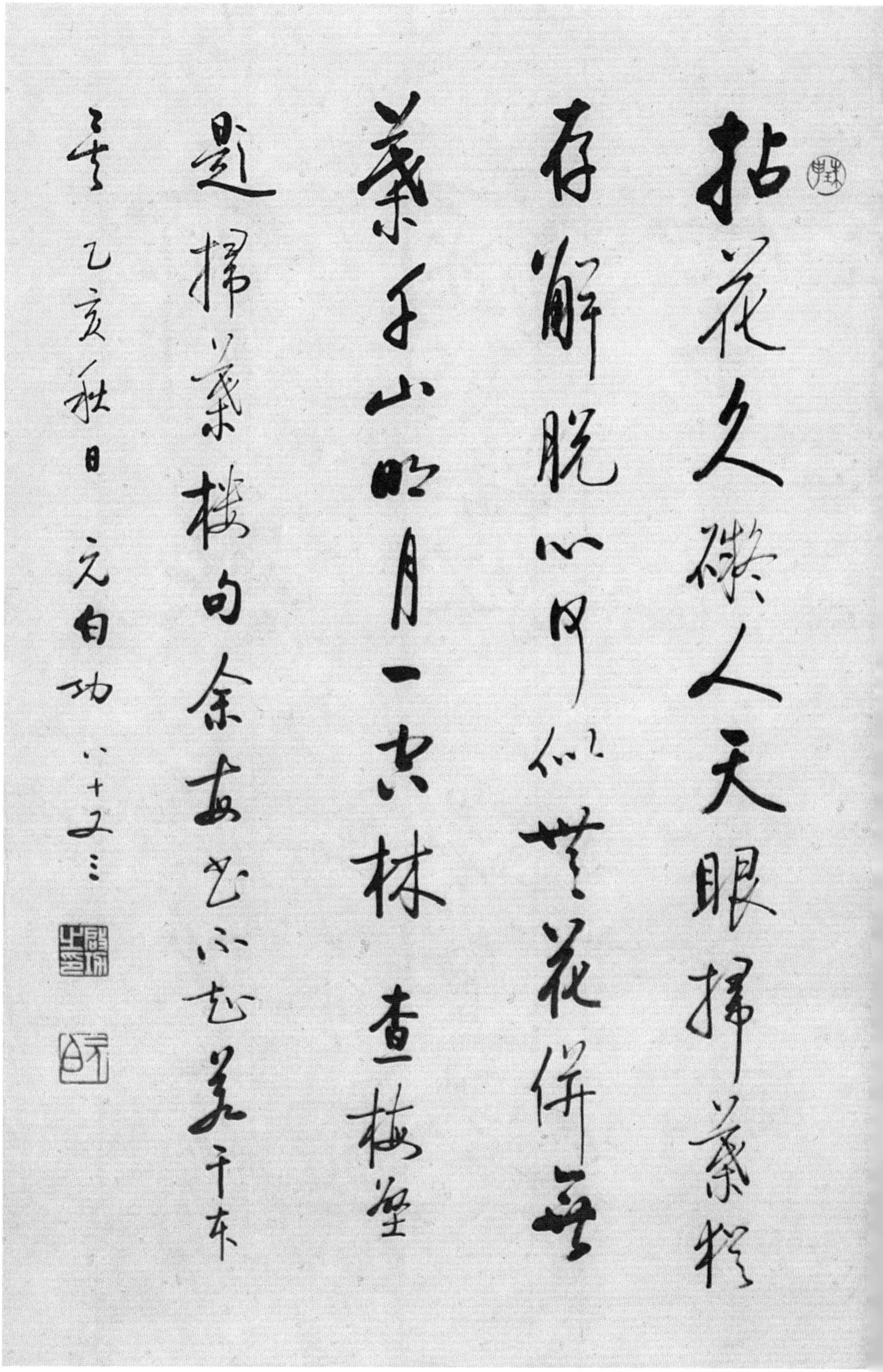

查梅壑题扫叶楼句

一九九五年作　水墨纸本　66cm × 44cm　个人收藏

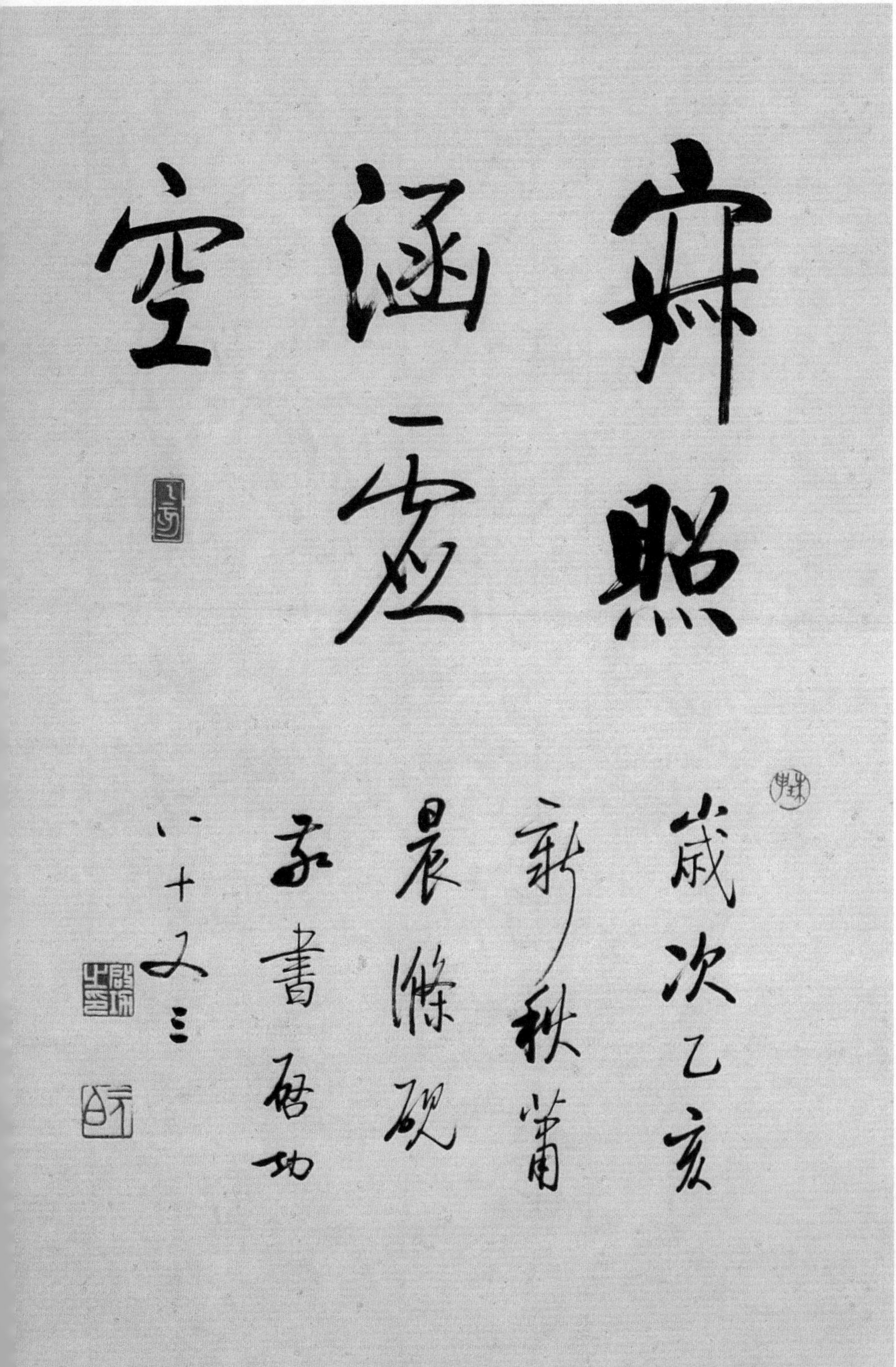

寂照涵虚空

一九九五年作　水墨纸本　66cm×44cm　个人收藏

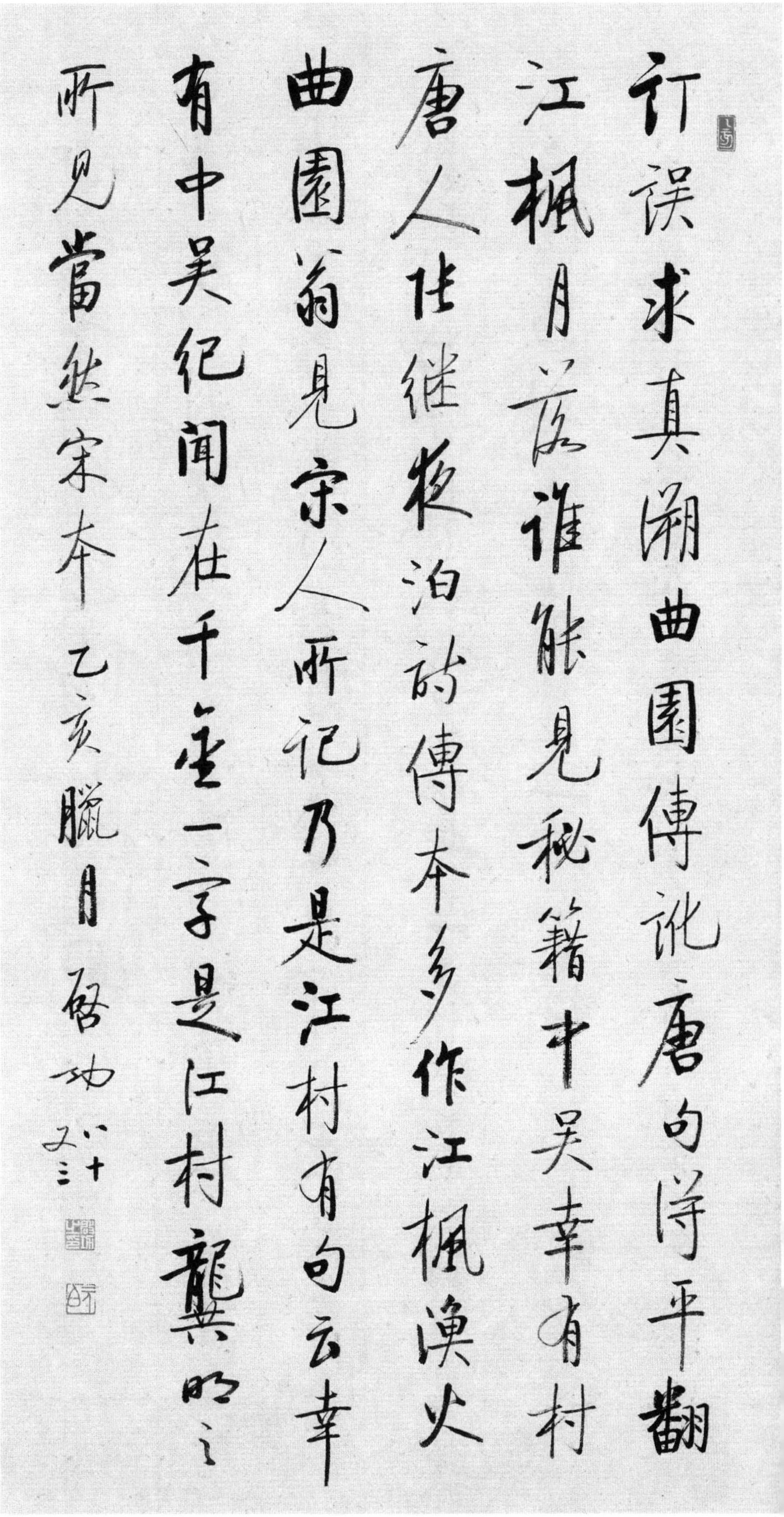
訂誤求真溯曲園傳訛唐句得平翻
江楓月落誰能見秘籍中吳幸有村
唐人張繼夜泊詩傳本多作江楓漁火
曲園翁見宋人所記乃是江村有句云幸
有中吳紀聞在千金一字是江村龔明之
所見當然宋本 乙亥臘月 啟功 八十又三

评张继诗

一九九五年作 水墨纸本 155cm × 70cm 个人收藏

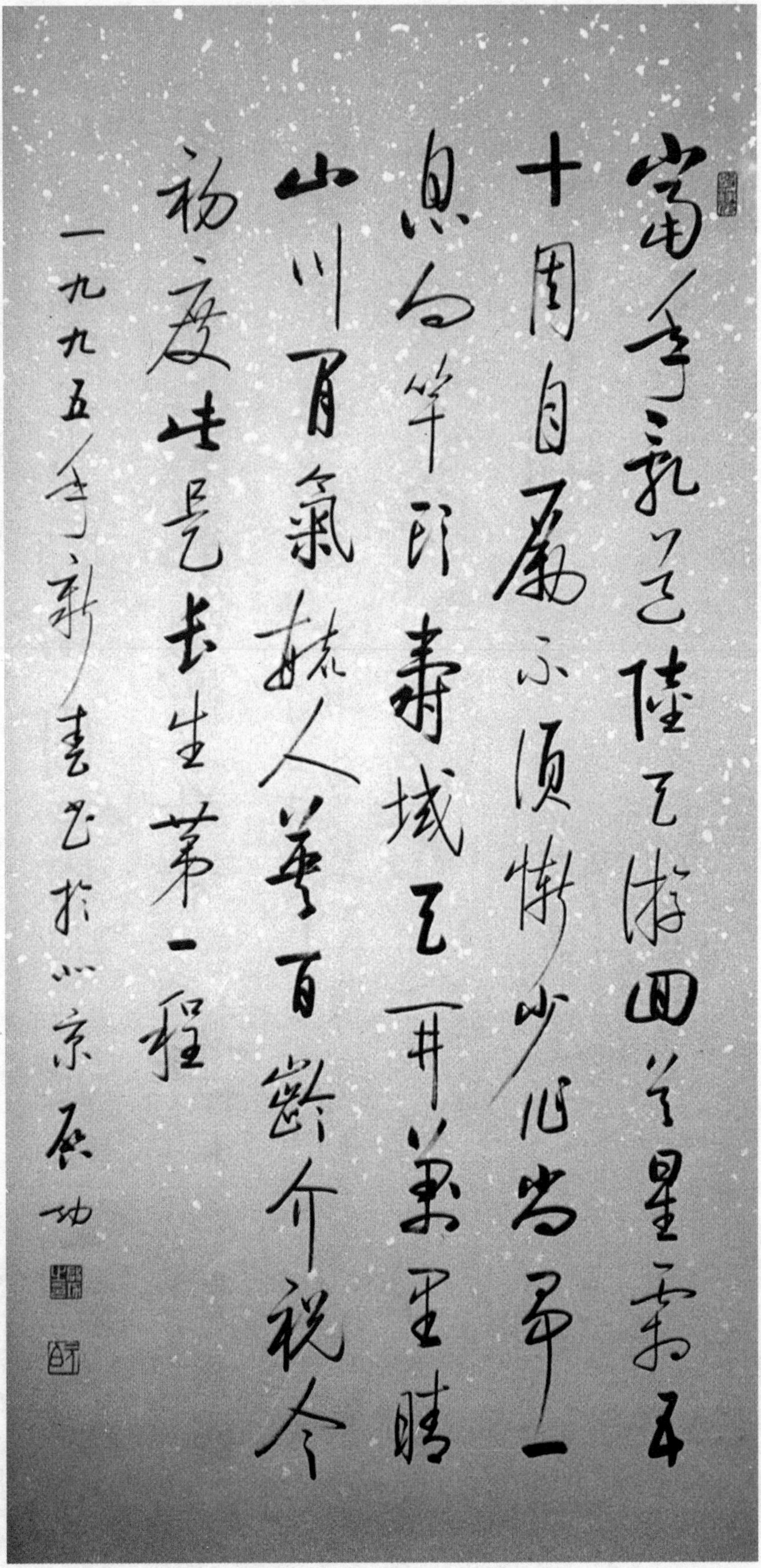

自作诗——当年乱道陆天游

一九九五年作 水墨纸本 130cm×68cm 个人收藏

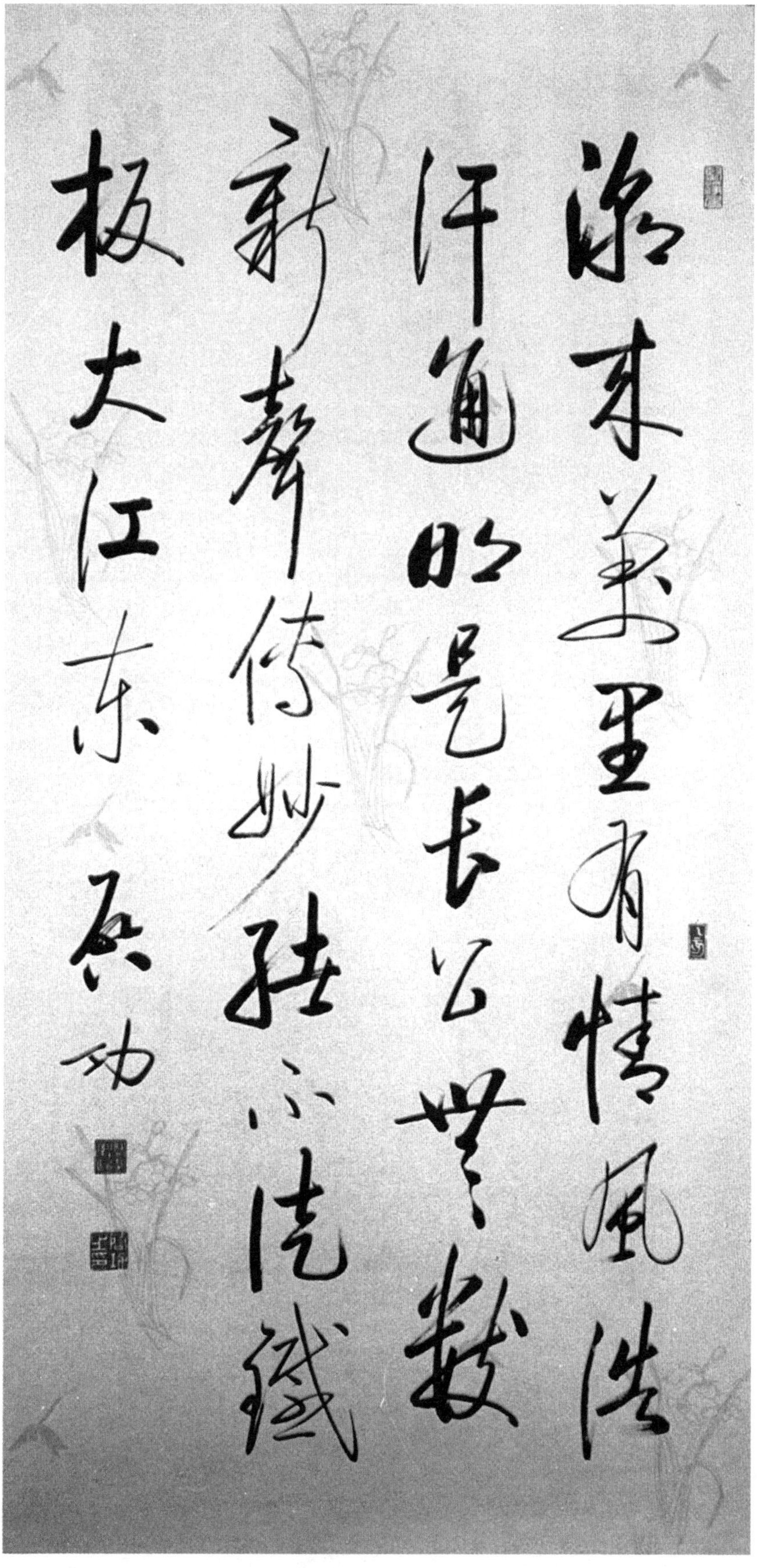

自作诗——潮来万里有情风

一九九五年作　水墨纸本　130cm×68cm　个人收藏

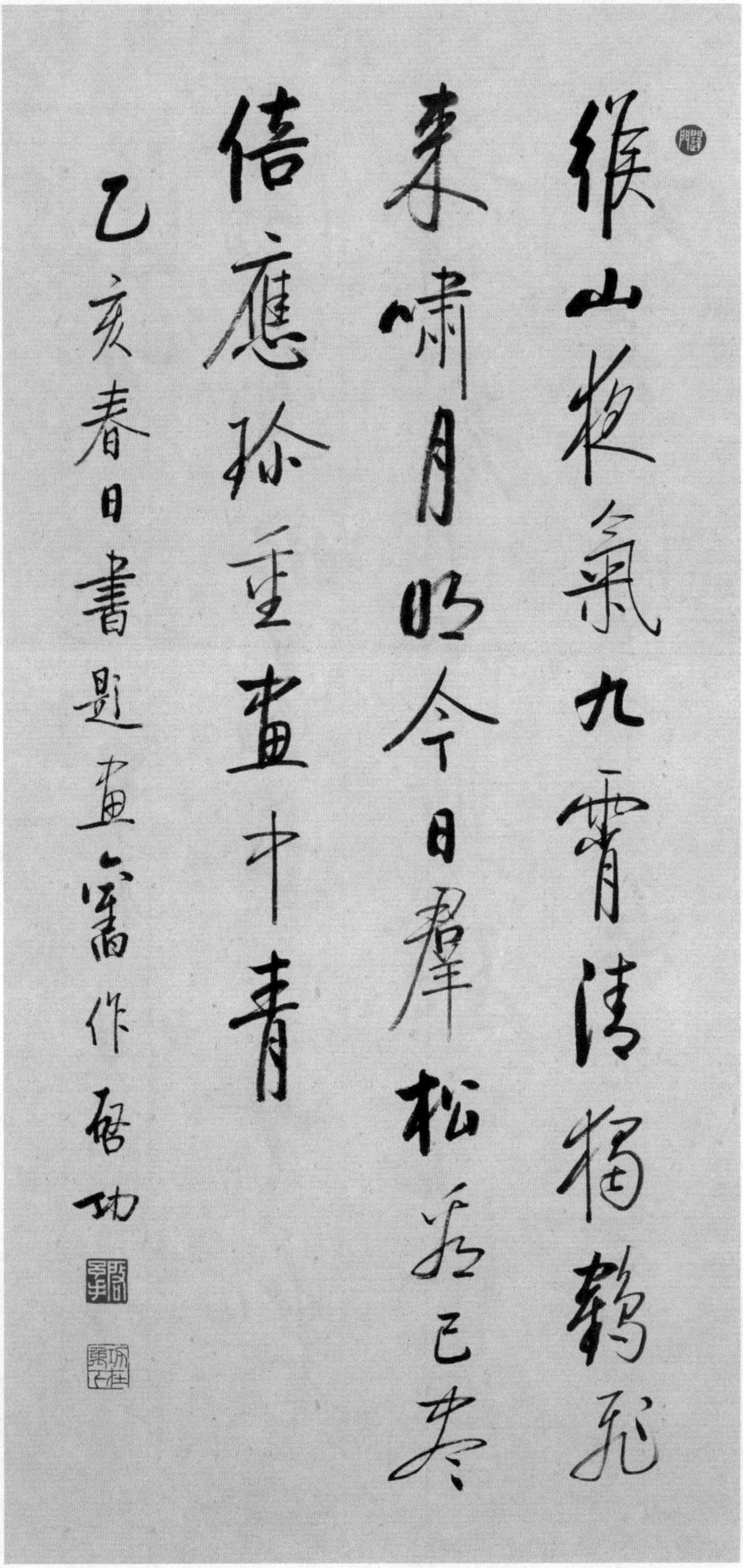

题画旧作——缑山夜气九霄清

一九九五年作 水墨纸本 102cm×51cm 个人收藏

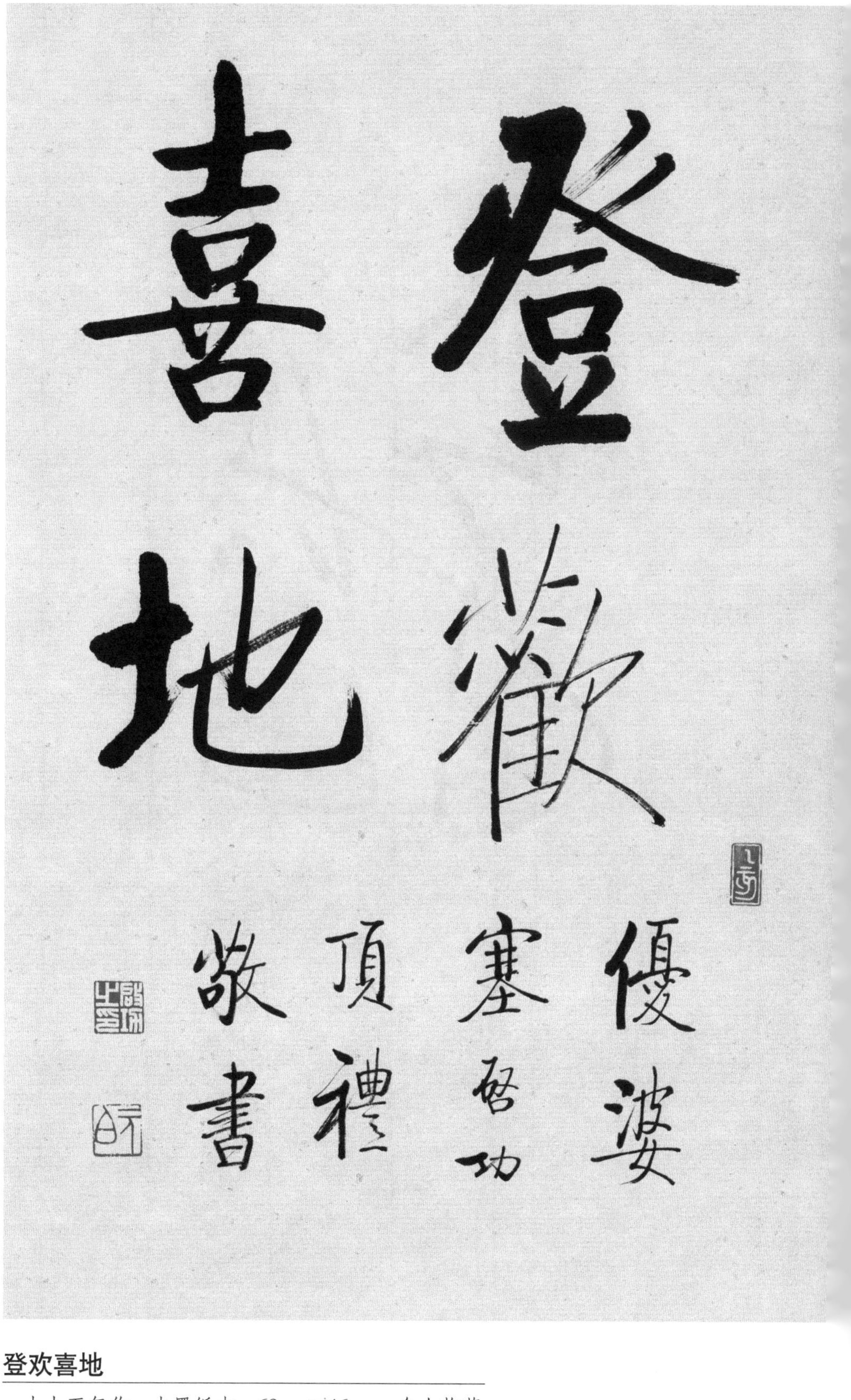

登欢喜地

一九九五年作　水墨纸本　69cm×46cm　个人收藏

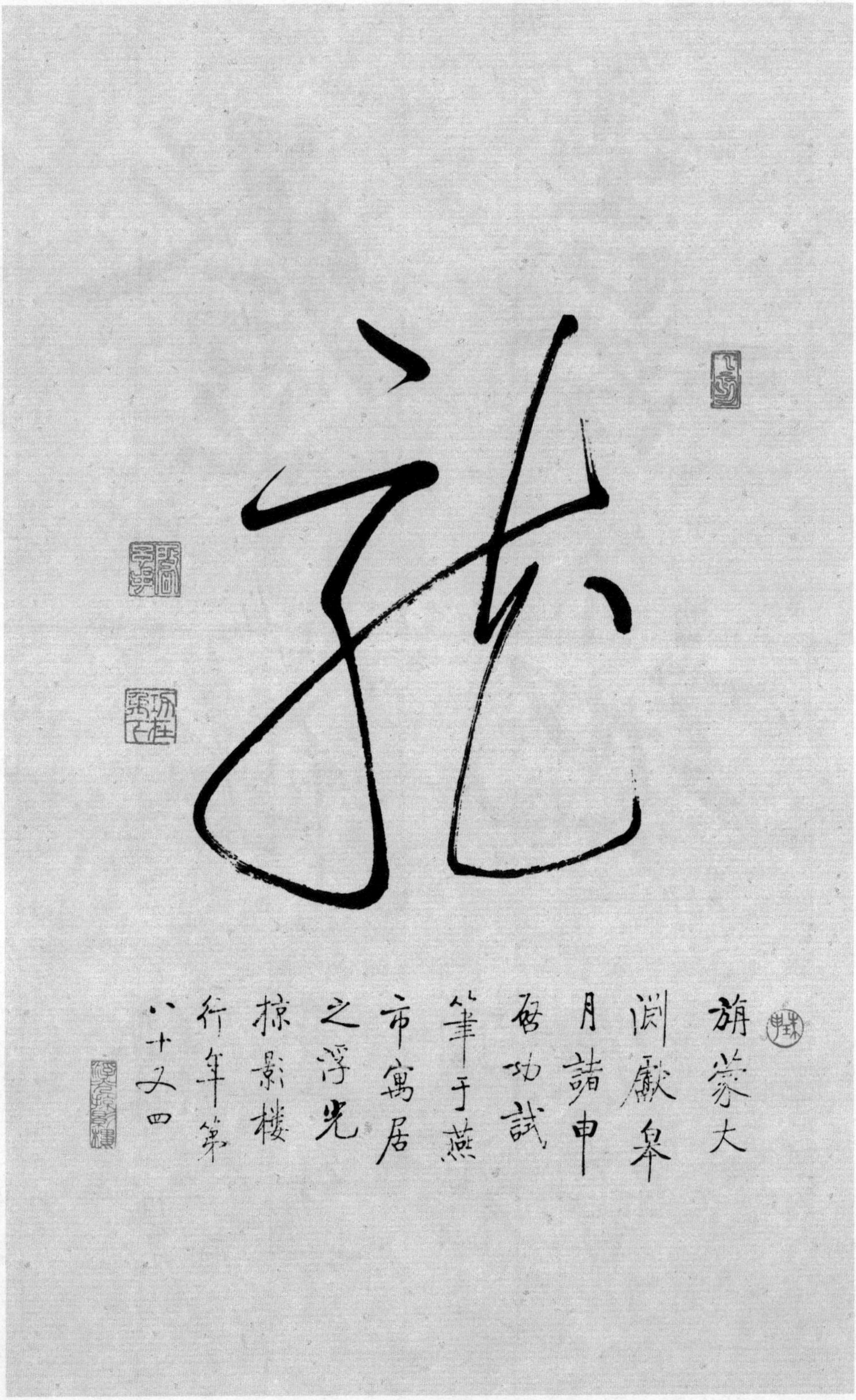
旃蒙大渊献皋月请申启功试笔于燕市寓居之浮光掠影楼行年第八十又四

龙

一九九五年作　水墨纸本　72cm × 52cm　个人收藏

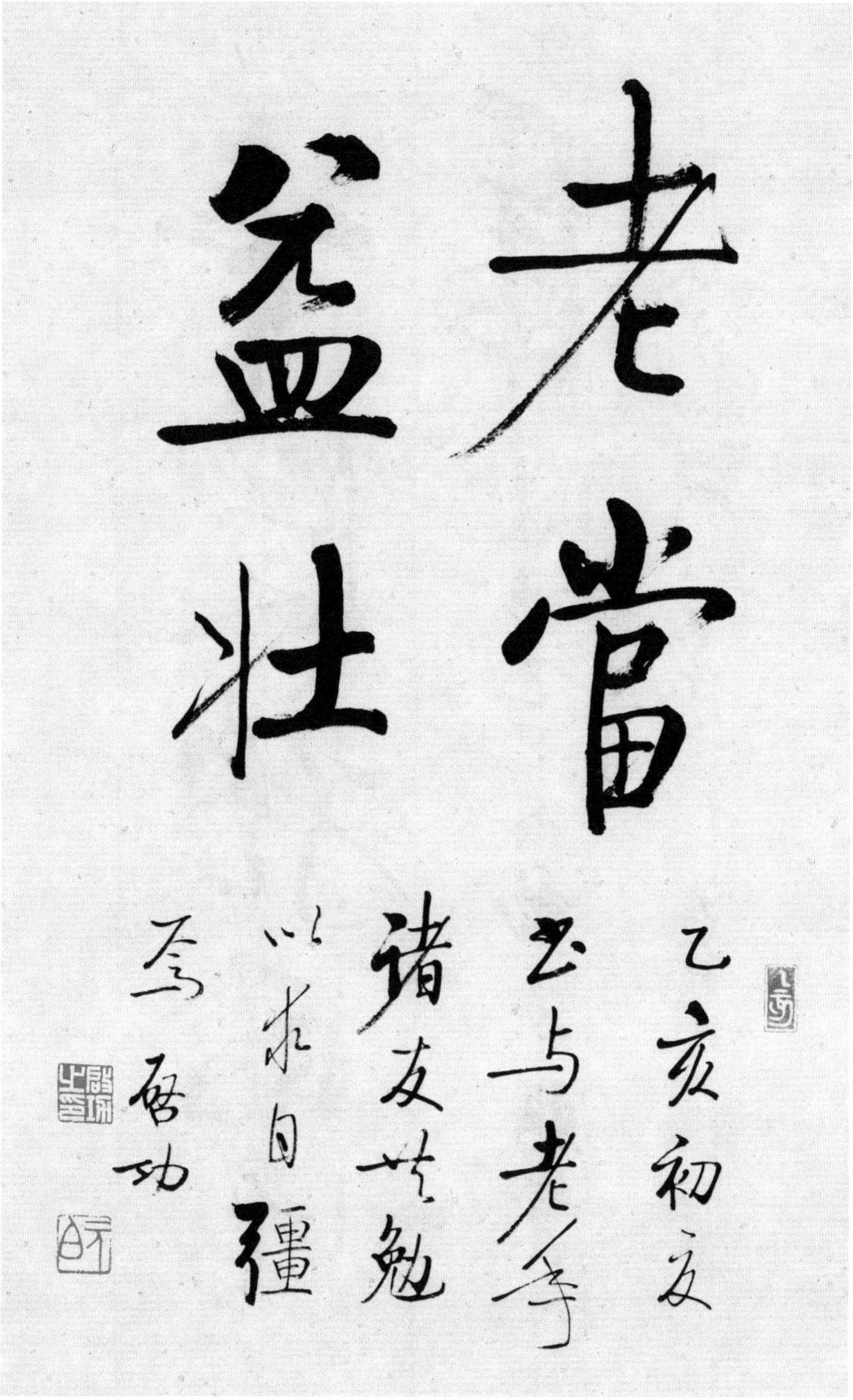

老当益壮

一九九五年作　水墨纸本　74cm × 52cm　个人收藏

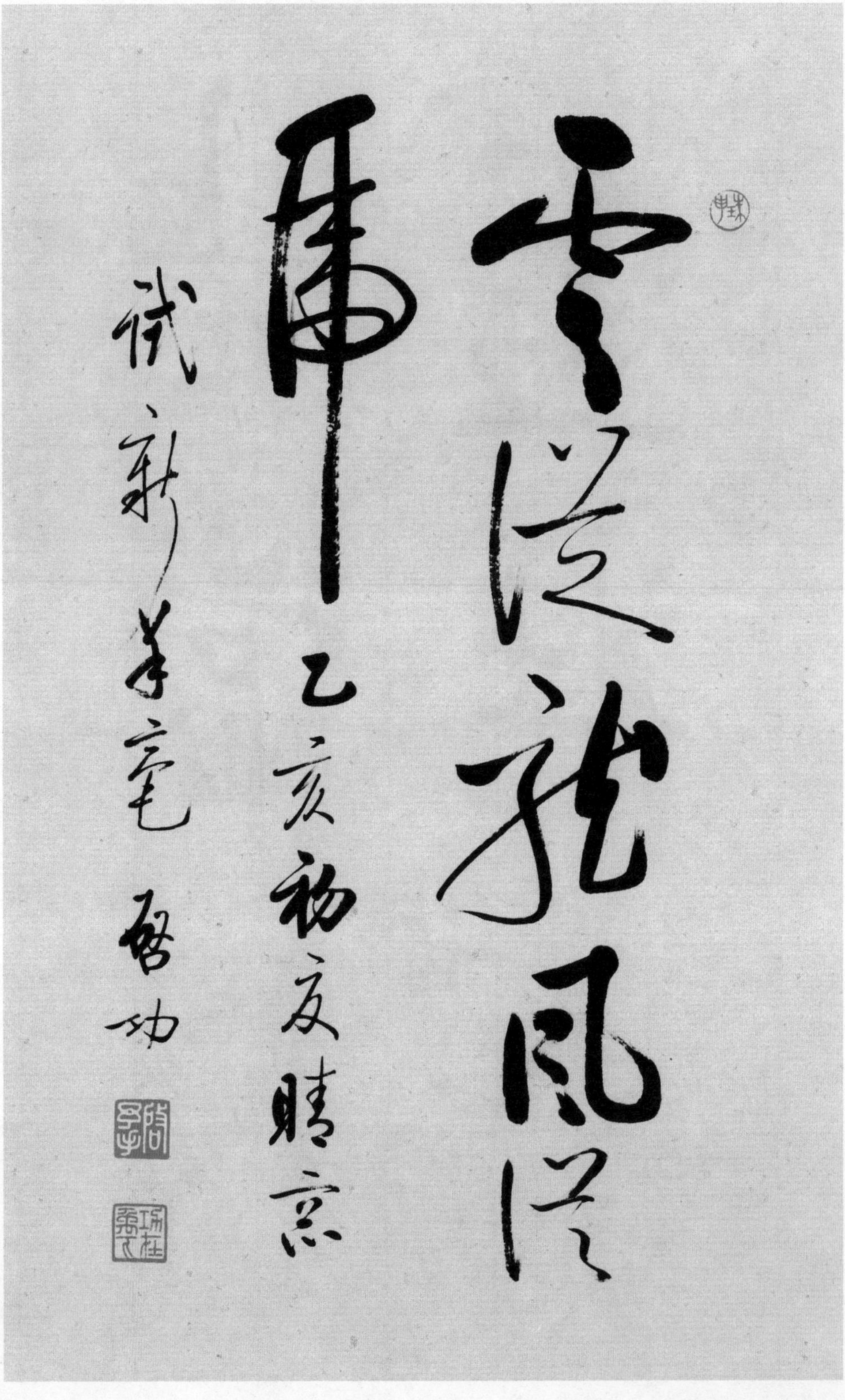

云从龙 风从虎

一九九五年作 水墨纸本 74cm × 52cm 个人收藏

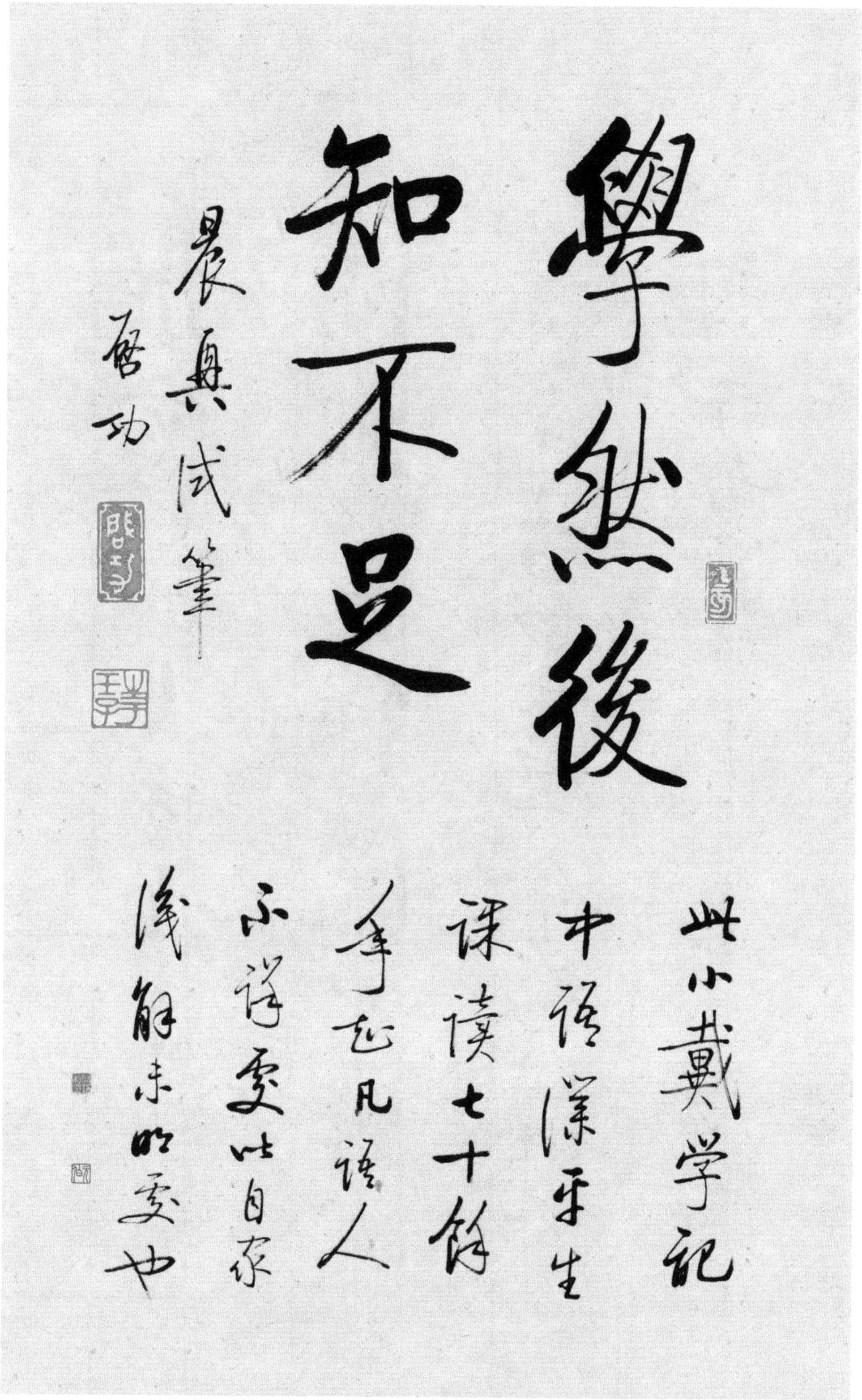

学然后知不足

一九九五年作　水墨纸本　74cm × 52cm　个人收藏

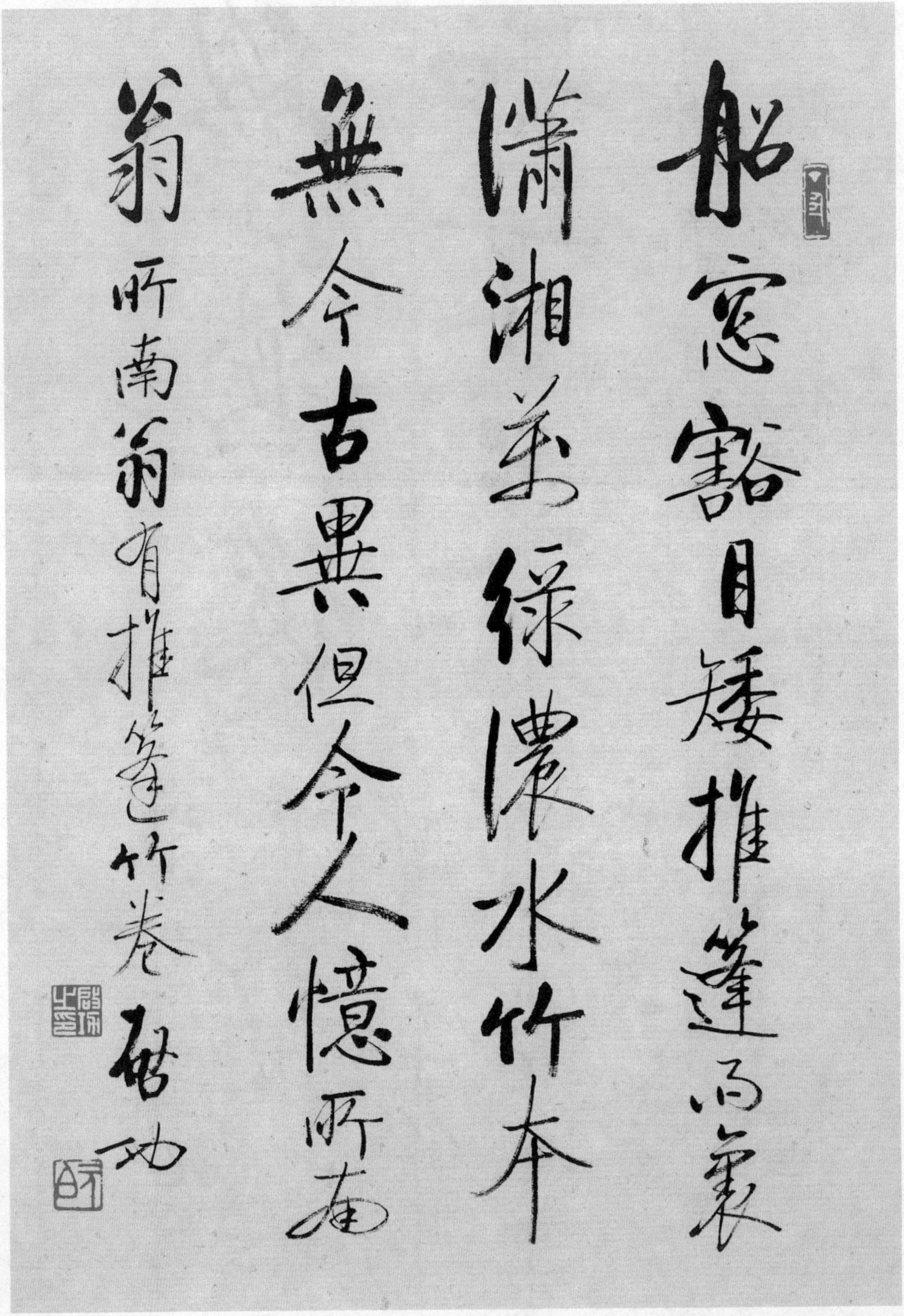

所南翁有推篷竹卷

一九九七年作 水墨纸本 70cm×45cm 个人收藏

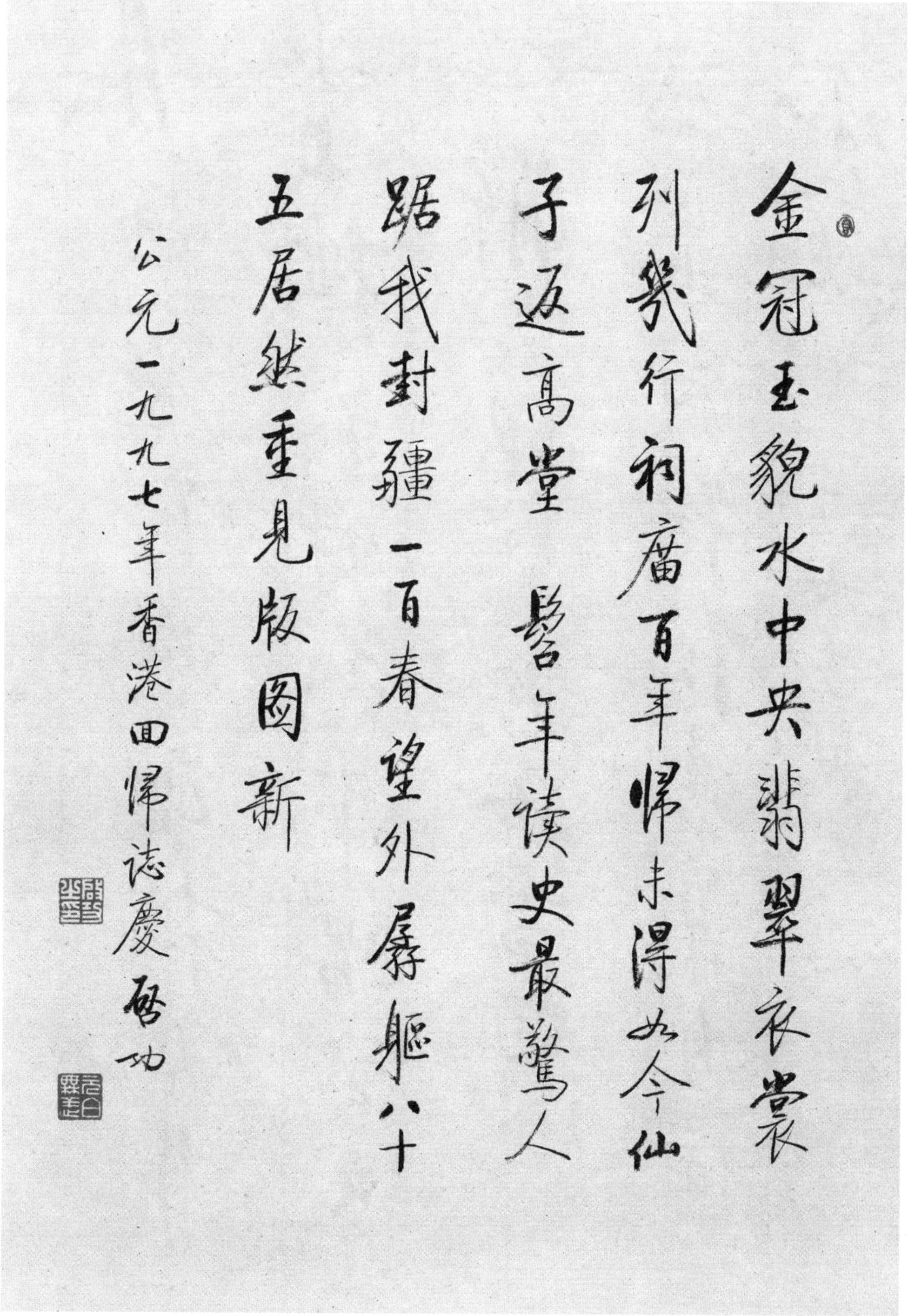
金冠玉貌水中央翡翠衣裳
列幾行祠廟百年歸未得如今仙
子返高堂 髫年讀史最驚人
踞我封疆一百春望外孱軀八十
五居然重見版圖新
公元一九九七年香港回歸誌慶 啓功

庆香港回归

一九九七年作　水墨纸本　70cm×45cm　个人收藏

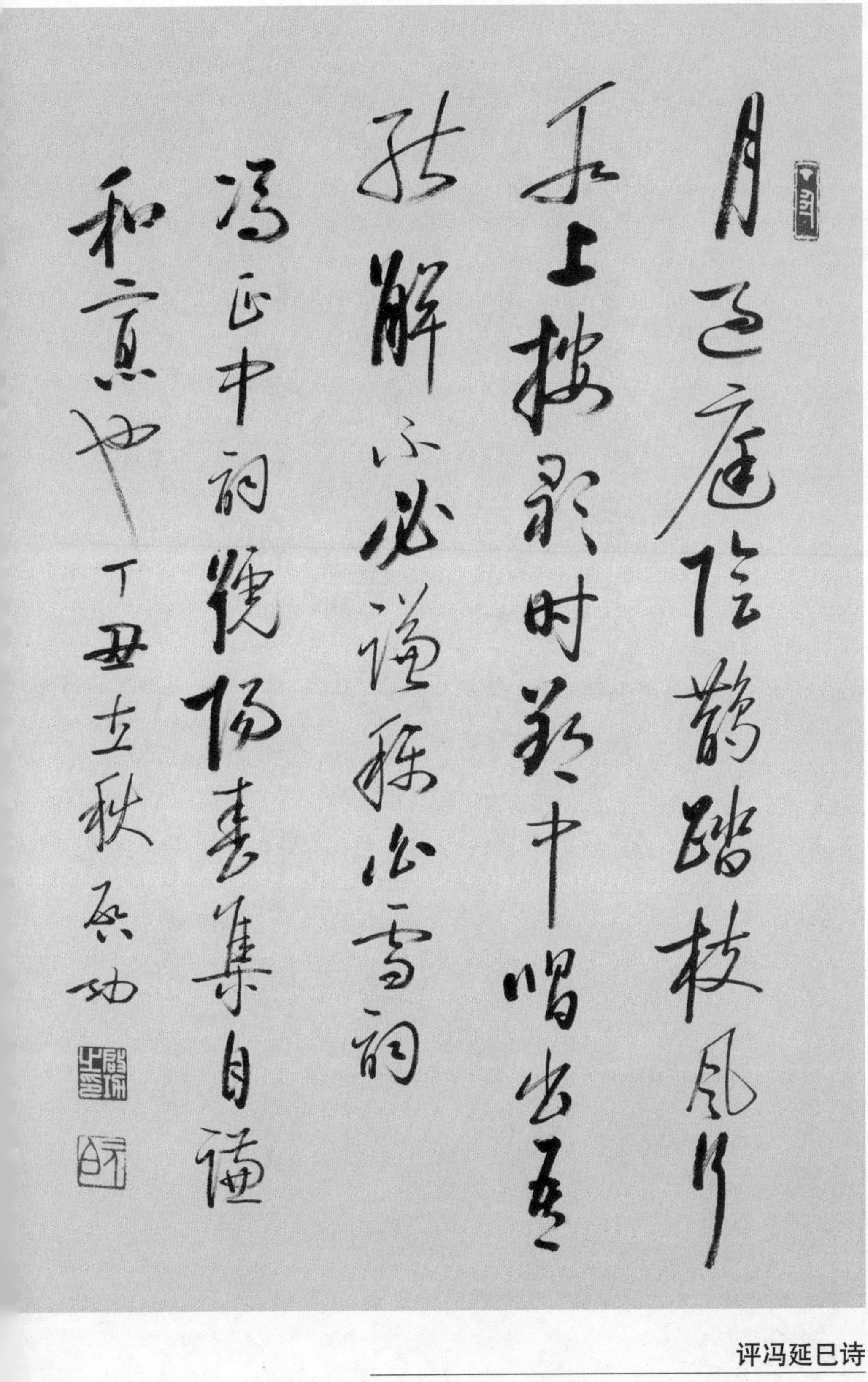

评冯延巳诗

一九九七年作 水墨纸本 62cm × 43cm 个人收藏

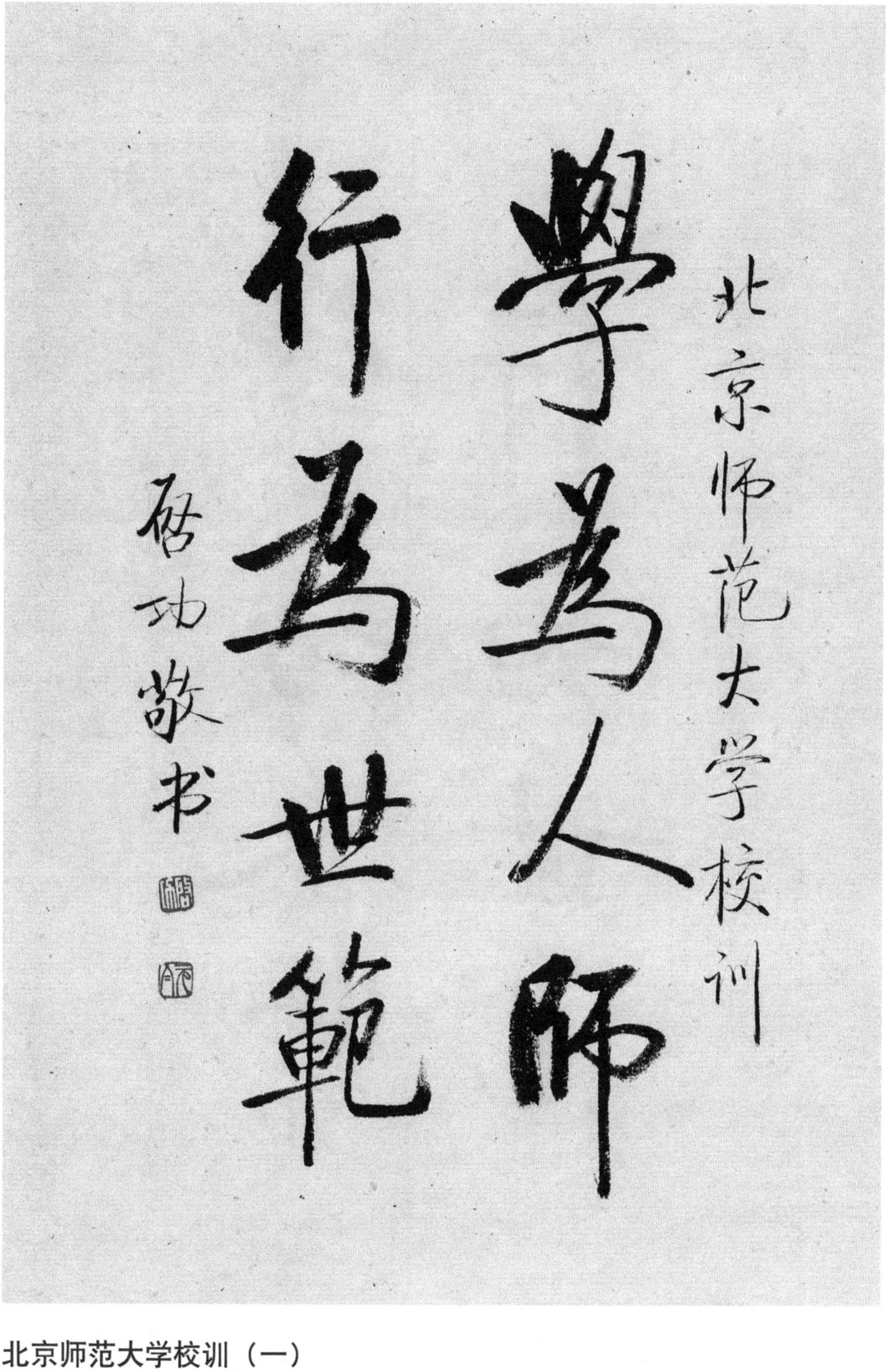

北京师范大学校训（一）

一九九七年作　水墨纸本　北京师范大学收藏

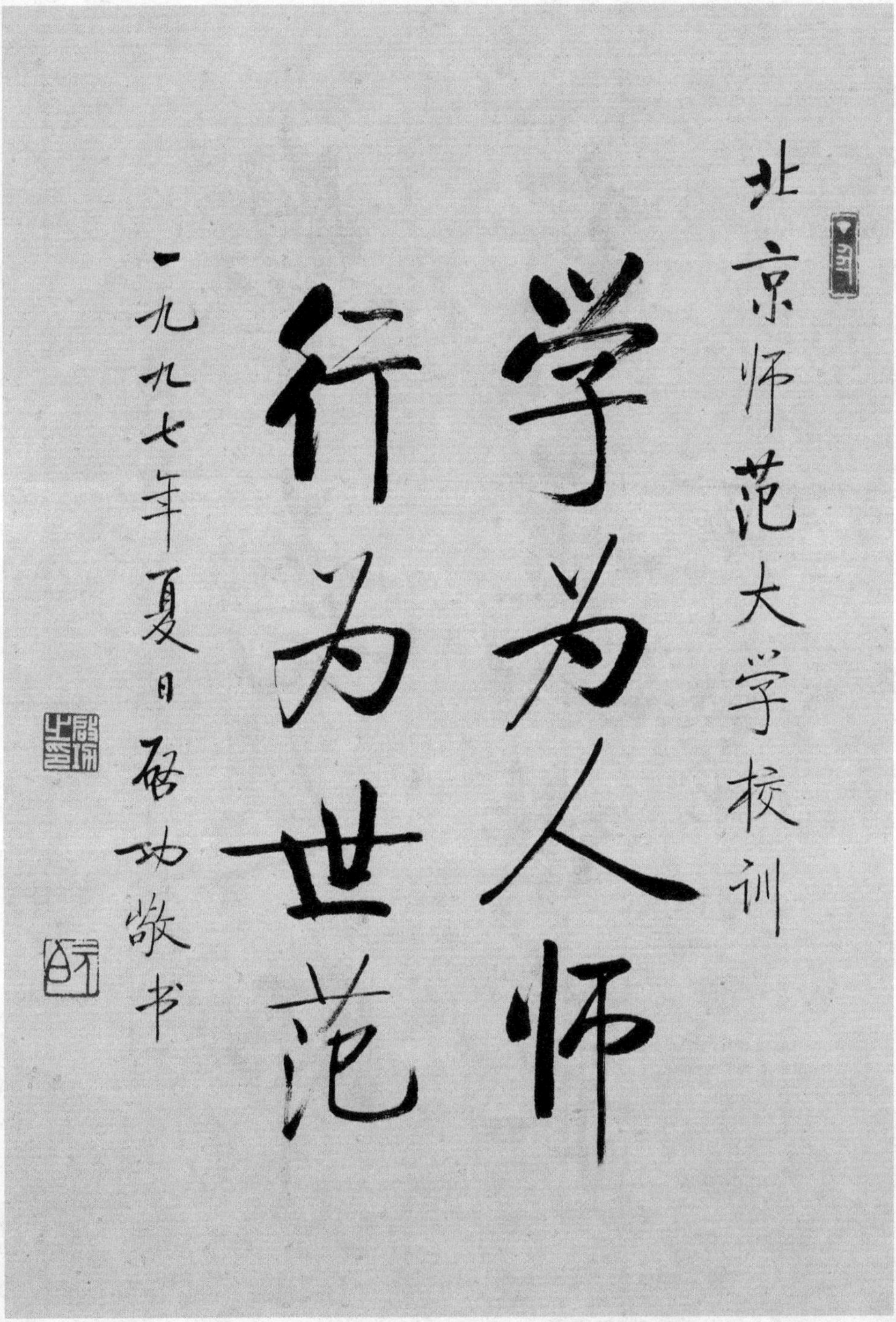

北京师范大学校训（二）

一九九七年作　水墨纸本　61cm×43cm　北京师范大学收藏

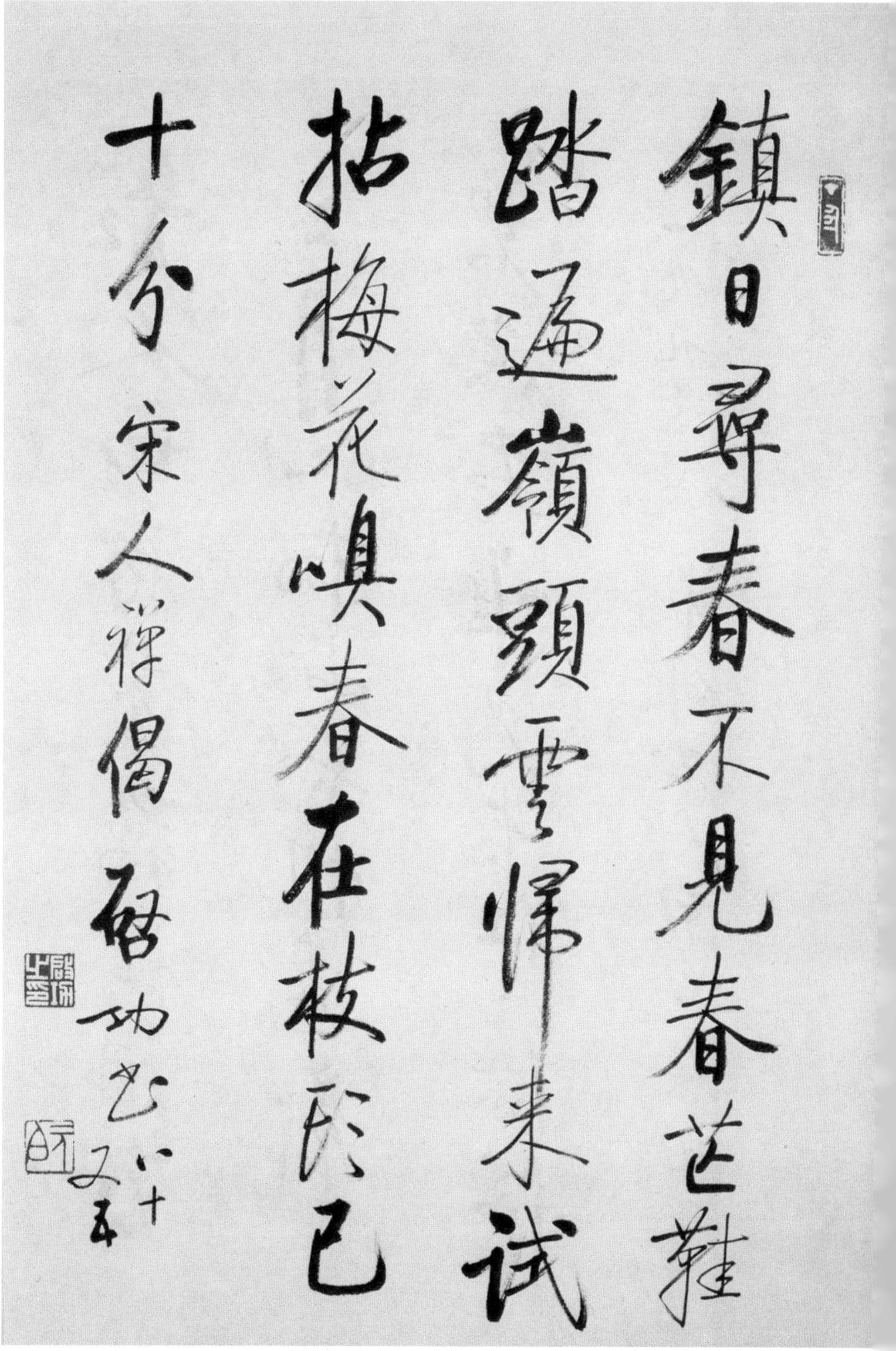
鎮日尋春不見春芒鞋
踏遍嶺頭雲歸來試
拈梅花嗅春在枝頭已
十分宋人禪偈
啓功八十又五

宋人禅偈——镇日寻春不见春

一九九七年作　水墨纸本　63cm × 42cm　个人收藏

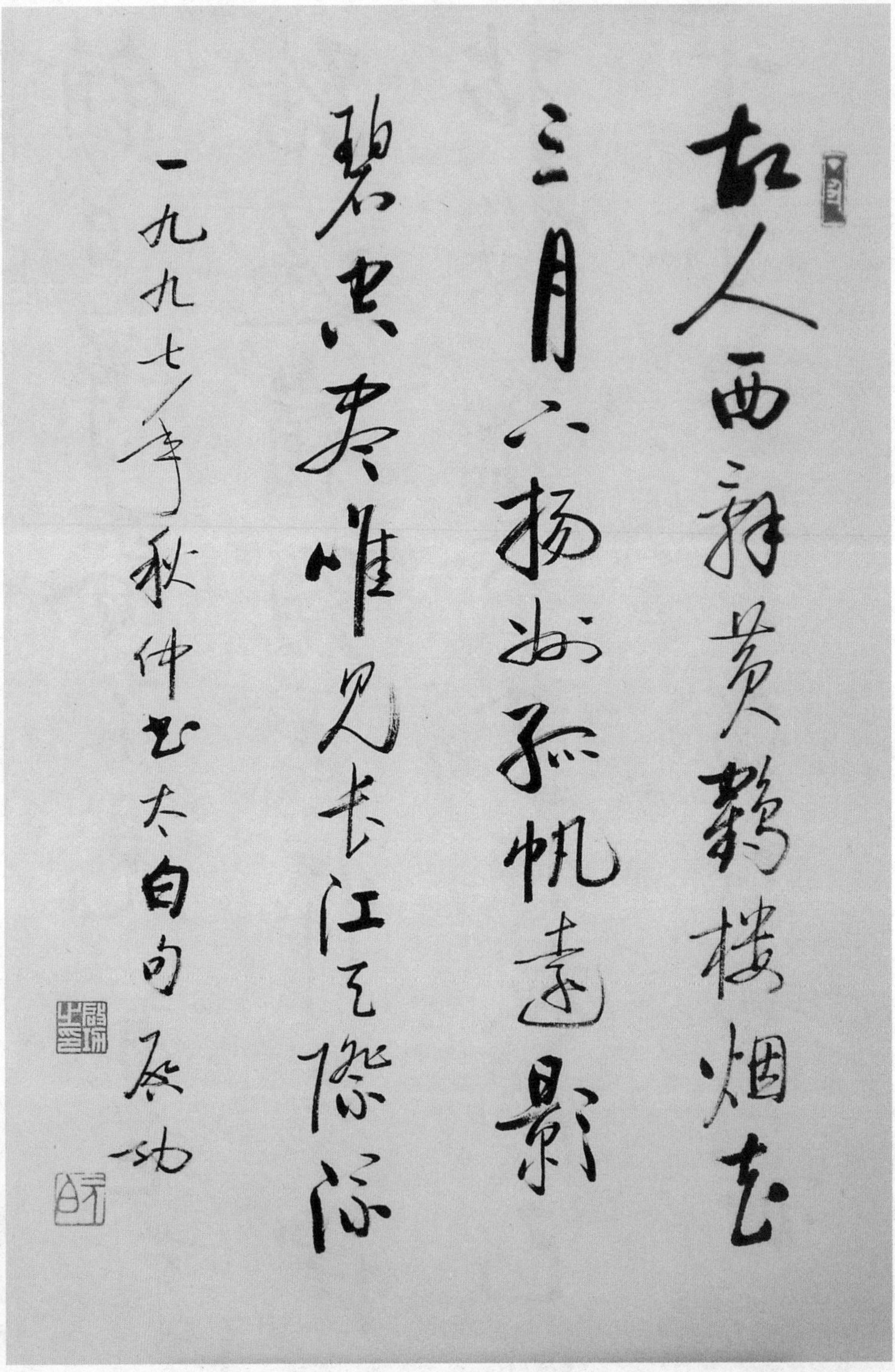
故人西辞黄鹤楼烟花
三月下扬州孤帆远影
碧空尽唯见长江天际流
一九九七年秋仲书太白句 启功

李白句——故人西辞黄鹤楼

一九九七年作　水墨纸本　64cm × 44cm　个人收藏

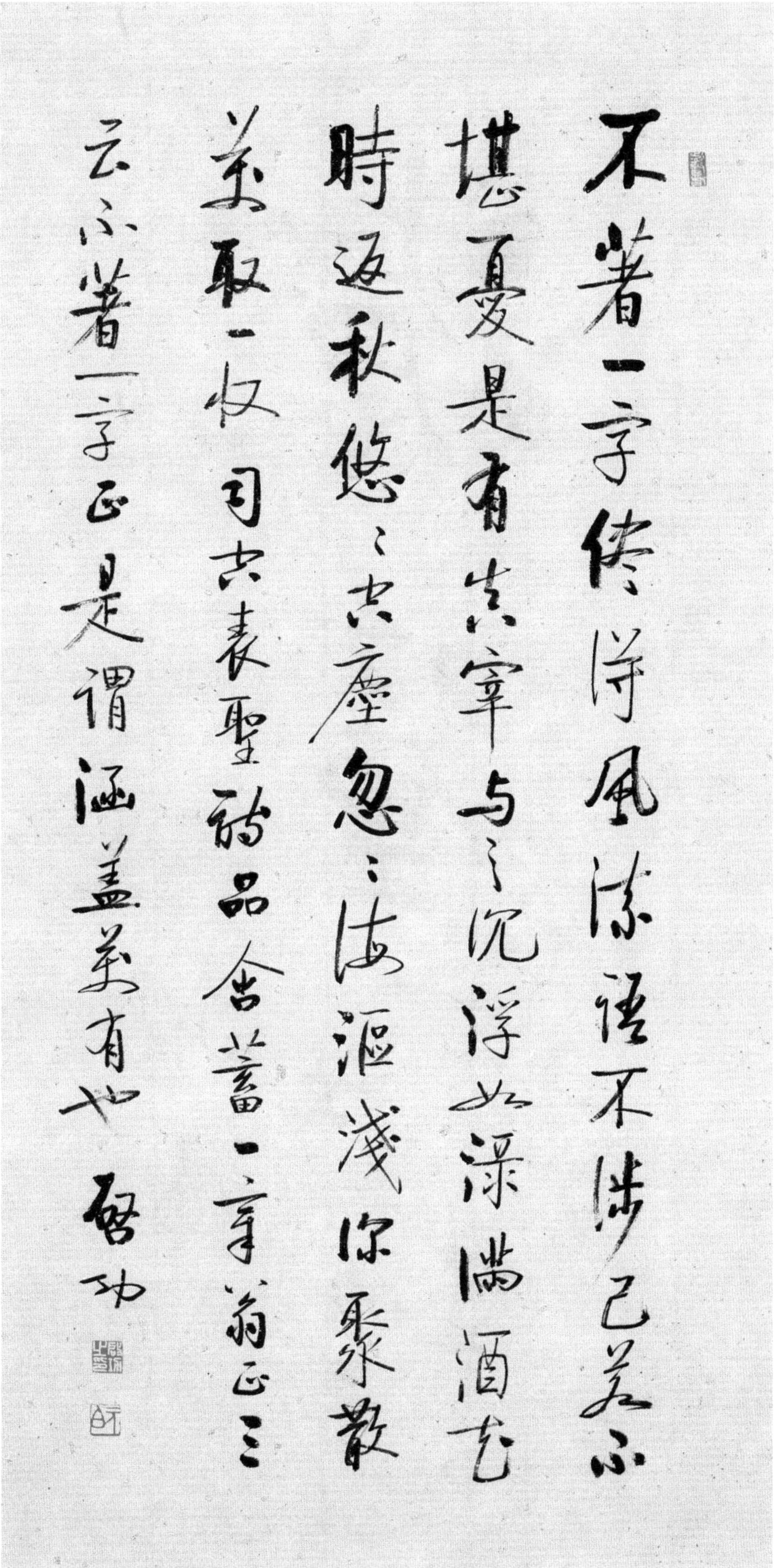

诗品含蓄一章

一九九七年作　水墨纸本　62cm×43cm　个人收藏

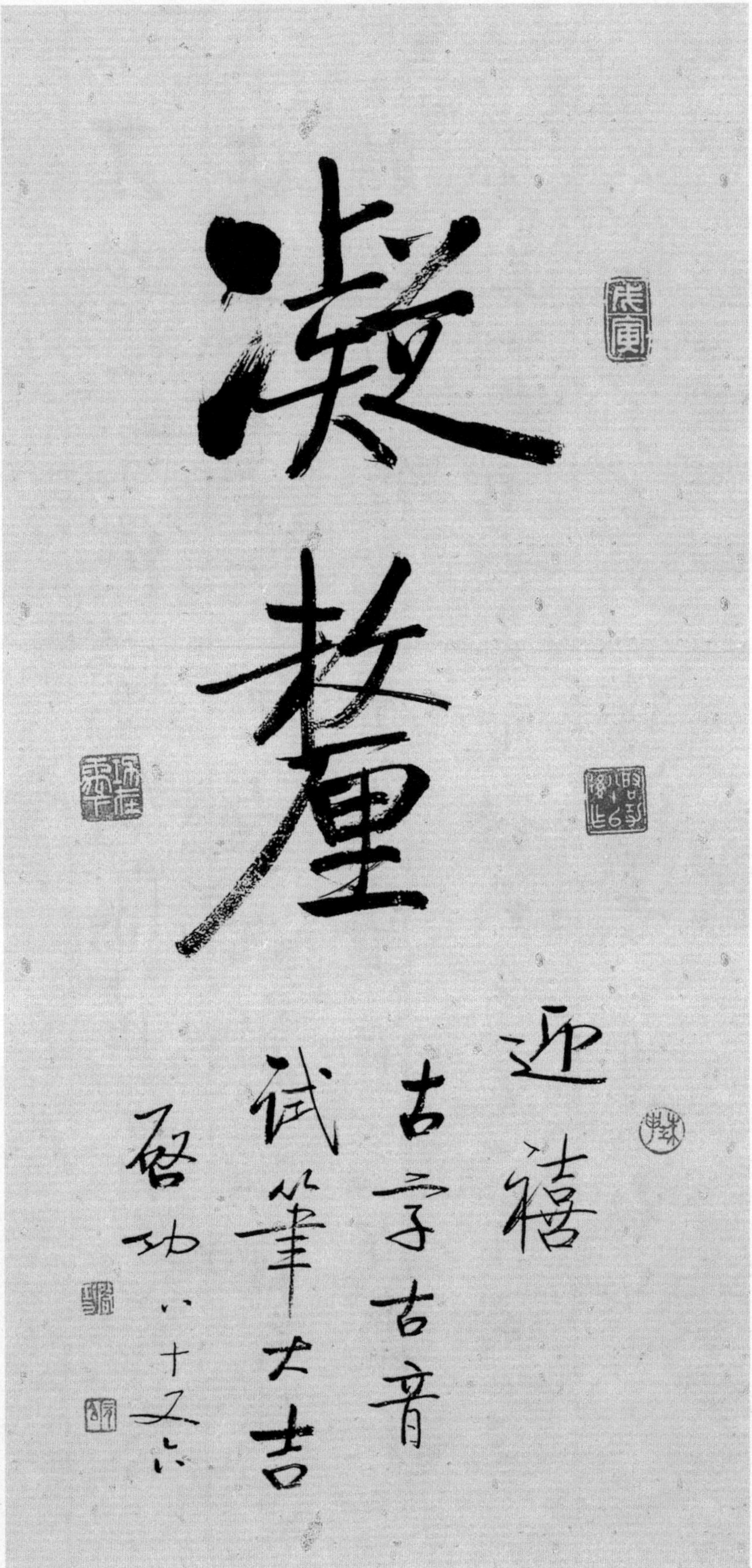

凝厘

一九九八年作 水墨纸本 65cm × 30cm 个人收藏

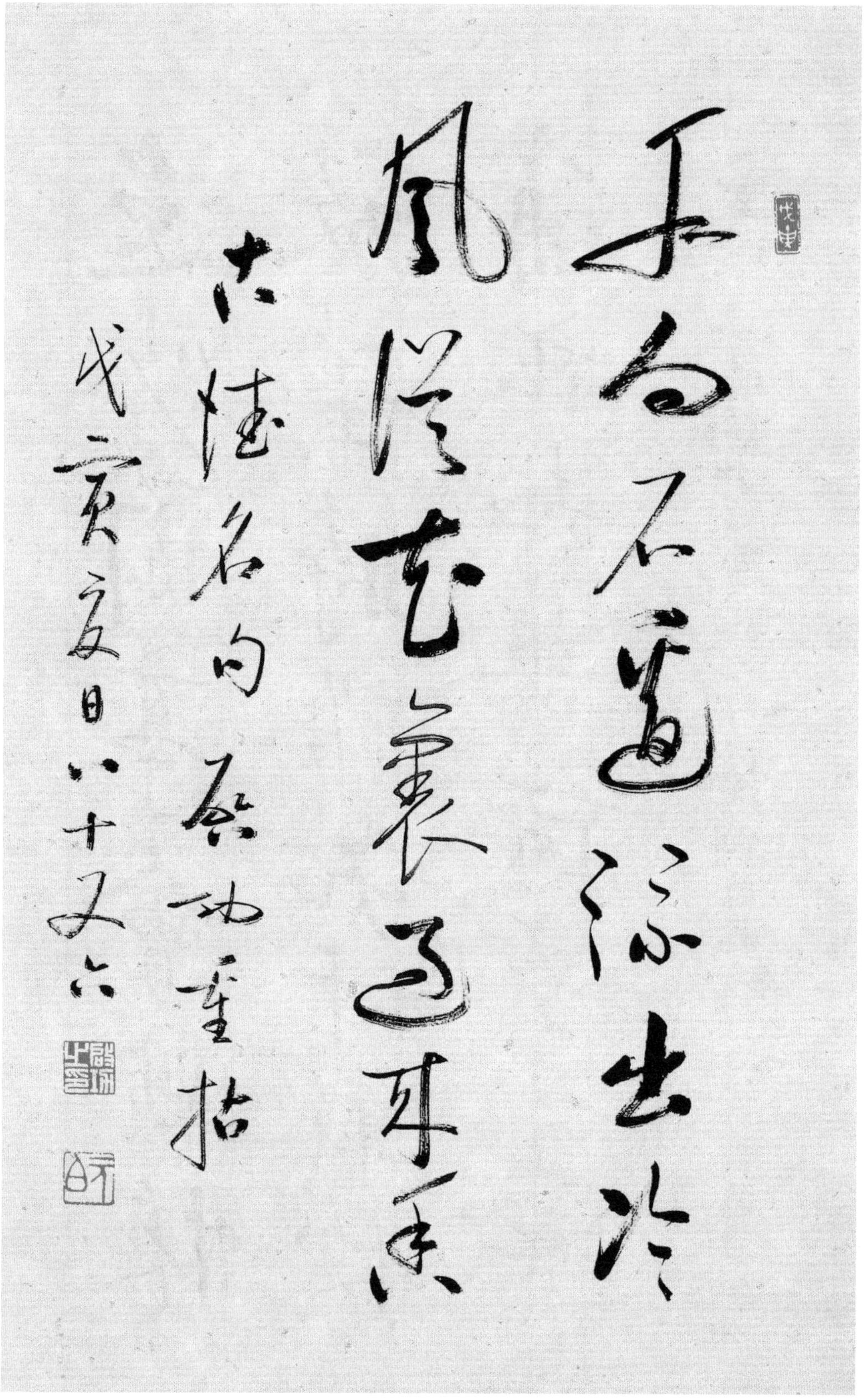

古德名句——水向石边流出冷

一九九八年作　水墨纸本　68cm×43cm　个人收藏

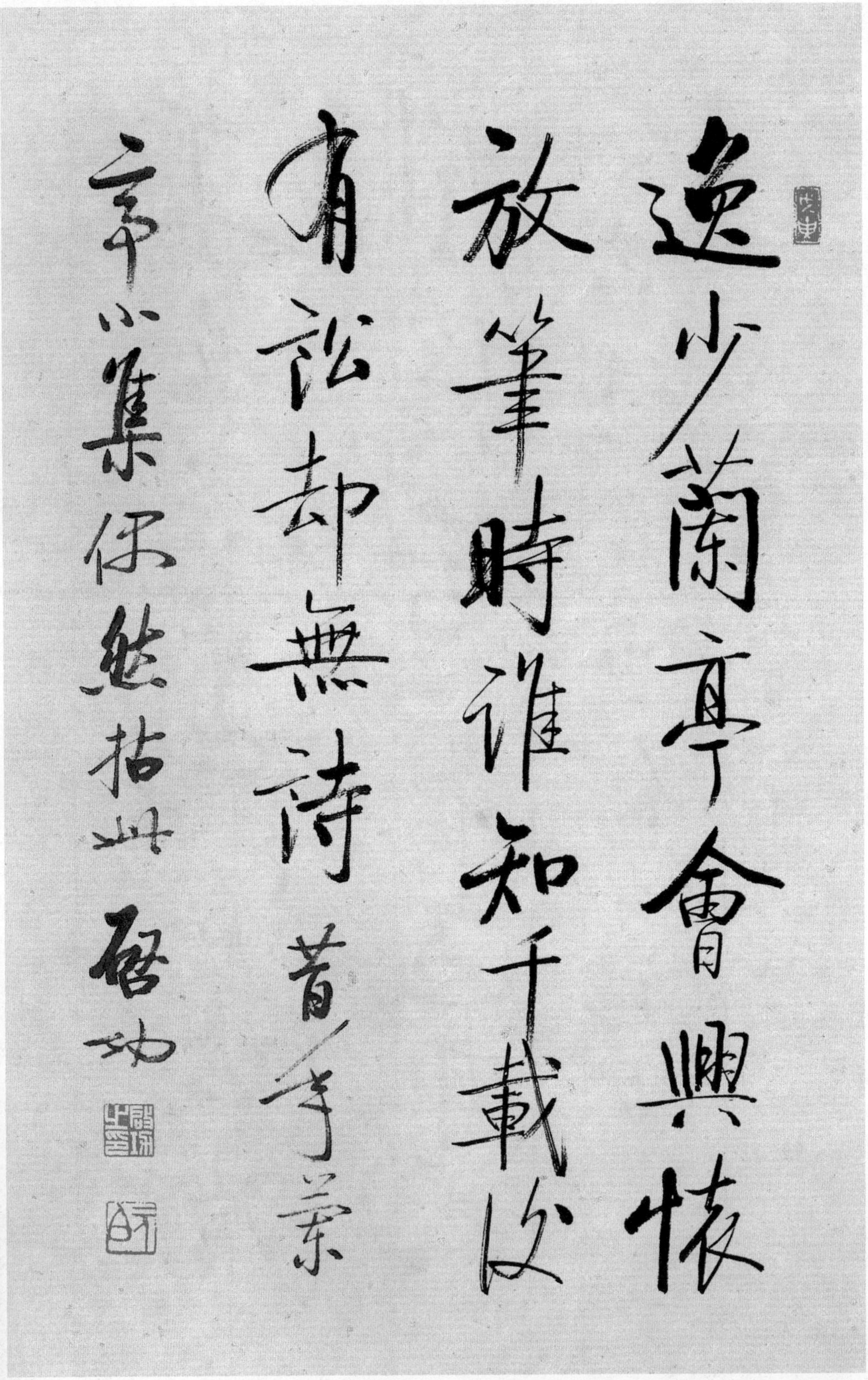

昔年兰亭小集偶拈

一九九八年作　水墨纸本　68cm × 43cm　个人收藏

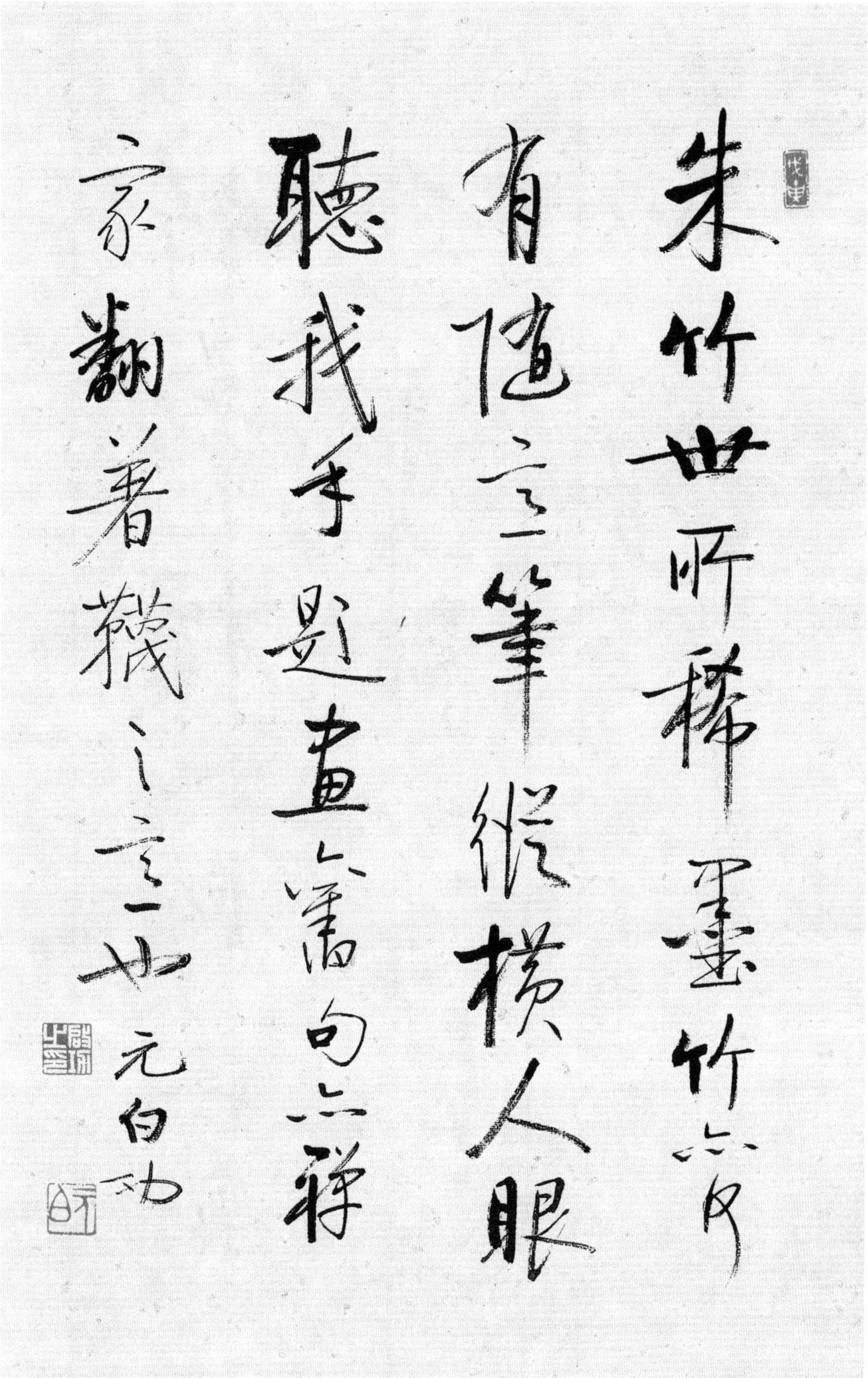

题画旧句——朱竹世所稀

一九九八年作　水墨纸本　68cm×43cm　个人收藏

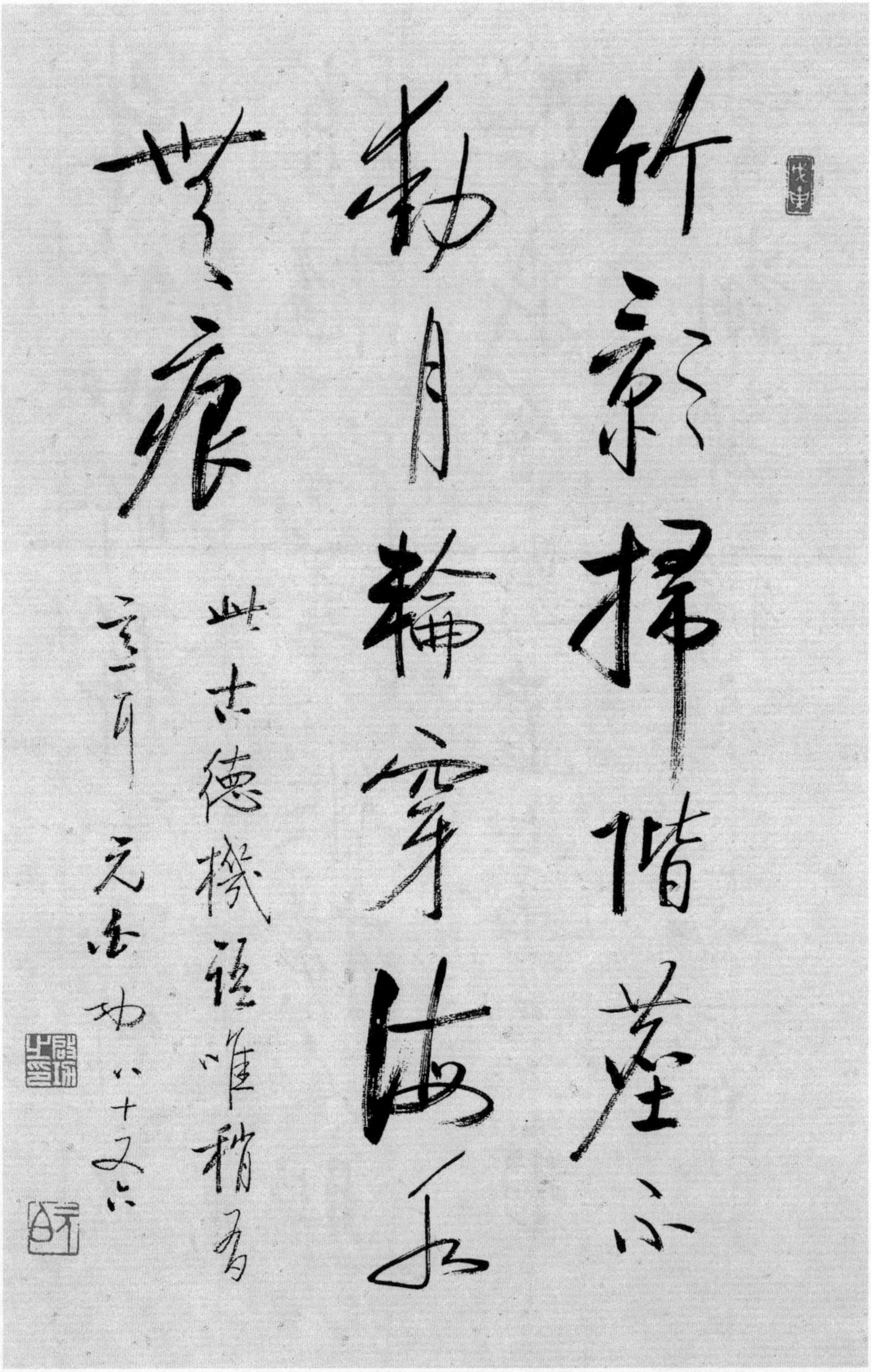

古德机语——竹影扫阶尘不动

一九九八年作 水墨纸本 68cm×43cm 个人收藏

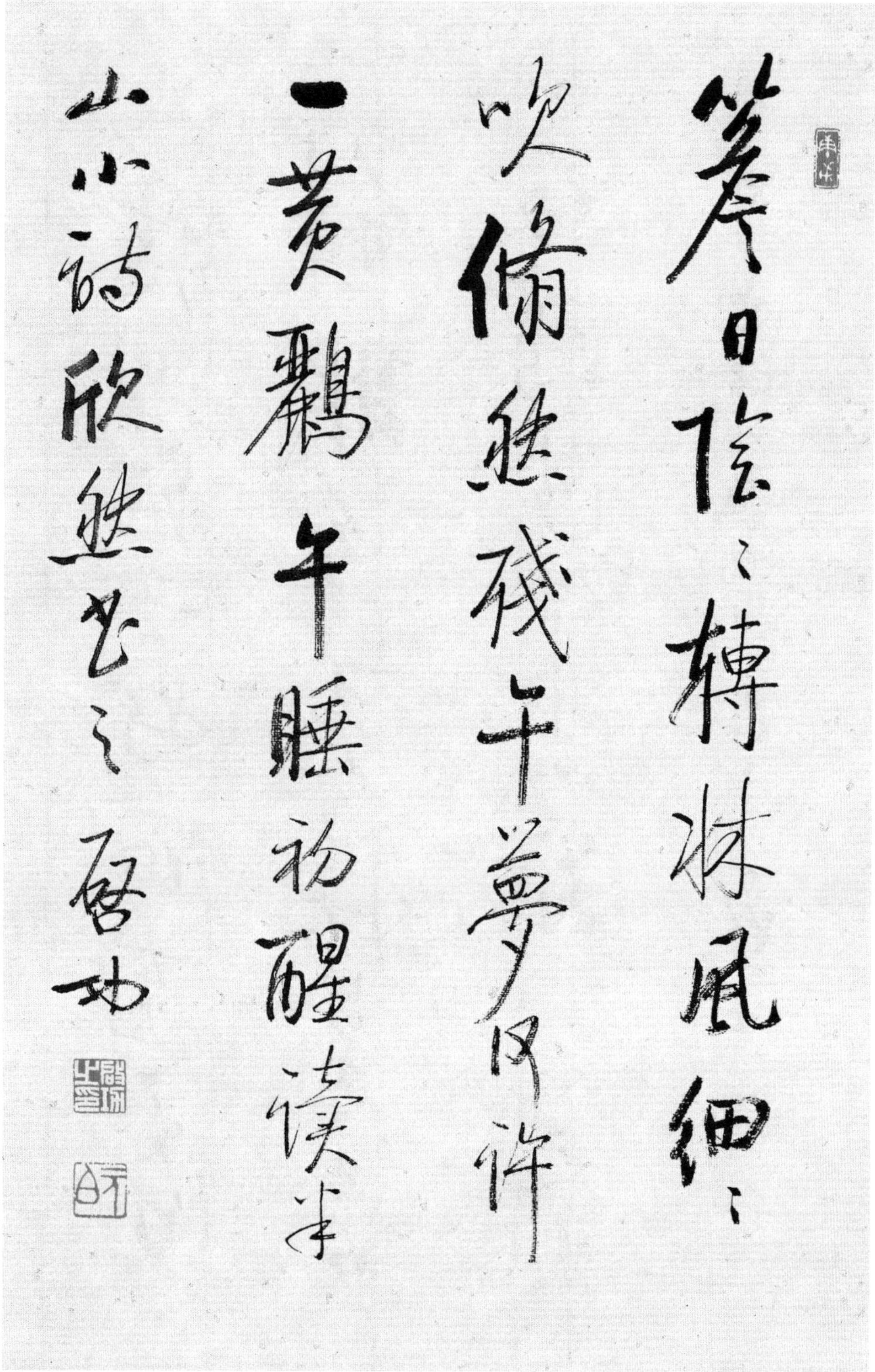

读半山小诗欣然书之

一九九八年作　水墨纸本　68cm × 43cm　个人收藏

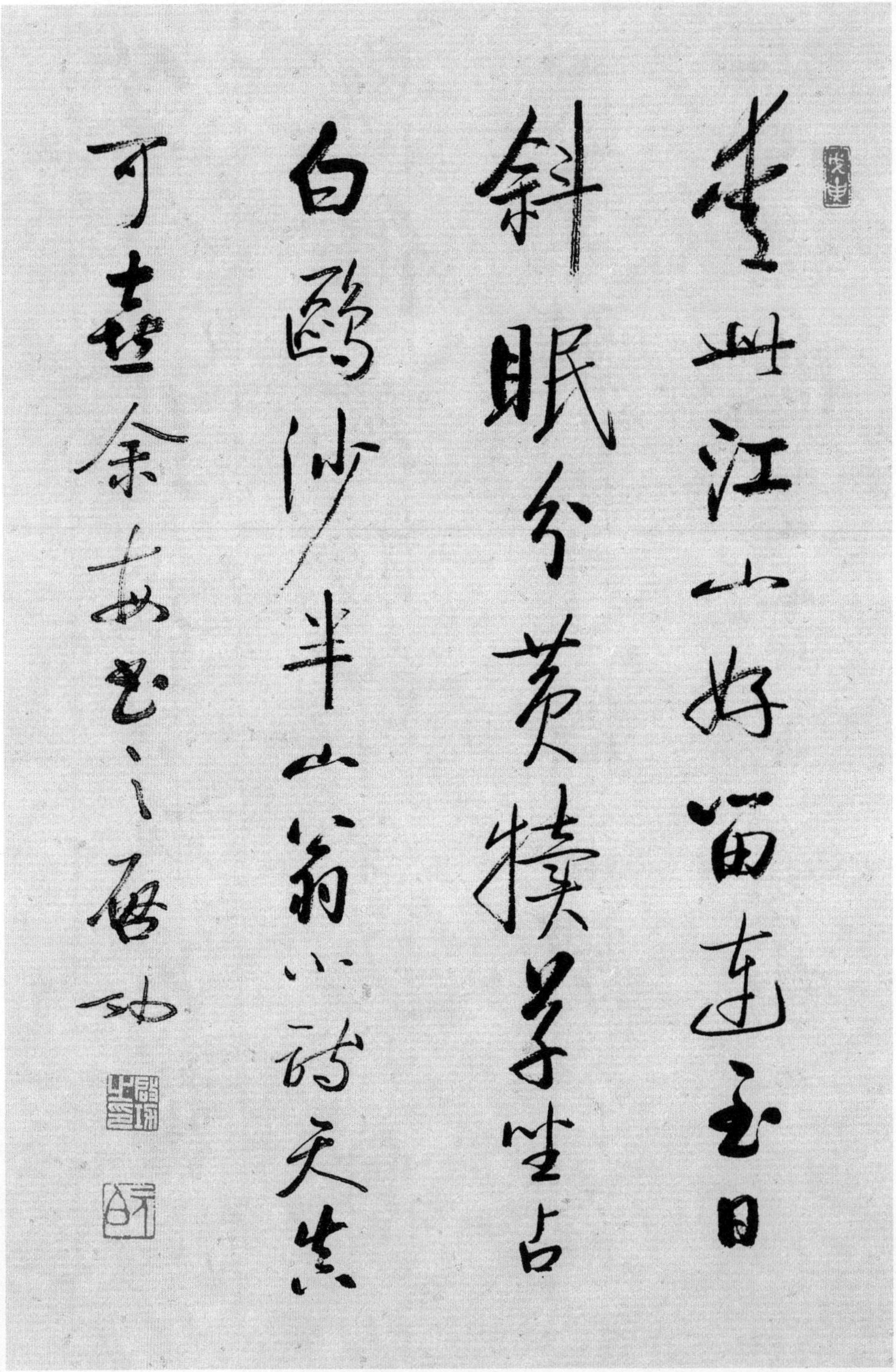

半山翁小诗天真可喜

一九九八年作　水墨纸本　68cm × 43cm　个人收藏

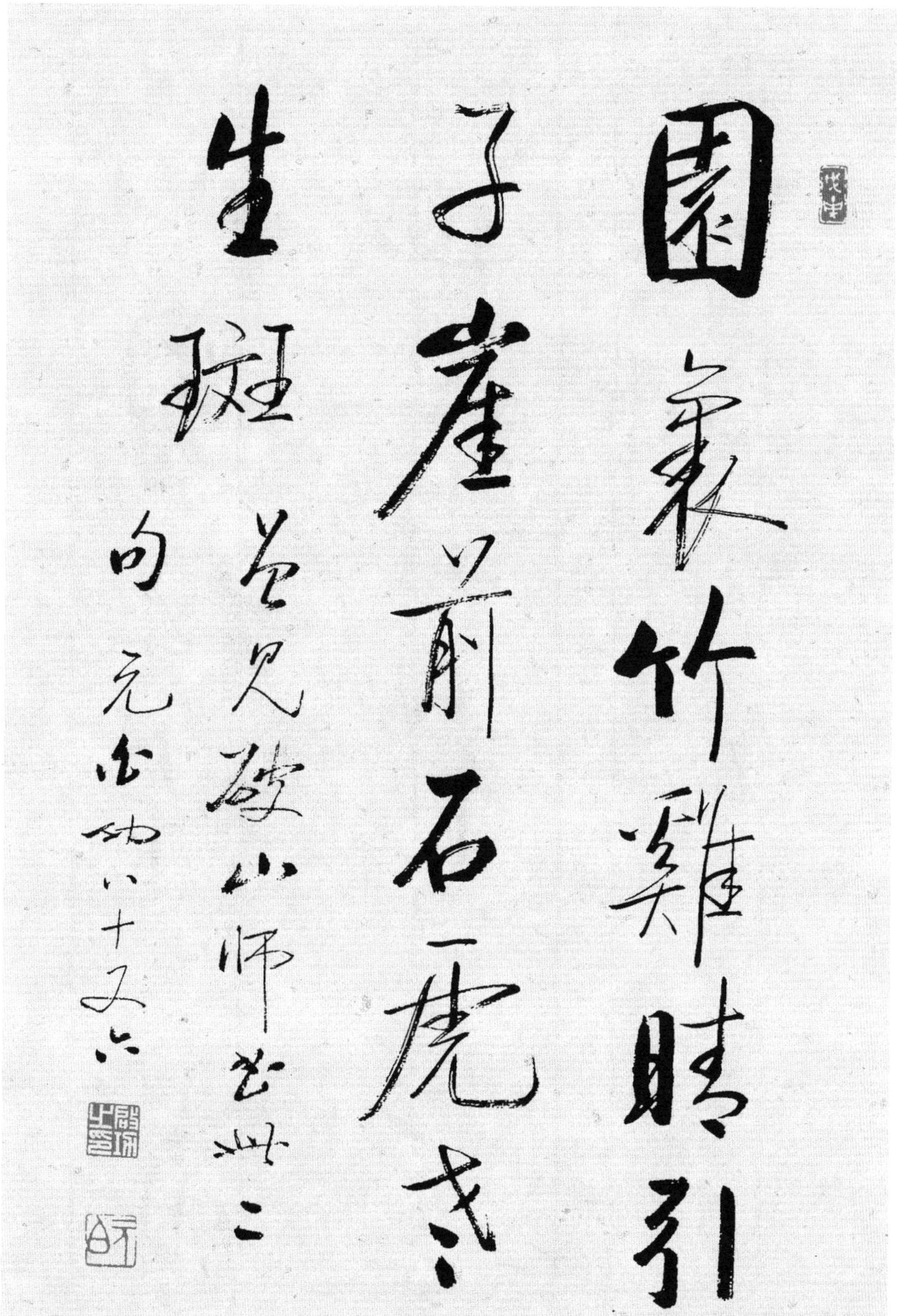

曾见破山师书此二句

一九九八年作　水墨纸本　68cm × 43cm　个人收藏

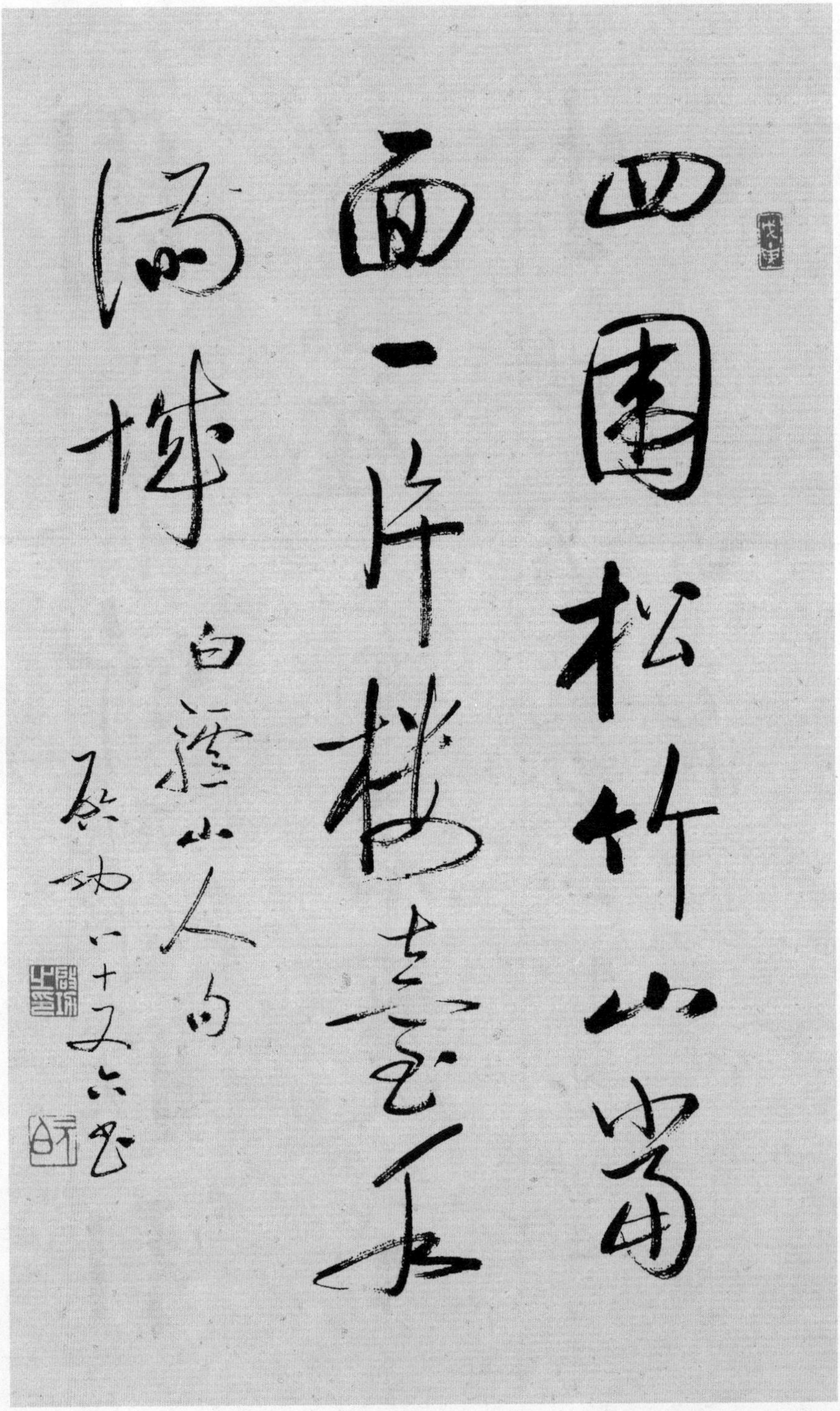

白驴山人句——四围松竹山当面

一九九八年作　水墨纸本　68cm × 43cm　个人收藏

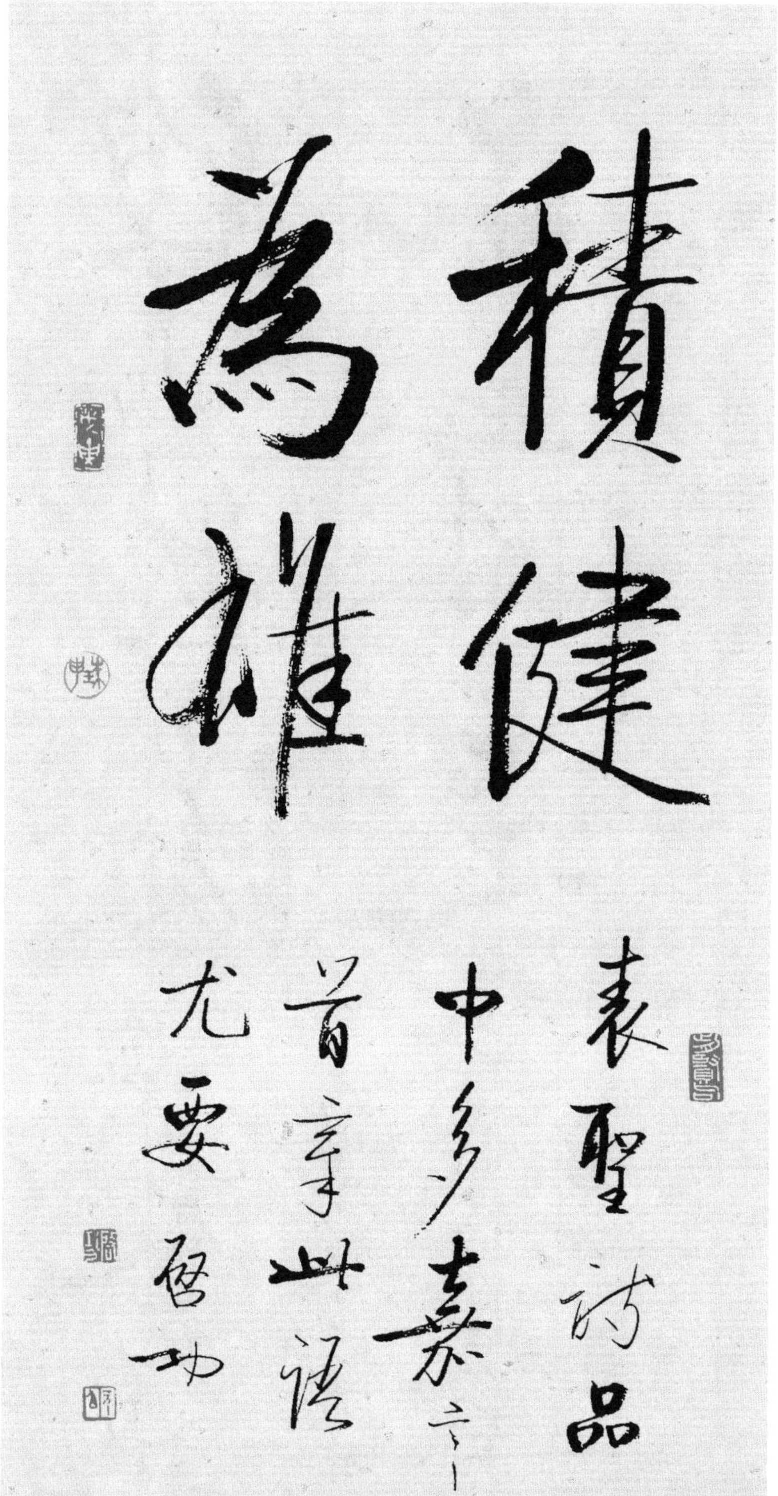

积健为雄

一九九八年作　水墨纸本　64cm×32cm　个人收藏

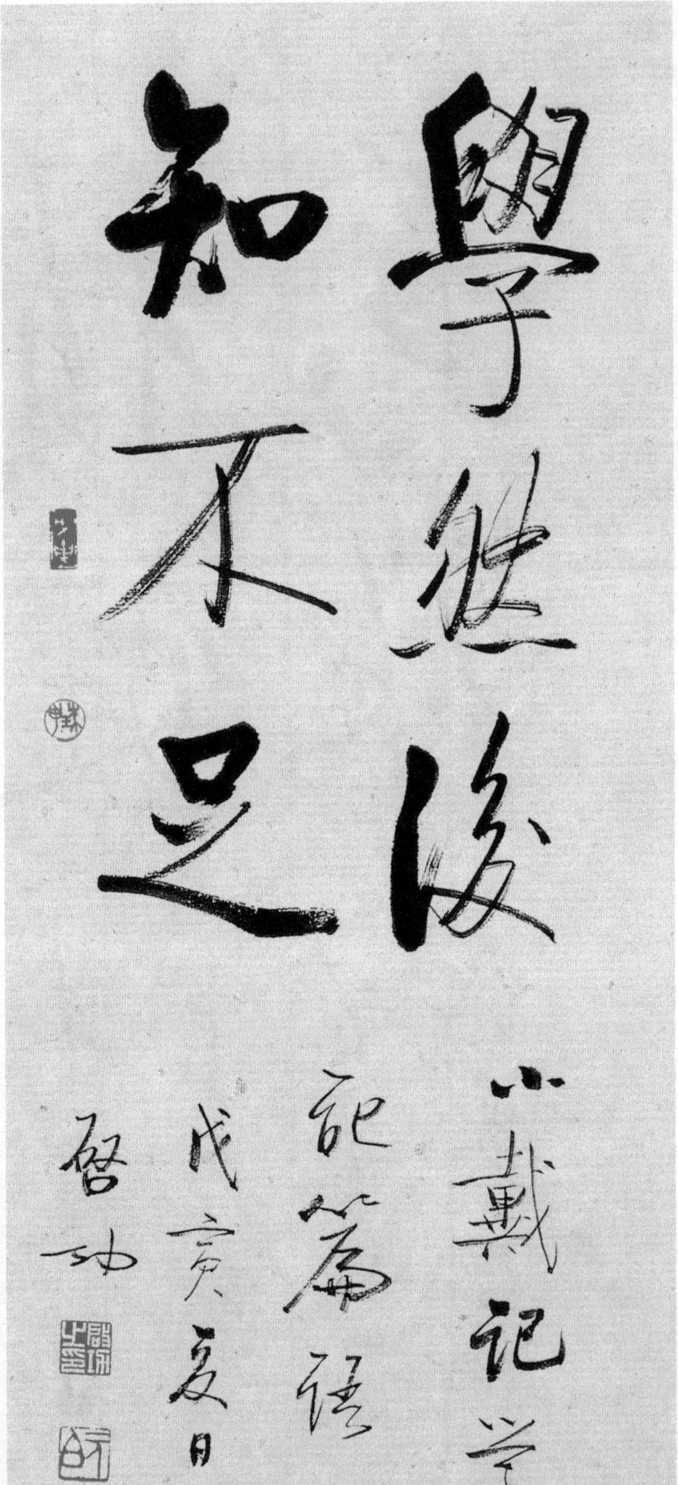

学然后知不足(行)

一九九八年作　水墨纸本　75cm×32cm　个人收藏

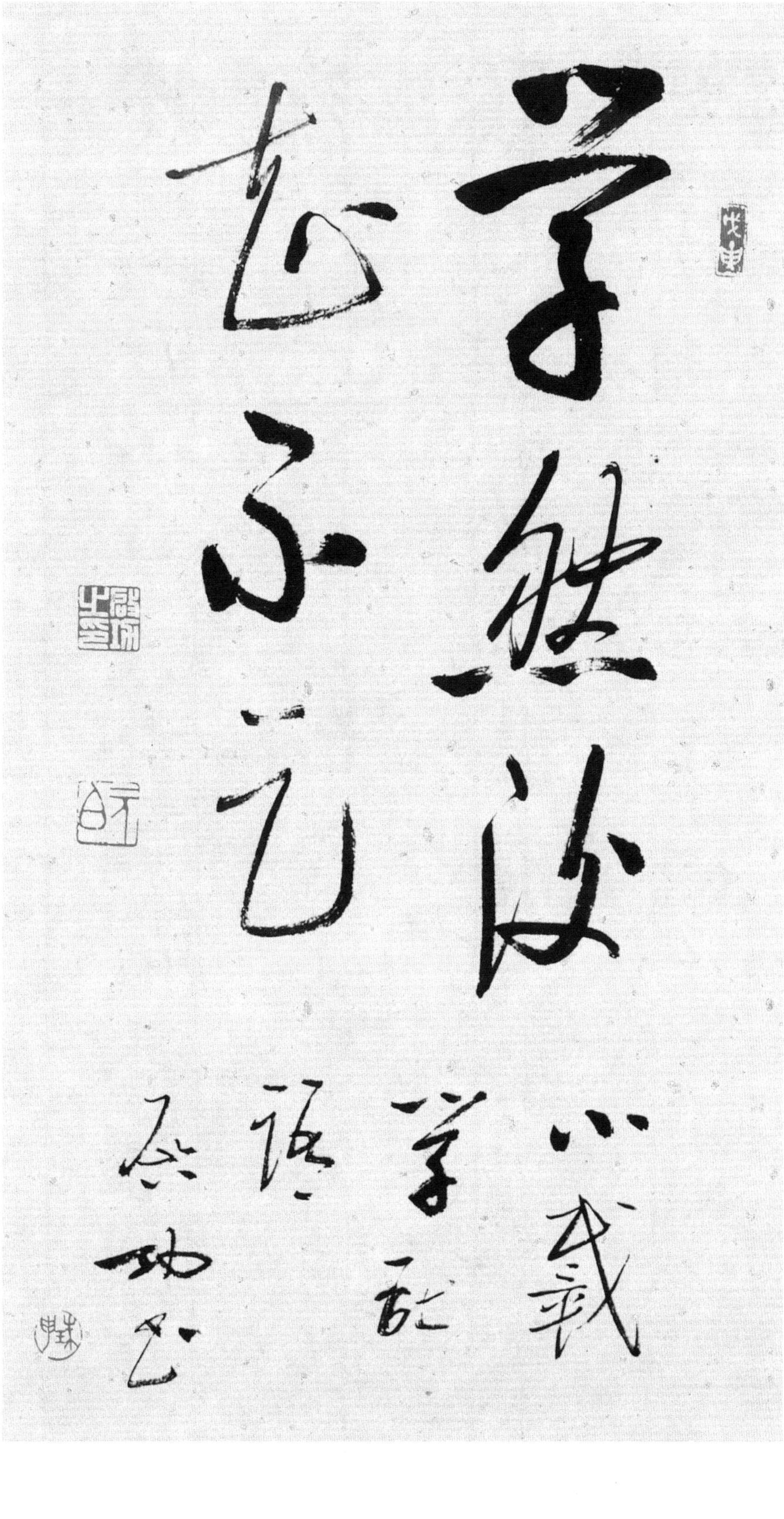

学然后知不足（草）

一九九八年作　水墨纸本　52cm×32cm　个人收藏

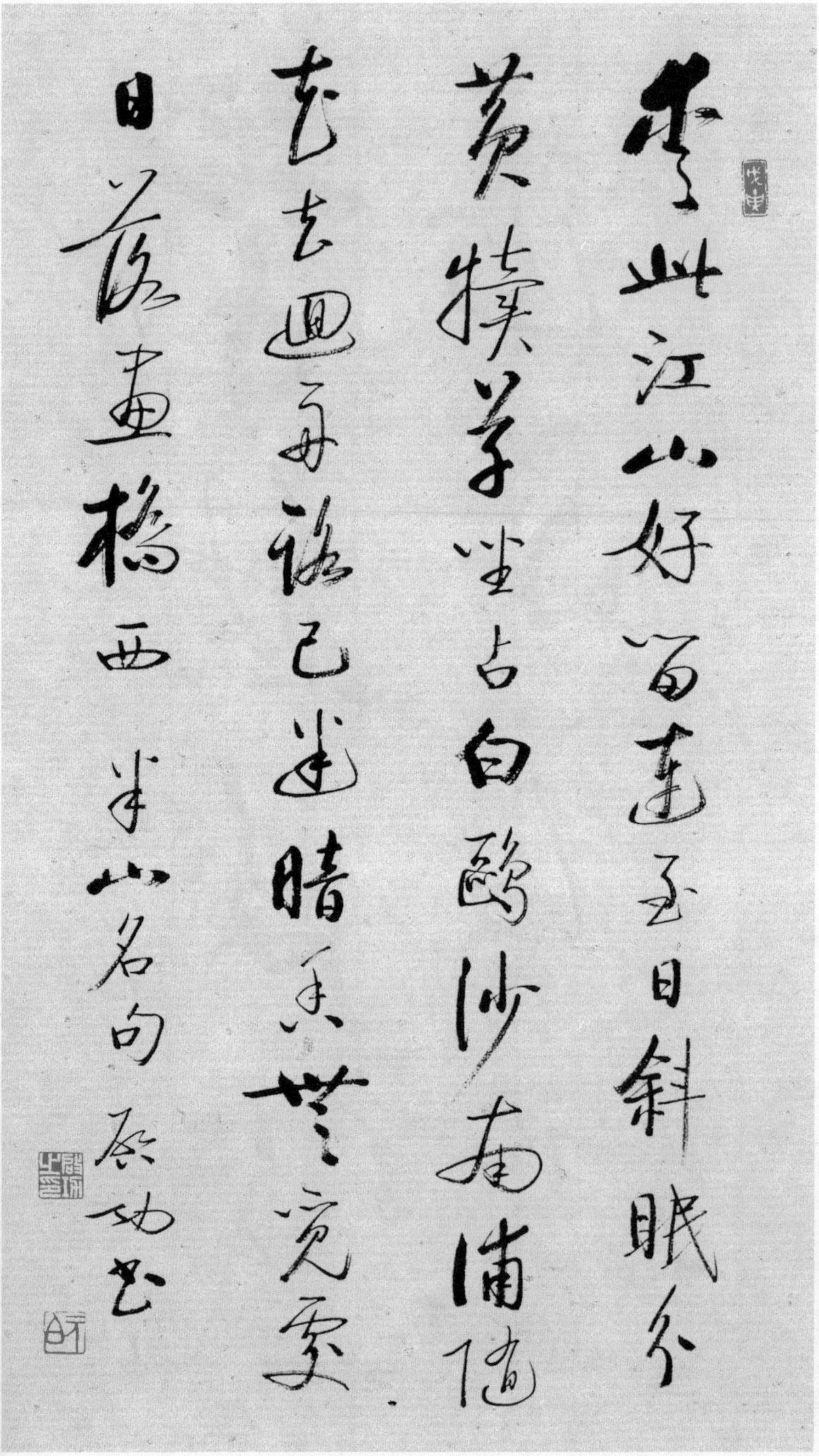

半山名句——爱此江山好

一九九八年作 水墨纸本 90cm×47cm 个人收藏

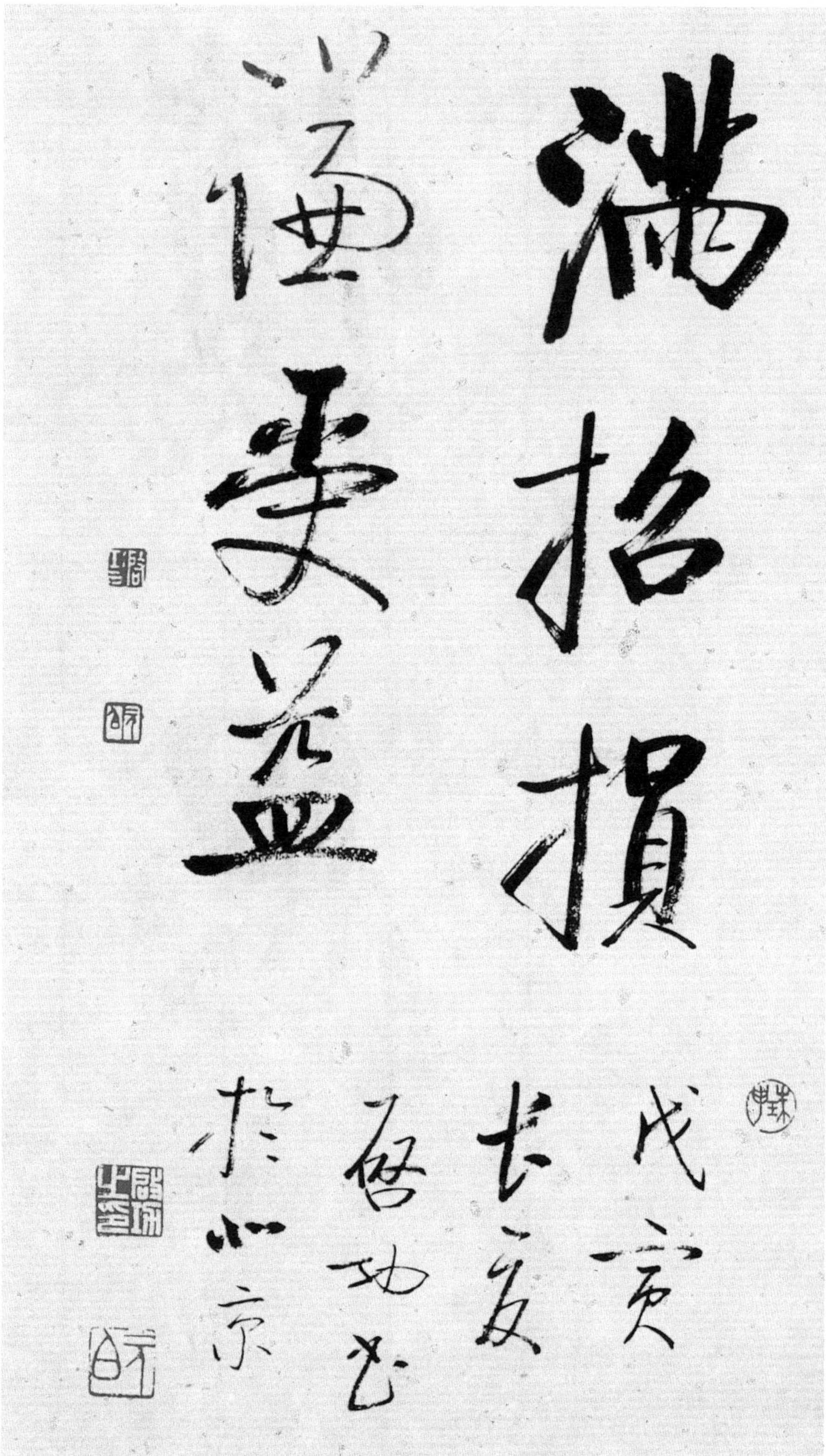

满招损　谦受益

一九九八年作　水墨纸本　52cm×32cm　个人收藏

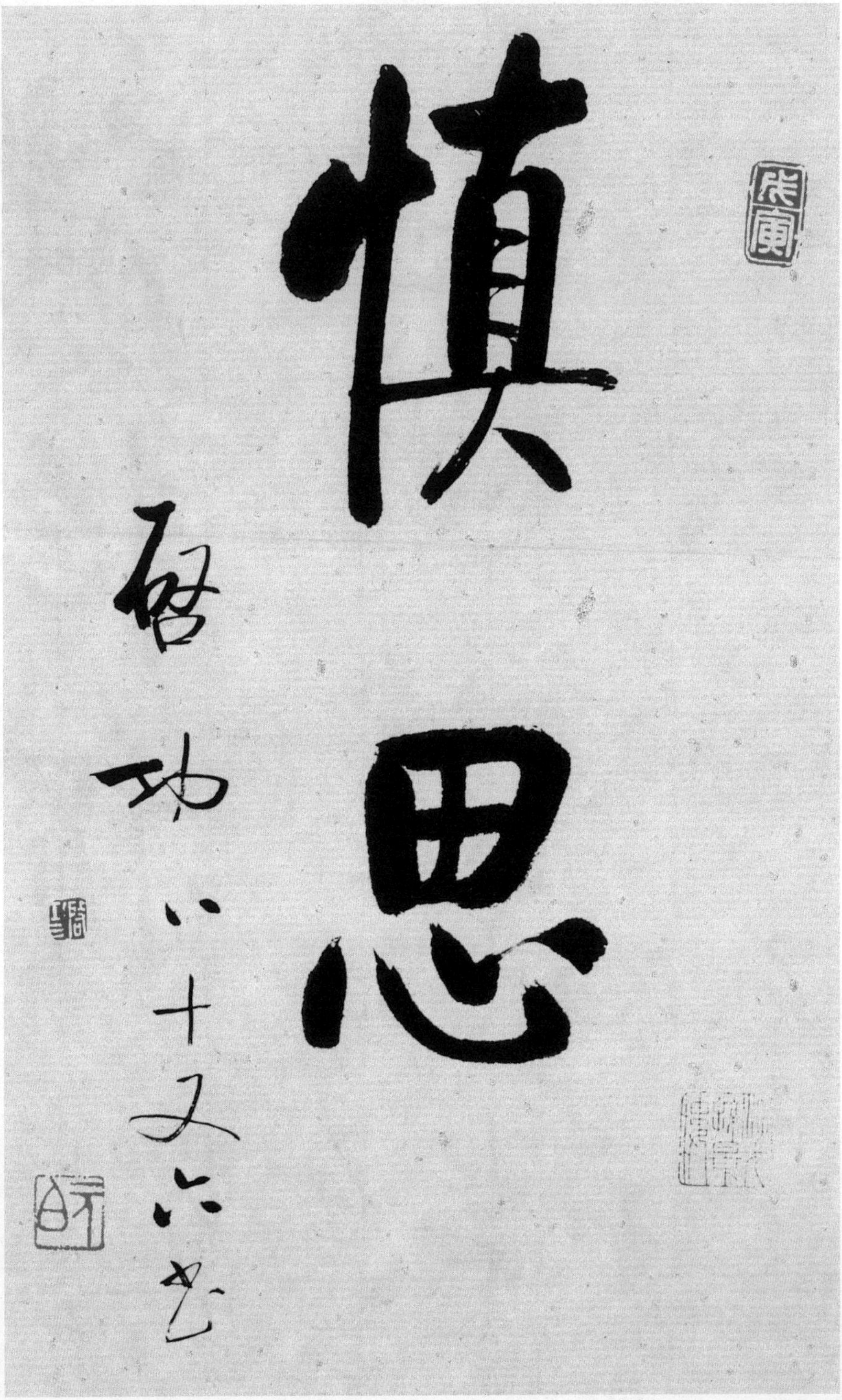

慎思

一九九八年作　水墨纸本　52cm×32cm　个人收藏

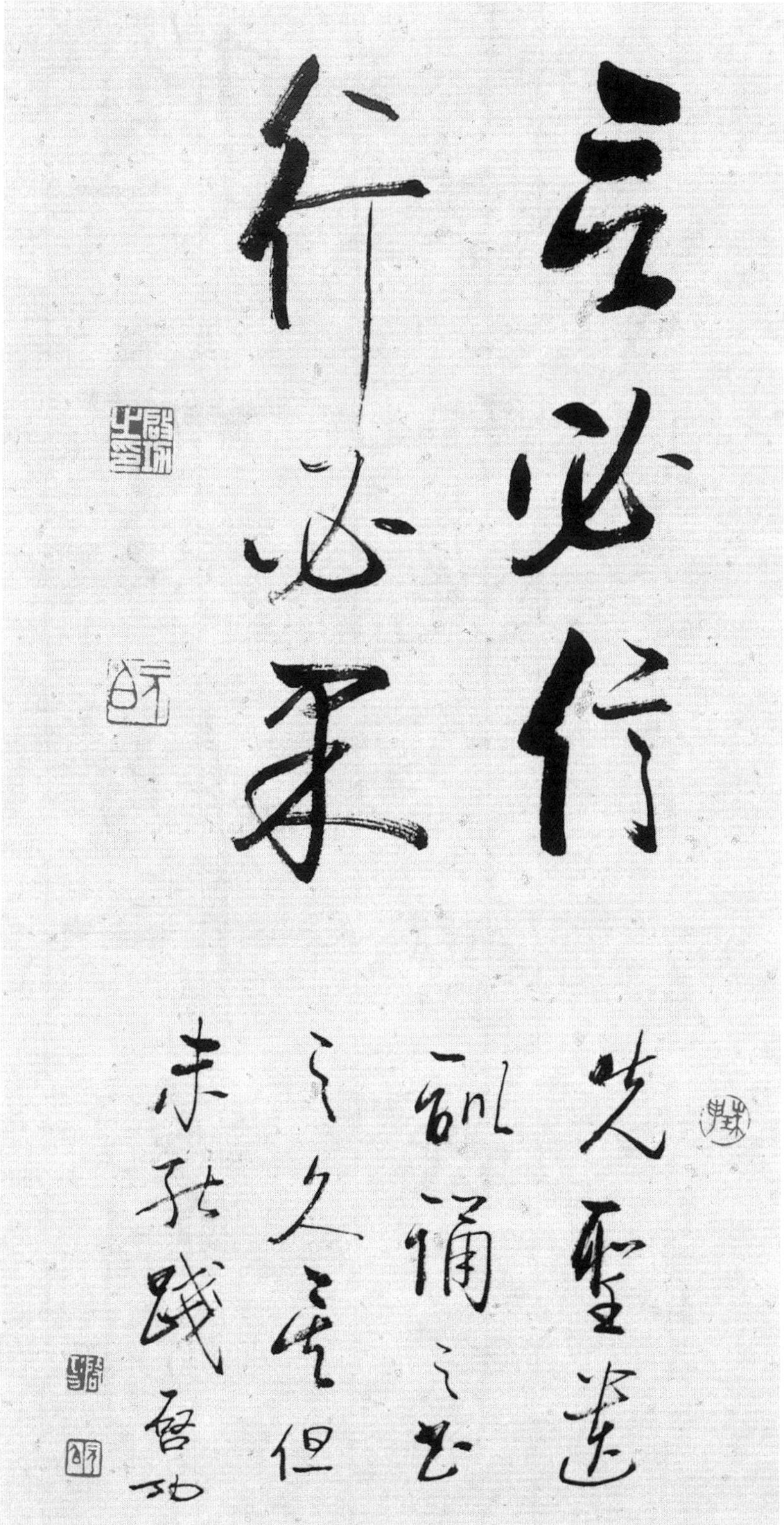

言必信　行必果

一九九八年作　水墨纸本　52cm×32cm　个人收藏

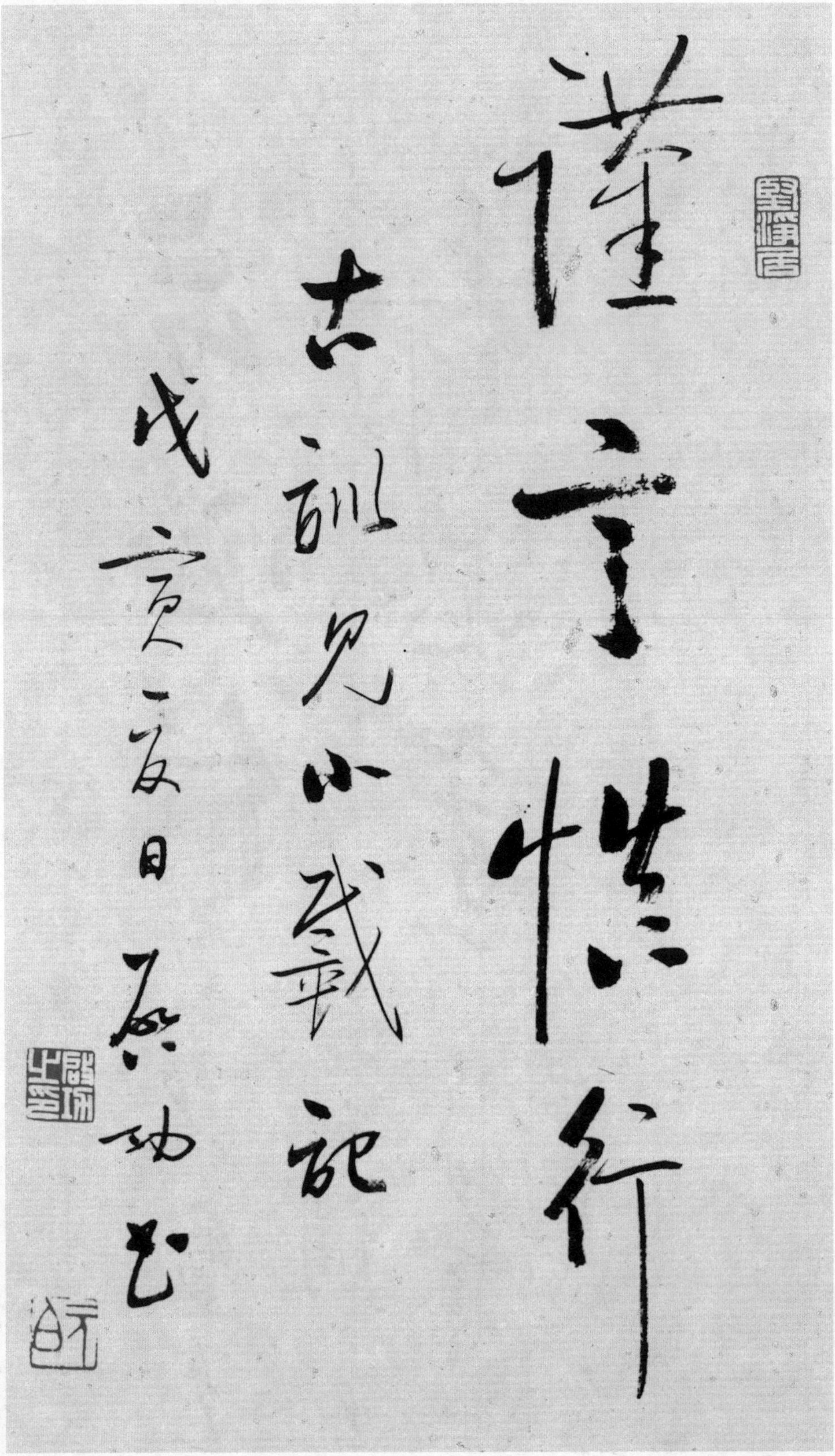

谨言慎行

一九九八年作 水墨纸本 52cm × 32cm 个人收藏

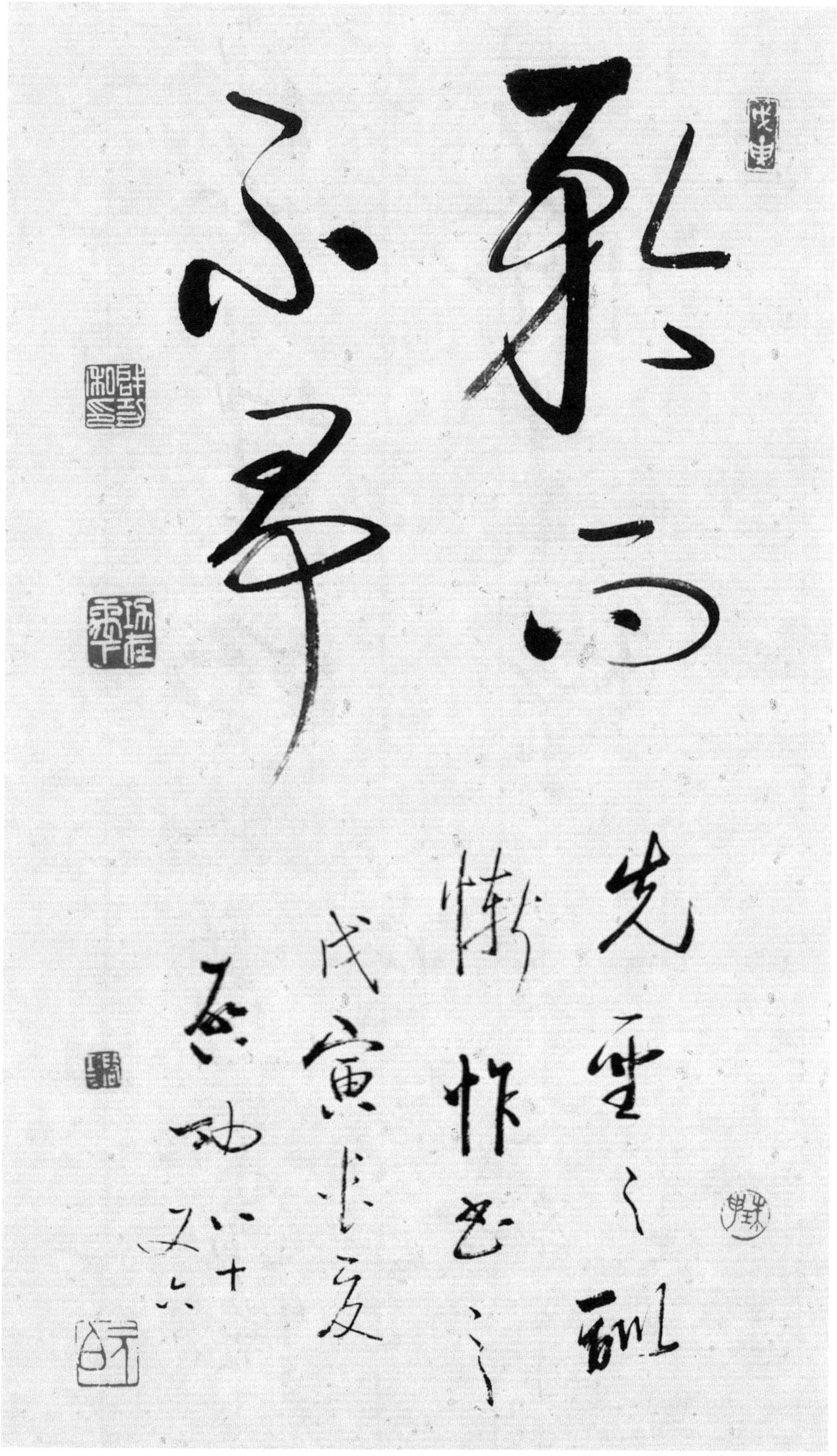

矜而不争

一九九八年作　水墨纸本　52cm×32cm　个人收藏

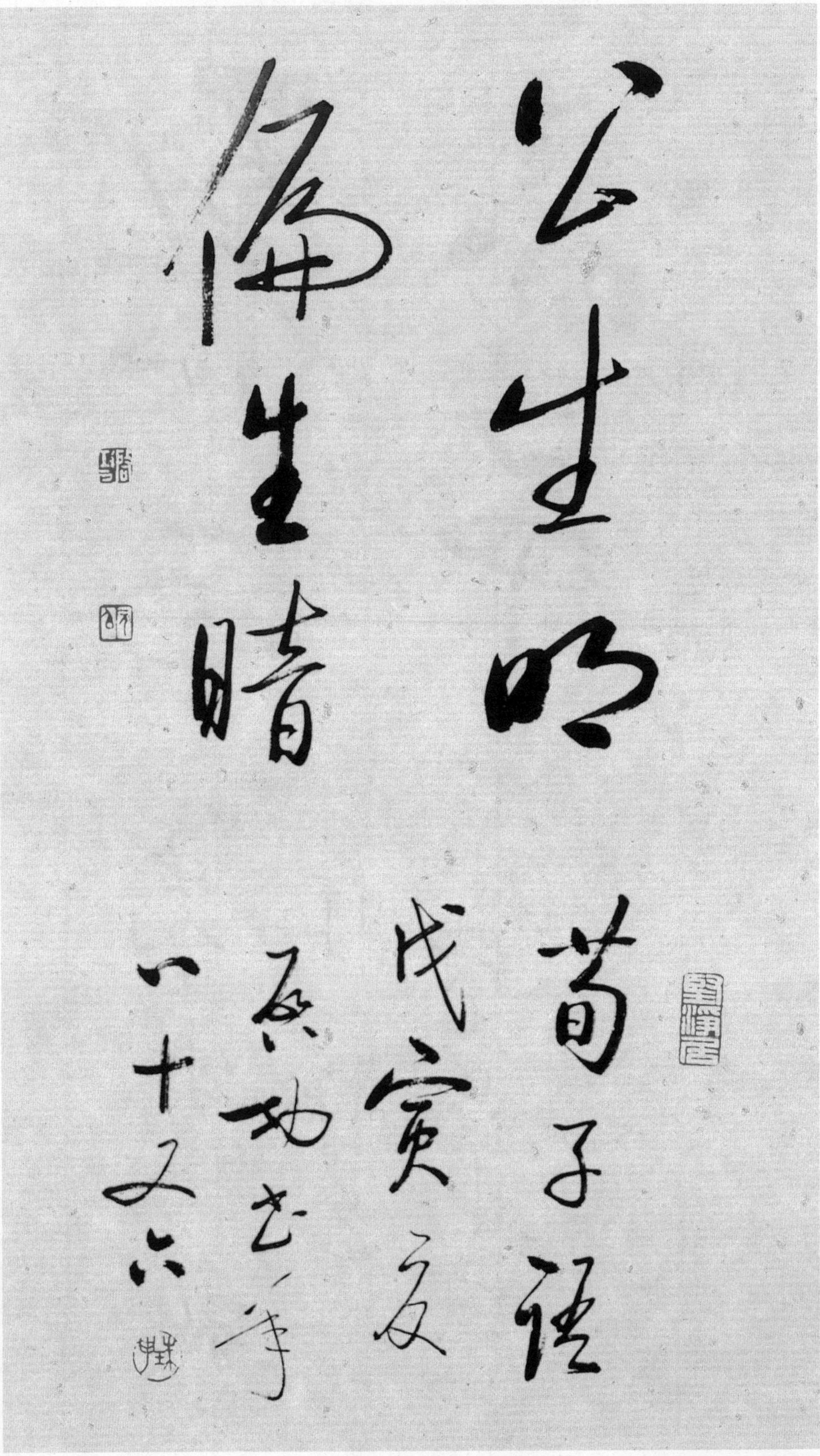

公生明　偏生暗

一九九八年作　水墨纸本　52cm × 32cm　个人收藏

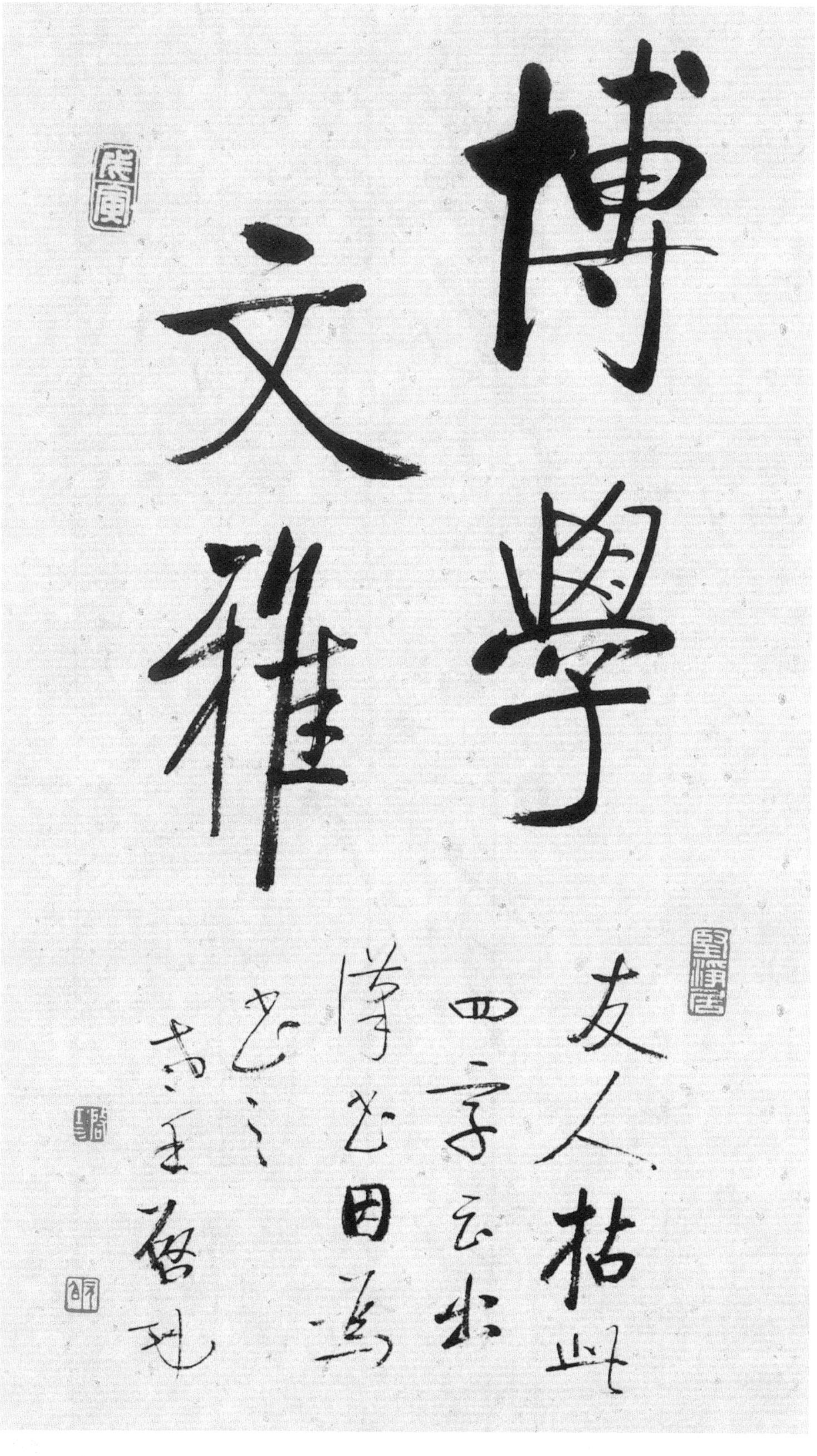

博学文雅

一九九八年作　水墨纸本　52cm × 32cm　个人收藏

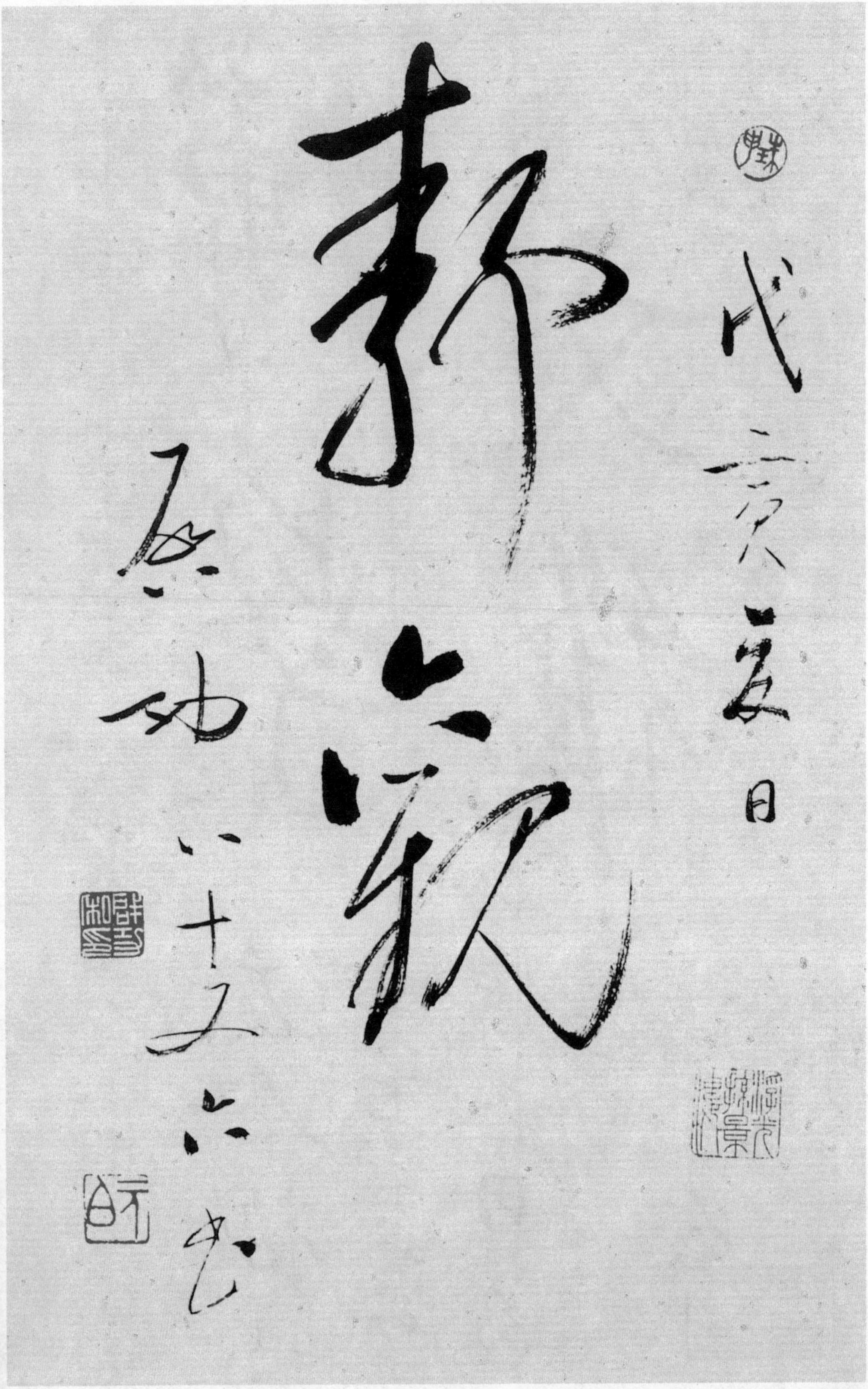

静观

一九九八年作 水墨纸本 52cm×32cm 个人收藏

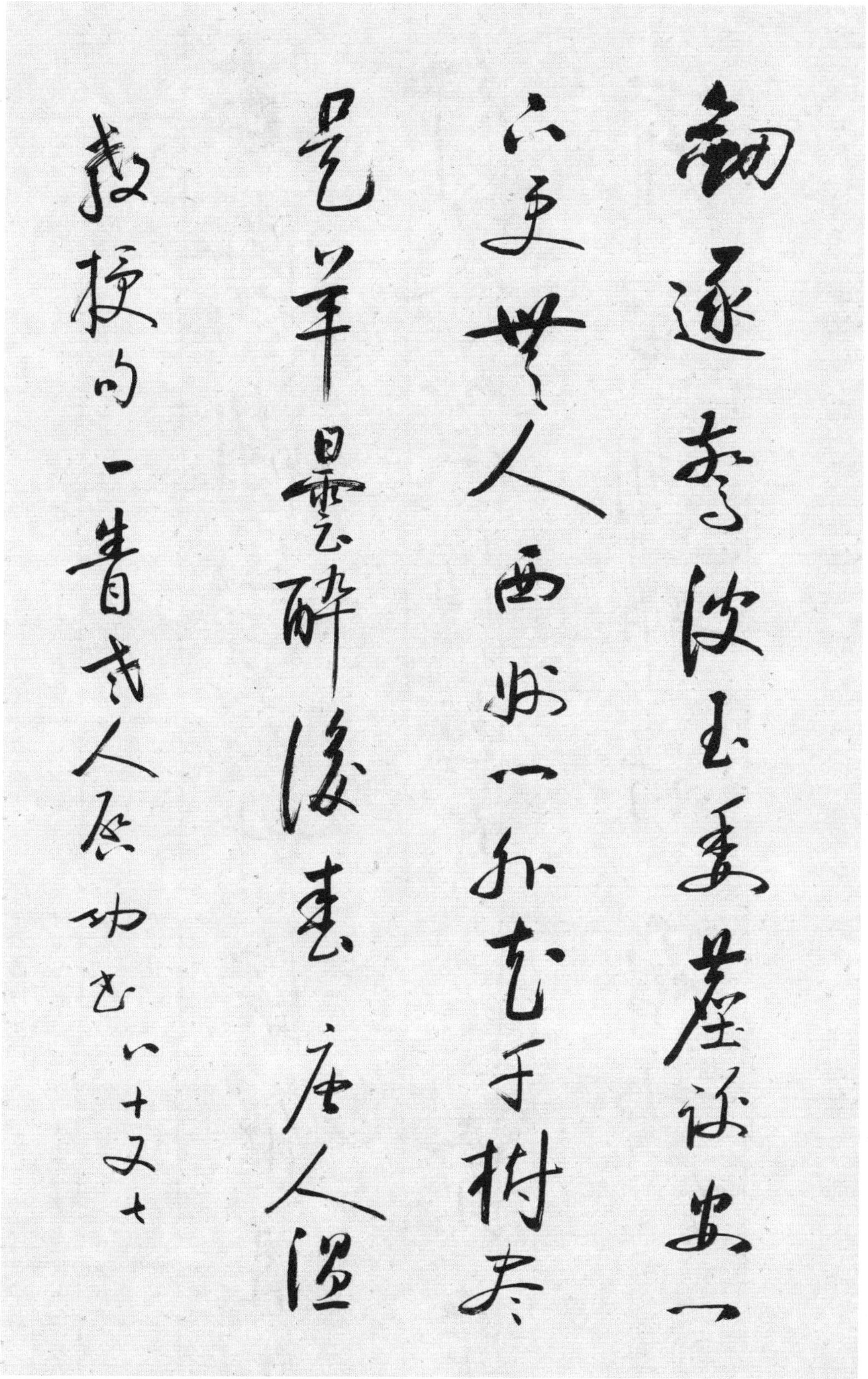

温庭筠句——剑逐惊波玉委尘

一九九九年作　水墨纸本　91cm×59cm　个人收藏

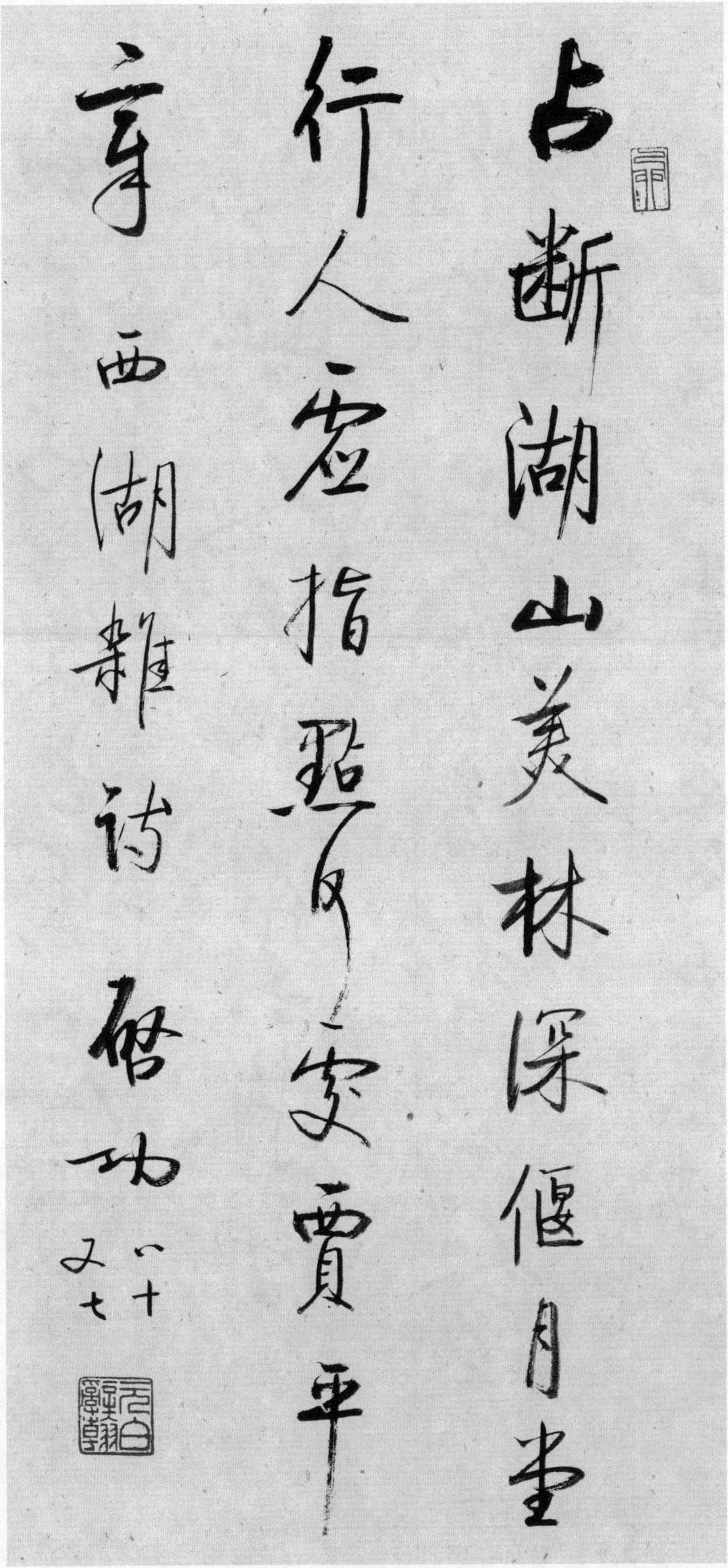

西湖杂诗

一九九九年作 水墨纸本 91cm×39cm 个人收藏

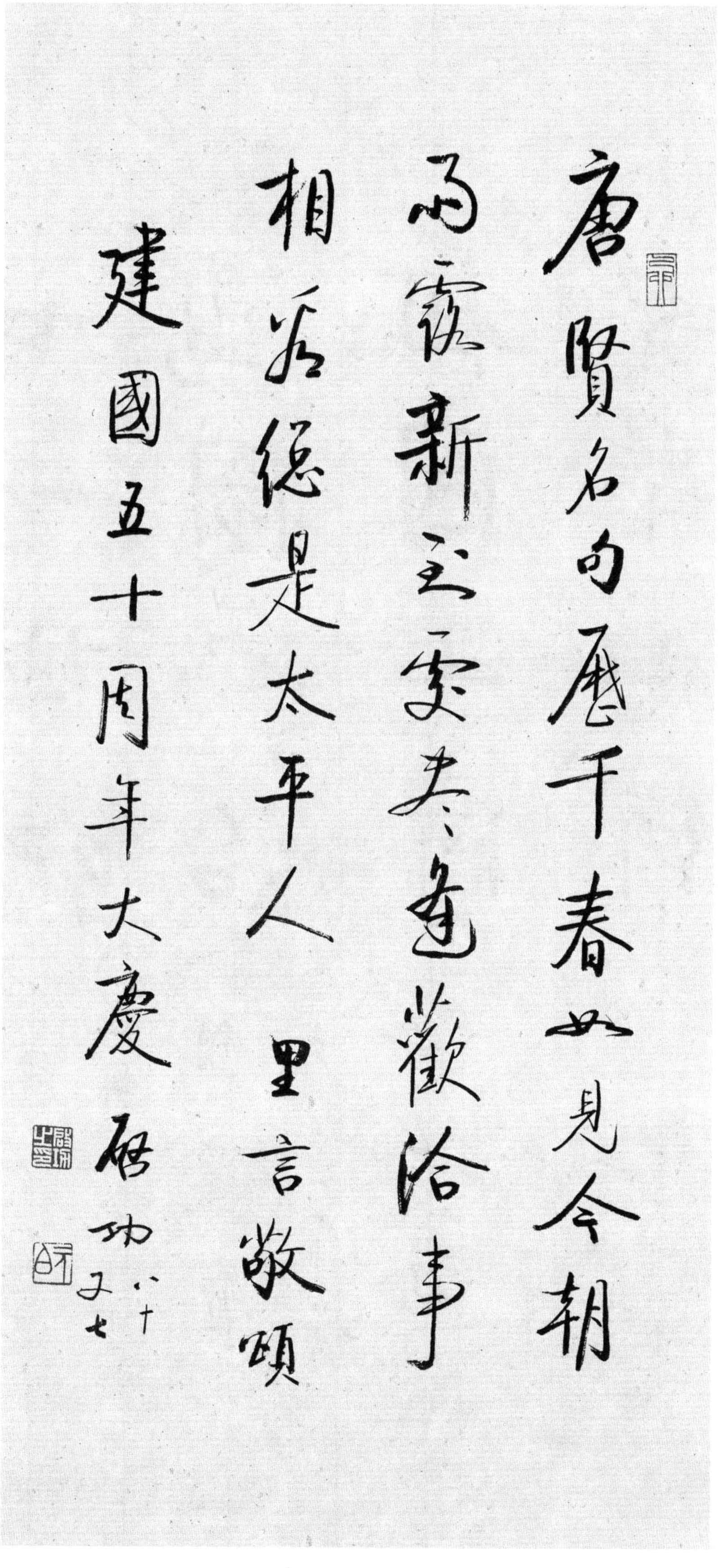

建国五十周年大庆

一九九九年作　水墨纸本　69cm×46cm　个人收藏

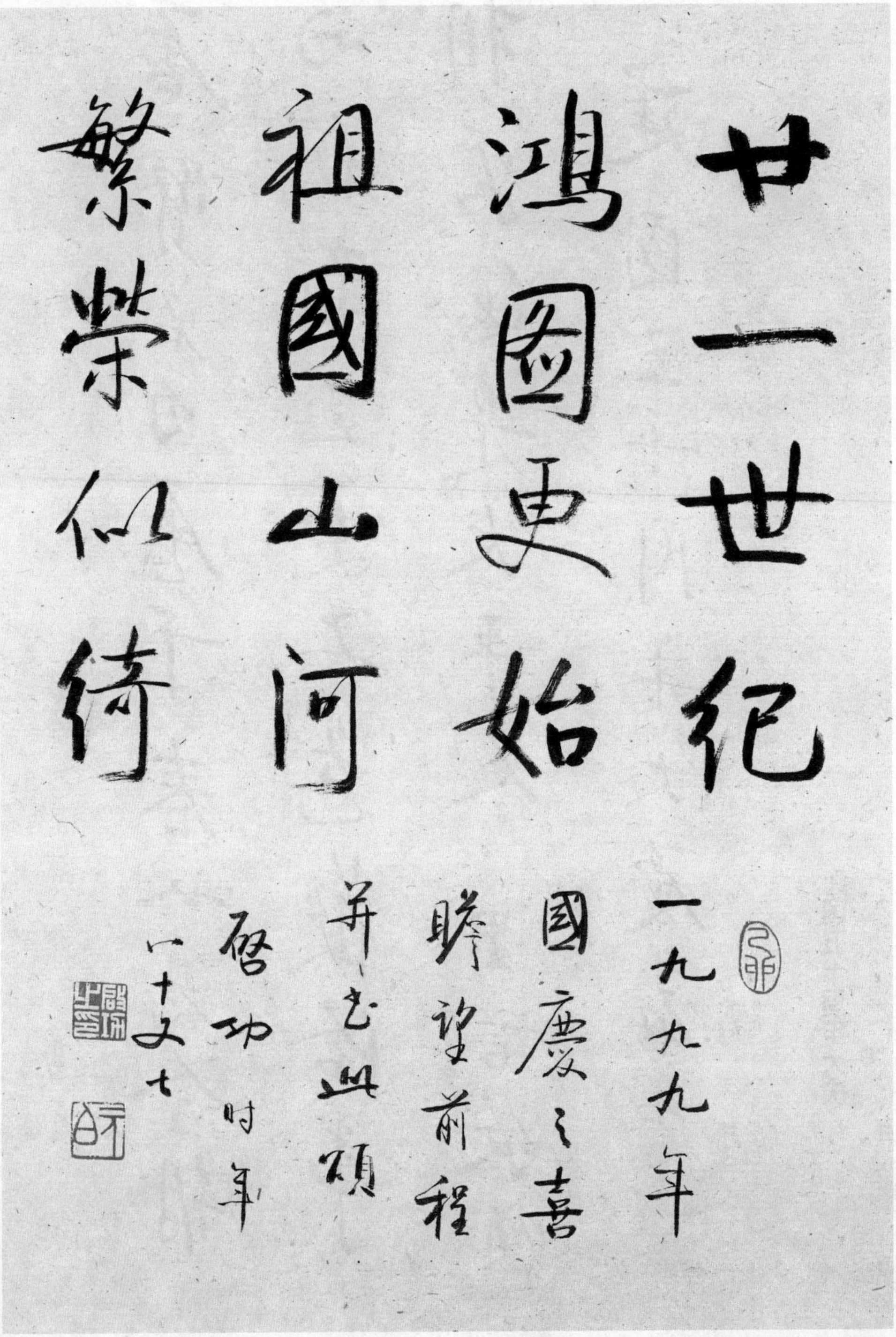
廿一世紀
鴻圖更始
祖國山河
繁榮似倚
一九九九年
國慶之喜
瞻望前程
并书此頌
啓功时年
八十又七

贺国庆五十周年

一九九九年作　水墨纸本　64cm × 46cm　个人收藏

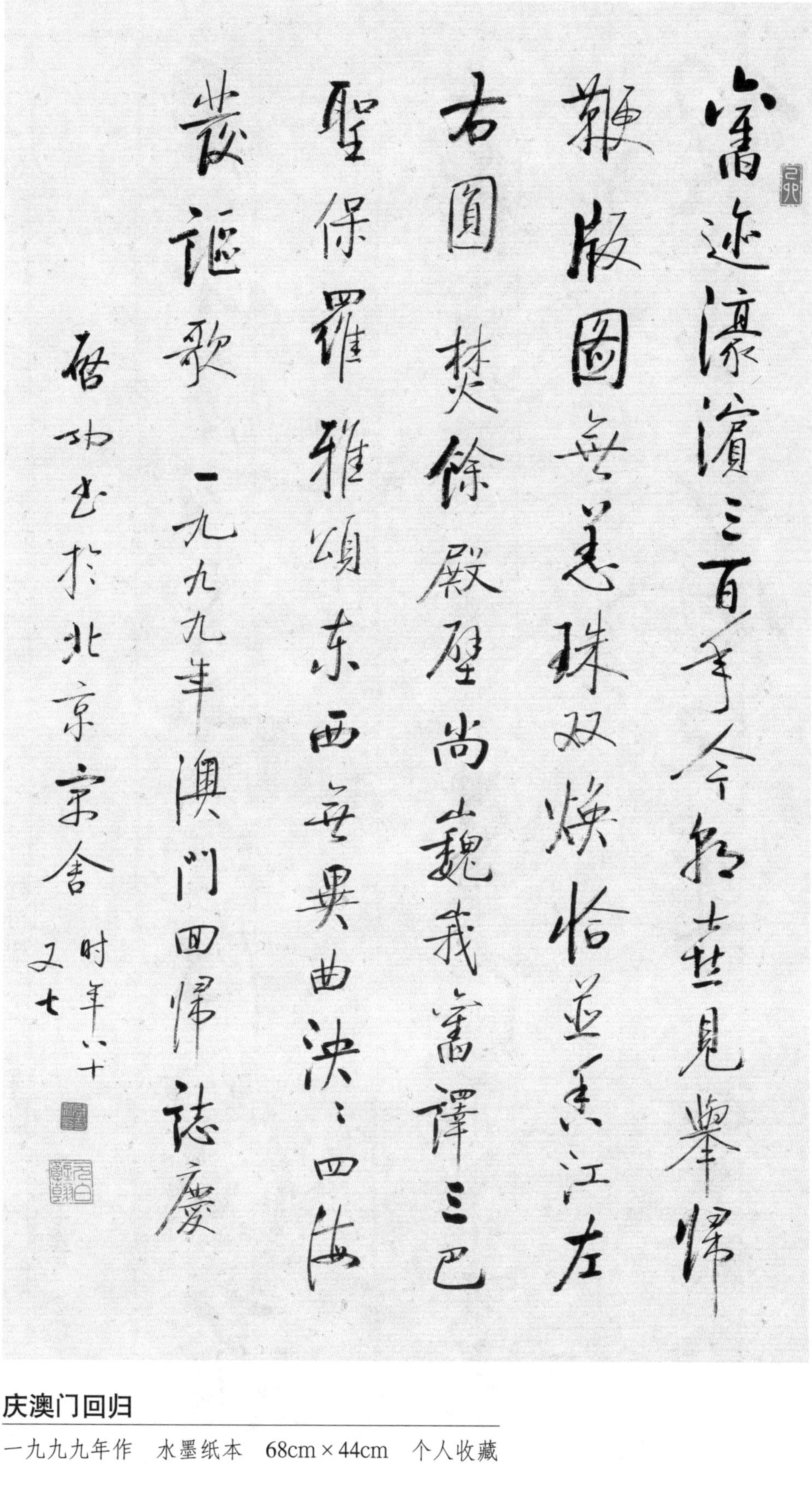

庆澳门回归

一九九九年作　水墨纸本　68cm×44cm　个人收藏

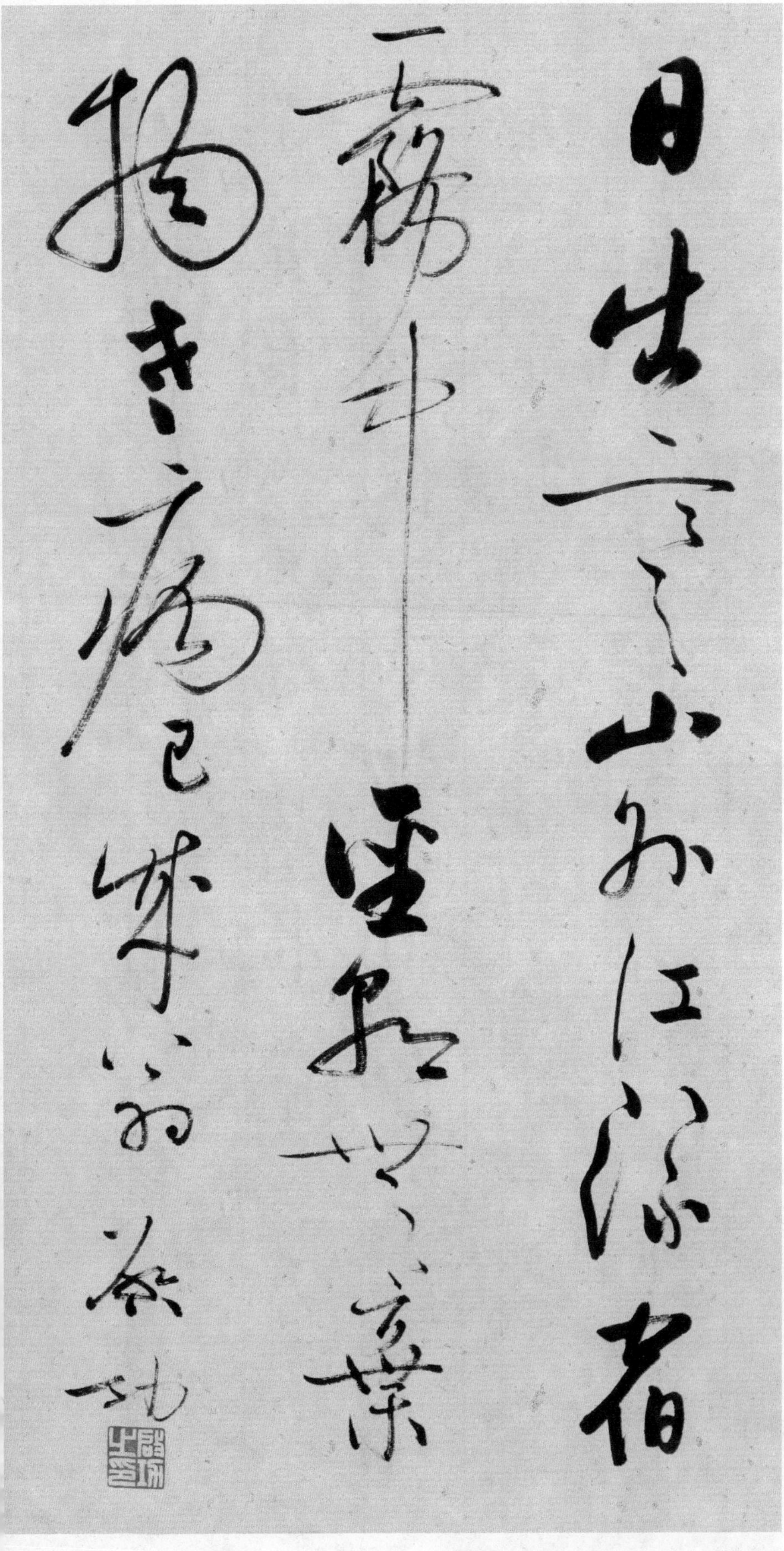

杜甫句——日出寒山外

二十世纪九十年代作　水墨纸本　69cm×38cm　个人收藏

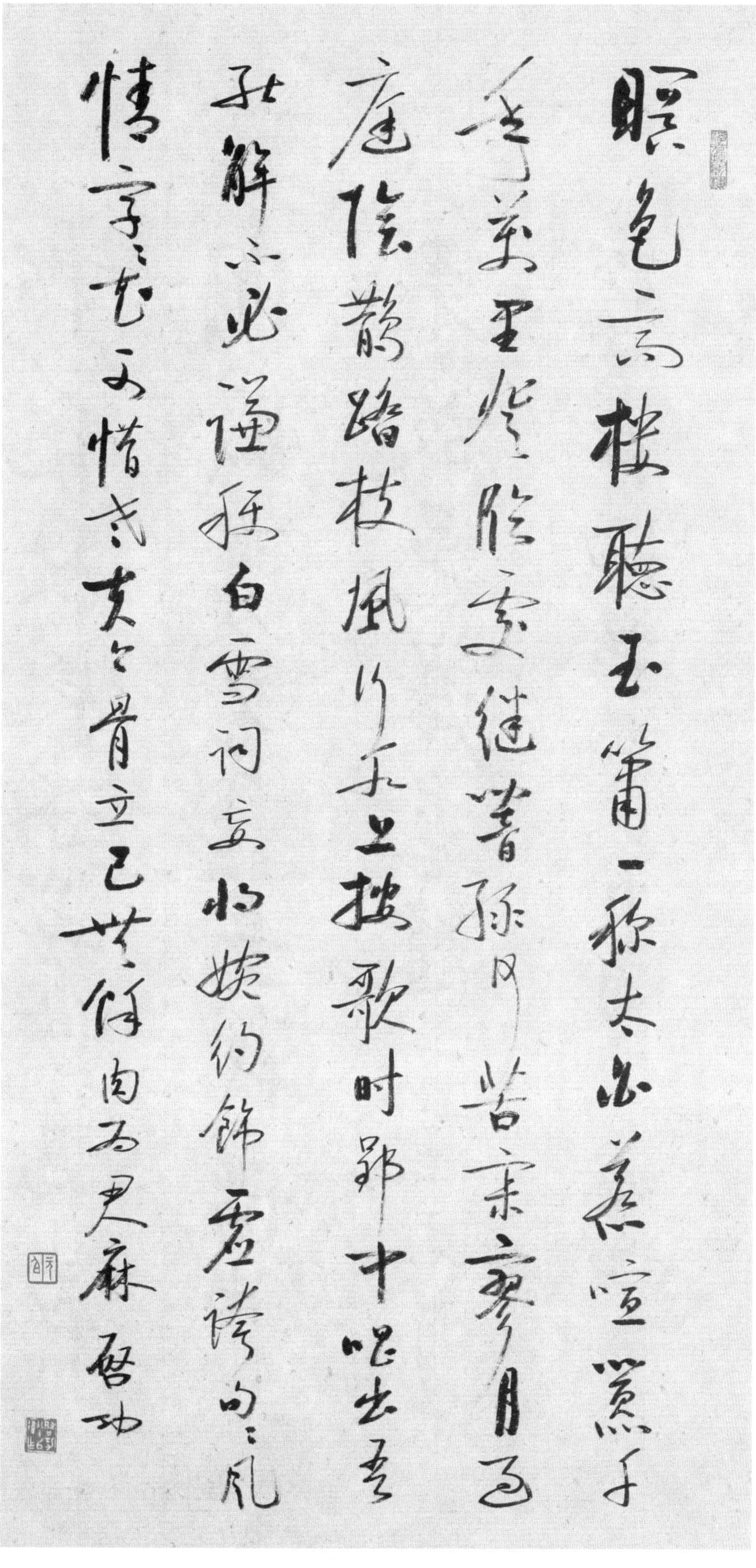

自作诗——暝色高楼听玉箫

二十世纪九十年代作　水墨纸本　133cm×66cm　个人收藏

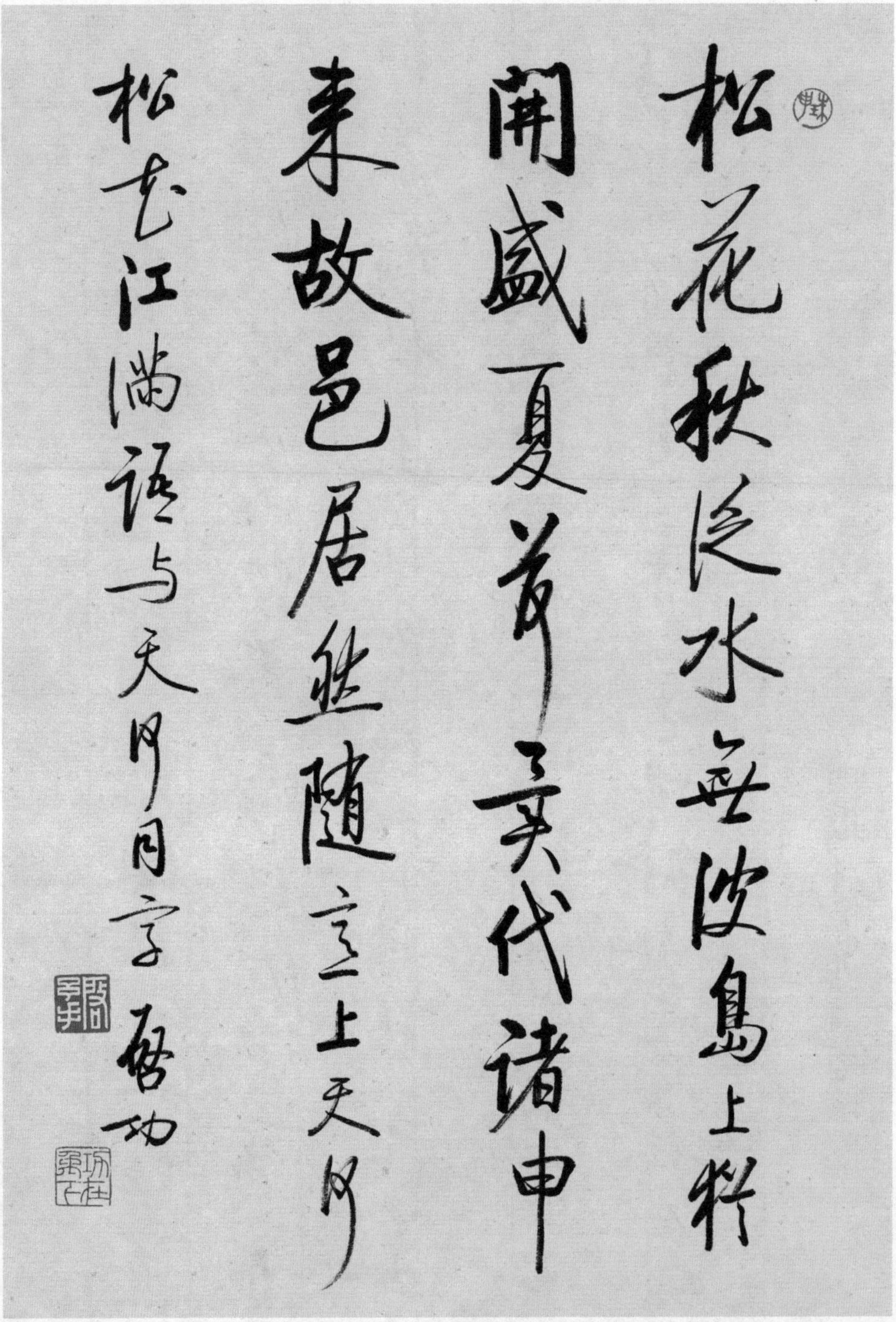

自作诗——松花秋泛水无波

二十世纪九十年代作　水墨纸本　69cm × 46cm　个人收藏

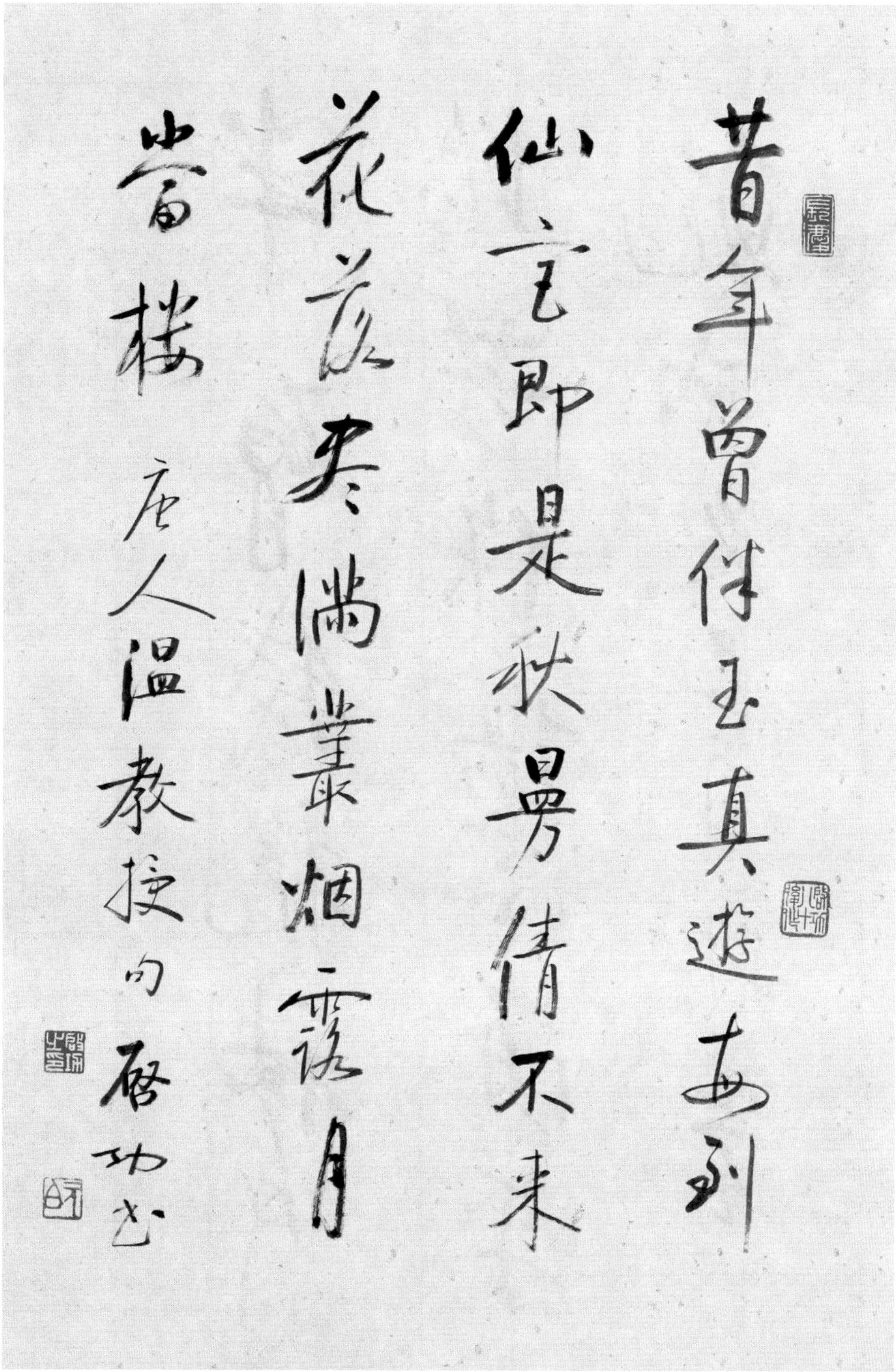
昔年曾伴玉真游每到
仙宫即是秋曼倩不来
花落尽满丛烟露月
当楼

温庭筠句——昔年曾伴玉真游

二十世纪九十年代作　水墨纸本　91cm × 59cm　个人收藏

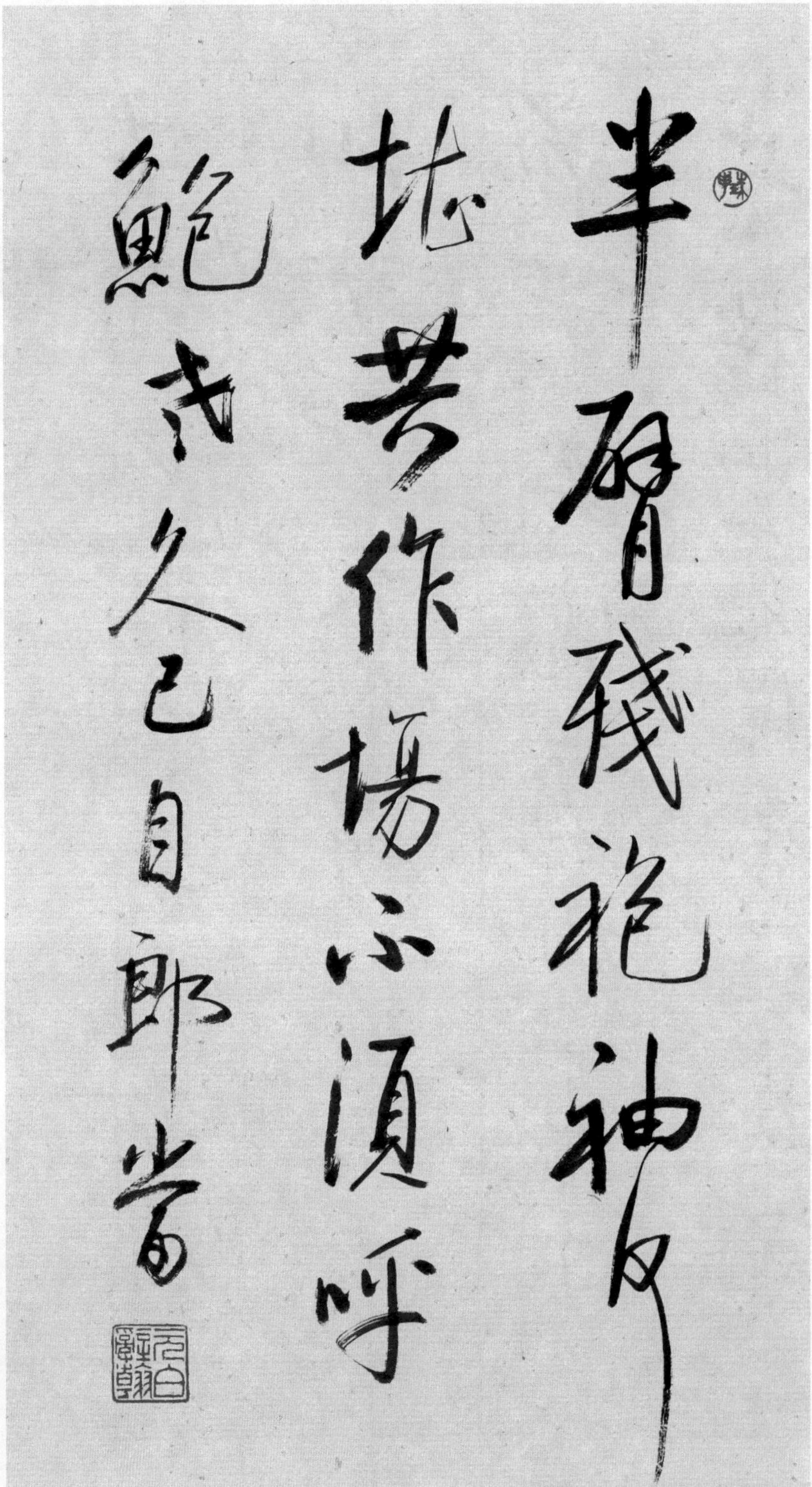

自作诗——半臂残袍袖

二十世纪九十年代作　水墨纸本　80cm×43cm　个人收藏

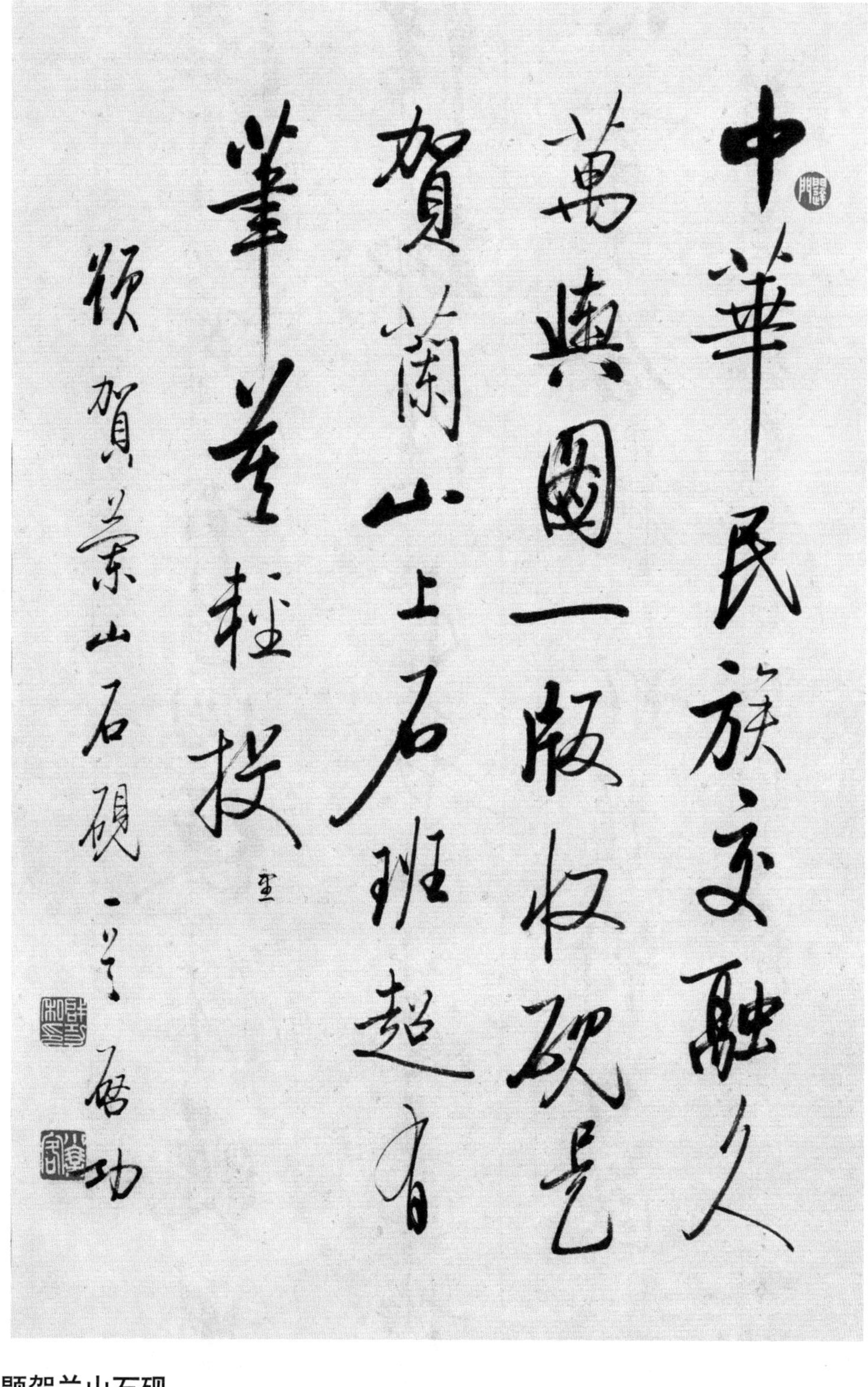

题贺兰山石砚

二十世纪九十年代作　水墨纸本　70cm × 45cm　个人收藏

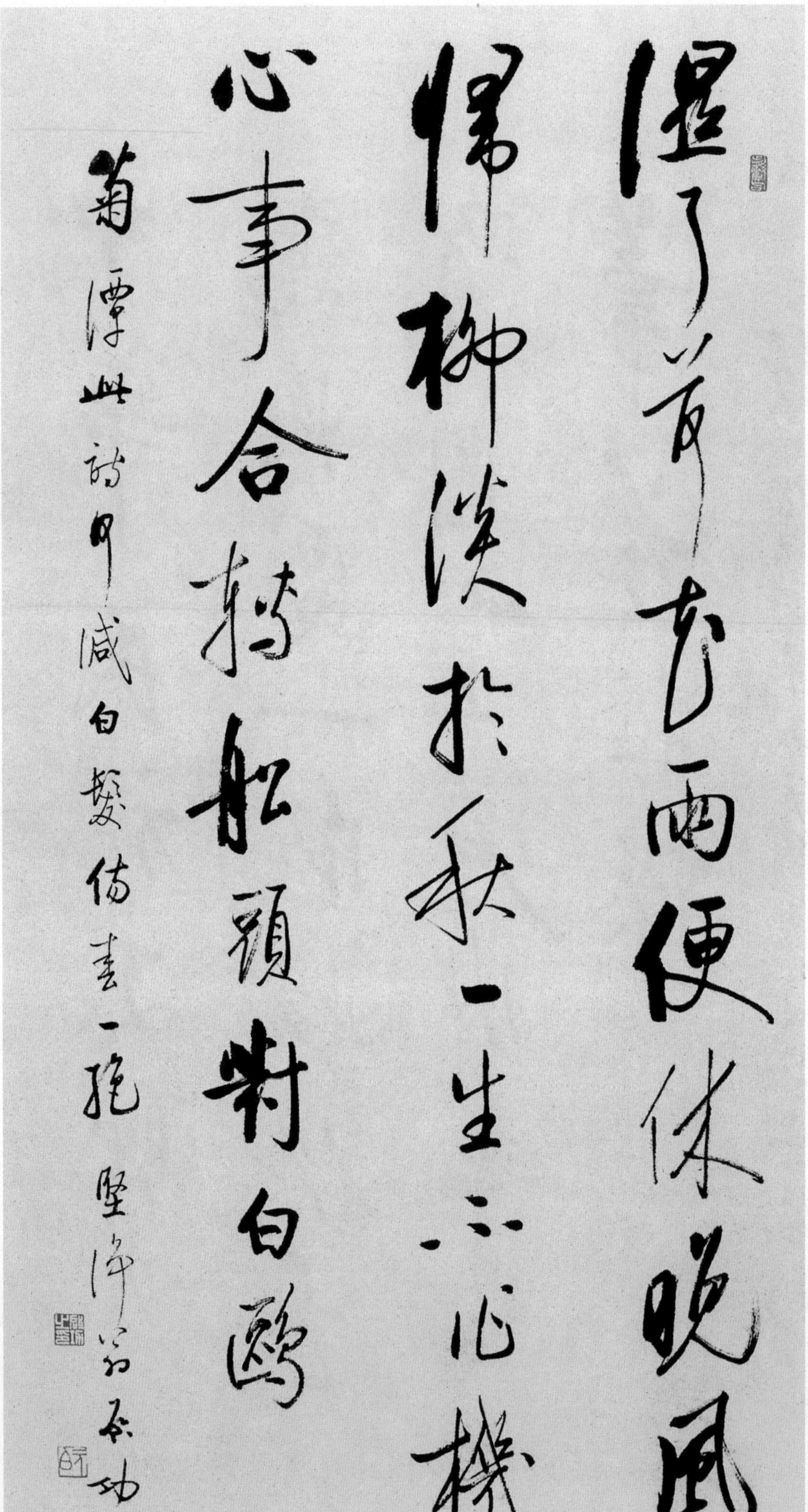

菊潭诗

二十世纪九十年代作 水墨纸本 130cm×68cm 个人收藏

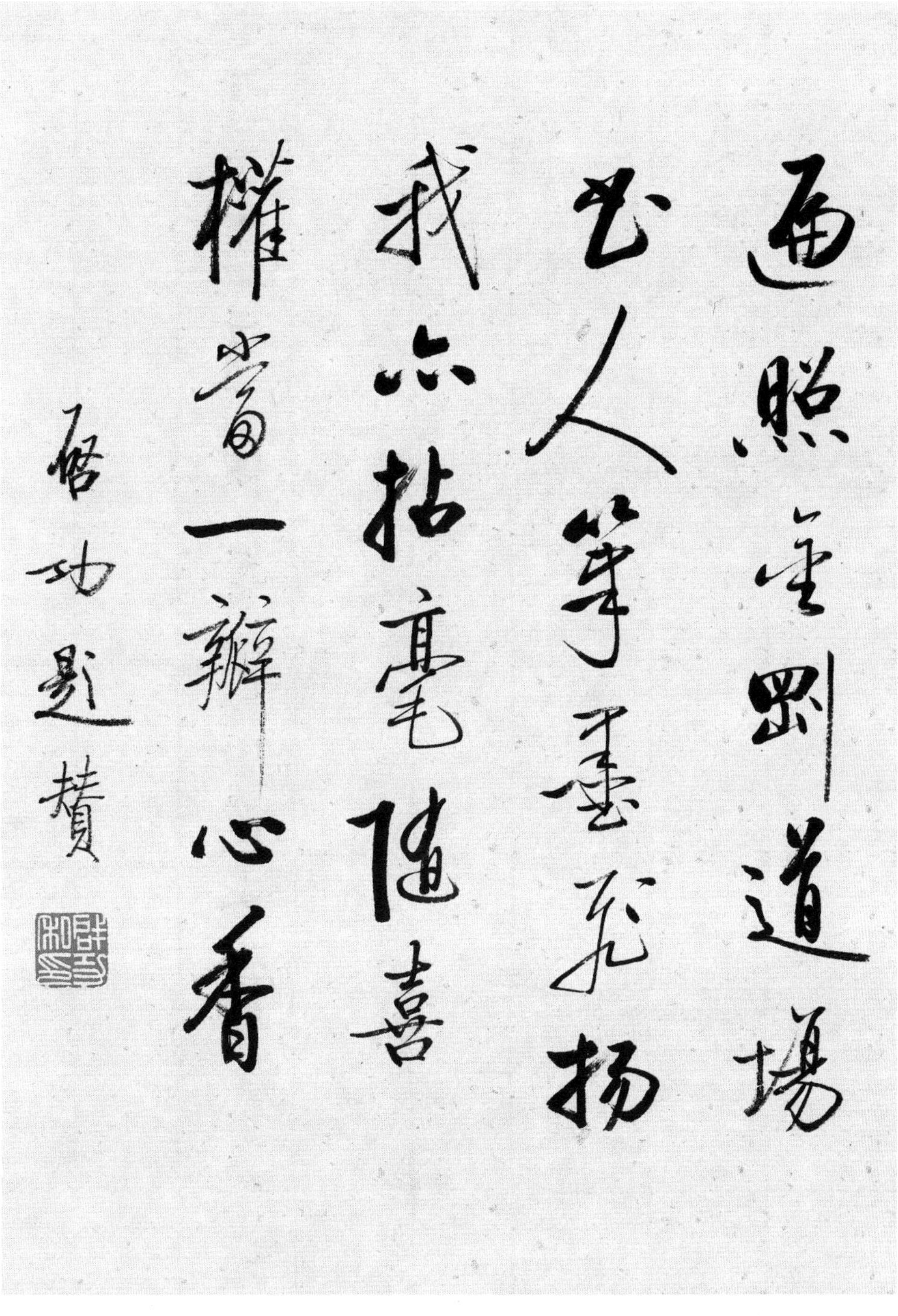

自作题赞——遍照金刚道场

二十世纪九十年代作　水墨纸本　47cm × 34cm　个人收藏

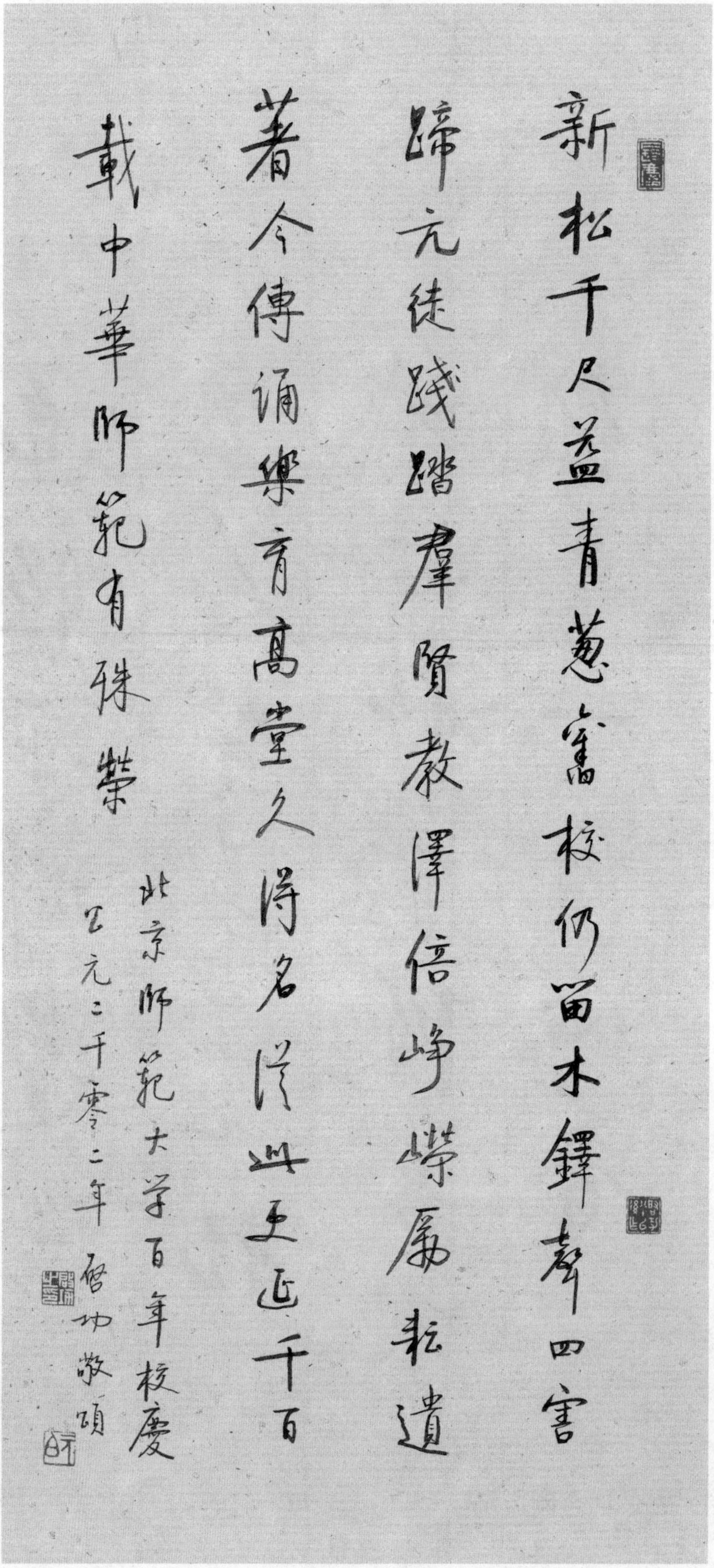
新松千尺益青葱舊校仍留木鐸聲四害
蹄元徒踐踏群賢教澤倍峥嶸耘遺
著今傳誦樂育高堂久得名從此更延千百
載中華師範有殊榮
北京師範大學百年校慶
公元二千零二年 啟功敬頌

北京师范大学百年校庆

二〇〇二年作　水墨纸本　115cm×51cm　北京师范大学收藏

斗方

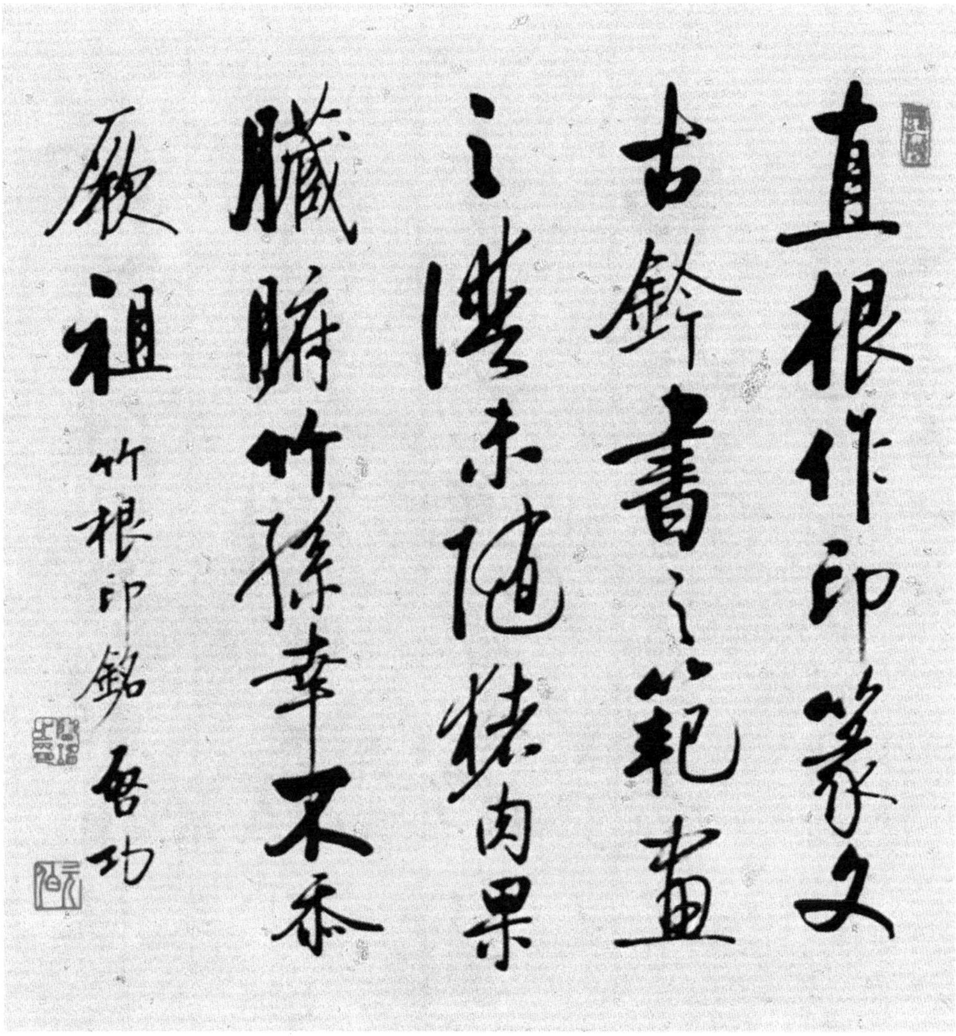

竹根印铭

一九八一年作　水墨纸本　64.5cm×66cm　个人收藏

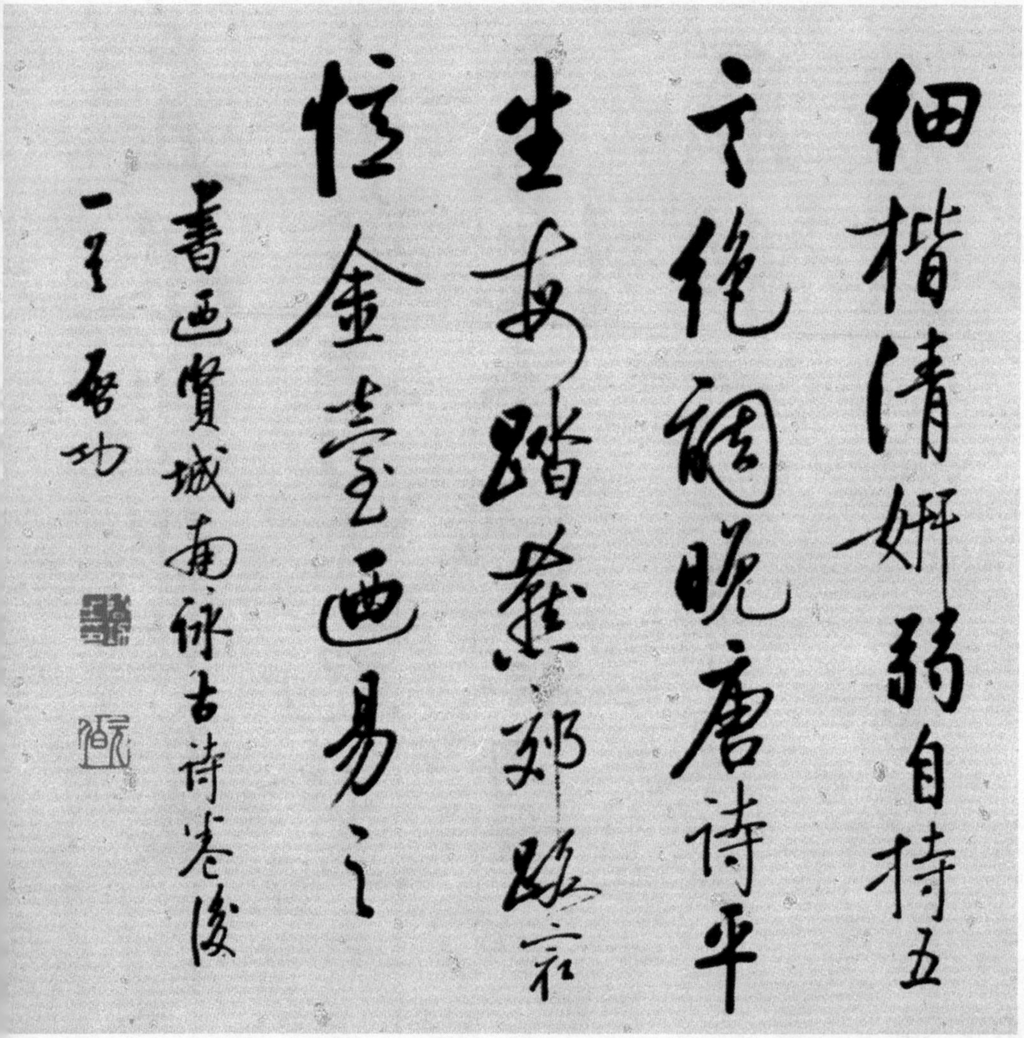

书廼贤城南咏古诗卷后

一九八一年作　水墨纸本　65.5cm×63.5cm　个人收藏

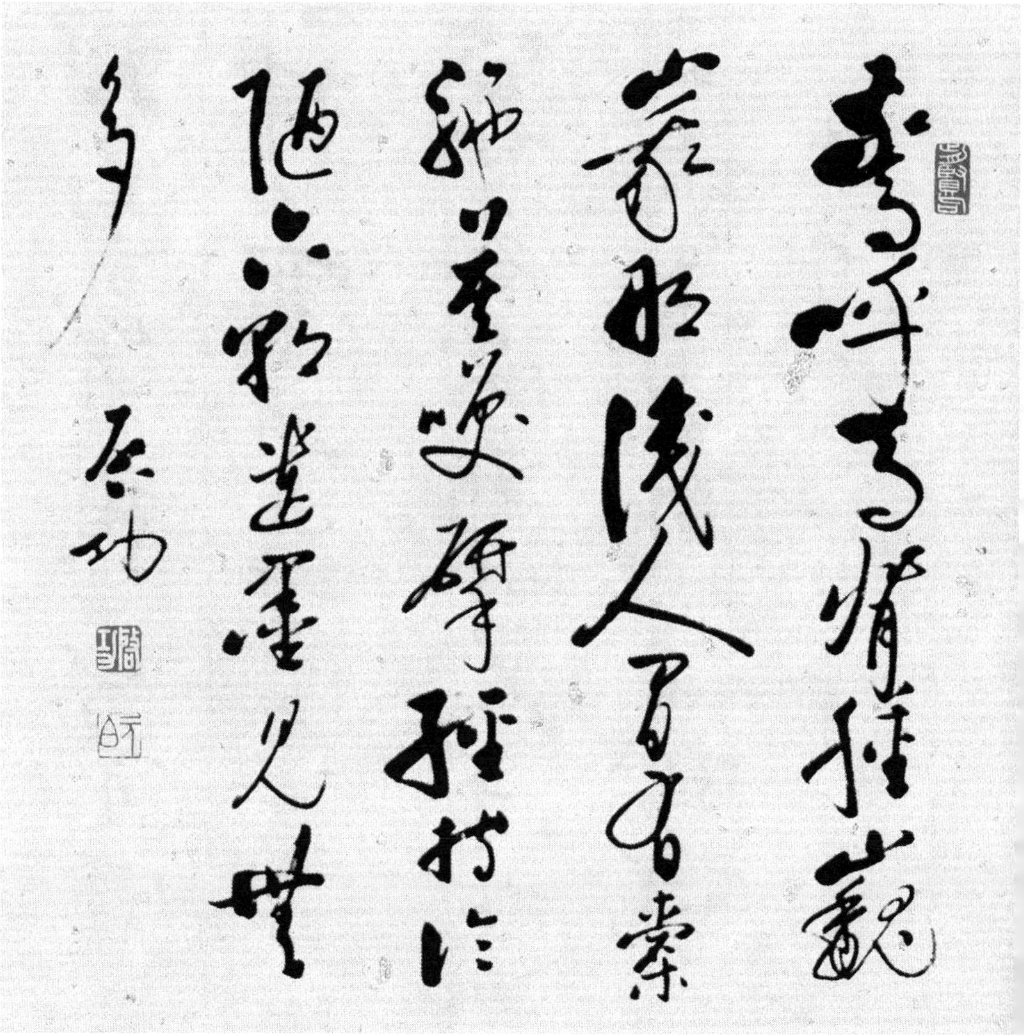

前贤句——惊呼马背肿巍峨

一九八一年作　水墨纸本　65cm × 66cm　个人收藏

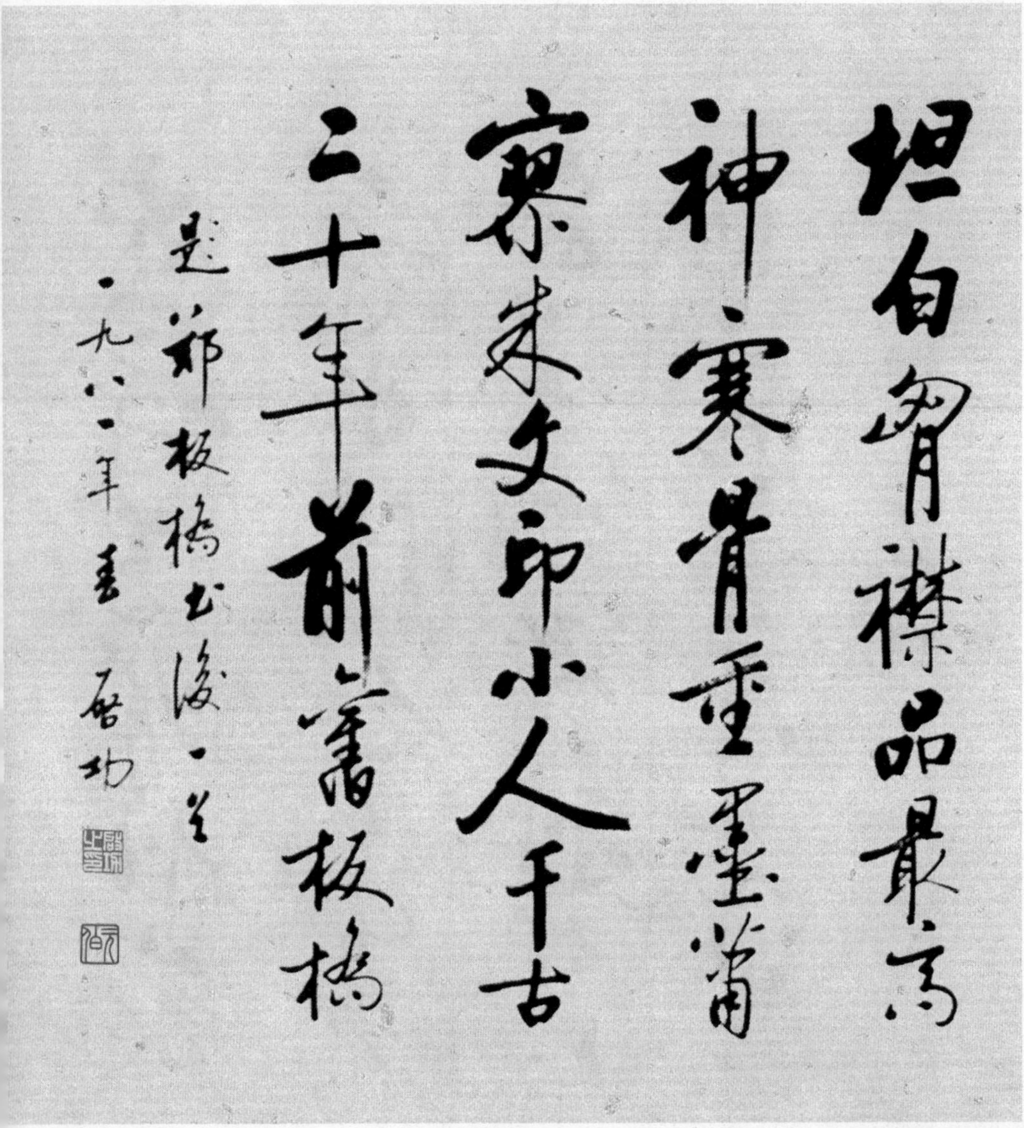
坦白胸襟品最高
神寒骨重墨萧萧
寒宋文印小人千古
二十年前旧板桥
题郑板桥书后一首
一九八一年春 启功

题郑板桥书后

一九八一年作 水墨纸本 65cm×66cm 个人收藏

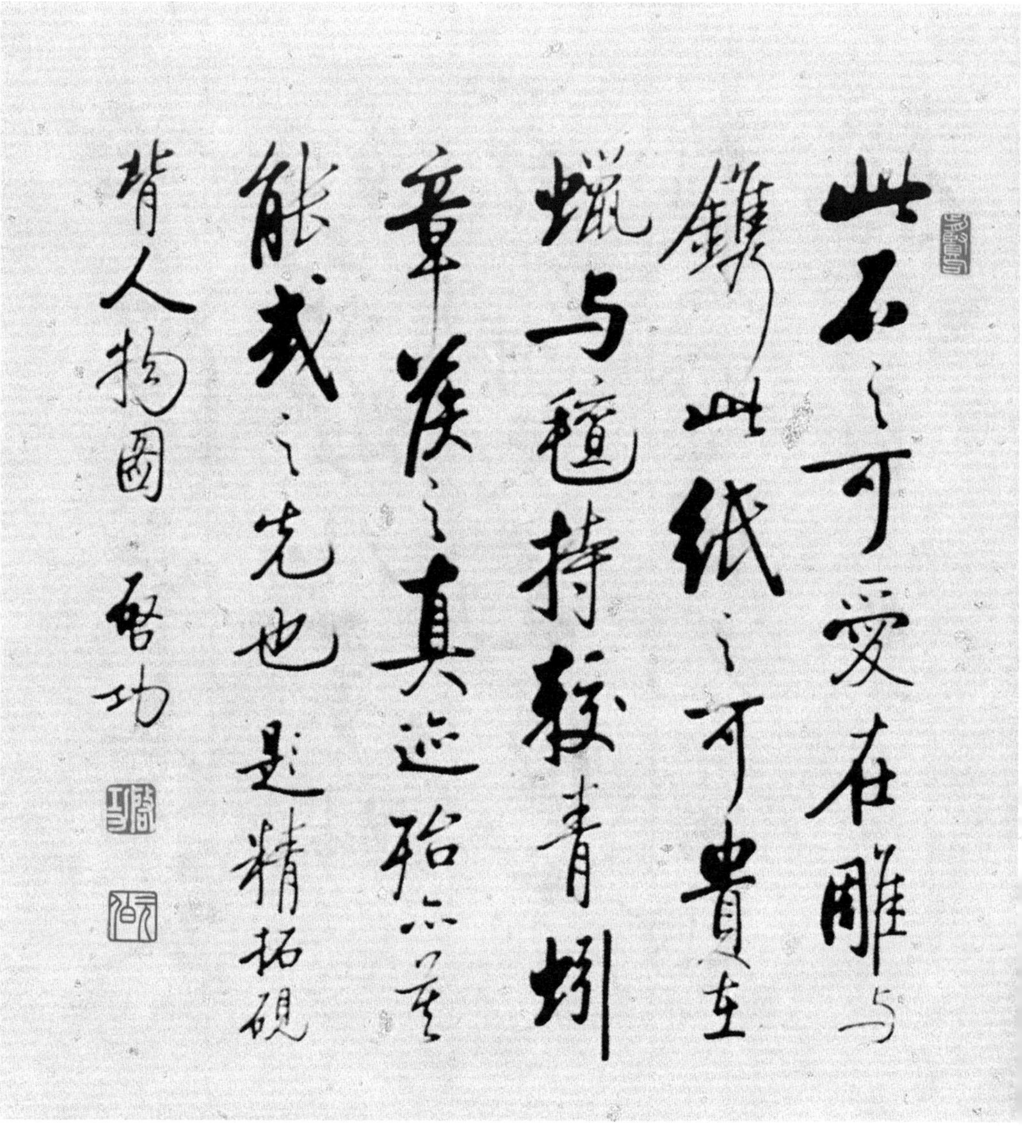
此石之可爱在雕与
镌此纸之可贵在
蜡与毡持较青州
章侯之真迹殆亦不
能或之先也题精拓砚
背人物图
启功

题精拓砚背人物图

一九八一年作　水墨纸本　65.5cm×65cm　个人收藏

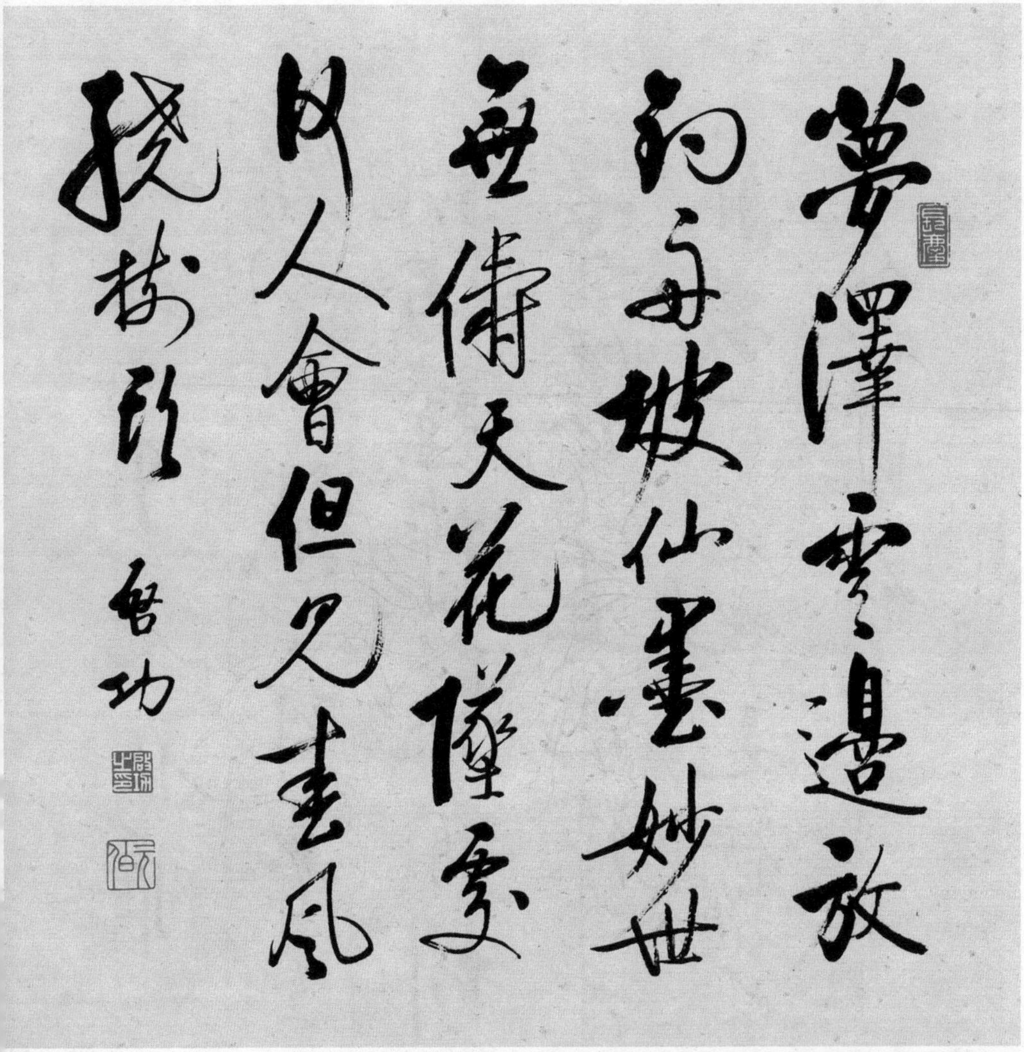

自作诗——梦泽云边放钓舟

一九八三年作　水墨纸本　65cm × 65cm　个人收藏

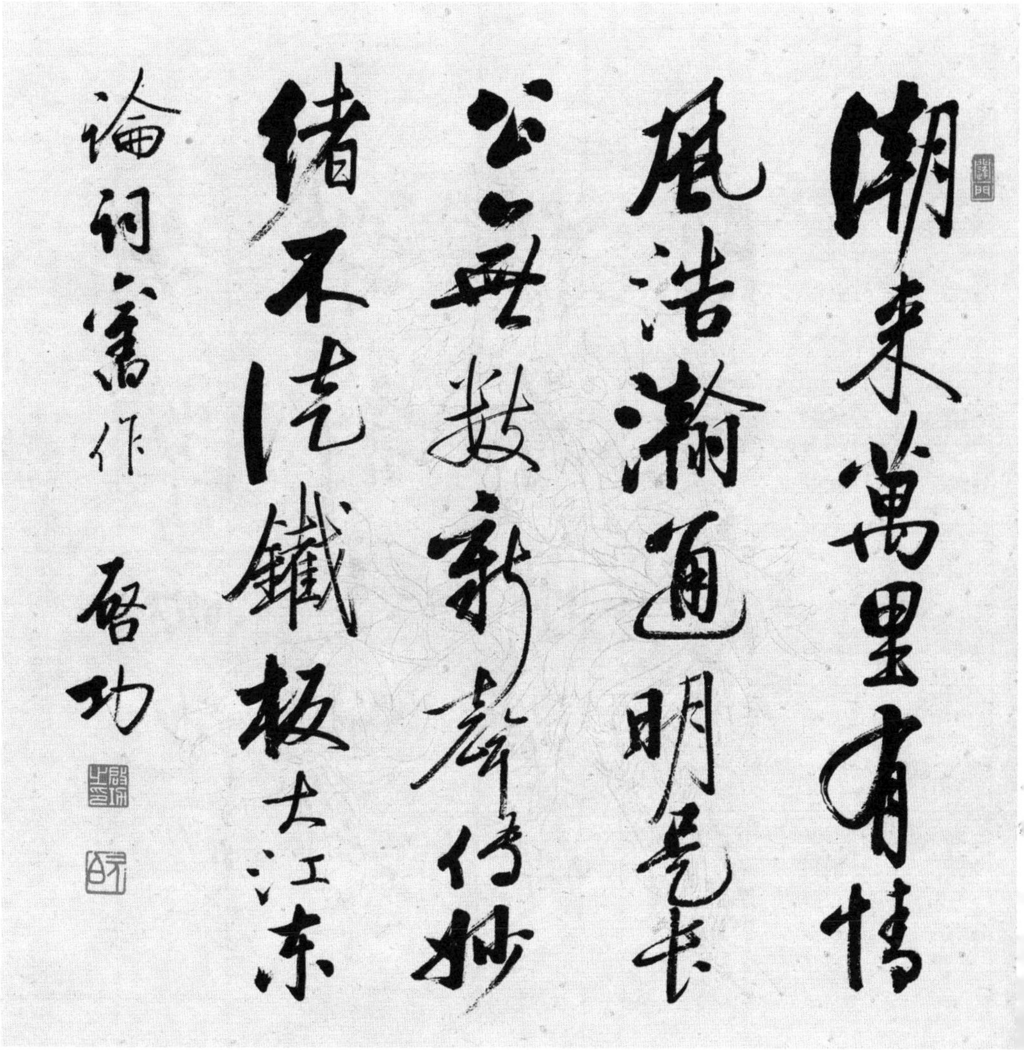
潮来萬里有情
風浩瀚通明是長
公無數新聲傳妙
緒不憑鐵板大江東
論詞舊作
啟功

论词旧作——潮来万里有情风

一九八三年作　水墨纸本　65cm×65cm　个人收藏

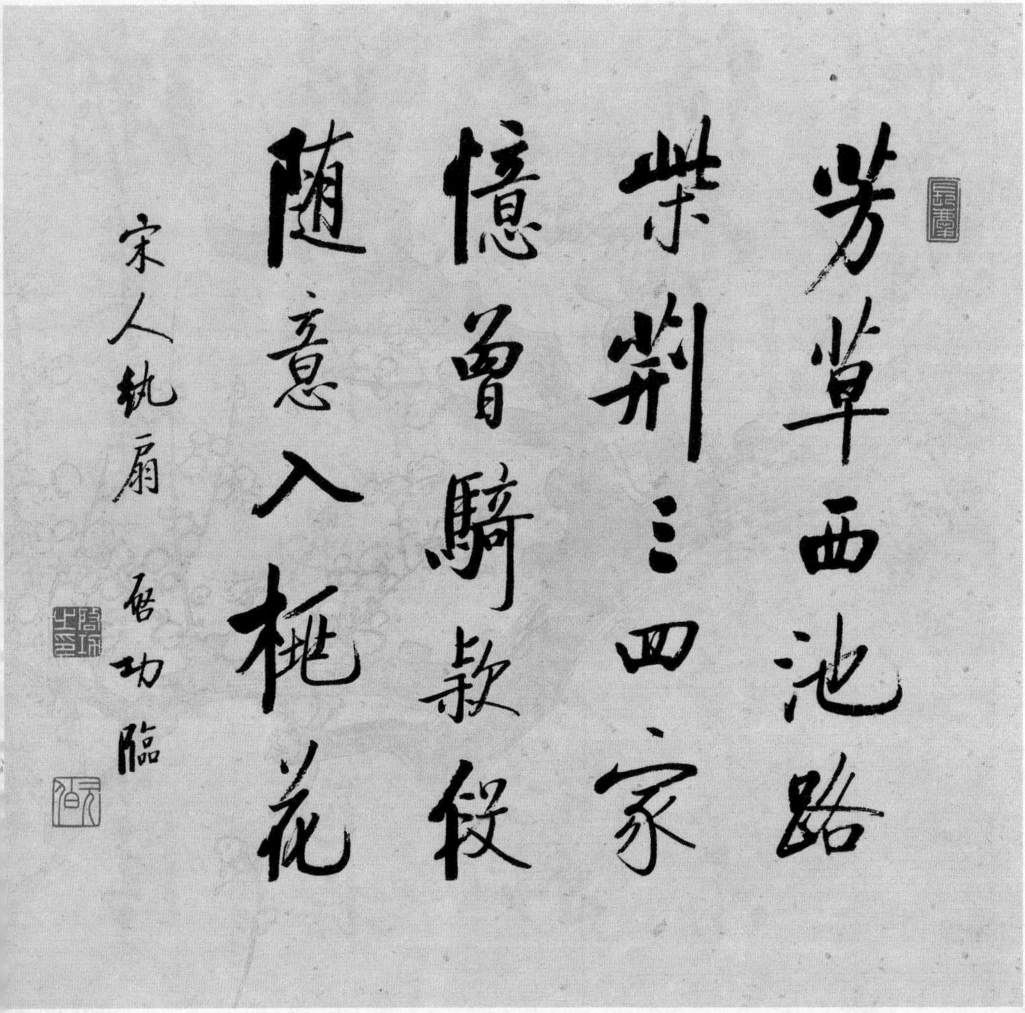

宋人句——芳草西池路

一九八三年作　水墨纸本　65cm × 65cm　个人收藏

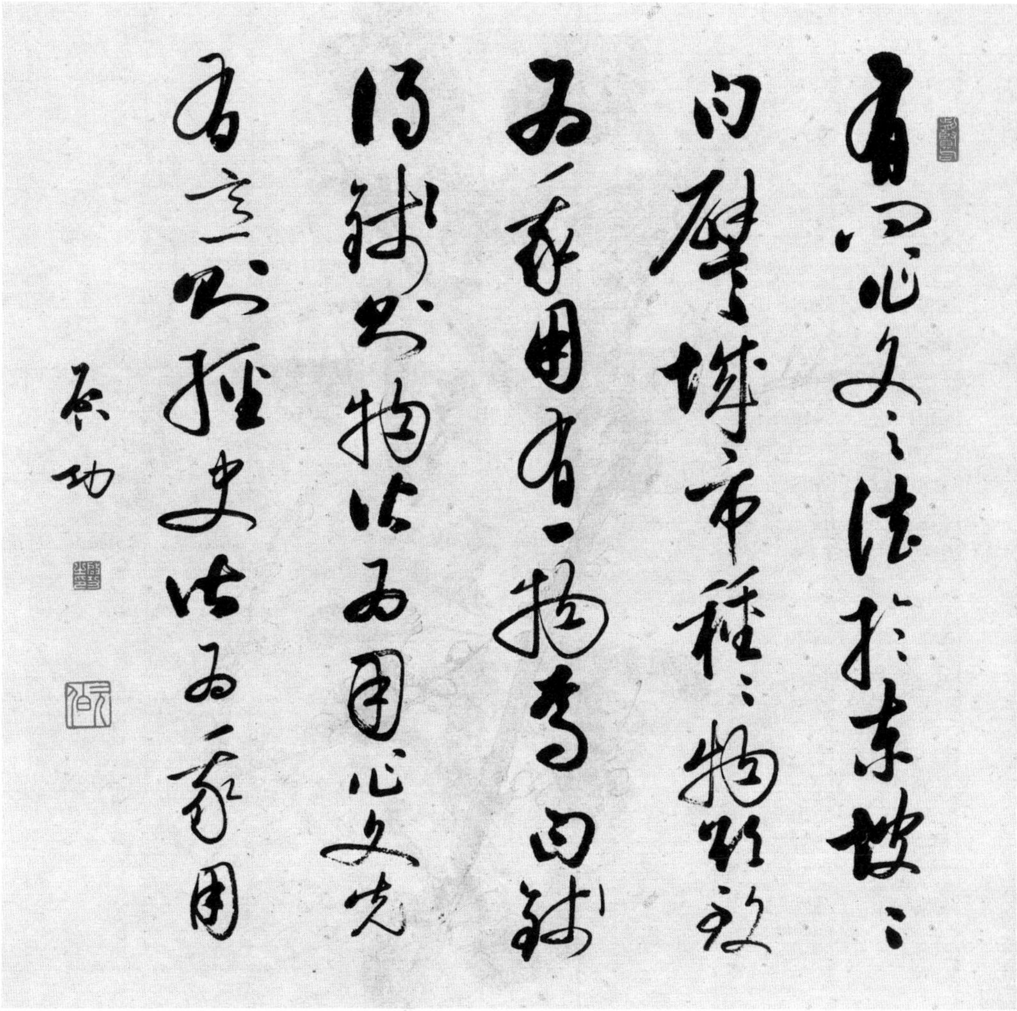

宋人句——有问作文之法于东坡

一九八三年作　水墨纸本　65cm×66.5cm　个人收藏

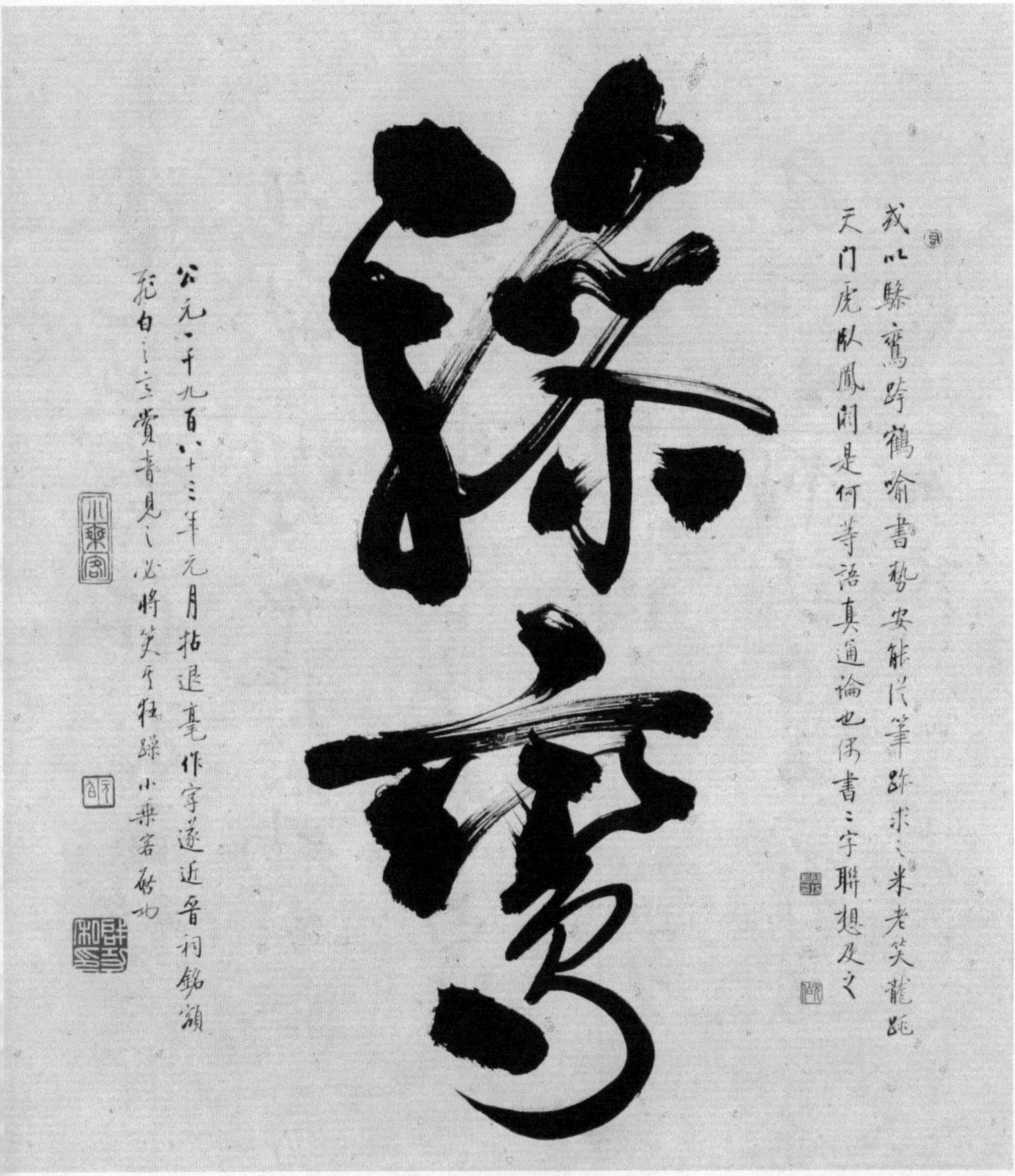

骖鸾

一九八三年作　水墨纸本　45cm × 53cm　个人收藏

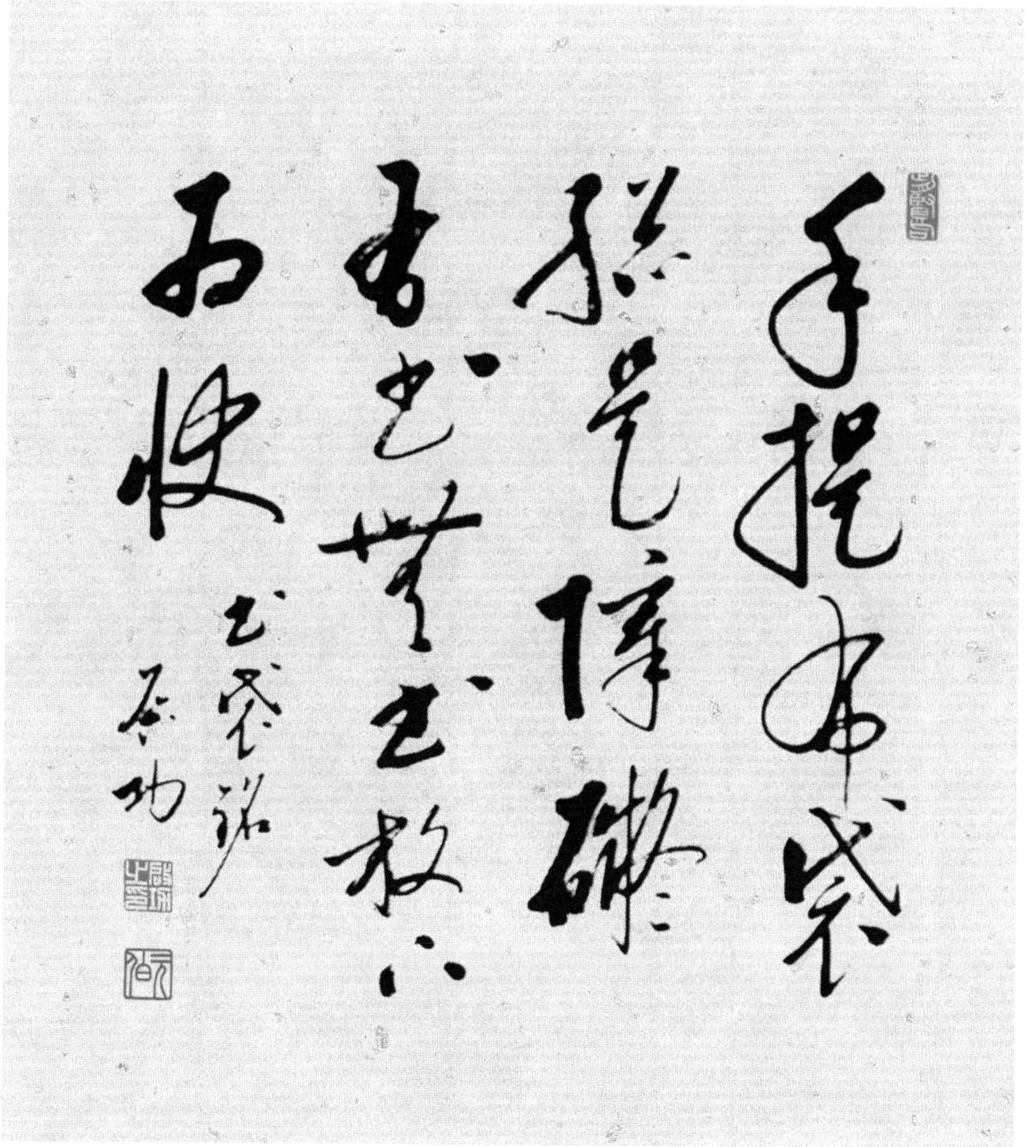

书袋铭

一九八三年作　水墨纸本　65cm × 64cm　个人收藏

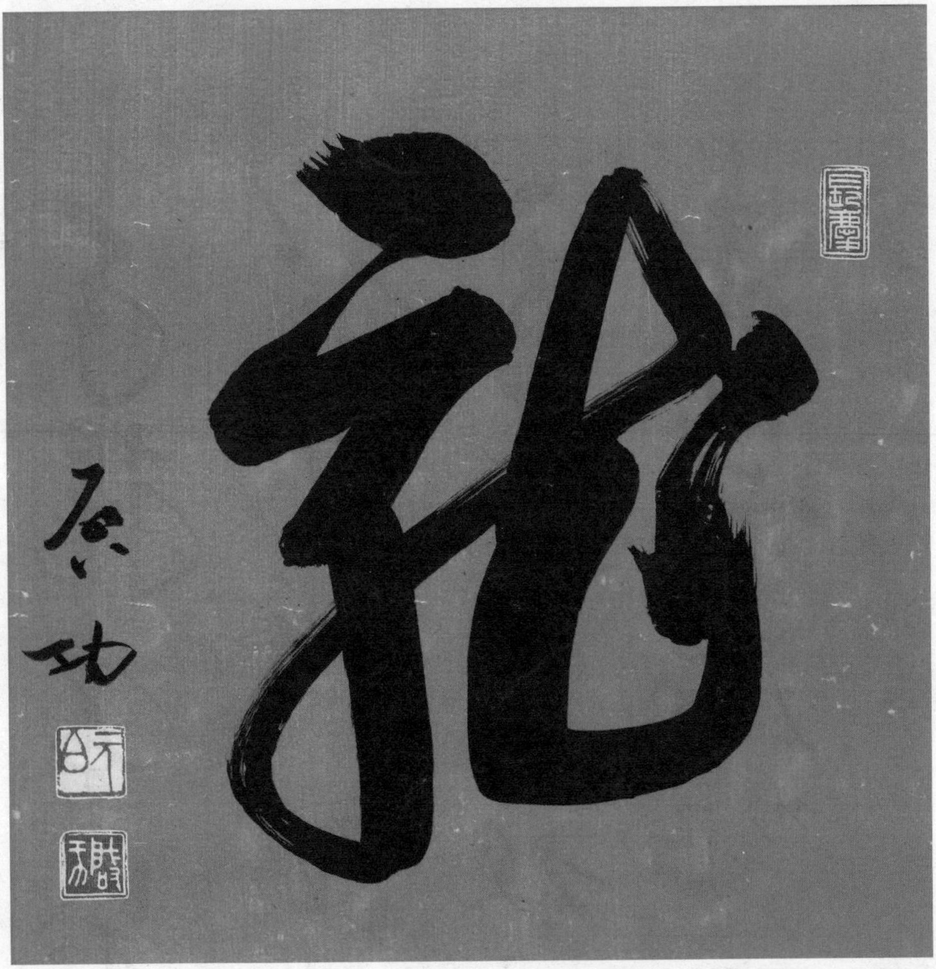

龙

一九八三年作　蜡笺纸本　个人收藏

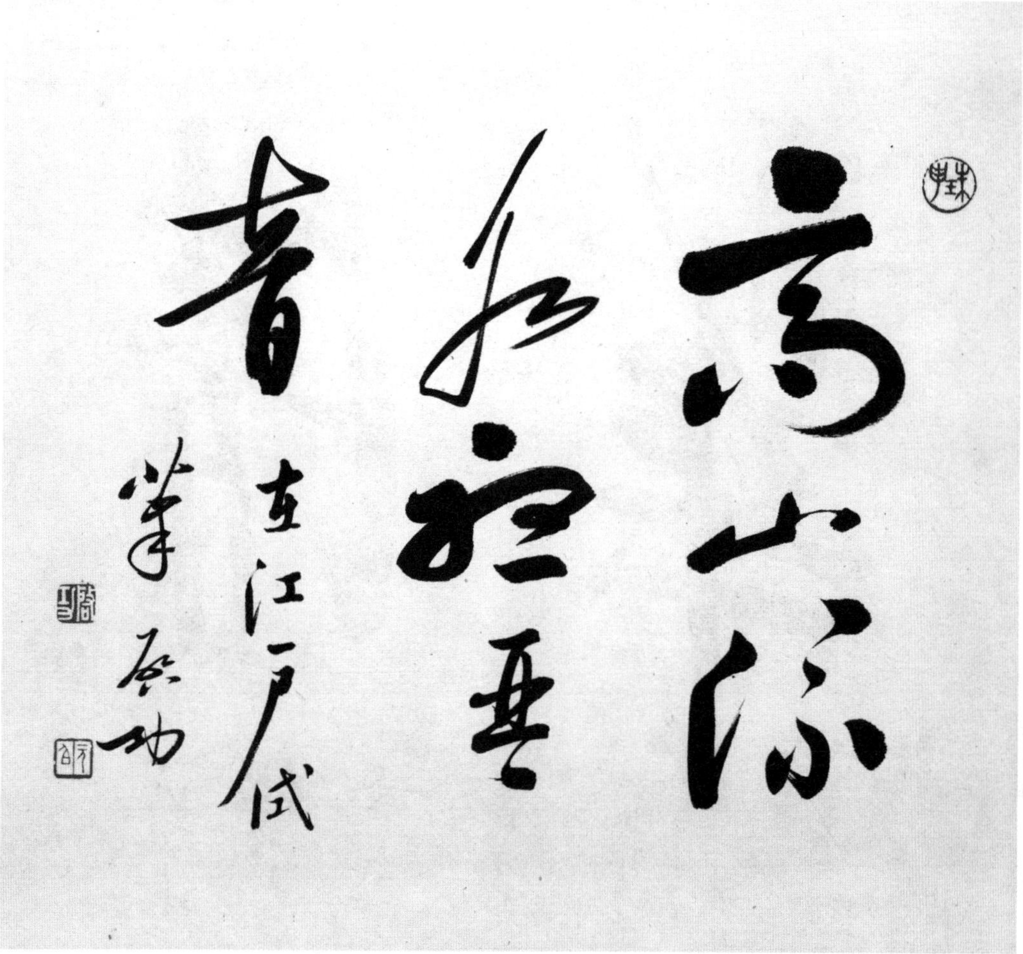

高山流水听琴音

一九八三年作　水墨纸本　个人收藏

清华

一九八三年作　水墨纸本　30cm × 30cm　个人收藏

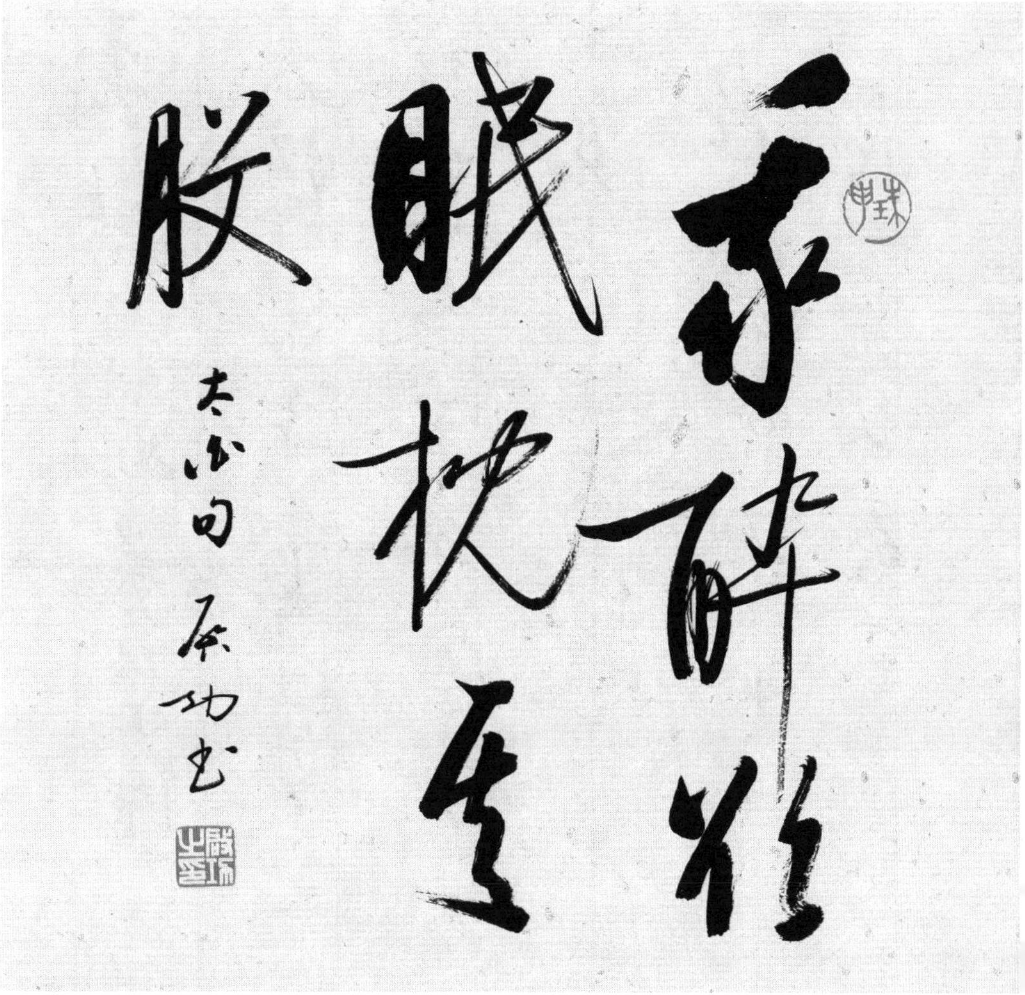

我醉欲眠枕其股

二十世纪八十年代作　水墨纸本　30cm×30cm　个人收藏

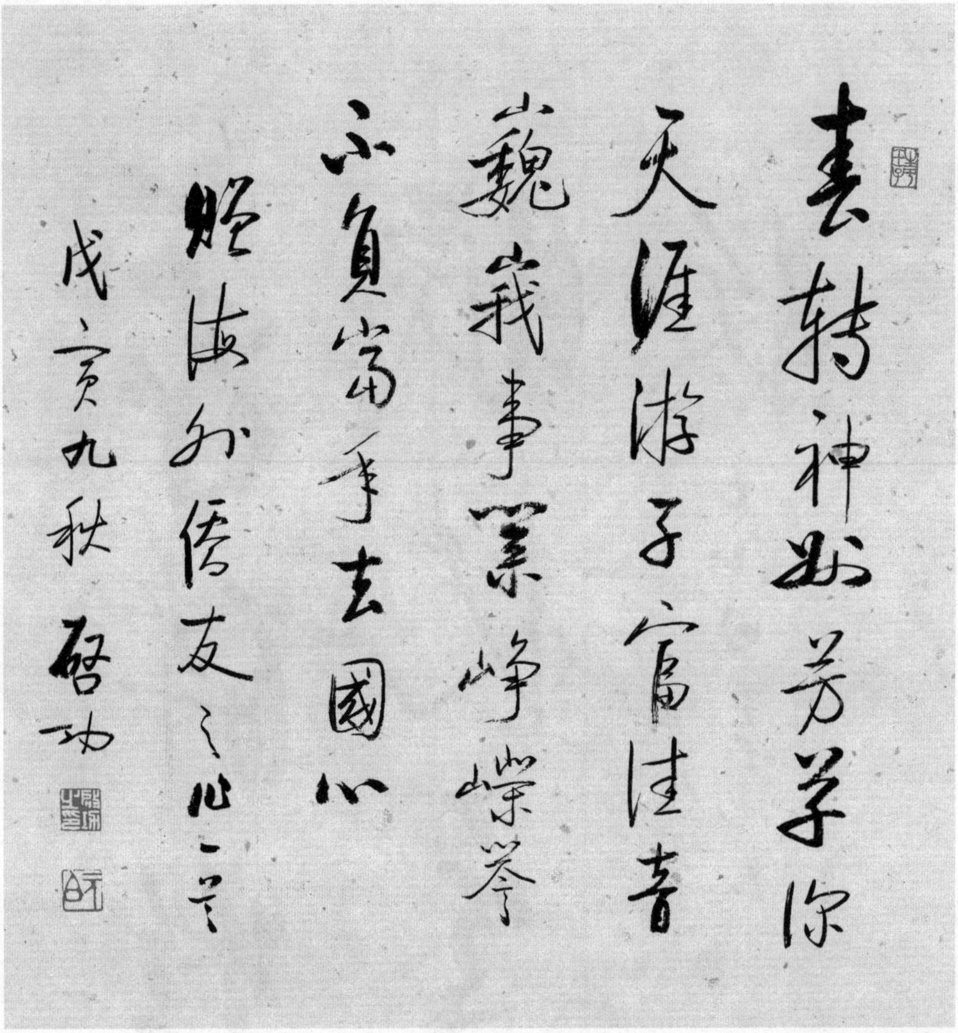

赠海外侨友

一九九八年作　水墨纸本　66cm×67cm　个人收藏

福寿康宁

二十世纪九十年代作　水墨纸本　50cm×50cm　个人收藏

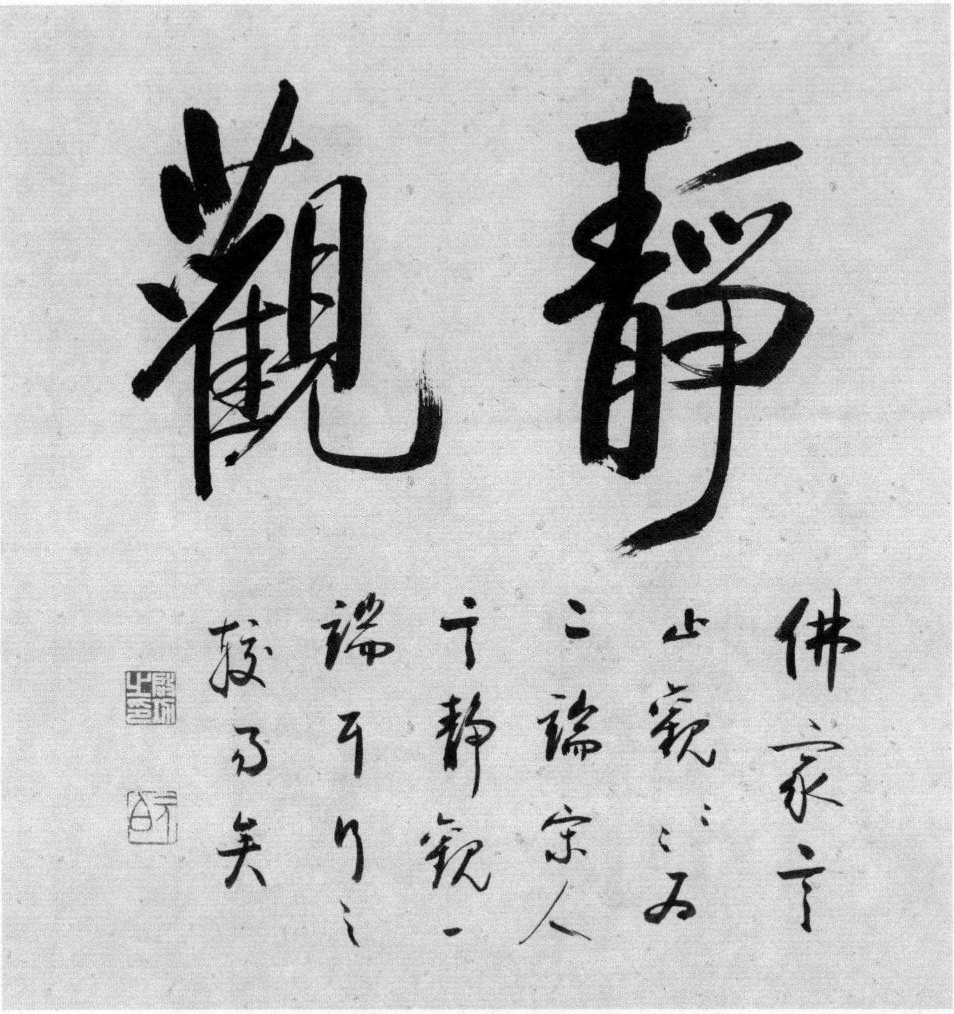

静观

二十世纪九十年代作　水墨纸本　49cm × 59cm　个人收藏